宮城県仙台二華中学校
宮城県古川黎明中学校

〈収録内容〉

■ 制作の都合上、平成24年度から平成29年度は、市立仙台青陵中等教育学校の問題・解答解説・解答用紙も含んでおります。
市立仙台青陵中等教育学校の問題・解答解説・解答用紙は参考資料としてご活用ください。

便利な DL コンテンツは右の QR コードから

解答用紙　過去年度　問題は紙面に掲載 ⇒

※データのダウンロードは 2025 年 3 月末日まで。
※データへのアクセスには、右記のパスワードの入力が必要となります。 ⇒ 540895

本書の特長

実戦力がつく入試過去問題集

- ▶ 問題 ……………… 実際の入試問題を見やすく再編集。
- ▶ 解答用紙 …… 実戦対応仕様で収録。
- ▶ 解答解説 …… 解答例は全問掲載。詳しくわかりやすい解説には、難易度の目安がわかる「基本・重要・やや難」の分類マークつき（下記参照）。各科末尾には合格へと導く「ワンポイントアドバイス」を配置。

入試に役立つ分類マーク

基本 確実な得点源！
受験生の90％以上が正解できるような基礎的、かつ平易な問題。
何度もくり返して学習し、ケアレスミスも防げるようにしておこう。

重要 受験生なら何としても正解したい！
入試では典型的な問題で、長年にわたり、多くの学校でよく出題される問題。
各単元の内容理解を深めるのにも役立てよう。

やや難 これが解ければ合格に近づく！
受験生にとっては、かなり手ごたえのある問題。
合格者の正解率が低い場合もあるので、あきらめずにじっくりと取り組んでみよう。

合格への対策、実力錬成のための内容が充実

- ▶ 各科目の出題傾向の分析、最新年度の出題状況の確認で、入試対策を強化！
- ▶ その他、学校紹介、過去問の効果的な使い方など、学習意欲を高める要素が満載！

解答用紙ダウンロード 解答用紙はプリントアウトしてご利用いただけます。弊社ＨＰの商品詳細ページよりダウンロードしてください。トビラのＱＲコードからアクセス可。

UD FONT 見やすく読みまちがえにくいユニバーサルデザインフォントを採用しています。

公立中高一貫校の入学者選抜

ここでは，全国の公立中高一貫校で実施されている入学者選抜の内容について，その概要を紹介いたします。

公立中高一貫校の入学者選抜の試験には，適性検査や作文の問題が出題されます。

多くの学校では，「適性検査Ⅰ」として教科横断型の総合的な問題が，「適性検査Ⅱ」として作文が出題されます。しかし，その他にも「適性検査」と「作文」に分かれている場合など，さまざまな形式が存在します。

出題形式が異なっていても，ほとんどの場合，教科横断的な総合問題(ここでは，これを「適性検査」と呼びます)と，作文の両方が出題されています。

それぞれに45分ほどの時間をかけていますが，そのほかに，適性検査がもう45分ある場合や，リスニング問題やグループ活動などが行われる場合もあります。

例として，東京都立小石川中等教育学校を挙げてみます。

① 文章の内容を的確に読み取ったり，自分の考えを論理的かつ適切に表現したりする力をみる。

② 資料から情報を読み取り，課題に対して思考・判断する力，論理的に考察・処理する力，的確に表現する力などをみる。

③ 身近な事象を通して，分析力や思考力，判断力などを生かして，課題を総合的に解決できる力をみる。

この例からも「国語」や「算数」といった教科ごとの出題ではなく，「適性検査」は，私立中学の入試問題とは大きく異なることがわかります。

東京都立小石川中等教育学校の募集要項には「適性検査により思考力や判断力，表現力等，小学校での教育で身に付けた総合的な力をみる。」と書かれています。

教科知識だけではない総合的な力をはかるための検査をするということです。

実際に行われている検査では，会話文が多く登場します。このことからもわかるように，身近な生活の場面で起こるような設定で問題が出されます。

これらの課題を，これまで学んできたさまざまな教科の力を，知識としてだけではなく活用して，自分で考え，文章で表現することが求められます。

実際の生活で，考えて，問題を解決していくことができるかどうかを学校側は知りたいということです。

問題にはグラフや図，新聞なども多く用いられているので，情報を的確につかむ力も必要となります。

算数や国語・理科・社会の学力を問うことを中心にした問題もありますが，出題の形式が教科のテストとはかなり違っています。一問のなかに社会と算数の問題が混在しているような場合もあります。

少数ではありますが，家庭科や図画工作・音楽の知識が必要な問題も出題されることがあります。

作文は，文章を読んで自分の考えを述べるものが多く出題されています。

文章の長さや種類もさまざまです。筆者の意見が述べられた意見文がもっとも多く採用されていますが，物語文，詩などもあります。作文を書く力だけでなく，文章の内容を読み取る力も必要です。

調査結果などの資料から自分の意見をまとめるものもあります。

問題がいくつかに分かれているものも多く，最終の１問は400字程度，それ以外は短文でまとめるものが主流です。

ただし，こちらも，さまざまに工夫された出題形式がとられています。

それぞれの検査の結果は合否にどのように反映するのでしょうか。

東京都立小石川中等教育学校の場合は，適性検査Ⅰ・Ⅱ・Ⅲと報告書(調査書)で判定されます。

報告書は，400点満点のものを200点満点に換算します。

適性検査は，それぞれが100点満点の合計300点満点を，600点満点に換算します。

それらを合計した800点満点の総合成績を比べます。

このように，形式がさまざまな公立中高一貫校の試験ですが，文部科学省の方針に基づいて行われるため，方向性として求められている力は共通しています。

これまでに出題された各学校の問題を解いて傾向をつかみ，自分に足りない力を補う学習を進めるとよいでしょう。

また，環境問題や国際感覚のような出題されやすい話題も存在するので，多くの過去問を解くことで基礎的な知識を蓄えておくこともできるでしょう。

適性検査に特有の出題方法や解答方法に慣れておくことも重要です。

また，各学校間で異なる形式で出題される適性検査ですが，それぞれの学校では，例年，同じような形式がとられることがほとんどです。

目指す学校の過去問に取り組んで，形式をつかんでおくことも重要です。

時間をはかって，過去問を解いてみて，それぞれの問題にどのくらいの時間をかけることができるか，シミュレーションをしておきましょう。

検査項目や時間に大きな変更のある場合は，事前に発表がありますので，各自治体の教育委員会が発表する情報にも注意しましょう。

宮城県 仙《せん》台《だい》二《に》華《か》 中学校

https://nika.myswan.ed.jp/

〒984-0052　仙台市若林区連坊1-4-1
☎022-296-8101
交通　仙台市地下鉄南北線五橋駅　徒歩７分
　　　ＪＲ仙台駅　徒歩15分

［カリキュラム］

・45分×７時限授業。二学期制。
・中学時の国語・数学・英語は毎日授業が行われる。また、高校の内容を一部先取りして学習する。高校１年次までは芸術を除いて全員が共通の科目を履修する。
・高校２年次からは一貫生と高入生とが合流し、文系・理系の類型別に科目を選んで学習する。高校３年次には進路別に分かれて学習を行う。
・英語と数学の授業は一部、外国語指導助手（ALT）との**ティームティーチング**方式で実施。
・学校独自の科目**TM**（シンキングメソッド）、**IS**（インターナショナルスタディ）、**SR**（サイエンティフィックリサーチ）ではテーマとして「**世界の水問題**」を扱い、異文化理解や英語による表現力、科学的思考力、言語能力を養う。

［部活動］

★設置部
サッカー、ソフトテニス、バドミントン、陸上競技、水泳、新体操、卓球、バスケットボール、ソフトボール、バレーボール、剣道、ハンドボール、音楽、美術、書道、自然科学

［行　事］

文化祭・体育大会・合唱コンクールは中学生と高校生が合同で開催。他に、新入生オリエンテーション合宿、泉ヶ岳巡検、海外研修旅行などを行う。

［進　路］

・選抜試験を経ずに全員が仙台二華高校へ進学できる。
・**新入生オリエンテーション**により早い時期から学習方法について確立する。
・長期休業中に**課外講習**を実施。３年次には放課後や土曜日にも課外講習を行う。

★卒業生の主な進学先（仙台二華高校）
東京大、京都大、東北大、北海道大、岩手大、宮城教育大、山形大、福島大、筑波大、茨城大、千葉大、東京学芸大、お茶の水女子大、一橋大、東京工業大

［トピックス］

・110年の歴史を有し、県内屈指の進学校でもあった第二女子高等学校が、平成22年、男女共学の**併設型中高一貫教育校**として生まれ変わった。校訓は「**進取創造・至誠貢献**」。
・仙台二華高校は文部科学省の**スーパーグローバルハイスクール**に平成26年度から平成30年度まで指定された。
・県内に居住、又は入学時までに居住する見込みの者ならば受検できる。他の県立中学校や仙台市立仙台青陵中等教育学校との併願はできない。
・入学者の選抜に際しては、「調査書」および「適性検査（総合問題、作文、面接）の結果」を資料として、総合的に判断される。

入試！インフォメーション

※本欄の内容は令和６年度入試のものです。

受検状況

学校名	募集定員	出願者数	倍率
仙台二華中学校	105	358	3.41

宮城県 古川黎明《ふるかわれいめい》 中学校

〒989-6175　大崎市古川諏訪1-4-26
☎0229-22-4260
交通　JR古川駅　徒歩30分またはバス10分
　　　JR塚目駅　徒歩20分

https://freimei-j.myswan.ed.jp/

[カリキュラム]

・45分×7時限授業。
・英語と数学の授業は**少人数編成**で**習熟度別**に行われる。
・英語は3年間で標準（1200語）の約2倍である2,000語の語彙を獲得することをめざす。
・始業前には**朝読書**の時間が設けられている。
・**英語検定**と**数学検定**の対策を実施。数学は全員が3級以上の合格をめざす。

[部活動]

平成29年度には、**自然科学部**がロボカップジュニア東北大会で優勝した。

★設置部

陸上競技、野球、バスケットボール、バレーボール、バドミントン、剣道、サッカー、新体操、弓道、吹奏楽、コーラス、自然科学、総合文化（ハンドメイキング）

[行　事]

5月　宿泊研修（1年）、黎明ウォーク（2・3年）、黎明田畑にて田植え（2年）
7月　黎明祭（文化祭）
9月　体育祭
10月　合唱祭
3月　語学研修（中3）

[進　路]

・選抜試験を経ずに古川黎明高等学校に進学することができる。
・進路学習として**ソフィアプラン**を実施。1年次には調べ方講座や宮城未来計画が、2年次は職業体験や「日本文化について学ぶ」が、3年次には「異文化を知る」や「日本文化紹介」などが用意されている。
・**科学講演会**では、第一線で活躍する研究者の講演を聴くことができる。
・土曜日には**黎明土曜塾**を開講。発展学習や補充学習を行う。

★卒業生の主な進学先（古川黎明高校）

京都大、東北大、弘前大、岩手大、福島大、宮城大、山形大、宇都宮大、筑波大、千葉大、新潟大、青山学院大、東京理科大、同志社大

[トピックス]

・平成17年4月に**併設型中高一貫校**として開校した県内初の県立中学校。前身は県北有数の進学校で、85年の伝統を有した古川女子高等学校である。校訓は「**尚志・至誠・精励**」。
・古川黎明高校は文部科学省の**スーパーサイエンスハイスクール**（平成24～28年度，29年度は経過措置校の指定に続き、令和元年度から令和5年度までの5年間）。
・出願資格や選抜方法は仙台二華中学校と同じ。

入試！インフォメーション

※本欄の内容は令和6年度入試のものです。

受検状況

学校名	募集定員	志願者数	倍率
古川黎明中学校	105	195	1.86

宮城県立中学校

出題傾向の分析と合格への対策

●出題傾向と内容

宮城県立中学校では，総合問題(筆記及び外国語(英語)のリスニング)と作文の2種が実施された。リスニングは2022年から出題が始まった。仙台二華中学校・古川黎明中学校は，総合問題(リスニング)[1]と総合問題(筆記)[2]が共通で，総合問題(筆記)[3]と作文が独自問題で構成されている。いずれも総合問題は実施時間60分で100点満点，作文は40分で25点満点であった。

総合問題[1](リスニング)は，大問数が2題で構成されている。第1問は，放送文にあうイラストを選ぶ問題が2題，第2問は，少し長い会話文から，内容が一致するものを選ぶ問題が1題出題されている。

総合問題(筆記)[2]は，大問数が3題で構成されている。共通問題はさまざまな教科の問題が出題される。家庭科などに関する問題も出題されることがある。独自問題である[3]は，仙台二華中学校・古川黎明中学校ともに算数・理科・社会分野から幅広い内容が出題されている。

作文は，仙台二華中学校・古川黎明中学校ともに，自らの体験と，その体験から考えたこと・学んだことについて述べるという問題がよく出題されている。また，理由を含めて自分の意見を述べる問題が出題されることもある。それぞれ，400字以上500字以内の設定である。

●2025年度の予想と対策

総合問題(筆記)では，本年の傾向が続くだろうと予想される。計算問題と理由や推論を問う問題が多く出題されるので，単純な計算や一問一答形式の学習はもちろんだが，それに関連することがらにまで注目して学習したい。しかし，問題自体は特にひねったものではないので，確実に学習していれば正解を導くことができる。自分の言葉で説明できるように，記述力・論理力も養っておきたい。

総合問題(リスニング)は，2022年度から出題が始まったため，今後出題形式や問題数の変動があるかもしれない。しかし，放送文からポイントとなる単語が聞き取れるかが重要になってくるため，日頃から英語を聞き，どんな内容か説明できるようにしておきたい。

作文問題では，受検校によって題材は異なるが，出題校の傾向を中心に，的をしぼって対策するとよい。400 ～ 500字で記述する問題であるという傾向は変わらないだろう。日ごろからさまざまな社会問題や教科のテーマなどについて，自分なりの意見や，社会全般の声をまとめておくとよい。原稿用紙の正しい使い方については，事前におさえておきたいことの1つである。

学習のポイント

多くの大問で記述力・論述力が試されている。総合問題では設問数も多いので，問題を速く解くことも意識したい。問題を解く際に，どれくらいの時間がかかったかにも注意して取り組もう。

MEMO

2024年度

入　試　問　題

2024年度

2024年度

宮城県立中学校入試問題

【総合問題（筆記及び外国語（英語）のリスニング）】（60分）　＜満点：100点＞

（放送台本）

1　宮城県に住む小学校６年生の誠さんと久美さんが，英語の授業でＡＬＴに冬休みの思い出を紹介しています。No.1とNo.2の内容をもっとも適切に表しているものを，次のA，B，Cの中から，それぞれ１つずつ選び，記号で答えなさい。英語は２回放送されます。【空白２秒】では，始めます。【空白２秒】

No.1

Hello. I'm Makoto. I enjoyed winter vacation. On New Year's Eve, I ate a cake with my grandfather. On New Year's Day. I ate sushi. It was delicious.

【空白５秒】

くり返します。

Hello. I'm Makoto. I enjoyed winter vacation. On New Year's Eve, I ate a cake with my grandfather. On New Year's Day, I ate sushi. It was delicious.

【空白10秒】

No.2

Hi. I'm Kumi. I went to Osaka by train with my family. It was fun. I like traveling. I want to visit Hokkaido by airplane.

【空白５秒】

くり返します。

Hi. I'm Kumi. I went to Osaka by train with my family. It was fun. I like traveling. I want to visit Hokkaido by airplane.

【空白15秒】

つぎの問題に移ります。

2　トムさんと美紀さんが，会話をしています。二人の会話を聞いて，トムさんが土曜日と日曜日によく見ているテレビ番組として正しい組み合わせを，次のA，B，C，Dの中から１つ選び，記号で答えなさい。会話は２回放送されます。【空白２秒】では，始めます。【空白２秒】

Tom : Miki, what do you usually do on Saturdays?

Miki : I usually play soccer with my friends, and I watch *Cats and Dogs in the World.*

Tom : *Cats and Dogs in the World*?

Miki : It's an animal TV program. It's interesting. I like cats.

Tom : I see. I like animals. I want to watch it.

Miki : Oh, you can watch it at 7.
Tom : Oh, no. I usually watch *Exciting Volleyball* at 7.
Miki : *Exciting Volleyball*? Is it a TV program?
Tom : Yes, I like sports. And I usually watch *Enjoy Basketball* on Sundays.
Miki : Me, too. It's fun.
【空白15秒】

くり返します。
Tom : Miki, what do you usually do on Saturdays?
Miki : I usually play soccer with my friends, and I watch *Cats and Dogs in the World.*
Tom : *Cats and, Dogs in the World*?
Miki : It's an animal TV program. It's interesting. I like cats.
Tom : I see. I like animals. I want to watch it.
Miki : Oh, you can watch it at 7.
Tom : Oh, no. I usually watch *Exciting Volleyball* at 7.
Miki : *Exciting Volleyball*? Is it a TV program?
Tom : Yes, I like sports. And I usually watch *Enjoy Basketball* on Sundays.
Miki : Me, too. It's fun.
【空白15秒】

これで，第１問　外国語，英語のリスニングのテストは終わります。
次の問題に移ってください。【空白２秒】

1　**外国語（英語）のリスニング**

1　宮城県に住む小学校６年生の誠《まこと》さんと久美《くみ》さんが，英語の授業でＡＬＴに冬休みの思い出を紹介《しょうかい》しています。No. 1とNo. 2の内容を**もっとも適切に表しているものを**，次の**Ａ**，**Ｂ**，**Ｃ**の中から，それぞれ**１つずつ選び**，**記号**で答えなさい。英語は**２回**放送されます。

No. 1

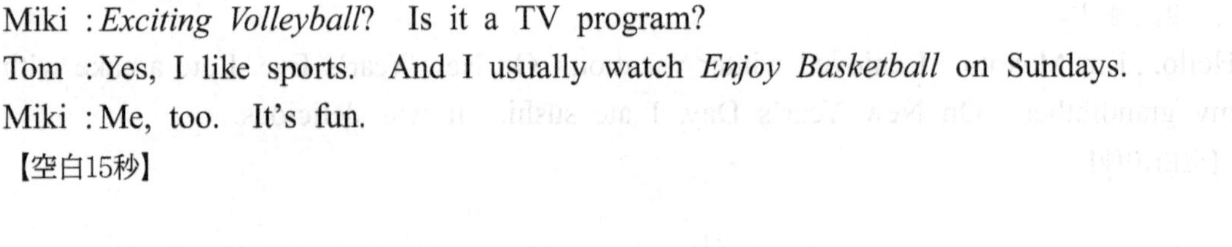

No. 2

A　　　　　　　　B　　　　　　　　C

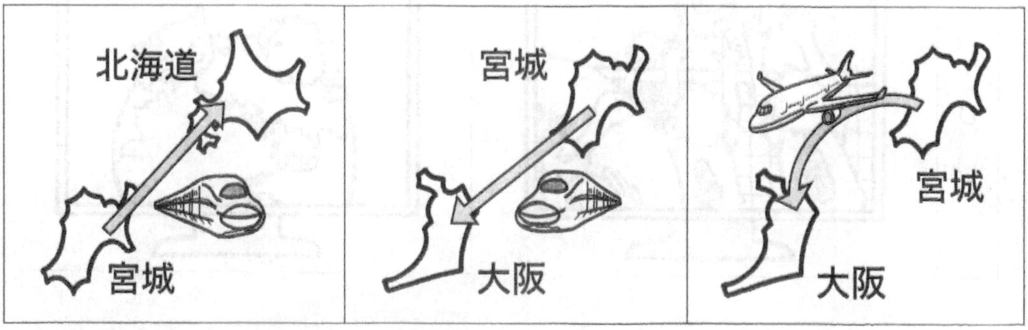

2　トムさんと美紀《みき》さんが，会話をしています。二人の会話を聞いて，**トムさん**が土曜日と日曜日によく見ているテレビ番組として**正しい組み合わせ**を，次のA，B，C，Dの中から１つ選び，記号で答えなさい。会話は２回放送されます。

	土曜日に見ているもの	日曜日に見ているもの
A		
B		
C		

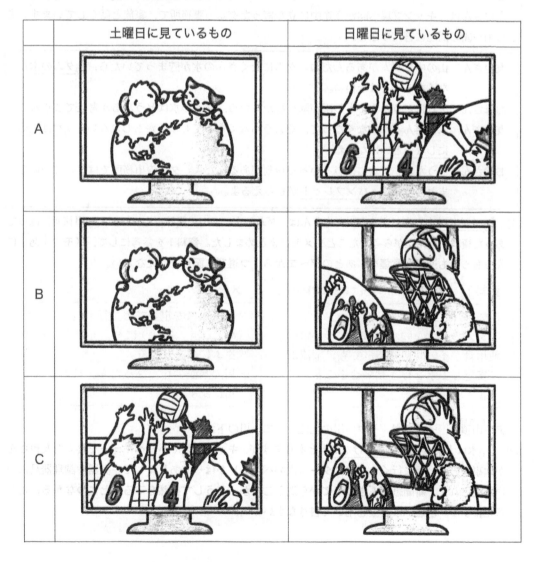

D		

2　友也《ともや》さんは，休日に家族と一緒《いっしょ》に山の中のキャンプ場に行きました。次の1，2の問題に答えなさい。

1　友也さんは，キャンプ場へ向かう途中《とちゅう》に立ち寄ったダムの事務所で，家族と話をしています。あとの(1)～(4)の問題に答えなさい。

友也さん	山の中にダムがあるんだね。ダムにたくさんの水が貯《た》まっていたら，㋐ダムの水がなくなることはないね。
お母さん	それはどうかな。もし雨が降《ふ》らなかったら，ダムの水はどうなるか考えてごらん。
友也さん	水がどんどん少なくなって，そのうちなくなってしまうかもしれない。㋑水は大切にしないといけないね。
お父さん	そうだね。ダムにはいろいろな役割《やくわり》があるんだよ。ダムの事務所ではダムについてまとめられた㋒パンフレットがもらえるよ。

(1)　「㋐ダムの水」とありますが，友也さんは，ダムの水について興味をもち，ダムの事務所にはってあった**資料1**を見ながら考えたことを**メモ**にまとめました。**資料1**を参考にして，**メモ**の あ に入る**もっとも適切な言葉**を，あとのア～エから**1つ選び，記号で答えなさい**。

資料1　ダムの事務所にはってあった資料の一部

《ダムのはたらき》
　ダムの膨大《ぼうだい》な貯水のおかげで、水の使用量が多い時期であっても、下流域《かりゅういき》に安定して水を行き渡《わた》らせることができます。

メモ

・下流域に安定して水を行き渡らせるために、 あ にダムを造り、そのダムに水を貯める。
・川の水が少なくなったら、ダムの水を川に流す。

ア　山頂《さんちょう》　　イ　海岸　　ウ　川の上流　　エ　川の下流

(2)　「㋑水は大切にしないといけない」とありますが，キャンプ場でバーベキューを終えた友也さんが炊事棟《すいじとう》の洗《あら》い場に行くと，**ポスター（次のページ）がはってありました。食器や調理器具についた油汚《よご》れを，新聞紙でふき取ってから洗うことが，どうして自然を守ることにつながる**のだと考えますか。**水という言葉を用いて書きなさい**。

ポスター

自然を守ろう！
汚れはふき取ってから洗おうね！
洗い場で何気《なにげ》なく流している油や洗剤《せんざい》が、魚を苦しめています。

(3) 「㋒パンフレット」とありますが，友也さんは帰宅《きたく》後，パンフレットを見て，**ダムの水をせき止める部分**の**およその面積**がどのくらいになるかを考え，**ノート１**にまとめました。**図**を参考にして，**い** に**あてはまる数字**を答えなさい。

図 パンフレットの一部

堤高《ていこう》とは、ダムの高さのことをいいます。また、堤頂長《ていちょうちょう》とは、ダムの上部の右端《みぎはし》から左端までの長さのことをいいます。

このダムの堤高は120ｍ、堤頂長は360ｍです。

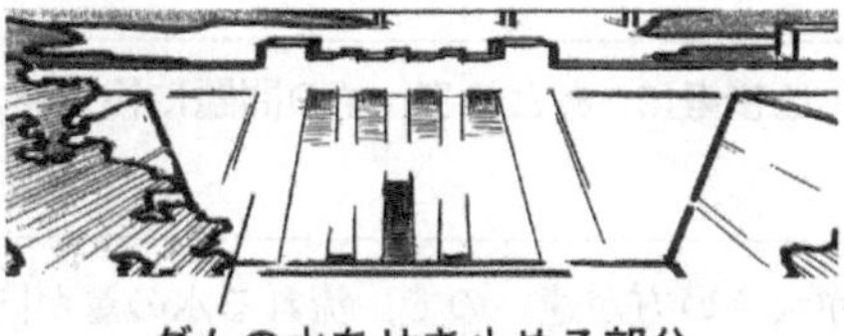
ダムの水をせき止める部分

ノート１

ダムの水をせき止める部分を、向かい合った１組の辺が平行で、その１組の辺の長さの比が４：３の四角形とみる。

すると、この四角形の面積は **い** m^2 と計算できる。

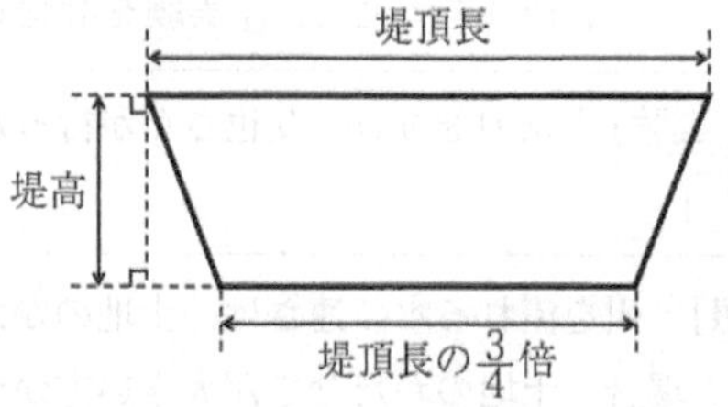
堤頂長
堤高
堤頂長の$\frac{3}{4}$倍

(4) 友也さんは，パンフレットを見て，このダムでは，水力発電を行っていることを知り，発電について調べを進めていくうちに，**資料２**と**資料３**を見つけました。**資料２**と**資料３**を見た友也さんは，再生可能エネルギーを使って発電した方が，地球温暖《おんだん》化《か》の進行を防ぐことができると考えました。**資料２**と**資料３**を参考にして，**友也さんがそのように考えた理由**を，**化石燃料**，**再生可能エネルギー**という**２つの言葉を用いて**書きなさい。

（資料２，資料３は次のページにあります。）

資料２　発電方法別の二酸化炭素排出量《はいしゅつりょう》

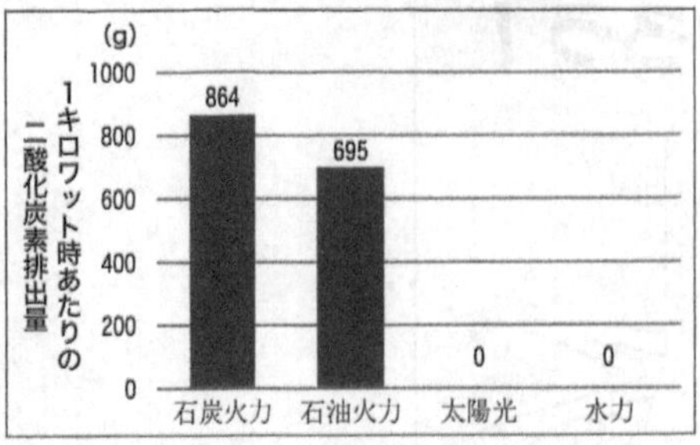

・グラフは、石炭火力、石油火力、太陽光、水力の、それぞれで発電したときに大気中に排出される、１キロワット時あたりの二酸化炭素排出量を示している。
・石炭や石油は、化石燃料である。
・太陽光や水力は、再生可能エネルギーである。

（電力中央研究所「日本における発電技術のライフサイクルCO_2排出量総合評価」より作成）

資料３　地球温暖化と二酸化炭素の関係

・二酸化炭素は、地球温暖化の原因の１つとされている。
・18世紀後半から化石燃料の使用が増え、その結果、大気中の二酸化炭素が増加している。

（全国地球温暖化防止活動推進《すいしん》センター「地球温暖化の原因と予測」より作成）

2　キャンプの翌日《よくじつ》，友也さんは，学校の先生と話をしています。あとの(1)，(2)の問題に答えなさい。

友也さん　昨日《きのう》，キャンプからの帰り道に，川を見て気づいたのですが，きつい坂道が多い山の中の川岸は，家の近くの平地の川原《かわら》の様子とはだいぶちがっていて，けずられて谷のようになっていました。
先　　生　よく気づきましたね。ほかにちがいはありましたか。
友也さん　山の中の川は，平地の川よりも水の流れが速かったです。
先　　生　そうですね。土地のかたむきが大きいと，川の流れも速くなりますね。
友也さん　水の流れの速さと土地の様子には関係があるかもしれません。変える条件と変えない条件を考えて，㋓実験を計画してみます。

(1)「㋓実験」とありますが，友也さんが行った**実験１**を参考に，あとの**ア**，**イ**の問題に答えなさい。

実験１

［予想］　川を流れる水の速さは，土地のかたむきが大きい方が速いので，流れる水の量が同じ場合，土地のかたむきが大きい方が土地は大きくけずられると思う。

［装置《そうち》］
1　水をかけてしめらせた土砂《どしゃ》を準備する。
2　同じ大きさ，材質の容器を２つ準備する。
3　**装置１，２の図**のように，**装置１**は容器の下に台を２つ重ねて置き，**装置２**は容器の下に台を１つ置く。
4　容器内に土砂を入れ，水を流す斜面《しゃめん》を作る。

［装置１、２の図］

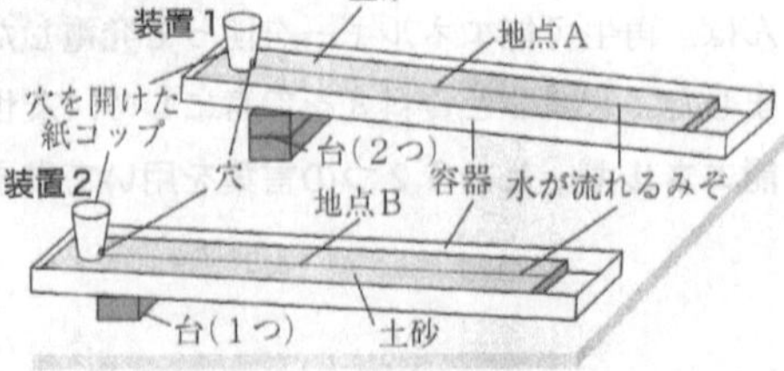

5　斜面に水を流すため，幅《はば》，深さが2.5㎜になるように，みぞを作る。

［みぞの幅と深さの図］

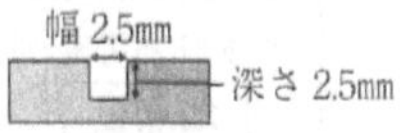

6　装置１，２の図のように，みぞの位置に合わせて，直径２㎜の穴《あな》を１つ開けておいた紙コップを置く。

7　装置１，２で，紙コップの穴から15㎝の場所をそれぞれ地点A，地点Bとする。

［手順］　次の手順を３回行う。２回目，３回目は，土砂を新しいものに入れかえ，装置１，２を整えてから行う。

1　紙コップに100mLの水を入れ，開けた穴から全ての水を流す。

2　地点A，地点Bの水の速さを観察し，水が全て流れたあとのみぞの幅と深さを計測する。

ア　友也さんは，実験１の結果を表１に記録しました。地点Aにおいて，水が流れたあとのみぞの幅を記録した３回の平均は何㎜ですか。四捨五入《ししゃごにゅう》して上から２けたのがい数で答えなさい。

表１

・流れる水の速さの比較《ひかく》

地点A	地点B
速い	おそい

・水が流れたあとのみぞの幅

	地点A	地点B
１回目	8㎜	4㎜
２回目	11㎜	3.5㎜
３回目	9㎜	4.5㎜

・水が流れたあとのみぞの深さ

	地点A	地点B
１回目	5㎜	3.5㎜
２回目	6㎜	3㎜
３回目	5㎜	3㎜

イ　友也さんは，実験１の結果について考察したことをノート２にまとめました。ノート２の［う］に入る言葉をあとのA，Bから，［え］に入る言葉をあとのC，Dからそれぞれ１つずつ選び，記号で答えなさい。

ノート２

容器のかたむきが地点Bよりも大きい地点Aは，流れる水の速さが速い。また，流れる水の速さが速い地点Aは，水が流れたあとの，みぞの幅の平均と深さの平均が地点Bよりもそれぞれ［　う　］。つまり，予想は［　え　］といえる。

う　A　大きい　　B　小さい　　　え　C　正しい　　D　まちがっている

⑵　友也さんは，考察したことをもとに，新たに実験２を行いました。あとのア，イの問題に答えなさい。

実験２

［予想］　川を流れる水の速さは，流れる水の量が増えた方が速くなり，土地のかたむきの大きさが同じ場合，流れる水の量が増えた方が土地は大きくけずられると思う。

［装置］　実験１で用いた装置２の土砂を新しいものに入れかえ，実験の条件を１つだけ変えて，装置３とする。また，紙コップの穴から15㎝の場所を地点Cとする。

［手順］　実験１の手順と同じ手順で行う。ただし，観察・計測場所は，装置３の地点Cとする。

ア　友也さんは，実験２の結果を表２（次のページ）に記録しました。実験２の予想と表２をもとに，実験２の装置で，変えた実験の条件として適切なものを，次のページの①～③から１つ選び，番号で答えなさい。

表2

・流れる水の速さ

地点C
速い

※速さは**実験1**の地点Bと比較したもの

・水が流れたあとのみぞの幅

	地点C
1回目	7mm
2回目	8mm
3回目	8.5mm

・水が流れたあとのみぞの深さ

	地点C
1回目	4.5mm
2回目	6mm
3回目	5mm

① 容器の下に置いた台を外す。

② 容器の下に台を3つ重ねて置く。

③ 紙コップに開けた穴のすぐ上に直径2mmの穴をもう1つ開ける。

イ 友也さんは，これまでの結果をもとに，大雨が降ると，川を流れる水の量が増え，川の災害が発生すると考えました。そこで，川の災害を防ぐ方法を調べ，**ノート3**にまとめました。**表1**，**表2**をもとにして，**お** に入る**適切な説明を**，**川の水の流れ**，**しん食**，**運ぱんという3つの言葉を用いて**書きなさい。

ノート3

《川の災害を防ぐ方法の一つ》
　川にコンクリート製のブロックを設置する。
《ブロックを設置する理由》
　ブロックを設置することで、 **お** ことができ、川岸がけずられることを防いでいる。

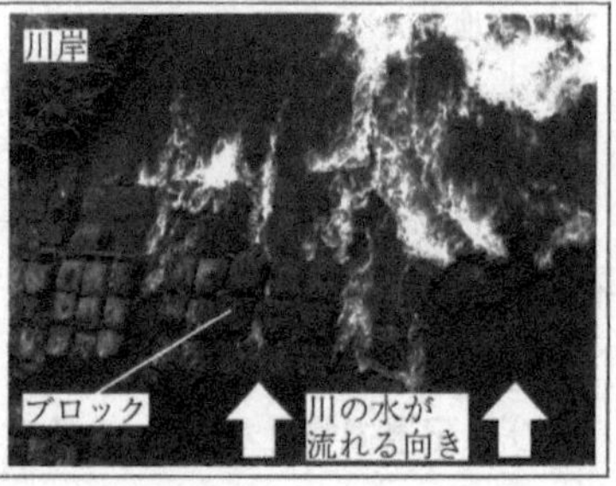

＜宮城県古川黎明中学校＞

3 小学生の黎《れい》さんと中学生の明《あきら》さんはいとこ同士です。夏休みを利用して，東京に住んでいる明さんが黎さんを訪《たず》ねてきました。次の1，2の問題に答えなさい。

1 黎さんと明さんは，近くに住んでいるおばあさんの家を歩いて訪ねようと話をしています。あとの(1)～(5)の問題に答えなさい。

明さん　おばあさんと会うのは久しぶりだな。
黎さん　そういえば，おばあさんの家の近くに㋐漫画《まんが》の主人公の銅像が3体できたよ。
明さん　せっかくだから，おばあさんの家だけでなく，銅像も見に行きたいな。
黎さん　おばあさんの家に行く途中《とちゅう》に㋑公園もあるから，そこにも寄っていこうよ。
明さん　それはいいね。どの道を通って行くか，地図アプリで調べてみよう。
黎さん　うん，そうしよう。じゃあ，午前10時に出発しよう。
明さん　外は暑いから，氷を入れた冷たい飲み物を持っていこう。
黎さん　そうだね。そういえば，㋒水は何℃でこおり始めるのかな。
明さん　帰ってきたら，実験して調べてみよう。

(1) 明さんが，黎さんの家からおばあさんの家までと，おばあさんの家から銅像A，B，Cまでの道のりを地図アプリで調べたところ，図１の太線のように表示されました。おばあさんの家からそれぞれの銅像までの道のりについて，**長い方から順番に，銅像の記号Ａ，Ｂ，Ｃ**で答えなさい。

図１

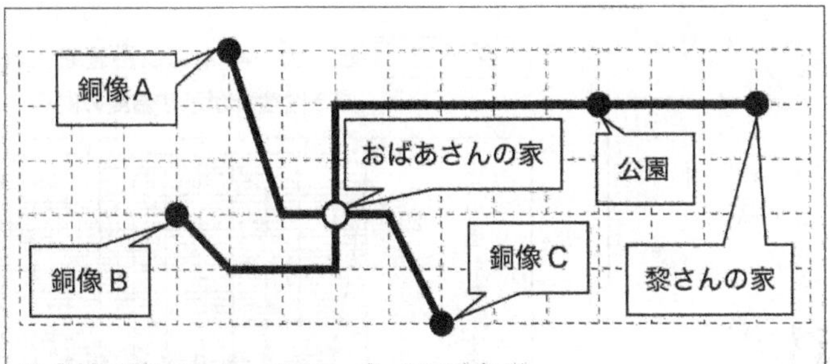

※点線で表されたマスは、すべて正方形

⑵「㋐漫画の主人公の銅像」とありますが，黎さんと明さんが銅像Ａのキャラクターについて調べたところ，漫画の設定の身長は250㎝であり，銅像Ａの身長は160㎝であることが分かりました。**銅像Ａの身長は，漫画の設定の身長の何％**にあたるか答えなさい。

⑶「㋑公園」とありますが，黎さんと明さんは，午前10時に黎さんの家を出発し，途中に立ち寄った公園で20分間休みました。その後，おばあさんの家に向かったところ，午前10時44分に到着《とうちゃく》しました。黎さんの家からおばあさんの家までの道のりが1.2㎞であるとき，**１分間あたりに歩いた平均の距離《きょり》は何メートル**か答えなさい。ただし，公園で休んだ時間は歩いていないものとします。

⑷　黎さんと明さんは，おばあさんの家を出発して帰宅《きたく》するまでの計画を立て，**メモ**にまとめました。計画どおりに実行したところ，午後２時40分に帰宅しました。同じ計画のまま午後２時30分に帰宅するためには，**計画どおりに歩いた速さの何倍の速さ**で歩けばよかったのか答えなさい。

メモ　帰宅するまでの計画

・午後２時に出発する。
・銅像Ａ、Ｂの順に見に行く。
・各銅像を５分間鑑賞《かんしょう》する。
・途中で休憩《きゅうけい》はしない。

⑸「㋒水は何℃でこおり始めるのかな」とありますが，黎さんと明さんは，水がこおり始める様子について調べるために，次のように**実験**を行いました。あとの**ア〜ウ**の問題に答えなさい。

実験

［手順］

1　試験管を１本準備し，試験管に水を６mL入れる。
2　ビーカーの中に，食塩がとけ残るまでとかした食塩の水溶液《すいようえき》と氷を入れる。
3　**図２**（次のページ）のように，手順１で準備した試験管を手順２で用意したビーカーの中に入れて固定し，試験管の中に，ぼう温度計を入れ，ぼう温度計が示す温度と試験管に入れた水の様子を記録する。
4　１分ごとに，ぼう温度計が示す温度と試験管に入れた水の様子を確認《かくにん》して，記録する。
5　ビーカーの中に試験管を入れてから15分後の，ぼう温度計が示す温度と試験管に入れた水の様子を確認して，記録する。
6　手順３～５の結果をもとに，ビーカーの中に試験管を入れてからの時間と，ぼう温度計が示す温度の関係を**グラフ**にする。また，試験管に入れた水の様子を**図３**にまとめる。

図２

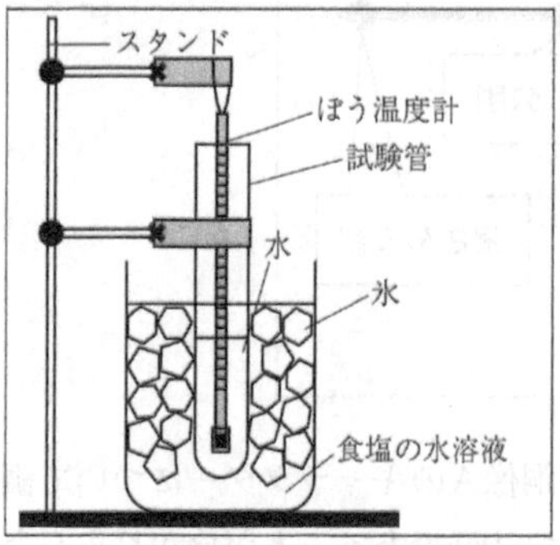

グラフ　ビーカーの中に試験管を入れてからの時間とぼう温度計が示す温度の関係

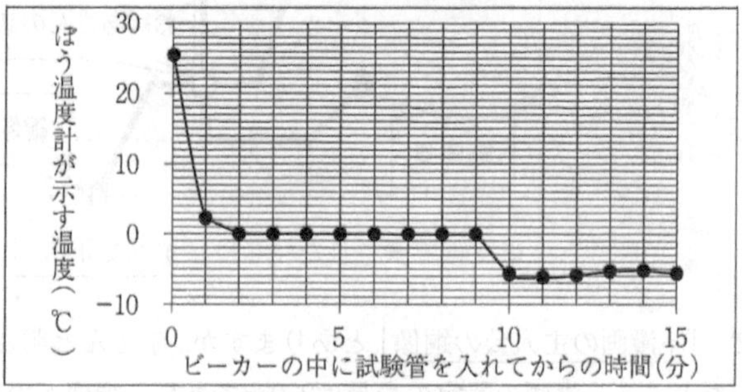

ア　**試験管に入れた水がこおり始めたとき，試験管に入れた水の温度は何℃か答えなさい。**

イ　**ビーカーの中に試験管を入れてから５分後の試験管に入れた水のすがたを表すものを，次のあ～えから１つ選び，記号で答えなさい。**

あ　固体のみ
い　液体のみ
う　気体のみ
え　固体と液体がまざっている

図３　試験管に入れた水の様子

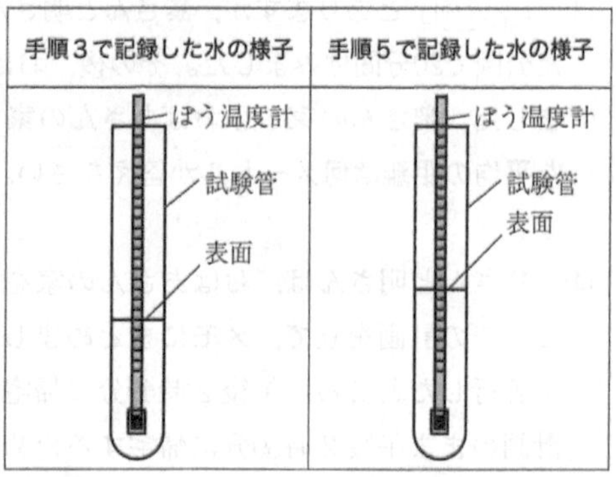

ウ　黎さんは，この実験で分かった現象に関わりがあることがらとして，寒い地域で行われている「水抜《みずぬ》き」を知りました。「水抜き」とは，冬場の夜に家の水道管の中の水を抜く作業のことをいいます。**何のために「水抜き」を行うのか，図３を参考に，水の性質にふれて説明しなさい。**

2　おばあさんの家から帰ってきた黎さんは，明さんに夏休みの自由研究について相談することにしました。あとの(1)～(3)の問題に答えなさい。

黎さん　夏休みの自由研究について，テーマが決まらなくて悩《なや》んでいるんだ。
明さん　学校での勉強で，興味をもったことはあるかな。
黎さん　うん。社会科の授業で知った世界遺産《いさん》の㋓平泉《ひらいずみ》が興味深かったかな。
明さん　そうなんだね。平泉といえば，江戸《えど》時代に㋔松尾芭蕉《まつおばしょう》が訪れていることが『おくのほそ道』を読むと分かるよ。
黎さん　知っているよ。俳句《はいく》で有名な人だよね。平泉までどこを通って行ったのかな。
明さん　現在の宮城県の仙台《せんだい》市や多賀城市，松島町などを通って平泉に行ったみたいだね。そういえば，新聞記事にあったけれど，㋕多賀城がつくられてから1300年になることを記念して，南門《なんもん》を復元しているみたい。完成したら行きたいな。

⑴ 「㋓平泉」とありますが，黎さんは平泉について調べを進めていくうちに，平泉が栄えた平安時代のできごとに興味をもちました。社会科の授業で配布された**資料１**から読み取れる平安時代のできごとについて，あとの**ア～エ**から**１つ選び**，**記号**で答えなさい。

資料１　社会科の授業で配布されたプリントの一部

《平安時代のできごと》

年	○全国のできごと　●東北地方のできごと
794	○平安京に都が移る。
802	●蝦夷《えみし》のリーダーであるアテルイが、征夷大将軍《せいいたいしょうぐん》の坂上田村麻呂《さかのうえのたむらまろ》に降伏《こうふく》する。※１
894	○中国への使節である遣唐使《けんとうし》の派遣《はけん》が中止される。※２
1016	○藤原道長《ふじわらのみちなが》が摂政《せっしょう》に就任《しゅうにん》する。※３
1087	●前九年合戦に続いて起きた後三年合戦という大きな戦乱《せんらん》が終わる。源義家《みなもとのよしいえ》の助けを借りて勝利した藤原清衡《きよひら》は平泉を中心に東北地方に勢力を築く。※４
1189	●藤原泰衡《やすひら》が源義経《よしつね》を倒《たお》す。その後、奥州《おうしゅう》藤原氏は源頼朝《よりとも》により滅《ほろ》ぼされる。

《解説》

※１　朝廷《ちょうてい》は，主に東北地方に住む朝廷に従《したが》わない人々を「蝦夷」と呼《よ》び，従わせるためにたびたび軍を派遣していた。坂上田村麻呂は軍を率いた「征夷大将軍」であった。

※２　遣唐使の派遣が中止された後，中国から取り入れた文化も参考にして，かな文字や大和《やまと》絵など朝廷を中心とした華《はな》やかな日本風の文化が発展《はってん》した。

※３　摂政とは，天皇《てんのう》が幼《おさな》い時などに天皇を補佐《ほさ》する役職である。藤原道長は娘《むすめ》を天皇の妃《きさき》にして，天皇との間に生まれた子を天皇に即位《そくい》させ，摂政に就任し，政治を行った。

※４　勢力を広げた藤原清衡は中尊寺金色堂《ちゅうそんじこんじきどう》を建て，その子孫である基衡《もとひら》，秀衡《ひでひら》は毛越寺《もうつうじ》を再建した。平泉には，奥州藤原氏（藤原清衡，基衡，秀衡，泰衡）によって築かれた文化遺《い》産《さん》が現在も残っている。

ア　アテルイは東北地方で朝廷の軍と戦ったが，源頼朝に降伏した。

イ　朝廷は894年以降《いこう》も遣唐使を派遣し，遣唐使は日本にかな文字を伝えた。

ウ　藤原道長は蝦夷を攻《せ》める軍を率いた摂政として，平泉で天皇とともに政治を行った。

エ　11世紀の大きな戦乱の後，藤原清衡は平泉に中尊寺金色堂を建てた。

⑵ 「㋔松尾芭蕉」とありますが，黎さんは，社会科の授業で配布された，松尾芭蕉と平泉についての**資料２**（次のページ）をふまえて，**ノート**を作成しました。**資料２**を参考にして，**ノート**の あ に入る**適切な説明**を書きなさい。

資料２　社会科の授業で配布されたプリントの一部

《松尾芭蕉と平泉》
・松尾芭蕉は江戸時代に俳句の作者として活躍《かつやく》した。
・1689年に東北，北陸地方などをめぐる旅に出た。その旅の様子や旅先などで作った俳句を1694年頃《ごろ》に『おくのほそ道』としてまとめた。
・旧暦《きゅうれき》５月（現在の６月頃）に平泉を訪れ，次の俳句を作った。
「五月雨《さみだれ》の　降《ふ》り残してや　光堂《ひかりどう》」
［現代語訳《やく》］五月雨はすべてのものを腐《くさ》らすのだが，ここだけは降らなかったのであろうか。五百年の風雪に耐《た》えた光堂のなんと美しく輝《かがや》いていることよ。
・光堂とは，中尊寺にある金色堂のことである。
・光堂のまわりや屋根におおいかぶせるように，「おおい堂」がつくられている。

（「芭蕉　おくのほそ道」より作成）

ノート

松尾芭蕉は，「五月雨の　降り残してや　光堂」という俳句を作ったが，500年もの間，雨が降らないことはないはずだ。500年たっても光堂が朽《く》ち果てなかったのは，［　あ　］からだと考えた。

⑶　「㋕多賀城」とありますが，黎さんは多賀城が最初につくられた頃《ころ》の東北地方の様子について興味をもち，調べを進めていくうちに，資料３と資料４を見つけました。**資料３と資料４をふまえ，朝廷は８～９世紀の東北地方をどのように支配《しはい》していったのか，胆沢城《いさわじょう》や志波城《しわじょう》の役割《やくわり》にふれながら説明**しなさい。

資料３　朝廷の支配領域《りょういき》の変化

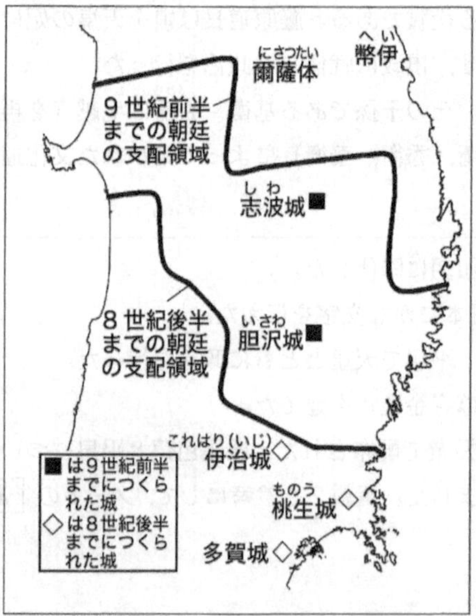

資料４　８～９世紀の東北地方（太平洋側）の様子

・東北地方には、朝廷に従わない人や、朝廷に対して反乱《はんらん》を起こす人もいたため、朝廷はたびたび軍を派遣した。
・724年に、東北地方（太平洋側）の政治の拠《きょ》点《てん》として多賀城がつくられた。
・坂上田村麻呂は、801年に胆沢地方の蝦夷との戦いに勝利し、802年に胆沢城をつくった。
・坂上田村麻呂はさらに軍を進めて、803年に志波城をつくった。
・志波城は811年に爾薩体《にさつたい》や幣伊《へい》の地方を攻《こう》撃《げき》するときの拠点になった。
・この頃の城には、戦いのための拠点としての役割と、支配するための行政的な役割があった。

（「東北の古代史３　蝦夷と城柵《じょうさく》の時代」より作成）

＜宮城県仙台二華中学校＞

3 華子《はなこ》さんと弘二《こうじ》さんは，校外学習の準備を進めています。次の１～３の問題に答えなさい。

1　校外学習において夜に行う予定の，月や星の観測について，弘二さんと華子さんが先生と話をしています。あとの(1)～(5)の問題に答えなさい。

先　生　夜は夏の大三角と満月の観察をします。弘二さんは，月や星の観測について，どんなことに興味をもっていますか。

弘二さん　満月の観察です。㋐しゃ光板を使って太陽を観察したときに，㋑太陽と満月は同じくらいの大きさに見えると学びました。満月を観察して，太陽と同じくらいの大きさに見えるのか確かめたいです。

先　生　月の形は日によって変わって見えますから，㋒満月はいつも観察できるわけではないので，満月の大きさを確かめる貴重《きちょう》な機会ですね。華子さんはどうですか。

華子さん　わたしは星の明るさに興味があります。㋓夏の大三角をつくるデネブ，アルタイル，ベガはどれも一等星ですが，同じ明るさなのでしょうか。

先　生　同じ一等星でも明るさにちがいがあります。例えば，㋔ベガはアルタイルよりも地球から遠くにありますが，アルタイルよりも明るく見えるんですよ。

(1)「㋐しゃ光板」とありますが，太陽を安全に観察するためにしゃ光板を用いるのは，太陽の光の一部に対してしゃ光板がどのようなはたらきをするからですか。**もっとも適切なもの**を，次の**ア～エから１つ選び**，**記号**で答えなさい。

ア　はね返す　　**イ**　集める　　**ウ**　さえぎる　　**エ**　重ねる

(2)「㋑太陽と満月は同じくらいの大きさに見える」とありますが，弘二さんは月と太陽の大きさについて**ノート１**にまとめました。**ノート１**の あ **にあてはまる数**を答えなさい。

ノート１

実際の月の直径は3500㎞，太陽の直径は140万㎞である。まず，模造紙《もぞうし》に油性のペンで直径１㎜の点をかいて，これを月と見立てた。次に，実際の月と太陽の直径の比と同じになるように太陽の大きさを計算したら，直径 あ ㎝であることが分かった。実際に模造紙で太陽を作ってみたら，太陽は月よりもとても大きいということが分かった。このことから，太陽が月と同じくらいの大きさに見えているということは，太陽はとても遠くにあるのだと思った。

(3)「㋒満月はいつも観察できるわけではない」とありますが，校外学習で観測した場所と同じところで**１週間後**に観察を行うと，月はどのような形に見えますか。**もっとも適切なものを次のア～エから１つ選び**，**記号**で答えなさい。ただし，図のように，月は約１か月間で地球の周りを１回転するものとします。

ア　満月　　**イ**　半月　　**ウ**　三日月　　**エ**　新月

図　約１か月間の月の動き

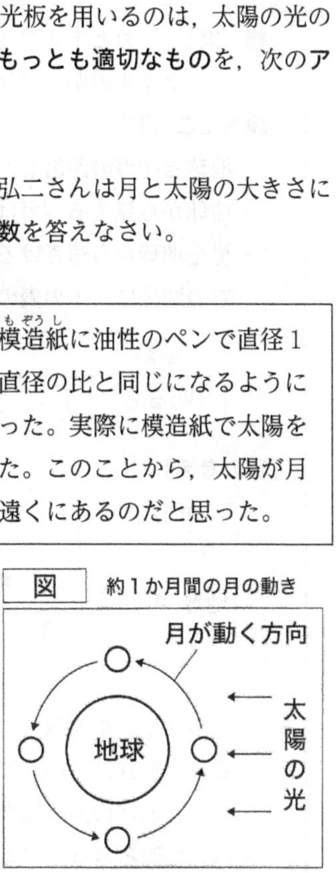

(4)「㋓夏の大三角」とありますが，華子さんは，校外学習から帰ってきたあと，家族と一緒《いっしょ》に夏の大三角を観察して，**ノート２**（次のページ）にまとめました。**ノート２**の い ， う に入る

言葉の組み合わせとして**もっとも適切なもの**を，あとの**ア～エ**から**１つ選び**，**記号**で答えなさい。

ノート２

［観察日］　９月１日

［観察結果］

２時間経過すると，星の見える位置が［　い　］へ変わった。

星の並び方は［　う　］。

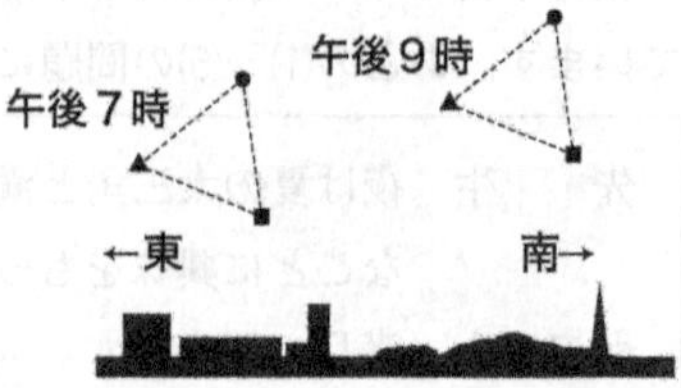

ア　い：東の方から南の方　う：変わった

イ　い：東の方から南の方　う：変わらなかった

ウ　い：南の方から東の方　う：変わった

エ　い：南の方から東の方　う：変わらなかった

(5)　「㋔ベガはアルタイルよりも地球から遠くにありますが，アルタイルよりも明るく見える」とありますが，華子さんはベガとアルタイルの明るさについて疑問《ぎもん》に思ったことを調べて，自分の考えを**ノート３**にまとめました。**ノート３の［　え　］，［　お　］にあてはまる数を分数で答えなさい。**

ノート３

［疑　問］　ベガとアルタイルを地球から同じ距離《きょり》にしたとすると，地球から見えるベガとアルタイルの明るさはどのようになるだろうか。

［調べたこと］

・地球とベガの距離を３とすると，地球とアルタイルの距離は２となる。

・地球から見えるベガは，地球から見えるアルタイルよりも２倍明るく見える。

・星を地球から遠ざけると，明るさが減って暗く見える。距離の変わり方と明るさの変わり方の関係は，下の表のようになる。

距離	２倍	３倍	４倍	…
明るさ	１÷（２×２）倍	１÷（３×３）倍	１÷（４×４）倍	…

［私の考え］

・下の図のように，アルタイルをベガと同じ距離にしたと考える。

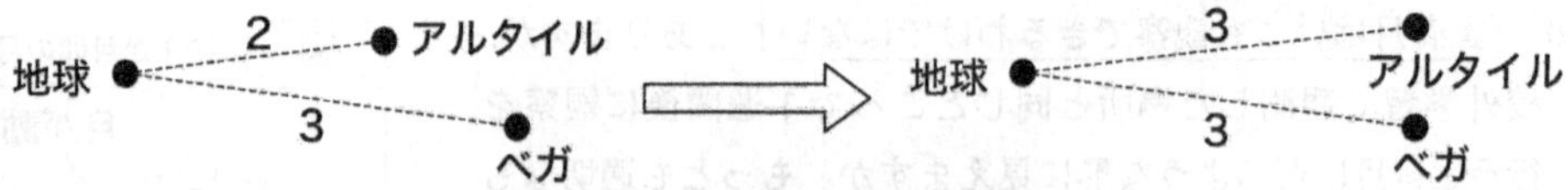

・アルタイルを地球から遠ざけるので，地球から見えるアルタイルの明るさは，表から考えると，遠ざける前と比べて［　え　］倍になる。

・ベガと地球の距離は変えていないので，地球から見えるベガの明るさは変わらない。

・ベガの明るさは，アルタイルの明るさと比べて［　お　］倍になる。

2　校外学習で訪《おとず》れることになっている歴史博物館について，華子さんと弘二さんが先生と話をしています。あとの(1)，(2)の問題に答えなさい。

華子さん　歴史博物館には，授業で学習した江戸《えど》時代に関する展示《てんじ》がありますか。
先　　生　江戸時代の百姓《ひゃくしょう》のくらしが分かる建物として，古民家が見学できます。江戸時代の人々は㋕身分に応じたくらしをしていたんですよ。
弘二さん　身分に応じたくらしがどんなものだったのか，興味があります。
先　　生　百姓は，年貢《ねんぐ》を納《おさ》めることを求められていました。㋖江戸時代の百姓のくらしは，幕府《ばくふ》の取り組みによっていろいろな制限を受けていたので，幕府の取り組みも調べてみるといいですよ。

(1)「㋕身分に応じたくらし」とありますが，弘二さんは，江戸時代の身分制度について，社会科の授業で配布された**資料１**を見直しました。**資料１**から読み取ることができる人々のくらしと身分について，**正しいものをあとのア～エから１つ選び，記号で答えなさい。**

資料１　社会科の授業で配布されたプリントの一部

《人々のくらしと身分》
・百姓の大部分は農民だが，漁業に従事《じゅうじ》する人々なども百姓と呼《よ》ばれた。
・商人や職人は，町人と呼ばれた。
・武士や町人は，政治や経済《けいざい》の中心である城下町に集められた。
・厳《きび》しく差別されてきた人々は，祭りへの参加をことわられたり，住む場所を制限されたりした。

江戸時代の身分ごとの人口割合《わりあい》（江戸時代後期）

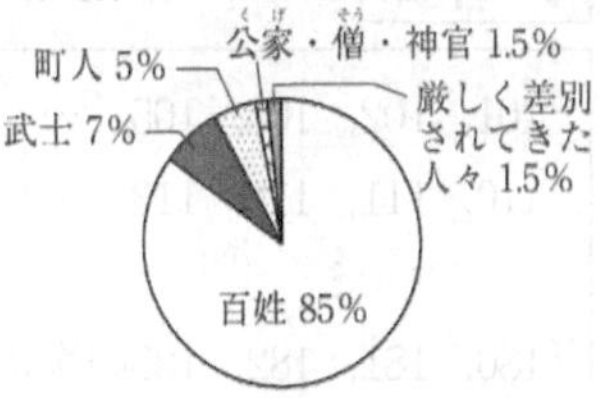

（「近世日本の人口構造」などより作成）

ア　人口の割合が最も大きい身分の人たちが城下町に集められた。
イ　農民が含《ふく》まれる身分の人たちの割合は，人口の半分ほどだった。
ウ　人口の割合が２番目に大きい身分の人たちは，祭りへの参加をことわられるなどの厳しい差別を受けた。
エ　商人や職人は，人口の１割に満たなかった。

(2)「㋖江戸時代の百姓のくらしは，幕府の取り組みによっていろいろな制限を受けていた」とありますが，江戸時代に興味をもった弘二さんは，**資料２**を見つけ，社会科の授業で配布された**資料３**も用いて，江戸幕府の百姓のくらしに対する取り組みについて考えることにしました。**資料２と資料３をふまえて，江戸幕府が行った百姓のくらしに対する取り組みについて，取り組みの目的にふれながら説明しなさい。**

資料２　江戸時代中期の幕府の収入内訳《しゅうにゅううちわけ》

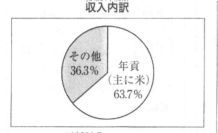

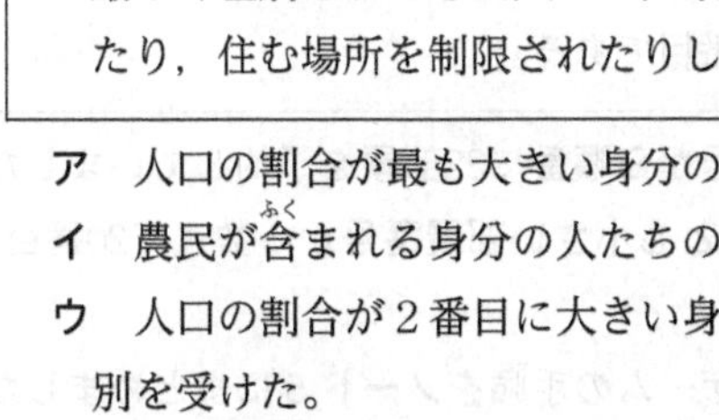

（「岩波講座《いわなみこうざ》日本歴史12」より作成）

資料３　社会科の授業で配布されたプリントの一部

《江戸幕府の百姓のくらしに対する取り組み》
・江戸幕府は、百姓の五人組を決めておき、共同責任を負わせた。また、きまりを守らなかった者や、悪事を働いた者がいたら、自分たちの組からすぐに報告させていた。
・江戸幕府は、百姓がたばこ・木綿《もめん》・菜種などの＊商品作物を栽培《さいばい》することを制限していた。
＊商品作物：食べるためでなく売ることを目的として栽培する作物

3　校外学習で泊《と》まる宿の部屋番号について，華子さんと弘二さんが先生と話をしています。あとの(1)～(3)の問題に答えなさい。

先　　生	この宿の部屋番号は３けたの数字で表され，101から始まっています。ただし，部屋番号に「４」と「９」の数字が使われていないそうです。
華子さん	㋗わたしの部屋番号は185です。先生の部屋番号はいくつですか。
先　　生	先生の部屋番号は，予約した部屋の番号の中で㋘一番大きい数です。
弘二さん	先生，この宿の部屋番号を利用して，㋙宝探《たからさが》しゲームをしたいです。
先　　生	おもしろそうですね。どんなことをやるのか，ノートに書いて持ってきてください。

(1)「㋗わたしの部屋番号は185です」とありますが，華子さんは自分の部屋番号が，**101から数えて何番目**になるか考え，**ノート４にまとめました。ノート４の** [か] ， [き] ， [く] **にあてはまる数を答えなさい。**

ノート４

101，102，103，105，…　10で始まる部屋は， [か] 部屋ある。
110，111，112，113，…　11で始まる部屋は， [き] 部屋ある。
⋮
180，181，182，183の次にわたしの部屋番号の『185』がくるから，
わたしの部屋番号は，101から順番に数えて [く] 番目である。

(2)「㋘一番大きい数」とありますが，先生は，**ある部屋番号から順番に32部屋**を予約していました。華子さんの部屋番号は，予約した部屋の番号の中で**もっとも小さい部屋番号から数えて20番目**でした。**先生の部屋番号を答えなさい。**

(3)「㋙宝探しゲーム」とありますが，弘二さんは，宝探しゲームの手順を**ノート５**にまとめました。**ノート６**は，宝探しゲームの手順を華子さんの部屋番号を使って確認《かくにん》したものです。弘二さんが**宝をかくした部屋番号を３つすべて答えなさい。**

ノート５

〔宝探しゲーム〕
　予約した部屋の中の３つの部屋にそれぞれ異《こと》なる宝をかくした。次の手順にしたがって宝を見つけだせ！
君の班《はん》はすべて見つけられるかな。

手順１　部屋番号の数と部屋番号の数をかけ算せよ。
手順２　計算結果のうち下から２けたの数字を抜《ぬ》き出せ。
手順３　部屋番号の下から２けたの数字を抜き出せ。
手順４　手順２と手順３の数字が同じか確認せよ。
数字が同じになる部屋に宝をかくした。

ノート６

華子さんの部屋番号
185の場合

手順１　185 × 185 ＝ 34225
手順２　34225 ⇒「25」
手順３　185 ⇒「85」
手順４　「25」と「85」は同じではない。
だから、華子さんの部屋に宝はない。

二〇二四年度

宮城県仙台二華中学校入試問題

【作　文】（四〇分）〈満点：二五点〉

検査問題

あなたは、校外学習で自然観察に行くことになりました。観察したことについて、あとでクラスで発表する予定です。分かりやすい発表にするために、あなたなら、校外学習に何を持っていけばよいと考えますか。持っていくとよいと考えた理由を含めて四百字以上五百字以内で書きなさい。

〔注意〕①　題名、氏名は書かずに、一行目から書き始めること。

②　原稿《げんこう》用紙の正しい使い方にしたがい、文字やかなづかいも正確に書くこと。

二〇二四年度

宮城県古川黎明中学校入試問題

【作　文】（四〇分）　〈満点：一二五点〉

検査問題

　あなたは、学級での話し合いで司会の役割《やくわり》をすることになりました。いろいろな意見が出てきたとき、意見をまとめていくために、あなたなら、どのようなことに気をつけて話し合いを進めればよいと考えますか。理由を含《ふく》めて四百字以上五百字以内で書きなさい。

〔注意〕　①　題名、氏名は書かずに、一行目から書き始めること。
　　　　②　原稿《げんこう》用紙の正しい使い方にしたがい、文字やかなづかいも正確に書くこと。

2024 年 度

解 答 と 解 説

《配点は解答欄に掲載してあります。》

＜宮城県立中学校　総合問題(筆記及び外国語(英語)のリスニング)解答例＞

1　1　No. 1　B　　No. 2　B

　2　C

2　1　(1)　ウ

　　(2)　川に流す油や洗剤の量を減らすことで，川の水を汚さずにすむから。

　　(3)　37800(m^2)

　　(4)　化石燃料を使って発電すると，地球温暖化の原因となる二酸化炭素が排出されるが，再生可能エネルギーを使って発電すると，二酸化炭素が排出されないから。

　2　(1)　ア　9.3(mm)　　イ　う　A　　え　C

　　(2)　ア　③

　　　イ　川の水の流れをおそくし，しん食したり運ぱんしたりするはたらきを小さくする

≪宮城県仙台二華中学校≫

3　1　(1)　ウ

　　(2)　40(cm)

　　(3)　イ

　　(4)　イ

　　(5)　え　$\frac{4}{9}$(倍)　　お　$\frac{9}{2}$(倍)

　2　(1)　エ

　　(2)　百姓に確実に年貢を納めさせるために，共同責任を負わせたり，商品作物の栽培を制限したりしていた。

　3　(1)　か　7(部屋)　　き　8(部屋)　　く　60(番目)

　　(2)　先生の部屋番号　210

　　(3)　部屋番号　176

　　　部屋番号　200

　　　部屋番号　201

○配点○

1　1　各2点×2　　2　4点　　2　1(1)・2(1)イ・2(2)ア　各4点×3

1(2)　6点　　1(3)・2(1)ア　各5点×2　　1(4)・2(2)イ　各7点×2

3　1(1)・1(2)・1(3)・1(4)・1(5)え・2(1)・3(1)か，き　各3点×8

1(5)お・2(2)・3(3)　各6点×3　　3(1)く・3(2)　各4点×2　　計100点

≪宮城県古川黎明中学校≫

[3] 1 （1） （銅像）Ｂ（→銅像）Ａ（→銅像）Ｃ
（2） 64（％）
（3） 50（メートル）
（4） 1.5（倍）
（5） ア 0（℃）
イ え
ウ 水はこおると体積が大きくなるので，水道管に残った水がこおって，水道管がこわれてしまうのを防ぐため。

2 （1） エ
（2） おおい堂が光堂を雨や雪，風などから保護していた
（3） 朝廷は，朝廷に従わない人たちを従わせたり，反乱をおさえたりするために軍を派遣し，戦いや支配のために胆沢城や志波城を築いて，北に支配領域を広げていった。

○配点○
[1] 1 各2点×2 2 4点 [2] 1（1）・2（1）イ・2（2）ア 各4点×3
1（2） 6点 1（3）・2（1）ア 各5点×2 1（4）・2（2）イ 各7点×2
[3] 1（1）・1（2）・1（5）ア，イ・2（1） 各4点×5 1（3）・1（4） 各5点×2
1（5）ウ・2（3） 各7点×2 2（2） 6点 計100点

<宮城県立中学校 総合問題（筆記及び外国語（英語）のリスニング）解説>

基本 [1] （英語：リスニング）

1 No. 1 日付と食べたものを正しく聞き取る。New Year's Eve（大みそか，12月31日）にはケーキを，New Year's Day（元日，1月1日）にはすしを食べたと話している。よって，適切なイラストはＢである。

No. 2 地名と移動方法を正しく聞き取る。I went to Osaka by trainと言っているので，大阪には電車（新幹線）で移動したことが分かる。また，I want to visit Hokkaido by airplaneと言っているので，北海道には飛行機で訪《おとず》れたいと思っていることが分かる。よって，適切なイラストはＢである。

<放送全文（日本語訳）>

No.1 Hello. I'm Makoto. I enjoyed winter vacation. On New Year's Eve, I ate a cake with my grandfather. On New Year's Day, I ate sushi. It was delicious.
（こんにちは。私《わたし》は誠《まこと》です。私は冬休みを楽しみました。大みそかには祖父とケーキを食べました。元日にはすしを食べました。おいしかったです。）

No.2 Hi. I'm Kumi. I went to Osaka by train with my family. It was fun. I like traveling. I want to visit Hokkaido by airplane.
（こんにちは。私は久美《くみ》です。私は家族と一緒《いっしょ》に電車（新幹線）で大阪に行きました。楽しかったです。私は旅行が好きです。私は北海道に飛行機で訪れたいです。）

2 トムさんが見ているテレビ番組と，その曜日を正しく聞き取る。まず，トムさんと美紀《みき》さんはいつも土曜日に何をしているかについて話している。その流れでトムさんが，"I usually

watch *Exciting Volleyball*”と言っているので，トムさんが土曜日に見ているのはバレーボールの番組であると分かる。次にトムさんが，“I usually watch *Enjoy Basketball* on Sundays”と言っているので，トムさんが日曜日に見ているのはバスケットボールの番組であると分かる。よって，正しい組み合わせの選たくしはCである。イヌとネコの番組を見ているのは美紀さんである。

＜放送全文(日本語訳)＞

Tom：Miki, what do you usually do on Saturdays?
Miki：I usually play soccer with my friends, and I watch *Cats and Dogs in the World*.
Tom：*Cats and Dogs in the World*?
Miki：It’s an animal TV program. It’s interesting. I like cats.
Tom：I see. I like animals. I want to watch it.
Miki：Oh, you can watch it at 7.
Tom：Oh, no. I usually watch *Exciting Volleyball* at 7.
Miki：*Exciting Volleyball*? Is it a TV program?
Tom：Yes, I like sports. And I usually watch *Enjoy Basketball* on Sundays.
Miki：Me, too. It’s fun.

（トム：美紀，あなたはいつも土曜日に何をしていますか。
美紀：私はいつも友達とサッカーをしたり，「世界のネコとイヌ」を見たりしています。
トム：「世界のネコとイヌ」？
美紀：それは動物のテレビ番組です。それはおもしろいです。私はネコが好きです。
トム：なるほど。私は動物が好きです。私はそれを見たいです。
美紀：おお，あなたはそれを７時に見ることができます。
トム：ああ，なんてことだ。私はいつも７時に「エキサイティングバレーボール」を見ています。
美紀：「エキサイティングバレーボール」？それはテレビ番組ですか。
トム：はい，私はスポーツが好きです。そして私はいつも日曜日には「エンジョイバスケットボール」を見ています。
美紀：私もです。それは面白いです。）

2 **（理科・算数・社会：川のはたらき，台形の面積，発電，平均）**

1 **（1）** 資料１を見ると，ダムの貯水のおかげで下流域《かりゅういき》に水を行き渡《わた》らせることができると分かる。川は上流から下流に流れるため，下流域に水を行き渡らせるためには，ダムは上流に造る必要がある。

（2） ポスターの下に書いてある内容がヒントになる。洗《あら》い場で油汚《よご》れや洗剤《せんざい》を流してしまうと，それらが川にも流れこみ，川にすむ生き物たちに悪いえいきょうをあたえてしまう。油汚れをふき取ることで，川の水が汚れることを防ぐことができる。「水」という言葉を必ず使うことに注意する。

（3） 図より，このダムの堤高《ていこう》は120m，堤頂長《ていちょうちょう》は360mと分かる。ノート１を見ると，「向かい合った１組の辺が平行」とあるので，この四角形は台形であると分かる。台形の下底は堤頂長の$\frac{3}{4}$倍とあるので，下底の長さは，$360 \times \frac{3}{4} = 270$(m)である。よって，求める台形の面積は，$(360+270) \times 120 \div 2 = 37800$($m^2$)である。

（4） 資料２から，化石燃料である石油や石炭を使った発電では，二酸化炭素を排出《はいしゅつ》しているのに対し，再生可能エネルギーである太陽光や水力を使った発電では，二酸化炭素を排出していないことが分かる。さらに，資料３には二酸化炭素が地球温暖《おんだん》化《か》の原因の１つだとあるので，化石燃料による発電ではなく，再生可能エネルギーを使った発電の方が，二酸化炭素の排出がなく，地球温暖化の進行を防げるといえる。「化石燃料」，「再生可能エネルギー」という２つの言葉を必ず使うことに注意する。

２　（１）　ア　平均は，対象のそれぞれのデータや数字を合計し，その個数でわることで求めることができる。よって，地点Ａにおける水が流れたあとのみぞの幅《はば》の平均は，表１より，8mm，11mm，9mmの平均を求めるので，(8＋11＋9)÷3＝9.333…(mm)より，四捨五入《ししゃごにゅう》して9.3mmと求められる。

イ　アと同じように，地点Ｂにおいて，水が流れたあとのみぞの幅の平均を求めると，(4＋3.5＋4.5)÷3＝4(mm)なので，地点Ａのみぞの幅の方が大きい。また，各地点における，水が流れたあとのみぞの深さの平均を求めると，地点Ａは，(5＋6＋5)÷3＝5.33…(mm)，地点Ｂは，(3.5＋3＋3)÷3＝3.166…(mm)なので，地点Ａのみぞの深さの方が大きい。水が流れたあとのみぞの幅や深さが大きいほど，土地が大きくけずられたということなので，予想は正しいといえる。したがって，うにはＡの「大きい」が，えにはＣの「正しい」が入る。

（２）　ア　実験２の[予想]から，流れる水の量を変えたときのちがいに注目していることが分かる。よって，流れる水の量に関係のある実験の条件を変えたと考えられる。①～③のうち，①と②は土地のかたむきに関係している。答えは，水の出る穴《あな》を増やしている③になる。

イ　表１，表２から，土地のかたむきが急だったり，流れる水の量が多かったりすると，川の水の流れが速くなり，流れる水が土地をけずるはたらきが大きくなることが分かる。川の災害が発生する要因の１つは，川が川岸などをしん食し，けずってしまうことである。ブロックを設置することで，川の水の流れをおそくすることができ，しん食や運ぱんといった川岸をけずる川の水のはたらきを小さくすることができる。「川の水の流れ」，「しん食」，「運ぱん」という３つの言葉を必ず使うことに注意する。

≪宮城県仙台二華中学校≫

3　（理科・算数・社会：太陽と月，比，星，江戸《えど》時代，規則性）

１　（１）　太陽を直接見ると目を傷《いた》めてしまうおそれがある。そのため，太陽を観察するときには，しゃ光板を使って光をさえぎる必要がある。

（２）　実際の月と太陽の直径の比は，3500：1400000＝1：400である。よって，直径１mmの点を月とすると，太陽の大きさは直径400mm，つまり40cmになる。

（３）　月は約１か月間(約４週間)で新月→半月→満月→半月→新月というように形が変わって見える。つまり，約１週間で新月から半月，さらに約１週間で半月から満月になる。欠けていくときもそれぞれ同様の時間がかかる。よって，満月の１週間後にはおおよそ半月の形に見える。

（４）　ノート２の図からもわかるように，月や太陽と同じように星も東から南の空を通って西へしずむように見える。また，そのときに星の並《なら》び方は変わらない。

（５）　アルタイルを地球から遠ざけて，距離《きょり》を$\frac{3}{2}$倍にするので，明るさは，$1÷\left(\frac{3}{2}×\frac{3}{2}\right)=\frac{4}{9}$

(倍)になる。ベガは，距離を変える前のアルタイルよりも２倍明るく見えるので，距離を変えた後のアルタイルと比べると，$2\div\frac{4}{9}=2\times\frac{9}{4}=\frac{9}{2}$(倍)になる。

2 (1) アについて，城下町に集められたのは武士や町人であり，人口の割合《わりあい》が最も大きい身分であった百姓《ひゃくしょう》ではないので，誤《あやま》り。

イについて，農民が含《ふく》まれる身分は百姓だが，百姓の割合は人口の約85％であったため，誤り。

ウについて，人口の割合が２番目に大きい身分は武士であり，厳《きび》しく差別されてきた人々ではないため，誤り。

エについて，商人や職人，つまり町人は人口の５％しかおらず，人口の１割に満たないので，正しい。

よって，答えはエである。

(2) 資料２から，江戸《えど》時代中期の幕府《ばくふ》の収入《しゅうにゅう》の半分以上が年貢《ねんぐ》だったことが分かる。また，資料３から，百姓に共同責任を負わせる五人組をつくったり，商品作物の栽培《さいばい》を制限したりといった幕府の取り組みが分かる。これらのことから，江戸幕府は収入を安定させるために，百姓のくらしを制限して年貢を確実に納《おさ》めさせようとしていたと考えられる。

3 (1) か　部屋番号に「4」と「9」の数字は使われていないので，10で始まる部屋は，101，102，103，105，106，107，108の７部屋である。

き　11で始まる部屋は，110，111，112，113，115，116，117，118の８部屋である。

く　きと同じように，12で始まる部屋，13で始まる部屋…と考えていくと，11で始まる部屋から17で始まる部屋までの部屋の数は「8×6」で求められると分かる。また，14で始まる部屋はないことにも注意する。よって，185は180から数えると５番目なので，$7+8\times6+5=60$(番目)だと分かる。

(2) 華子《はなこ》さんの部屋番号は185である。この番号が，先生が予約した部屋番号の中で，もっとも小さい部屋番号から数えて20番目である。順番に32部屋を予約したため，先生の部屋番号は，185から数えて12番目の数である。部屋番号には「4」と「9」が使われていないことに注意して順番に数えていくと，先生の部屋番号は，210だと分かる。

やや難 (3) 先生が予約した部屋番号は161～210までのはん囲である。161～210までのはん囲で，下から２けたの数を２回かけても同じ数になるものを探《さが》す。分かりやすいのは200と201であり，00は２回かけても00に，01は２回かけても01になる。0，1，5，6は，２回かけると下から１けたがそれぞれ0，1，5，6になるので，下から１けたが0，1，5，6のものを考えるとよい。見つけづらいが，176の下から２けたの76も，２回かけると$76\times76=5776$で下から２けたが76になる。よって，答えは176，200，201の３つである。

≪宮城県古川黎明中学校≫

3 (算数・理科・社会：平面図形，割合，時間・距離・速さ，状態変化，資料の読み取り，平安時代)

やや難 1 (1) 図にある点線のマス目を利用して，それぞれの道のりである太線の長さを考える。

まず，おばあさんの家から銅像Aまでの道のりを，マス目にそった横線と，長方形の対角線になっているななめの線に分けて考える。マス目にそった横線の長さは１マス分，対角線の長さは計算では求められないが，長方形のたての辺と比べると，３マス分よりは長いことが分かる。また，対角線は長方形のたての辺と横の辺をたした長さより短いので，４マス分より短いことが分かる。よって，マス目にそった部分の長さと合わせて，おばあさんの家から銅像Aまでの道のりは，４マス分より長く５マス分より短いと分かる。

同じように考えると，銅像Ｂまでの道のりのななめの部分は，１マス分より長く２マス分より短いことが分かる。マス目にそった部分の長さと合わせると，４マス分より長く５マス分より短い。同様に，銅像Ｃまでの道のりは，３マス分より長く４マス分より短いことが分かる。よって，銅像Ｃまでの道のりが最も短くなる。

銅像Aまでの道のりと銅像Ｂまでの道のりを比べる。それぞれ，おばあさんの家から最初の曲がり角までの１マス分を除《のぞ》いて考えると，残りの部分がどちらも３マスかける１マスの長方形の中に入っている。銅像Aまでの道のりについて，おばあさんの家から１マス進んだ曲がり角の点をａ，銅像Aがある点をａ’，同様に銅像Ｂまでの道のりについて，おばあさんの家から１マス進んだ曲がり角の点をｂ，銅像Ｂがある点をｂ’とすると，下の図のようになる。

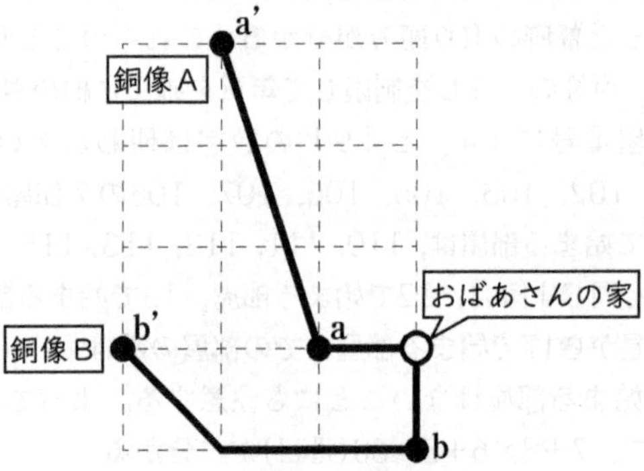

ここで，ａとｂ，ａ’とｂ’がいっちするように移動させてみると，

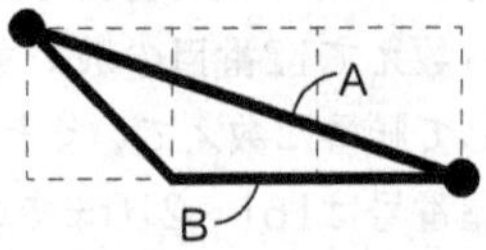

となり，Aの道のりよりＢの道のりの方が長いことが分かる。

よって，道のりが長い方から順に銅像Ｂ→銅像A→銅像Ｃである。

検査ではコンパスの持ちこみはできないが，次のように考えることもできる。長方形の対角線の長さを計算することは難《むずか》しいので，円を使って考える。それぞれの銅像への道のりの中で，対角線がはじまる点を中心として，対角線の長さを半径とした円をかく。下の図におけるａ，ｂ，ｃがそれぞれの円の中心である。

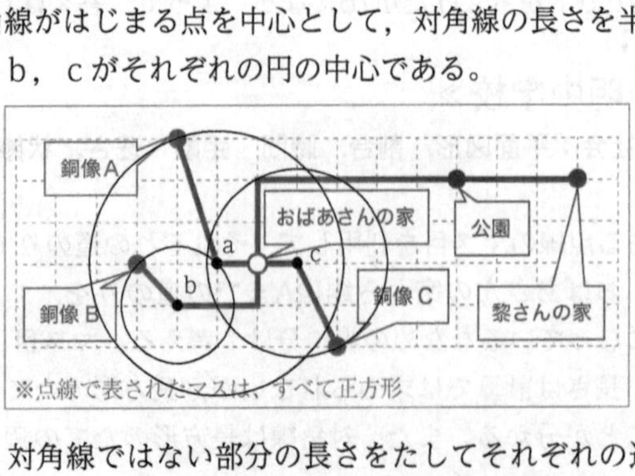

これをふまえて，対角線ではない部分の長さをたしてそれぞれの道のりの長さをかく

と，次の図のようになる。

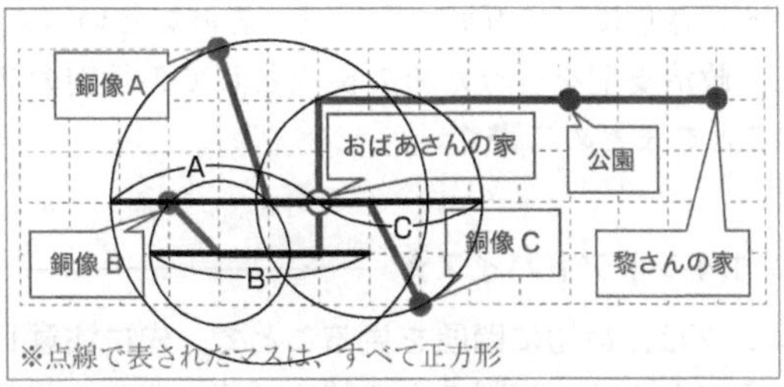

よって，道のりは長い方から順番に，**銅像B**，**銅像A**，**銅像C**である。

（2） 割合《わりあい》を求めるときには，比べる数をもとにする数でわればよい。よって，160÷250×100＝64(%)が答えである。

（3） 午前10時に黎《れい》さんの家を出発し，途中《とちゅう》の公園で20分間休み，午前10時44分におばあさんの家に到着《とうちゃく》したので，黎さんと明さんが歩いていた時間は，44－20＝24(分間)である。黎さんの家からおばあさんの家までの道のりが1.2km，つまり1200mなので，１分間あたりに歩いた平均の距離《きょり》は，1200÷24＝50(m)である。

（4） 午後２時におばあさんの家を出発し，途中で銅像A，Bを５分間ずつ鑑賞したところ，午後２時40分に帰宅《きたく》した。このとき，銅像を鑑賞《かんしょう》した時間は合わせて10分間であるから，歩いていた時間は40－10＝30(分)である。午後２時30分に帰宅するとき，歩いている時間は30－10＝20(分)である。歩く速さとかかる時間は反比例するので，時間を短くするには歩く速さを速くする必要がある。よって，30÷20＝1.5(倍)にする必要がある。

（5） ア　グラフの横線が一直線になり始めるところが，水がこおり始めた時点である。そのときの水の温度は０℃である。

イ　グラフより，ビーカーの中に試験管を入れてから５分後は，水がこおり始めているところにあたる。このとき，試験管に入れた水は全てが完全にこおっているわけではなく，液体である水と，固体である氷がまざったすがたになっている。

ウ　図３を見ると，**手順３で記録した水の様子**と，**手順５で記録した水の様子**とでは，水の表面の位置が変わっていることが分かる。これは，水がこおって氷になったことで，体積が大きくなったからである。寒い地域では，水道管の中に水が入ったままでは，水がこおって体積が大きくなることで水道管がこわれてしまう危険《きけん》がある。よって，水抜《みずぬ》きをする必要があると考えられる。

2 （1） アについて，アテルイが降伏《こうふく》したのは，源頼朝《みなもとのよりとも》ではなく坂上田村麻呂《さかのうえのたむらまろ》なので，誤《あやま》り。

イについて，894年に遣唐使《けんとうし》の派遣《はけん》は中止され，かな文字は遣唐使から伝えられたものではなく遣唐使廃止《はいし》の後に形成された日本風の文化なので，誤り。

ウについて，摂政《せっしょう》は軍を率いる役職ではなく天皇《てんのう》を補佐《ほさ》する役割《やくわり》であり，藤原道長《ふじわらのみちなが》は平泉《ひらいずみ》で政治は行っていないため，誤り。

エについて，1087年の後三年合戦の後に，藤原清衡《きよひら》は平泉に中尊寺《ちゅうそんじ》金色堂《こんじきどう》を築いている。よって，答えはエである。

（2） 資料２には，「光堂《ひかりどう》のまわりや屋根におおいかぶせるように，『おおい堂』が」あると書かれている。この「おおい堂」が雨や雪，風から光堂を守っていたと考えられる。

（3） 資料４には，東北地方に対して朝廷《ちょうてい》がたびたび軍を派遣して支配を進め，城をつくっていたことが書かれている。また，**資料３**より，朝廷は北に支配領域を広げていったことが分かる。さらに，多賀城・胆沢城《いさわじょう》・志波城《しわじょう》といった城は，戦いのための拠点《きょてん》としての役割と，政治支配を行うための拠点としての役割の２つを持っていたことが分かる。これらのことをまとめて書く。

★ワンポイントアドバイス★

リスニングは，最初に問題を見ることで，先に注意して聞くポイントをおさえられるようにしよう。資料をよく読めば答えられる問題が多いので，資料の読み取りの練習をしっかりとしよう。

＜宮城県立古川黎明中学校　作文問題解答例＞《学校からの解答例の発表はありません。》

私は，話し合いでいろいろな意見が出てきたとき，意見をまとめていくために，出た意見を整理しながら話し合いを進めていくことが大切だと考えます。なぜなら，意見を整理することで，それぞれの意見を比べやすくなり，考えが整理しやすくなるからです。

話し合いの中で，意見を整理しなければ，たくさんの意見を一度に比べなくてはいけなくなり，考えをまとめるのが大変になってしまいます。しかし，似た意見をまとめ，比べるべき点を明らかにすることで，意見を比べやすくなり，考えを整理しやすくなります。意見が対立したときも，意見を整理すれば，対立している点が分かりやすくなります。

また，いろいろな意見が出たときは，小さなグループに分かれて話し合うのもよいと思います。大人数の話し合いでは，一人ずつ意見を聞いて整理していくのに時間がかかり，とても大変です。また，大人数の中では発言しにくいという人がいるかもしれません。そこで，少人数で話し合って，その中で一度意見をまとめてもらえば，全体でもより意見を整理しやすくなると思います。

よって，私は出た意見を整理しながら話し合いを進めていくことが大切だと考えます。

○配点○

25点

＜作文問題解説＞

基本（作文：テーマ型，自分の意見を述べる）

テーマに合わせて自分の意見を述べる問題である。自分の意見とその理由が論理的《ろんりてき》に伝わるような，分かりやすい作文になるよう心がける。司会として参加者の意見をまとめていくためにできることとしては，自分の意見を言うことではなく，参加者から出た意見をまとめたり，グループ分けをしたりすることが考えられる。また，同じような意見をもつ人だけの話を聞くのではなく，反対意見を取り入れるなど，公平性について書いてもよい。

十分に字数があるので，気をつけることを複数挙げて，理由を書いてもよい。このとき，意見をまとめていくために気をつけることという主題から外れないように注意する。

★ワンポイントアドバイス★

話し合いの司会をしたことがなくても，自分ならどのようなことに気をつけるかと，その理由を説明できればよい。段落《だんらく》分けを活用して，自分の意見をまとめる練習をしておこう。

＜宮城県立仙台二華中学校　作文問題解答例＞《学校からの解答例の発表はありません。》

　私は，分かりやすい発表にするために，校外学習にカメラとメモ帳を持っていけばよいと考えます。理由はそれぞれ二つあります。

　まず，カメラを持っていく一つ目の理由は，観察したものの写真をとることで，あとで発表の準備をするときに，見直すことができるからです。発表の準備をするときに，写真があれば，発表する内容をより分かりやすくまとめるのに役立つと思います。二つ目の理由は，発表するときに写真を使えば，観察したものがどんな様子だったかを，クラスの人たちにも見てもらうことができるからです。

　次に，メモ帳を持っていく一つ目の理由は，観察して気がついたことをその場で書きとめることができるからです。気がついたことを忘れないうちに記録しておけば，発表の材料になります。二つ目の理由は，観察したもののスケッチをすることができるからです。小さくてカメラではとりづらいものや，動きやにおいなど写真ではわからないことをメモ帳にスケッチしておけば，発表で使うことができます。

　したがって，分かりやすい発表にするために，私は校外学習にカメラとメモ帳を持っていけばよいと思います。

○配点○

25点

＜作文問題解説＞

基本（作文：テーマ型，自分の意見を述べる）

　テーマに合わせて自分の意見を述べる問題である。自分の意見とその理由が論理的《ろんりてき》に伝わるような，分かりやすい作文になるように心がける。問題文には「分かりやすい発表にするために」と書かれているので，発表で使えるような記録が残せるものや，観察したいものをよりくわしく観察するための道具などが挙げられる。

　十分に字数があるので，理由を具体的に書いたり，持っていくものを複数個書いたりしてもよいだろう。また，分かりやすい作文を目指し，一段落《だんらく》目に結論，次の段落にその理由，最後の段落にまとめを書くなど，段落分けを行うとよい。

★ワンポイントアドバイス★

問題文の意図をしっかり読み取り，それに合った題材を挙げて，理由を述べよう。身近な例で出題されているので，自分の経験をもとに理由を書いてもよい。

MEMO

大切なことはメモしておこうネ！

2023年度

★★★★★★★★★★★★★★★★★★★★★★★

入　試　問　題

2023年度

宮城県立中学校入試問題

【総合問題（筆記及び外国語（英語）のリスニング）】 （60分）　＜満点：100点＞

（放送台本）

1　これから英語で自己紹介をします。№１と№２の内容をもっとも適切に表しているものを，次のA，B，Cの中から，それぞれ１つずつ選び，記号で答えなさい。英語は２回放送されます。【空白２秒】では，始めます。【空白２秒】

№１

Hello. My name is Satoshi. Nice to meet you. I like sports. I sometimes watch baseball games.

【空白５秒】

くり返します。

Hello. My name is Satoshi. Nice to meet you. I like sports. I sometimes watch baseball games.

【空白10秒】

№２

Hi! I'm Aya. Nice to meet you. My birthday is June fifth. I want a cap for my birthday.

【空白５秒】

くり返します。

Hi! I'm Aya. Nice to meet you. My birthday is June fifth. I want a cap for my birthday.

【空白15秒】

つぎの問題に移ります。

2　アメリカから日本に来たソフィアさんとお母さんはレストランにいます。二人が席に着くと，店員さんがメニューを持ってきました。店員さんとお母さん，ソフィアさんの会話を聞いて，二人が注文したものとして正しい組み合わせを，次のA，B，C，Dの中から１つ選び，記号で答えなさい。会話は２回放送されます。【空白２秒】では，始めます。【空白２秒】

Clerk　: Hello. Welcome to our restaurant. This is our menu today.

Mother : Thank you.

Clerk　: A spaghetti set is nice. You can eat spaghetti, salad and cake.
It's 800 yen. A steak set is good, too. You can eat steak, rice and soup.
It's 900 yen.

Mother : I see.
Clerk : What would you like?
Mother : What do you want, Sophia?
Sophia : I'd like a steak set. How about you, mom?
Mother : Well, I'd like a spaghetti set.
Clerk : OK, one steak set and one spaghetti set. Anything else?
Mother : No, thank you.
【空白15秒】

くり返します。
Clerk : Hello. Welcome to our restaurant. This is our menu today.
Mother : Thank you.
Clerk : A spaghetti set is nice. You can eat spaghetti, salad and cake. It's 800 yen. A steak set is good, too. You can eat steak, rice and soup. It's 900 yen.
Mother : I see.
Clerk : What would you like?
Mother : What do you want, Sophia?
Sophia : I'd like a steak set. How about you, mom?
Mother : Well, I'd like a spaghetti set.
Clerk : OK, one steak set and one spaghetti set. Anything else?
Mother : No, thank you.
【空白15秒】

1 外国語（英語）のリスニング

1　これから英語で自《じ》己《こ》紹介《しょうかい》をします。№1と№2の内容を**もっとも適切に表しているもの**を，次のA，B，Cの中から，それぞれ**1つずつ選び**，記号で答えなさい。英語は2回放送されます。

No. 1

A　B　C

No. 2

A　　　　　　　　　　B　　　　　　　　　　C

2　アメリカから日本に来たソフィアさんとお母さんはレストランにいます。二人が席に着くと，店員さんがメニューを持ってきました。店員さんとお母さん，ソフィアさんの会話を聞いて，二人が注文したものとして**正しい組み合わせ**を，次のA，B，C，Dの中から**1つ選び**，記号で答えなさい。会話は2回放送されます。

	ソフィア	お母さん
A	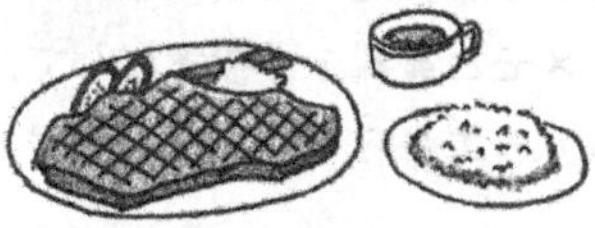 800円	 900円
B	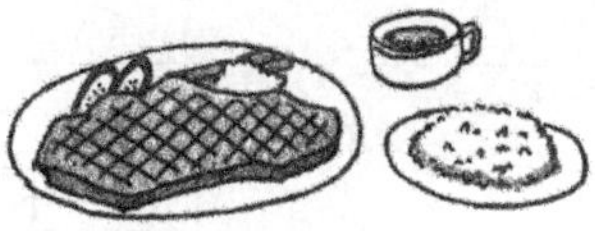 900円	 800円
C	 800円	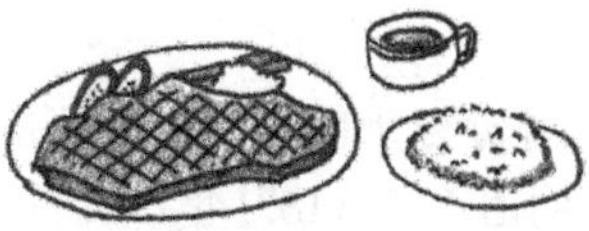 900円
D	 900円	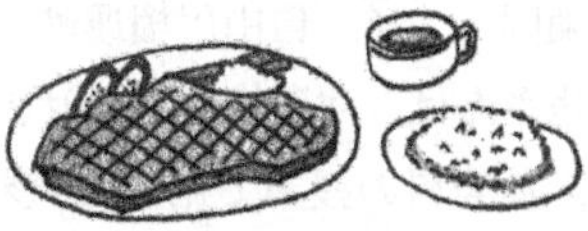 800円

2 達也《たつや》さんは，物の選び方や使い方について家族と話をしています。次の１，２の問題に答えなさい。

1　達也さんは，お金を貯《た》めて自転車を買おうと考えています。このことについて，お父さんと話をしています。あとの(1)~(3)の問題に答えなさい。

お父さん	最近，おこづかいをあまり使わず，お金を貯めているそうだね。
達也さん	うん。あと１年くらいはお金を貯めて，新しい自転車を買いたいんだ。
お父さん	なるほど。お金といえば，あと１年くらいで㋐お札《さつ》のデザインが新しいものになることを知っているかい。
達也さん	お札が変わってしまうのか。今までのお札は使えなくなるのかな。
お父さん	大丈夫だよ。今までのお札も使えるから安心していいよ。ところで，お金が貯まったらどのような自転車を買うつもりなんだい。
達也さん	実はまだ決めていないんだ。㋑どのような自転車がいいのだろう。
お父さん	せっかくお金を貯めて買うのだから，よく考えるといいよ。
達也さん	わかった。ありがとう。

(1)「㋐お札のデザインが新しいものになる」とありますが，達也さんは，五千円札に描《か》かれる津田《つだ》梅子《うめこ》について調べ，**メモ**を作りました。また，達也さんは，社会科の授業で用いた**資料１**をふまえて，津田梅子がアメリカに留学したのは，明治政府の進めた新しい国づくりと関係があったのではないかと考え，**ノート１**にまとめました。**メモ**と**資料１**を参考にして，達也さんがまとめた**ノート１**の **あ** に入る適切な言葉を，あとの**ア～エ**から**１つ選び**，記号で答えなさい。

メモ　津田梅子について調べたこと

・明治４年（1871年）11月に満６才でアメリカに向けて出発した。
・アメリカで11年間新しい知識や文化を学んだ。
・帰国後は日本の女子教育に力をつくした。

資料１　社会科の授業で用いたプリントの一部

《五箇条《ごかじょう》の御誓文《ごせいもん》の一部をわかりやすくしたもの》
　一　みんなが志をかなえられるようにしよう。
　一　新しい知識を世界から学び，国を栄えさせよう。

《日本が欧米《おうべい》に送った使節団の説明》
　明治４年（1871年）11月，大久保利通《おおくぼとしみち》らは，日本の使節団として，欧米の国々の視察《しさつ》に出発し，約２年間，新しい政治制度や工業などを学んだ。

ノート１

　津田梅子のアメリカ留学は，明治政府による新しい国づくりと関係がある。明治政府は，日本を栄えさせるために，欧米の文化を取り入れながら， **あ** を進めようとしたのだろう。

ア　鎖国《さこく》　　**イ**　自由民権《みんけん》運動　　**ウ**　近代化　　**エ**　情報化

(2)　達也さんは，津田梅子がなぜアメリカへ留学することになったのかということについて調べを進め，社会科の授業で用いた**資料２**と学制《がくせい》公布後の就学率《しゅうがくりつ》の変化を示した**資料３**をふまえて，**ノート２**にまとめました。次のページの**資料２**と**資料３**を参考にして，達也さんがまとめた**ノート２**の **い** に入る**適切な言葉**を書きなさい。

資料2　社会科の授業で用いたプリントの一部

《「日本の女子高等教育の歴史」という資料の内容をわかりやすくしたもの》
　北海道を開発する仕事をしていた黒田《くろだ》清隆《きよたか》（のちの内閣《ないかく》総理大臣）は，明治４年（1871年）１月に欧米を訪問《ほうもん》した際，アメリカの女性の地位が高いことに心を打たれた。黒田は，日本の将来《しょうらい》の女子教育にそなえるために，女子のアメリカ留学を後押《あとお》しした。

資料3　学制公布後の就学率の変化

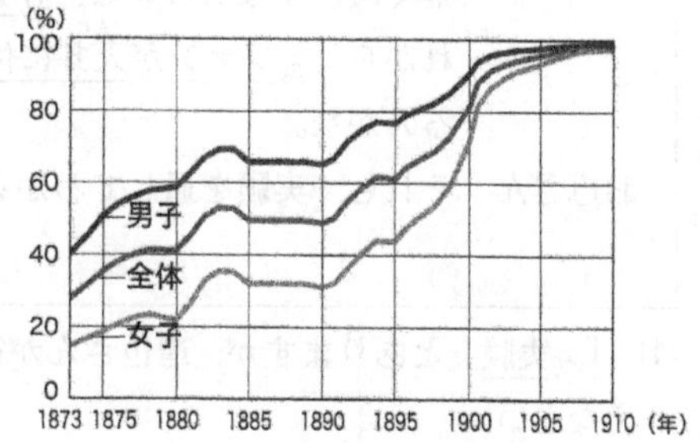

（文部省「学制百年史」より作成）

ノート2

　明治５年（1872年）に公布した学制によって，６才以上の男女が小学校に通うことが定められた。明治６年（1873年）における子供《こども》全体の就学率は，30%程度にとどまっており，ほとんどの子供たちが学校に通うまでには，学制公布から約30年かかった。明治６年における就学率について，およそ30%という数字とともに注目すべき点は，［　い　］ということである。
　明治政府は，欧米が行っているような教育を日本に取り入れようとした。津田梅子のアメリカ留学は，明治政府のこうした動きのなかで実現したと考えられる。

(3)　「㋑どのような自転車がいいのだろう」とありますが，達也さんは，購入《こうにゅう》する自転車の候補《こうほ》として，見た目や機能がよく似ているＡとＢの自転車を選びました。さらに，家庭科の授業で用いた**資料４**をふまえて**表１**を作成し，よく考えた結果，Ａの自転車を買うことにしました。達也さん**がＡの自転車を買うことに決めた理由**として考えられることを，**資料４**と**表１**を参考にして，Ａの自転車とＢの自転車を比較《ひかく》しながら書きなさい。

資料4　家庭科の授業で用いたプリントの一部

《物を選ぶとは》
　どのような物を選ぶかということは，自分が大事にしている考えを表現することであるといえます。上手な物の選び方を工夫《くふう》しましょう。

《物を選ぶときの観点の例》
・値段《ねだん》　・機能　・安全性

表1　ＡとＢの自転車を比較したもの

購入する自転車の候補	値段	エスジーマーク
Ａの自転車	５万円	あり
Ｂの自転車	３万円	なし

2　達也さんは，電気式暖房《だんぼう》器具を使って部屋を暖《あたた》めることにしました。このことについて，お母さんと話をしています。あとの(1)～(3)の問題に答えなさい。

達也さん　冬は暖房器具を使っても部屋全体を暖めるには時間がかかるよね。
お母さん　暖房器具と一緒にファンを回すと，足もとまで早く暖かくなるのよ。

達也さん　そうなんだね。でも，ファンを回すと本当に足もとまで早く暖かくなるのかな。㋒実験をして調べてみるよ。それから，㋓ファンが天井《てんじょう》に付いていることにも意味があるのかな。

お母さん　それも，実験を通してわかるといいね。

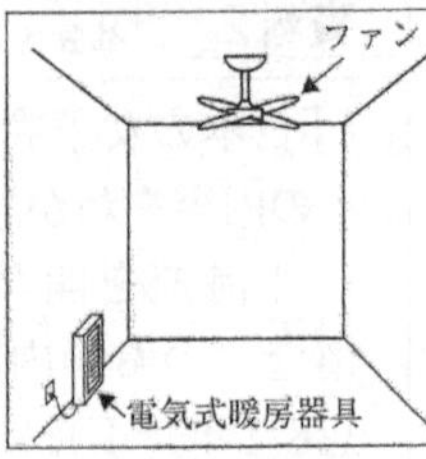

(1)「㋒実験」とありますが，達也さんが行った次の2つの実験を参考に，あとのア，イの問題に答えなさい。

実験1

［手順］

1　部屋に見立てた空《から》の水槽《すいそう》を準備する。

2　水槽の中に，暖房器具の代わりとして白熱電球を置く。

3　水槽の内側の，上の方と下の方にそれぞれ温度計を取り付け，ふたをする。

4　電源装置《でんげんそうち》と白熱電球をつなぎ，白熱電球をつけ，5分ごとにそれぞれの温度計で温度を測る。

5　手順4で測った温度を表2に記録する。

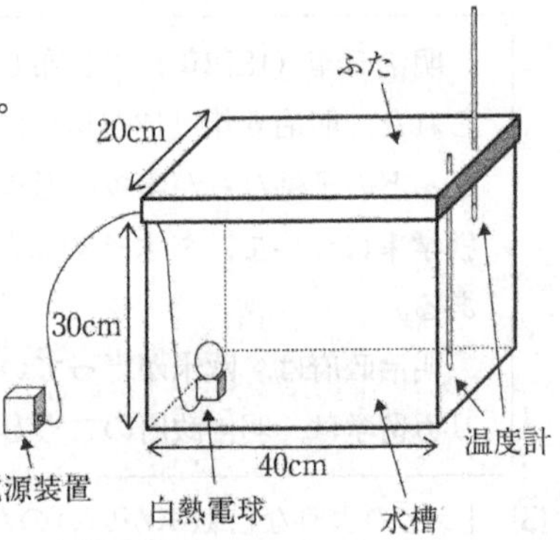

表2

白熱電球をつけてからの時間	0分	5分	10分	15分	20分
上の方の温度（℃）	10	21	28	35	39
下の方の温度（℃）	10	15	20	24	27

実験2

［手順］

1　実験1の装置のふたの真ん中付近に，ファンの代わりとして乾電池《かんでんち》で動くプロペラを取り付ける。

2　白熱電球をつけ，プロペラを回し，実験1と同じように5分ごとにそれぞれの温度計で温度を測る。

3　手順2で測った温度を表3に記録する。

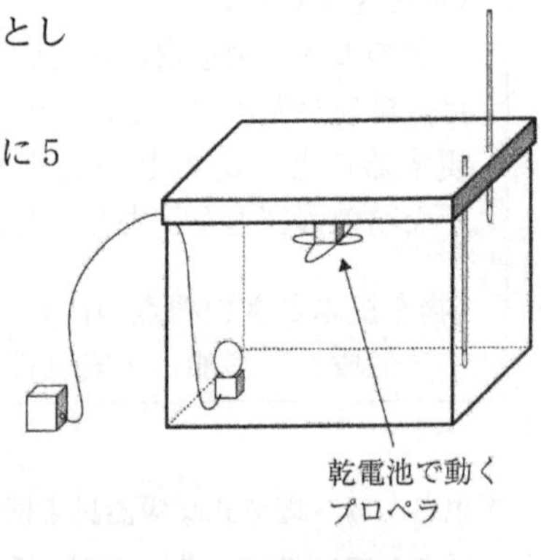

表3

白熱電球をつけてからの時間	0分	5分	10分	15分	20分
上の方の温度（℃）	10	19	25	30	34
下の方の温度（℃）	10	21	27	31	35

ア　実験1の表2の，0分から5分の間では，水槽の中の下の方の温度は，1分間あたり何度（℃）上がったか，答えなさい。

イ **実験**２の**表**３から，**下の方の温度が30℃**になったのは，白熱電球をつけてから**何分何秒後**と考えられるか，**適切なもの**を次の**あ～え**から**１つ選び**，**記号**で答えなさい。ただし，10分から20分の間では，下の方の温度は一定の割合《わりあい》で上がるものとします。

あ　12分40秒　　**い**　13分00秒　　**う**　13分45秒　　**え**　14分15秒

(2)「㊈ファンが天井に付いている」とありますが，達也さんは，**表２**と**表３**から**ファンが天井に取り付けられている理由**を，**ノート３**のようにまとめました。**表２**，**表３の結果**をもとにして，**暖められた空気の性質**と**動きにふれながら** [う] に入る**説明**を書きなさい。

ノート３

ファンが天井に付けられている理由は， [う] ことによって，部屋の下の方を早く暖めることできるから。

(3) 達也さんは，コンピュータを使って，水槽の中が適温になった時に，自動でスイッチが切れるプログラムをつくることにしました。そこで，**実験２**の装置の２つの温度計を取り外し，新たに温度センサーを取り付け，**条件**と**プログラムの流れ**を考えました。

[条件]

・測った温度が設定温度以上なら，白熱電球を消しプロペラを止める。

・測った温度が設定温度より低いなら，５分間待ち再び温度を測る。

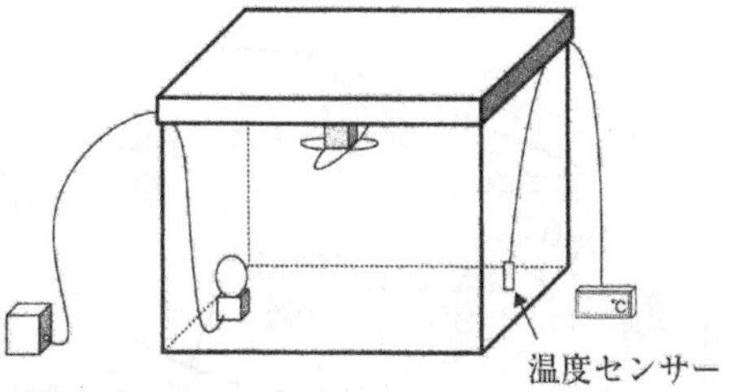

[プログラムの流れ]

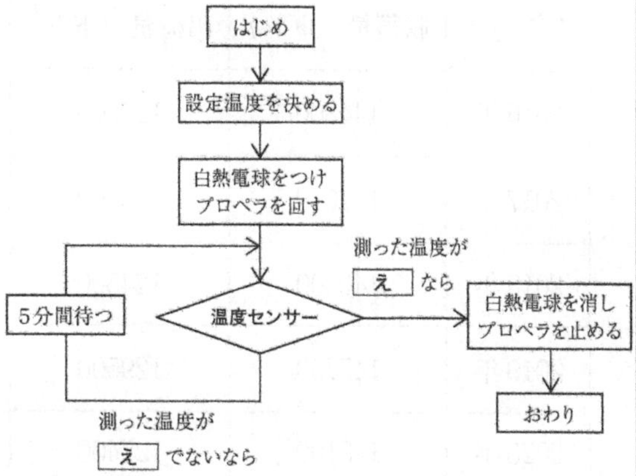

達也さんは，**条件**の設定温度を25℃としたいと考えたので，**プログラムの流れ**の [え] を「25℃」として，水槽の中が10℃の状態からプログラムを実行しました。しかし，15分を過ぎても**「おわり」に進みませんでした**。そこで，プログラムを見直したところ， [え] **を「25℃」としたところが**誤《あやま》**り**だと気づきました。次の**ア**，**イ**の問題に答えなさい。

ア [え] を「25℃」としたところが誤りなのは，プログラムにおいて**どのようなことが起こるからか**，**「測った温度が」の書き出しに続けて書きなさい**。

イ 正しくプログラムを動かすには， [え] **をどのように修正するとよいか**，**数字や記号**，**言葉を用いて書きなさい**。

＜宮城県古川黎明中学校＞

[3] 黎《れい》さんは，家族と一緒《いっしょ》に休日を過ごしています。次の１，２の問題に答えなさい。

１　黎さんは，お母さんと話をしながら，スーパーマーケットの食品売り場で買い物をしています。あとの⑴～⑶の問題に答えなさい。

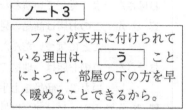

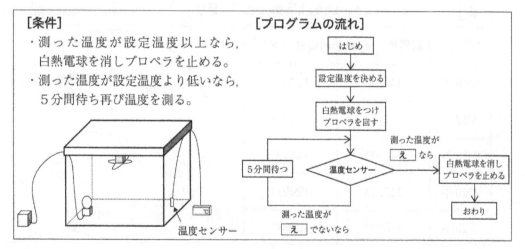

黎　さ　ん　同じピーマンでも，㋐さまざまな産地で収穫《しゅうかく》されたものが並《なら》んでいるね。
お母さん　そうね。いろいろな産地から市場を経由して，このスーパーマーケットに運ばれてくるのね。
黎　さ　ん　前に買い物にきた時には，今とは違《ちが》う産地のピーマンが並んでいたよ。
お母さん　よく覚えているわね。細かな違いに気づくなんて偉《えら》いわ。
黎　さ　ん　このお店は商品の見せ方が上手だから，さまざまな産地のピーマンが売られていることに気づいたんだ。
お母さん　このお店は，地域《ちいき》の人に気持ちよく買い物をしてもらうために，利用者の意見を聞いたり，商品を上手に並べたり，㋑さまざまな工夫《くふう》をしているわね。
黎　さ　ん　うん，ピーマン以外にも㋒それぞれの商品が目立つように置かれているよ。

⑴「㋐さまざまな産地で収穫されたものが並んでいる」とありますが，次の**表１**，**資料１**から読み取れることとして適切なものを，あとの**ア**～**エ**から**１つ選び**，**記号**で答えなさい。

表１　ピーマンの全国合計収穫量と出《しゅっ》荷《か》量の変化

	収穫量（トン）	出荷量（トン）
2016年	144800	127000
2017年	147000	129800
2018年	140300	124500
2019年	145700	129500
2020年	143100	127400

（農林水産省「作況《さっきょう》調査」より作成）

資料１　ピーマンの産地ごとの出荷量の割合《わりあい》（2020年）

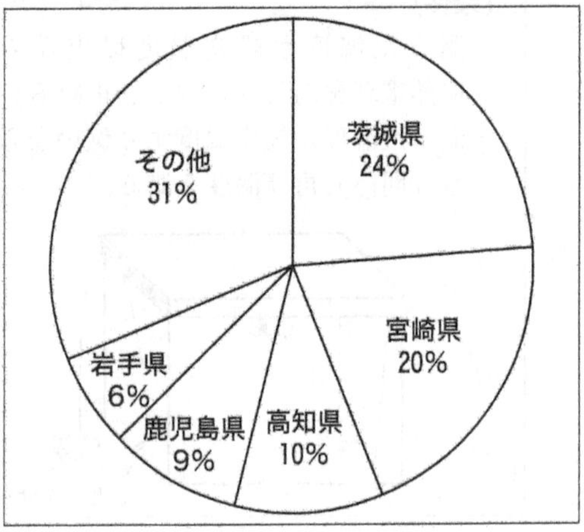

（農林水産省「作況調査」より作成）

ア　2016年以降《いこう》の５年間，全国の農家で収穫されたピーマンは，収穫されたものの９割以上が出荷されている。

イ　全国合計収穫量と出荷量を見ると，2017年以降2020年までの間で，前年に比べ収穫量が増加した年は，出荷量も増加している。

ウ　2020年の宮崎県でのピーマンの出荷量は，３万トン以上であり，高知県でのピーマンの出荷量は，２万トン以上である。

エ　2020年における全国のピーマンの出荷量のうち，九州地方から出荷されたものの割合は，全体の４分の１未満である。

⑵「㋑さまざまな工夫」とありますが，黎さんが行ったスーパーマーケットでは，**資料２**の意見をふまえ，利用者がレジで会計をする際の並び方を工夫しました。次の**図１**，**図２**を比べ，工夫をしたことで，利用者に**どのような良い点があると考えられるか**，説明しなさい。

資料2　利用者からの意見

会計を待っている時，私の方が先に並んでいるのに，別の列に後から並んでいる人が早くレジで会計をしていることがあります。どうにかなりませんか。

図1　工夫する前の並び方

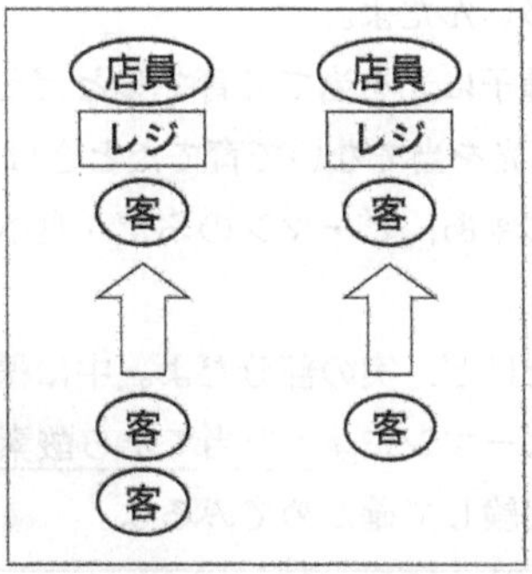

図2　工夫した後の並び方

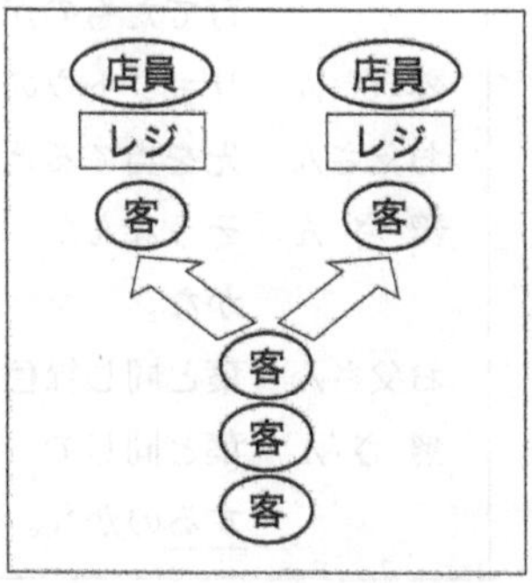

(3)　「㋒それぞれの商品が目立つように置かれている」とありますが，缶詰《かんづめ》が**図3**のように積み重ねられていました。この缶詰の形はすべて同じ円柱で，底面の半径は4㎝，高さは10㎝です。**図4**は，積み重ねられた缶詰の2段《だん》目と3段目だけを取り出し上から見て重なっている部分をぬりつぶして表したものです。また，**表2**はそれぞれの段に積み重ねられた缶詰の個数を示したものです。あとの**ア**～**エ**の問題に答えなさい。ただし，円周率は3.14とします。

図3

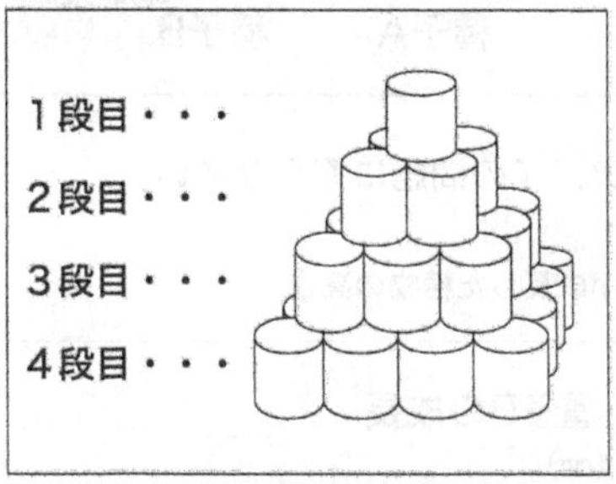

図4

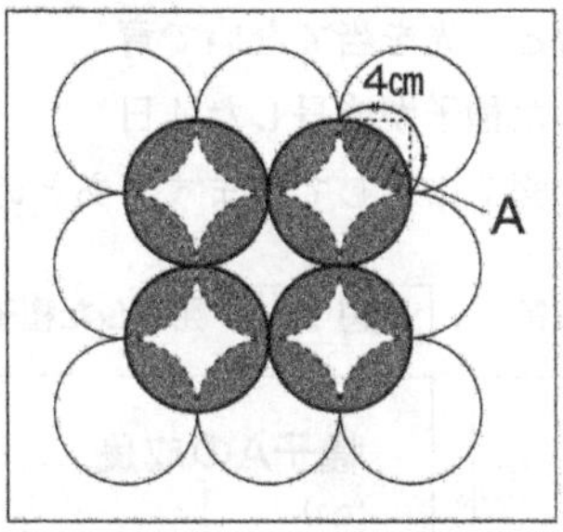

表2

段数	缶詰の個数
1段目	1個
2段目	4個
3段目	9個
4段目	16個

ア　缶詰と同じ，底面の半径が4㎝，高さが10㎝の円柱があります。円柱の高さは変えずに，**底面の直径が2倍**になるとき，**円柱の体積は何倍**になるか答えなさい。

イ　図3，図4のような積み方で段数が8段になるとき，缶詰は合計で**何個**になるか，答えなさい。ただし，すべて同じ大きさの缶詰が積み重ねてあることとします。

ウ　図4の斜線《しゃせん》部分Aは，缶詰と缶詰が重なってできる図形です。**斜線部分Aの面積は何㎠**になるか答えなさい。

エ　図3，図4のような積み方で段数が5段になるとき，缶詰と缶詰が重なってできる**図形の面積は合計何㎠**になるか，その**求め方を式と言葉を使って**説明しなさい。ただし，缶詰と缶詰が重なってできる図形は，すべて合同とします。

2　買い物を終えて家に帰って来た黎さんが，夕食の準備をはじめようとしているお父さん，お母さんと話をしています。あとの(1)，(2)の問題に答えなさい。

お母さん　いため物をつくるから，もやしとピーマンを持ってきてちょうだい。
黎 さ ん　はい，持ってきたよ。もやしは植物のからだのどの部分なのかな。
お父さん　白い部分はほとんど茎《くき》だよ。豆に光を当てないで発芽させたものを「もやし」と言うんだよ。スーパーマーケットで売られている「もやし」は㋓リョクトウの種子を育てたものが多いんだよ。

黎　さ　ん　リョクトウの種子に光を当てて育てるとどうなるのかな。

お父さん　光を当てると，光を当てないで育てたときほど長く伸びず，色は緑色になるんだよ。

黎　さ　ん　そうなんだ。じゃあ，ピーマンのふだん食べている部分は植物のからだのどの部分かな。

お父さん　葉と同じ緑色だけど，実の部分だよ。中に種が入っているからね。

黎　さ　ん　葉と同じで，ピーマンに㋔光を当てたら酸素を出したり二酸化炭素を取りこんだりするのかな。実験して確かめてみるよ。

(1)「㋓リョクトウの種子」とありますが，リョクトウの種子を発芽させ，図5のように，子葉2枚《まい》のものを種子A，子葉の片方《かたほう》を切り取ったものを種子Bとします。4日目の成長の様子について，種子Aに光を当てて育てた場合を①，光を当てないで育てた場合を②として図6に示しています。また，光を当てて育てた場合と，光を当てないで育てた場合について，発芽した種子が成長した4日目と8日目の植物の高さを図7に示しています。あとのア，イの問題に答えなさい。

図5　発芽させたリョクトウの種子

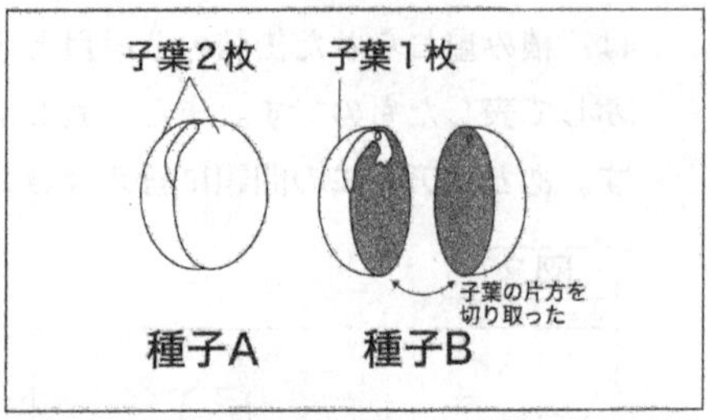

図6　発芽した種子の成長

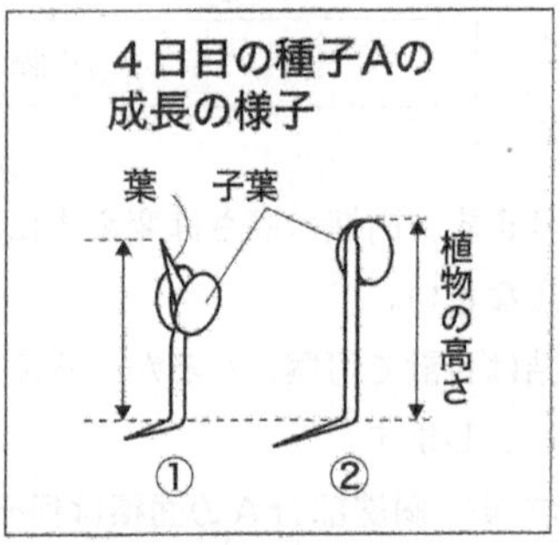

図7　発芽した種子が成長した植物の高さ

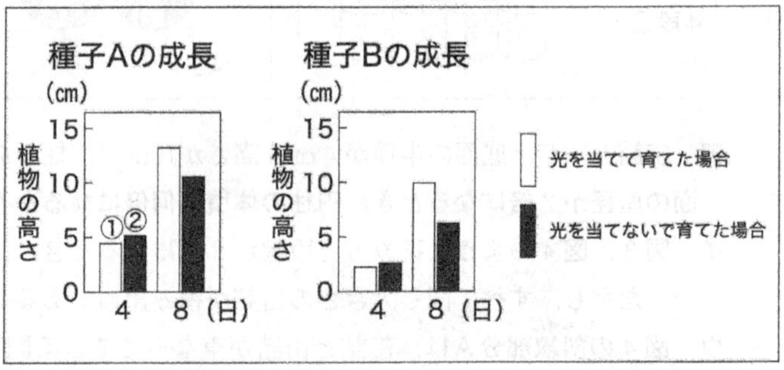

ア　発芽した種子が成長した植物の高さについて，図7から考えられることを述べた文として，**もっとも適切なものを**，次のあ～うから**1つ選び**，記号で答えなさい。

あ　子葉の養分だけを使って成長する。

い　光に当たることでつくられた養分だけを使って成長する。

う　子葉の養分と，光に当たることでつくられた養分を使って成長する。

イ　図6と図7から，発芽した種子Aの成長について，4日目の時点では，光を当てて育てた①よりも，光を当てないで育てた②のほうが長く伸《の》びていました。その後，8日目では，光を当てて育てた①のほうが，②と比べて長く伸びていました。このように，発芽した種子に光を当てないで育てた方が，はじめは長く伸びるという性質があります。この性質が，図8のように土の中に埋《う》められた種子が発芽したとき，**成長に有利になる理由**を，**図7**を参考にして説明しなさい。

図8　**土の中の種子**

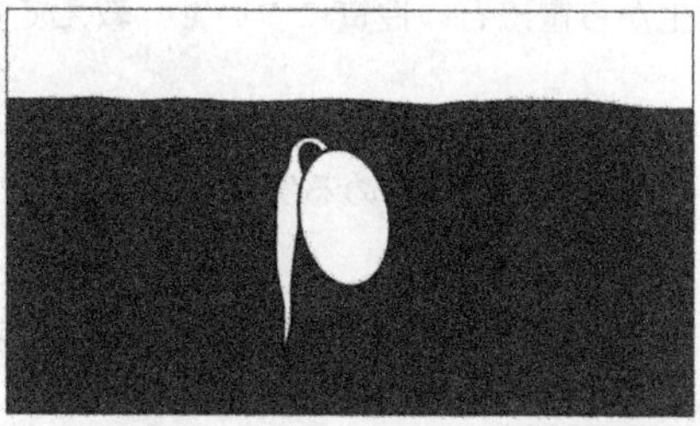

⑵　「㋔<u>光を当てたら酸素を出したり二酸化炭素を取りこんだりする</u>」とありますが，黎さんは，**ピーマンに光を当てたことによる酸素の体積の割合と二酸化炭素の体積の割合の変化を調べる実験**を行いました。あとの**ア**，**イ**の問題に答えなさい。

実験

ピーマン4個をポリエチレンの袋《ふくろ》に入れた**袋C**と，ピーマン4個をポリエチレンの袋に入れたものを箱に入れて光を当てないようにした**袋D**，空気だけを入れた**袋E**，空気だけを入れたものを箱に入れて光を当てないようにした**袋F**を用意する。それぞれの袋に息を吹《ふ》きこんだあと，袋の口を輪ゴムでしぼり，酸素と二酸化炭素の体積の割合を測ったところ，すべての袋で酸素は約16%，二酸化炭素は約5%だった。その後，照明装置《そうち》でそれぞれ光を当て，3時間後に袋の中の気体の体積の割合を測った結果を**表3**に記録した。

袋C

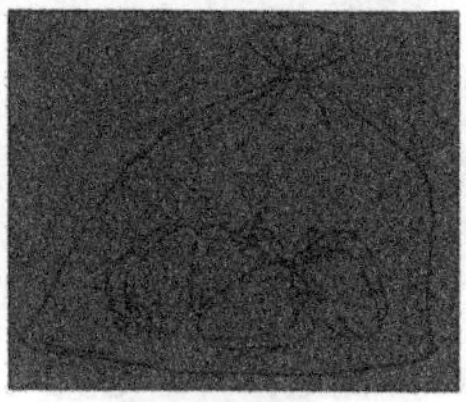

袋D

袋E

袋F

表3

	袋C	袋D	袋E	袋F
酸素の割合 (%)	16	14	16	16
二酸化酸素の割合 (%)	5	7	5	5

ア　ピーマンの呼吸《こきゅう》のはたらきで変化した酸素の体積を知るために，どの袋の数値《すうち》を比べればよいか，**もっとも適切な組み合わせ**を，次の**あ**～**え**から**1つ選び**，**記号**で答えなさい。

あ　**袋C**と**袋E**　　**い**　**袋C**と**袋F**　　**う**　**袋D**と**袋E**　　**え**　**袋D**と**袋F**

イ　**表3**において，**袋C**で酸素の体積の割合の**数値が変化していない理由**を説明しなさい。ただし，ポリエチレンの袋は酸素や二酸化炭素を通さないものとします。

＜宮城県仙台二華中学校＞

3　弘二《こうじ》さんと華子《はなこ》さんの学校では，研修旅行で大学の研究室を訪問《ほうもん》しています。次の１～３の問題に答えなさい。

１　弘二さんは，研究室で大学生から電磁石《でんじしゃく》の性質について，教えてもらっています。あとの⑴，⑵の問題に答えなさい。

大学生　はじめに，㋐電磁石の性質を確かめる実験をしてみましょう。
弘二さん　どんな実験なのか楽しみです。
大学生　それはよかったです。電磁石の性質に関する実験を行い，その後，㋑永久磁石と電磁石の性質を利用した乗り物について話をします。
弘二さん　ぜひ，そのような乗り物のしくみを知りたいです。

⑴　「㋐電磁石の性質」とありますが，弘二さんは，大学生と電磁石の性質に関する実験を行いました。次のア，イの問題に答えなさい。

ア　次の①～④は，図１のような電磁石と永久磁石の性質について述べたものです。**電磁石の性質**を述べたものとして**正しい組み合わせ**を，あとのＡ～Ｄから**１つ選び**，記号で答えなさい。

①　常に磁石としてはたらく。
②　電流が流れているときだけ，磁石としてはたらく。
③　磁石の強さを変えることはできない。
④　磁石の強さを変えることができる。

図１　電磁石と永久磁石

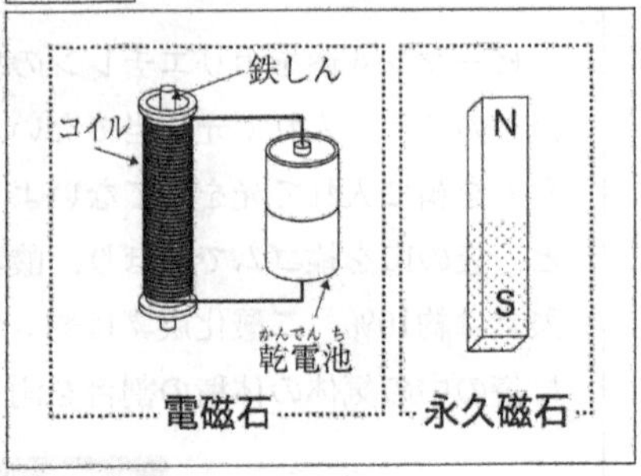

Ａ　①・③　　Ｂ　①・④　　Ｃ　②・③　　Ｄ　②・④

イ　コイル，乾電池，鉄しんを使い，コイルの巻《ま》き数と直列につなぐ乾電池の個数の条件を変えて実験をしました。図１の電磁石の鉄しんの片側《かたがわ》を，くぎをたくさん入れた容器にさし入れて，そっと持ち上げた時に，鉄しんについてきたくぎの本数をそれぞれの条件で調べ，その結果を表にしました。

表

条件＼結果	結果１	結果２	結果３	結果４	結果５	結果６
コイルの巻き数（回）	50	100	100	100	150	200
乾電池の個数（個）	1	1	2	3	1	1
くぎの本数（本）	8	14	22	34	19	23

コイルの巻き数と電磁石につく，くぎの本数の関係を調べるために必要な結果を表の結果１～結果６からすべて選び，解答用紙のグラフ用方眼に■印をかきこみなさい。ただし，０の点にはあらかじめ■印が記してあります。

⑵　「㋑永久磁石と電磁石の性質を利用した乗り物」とありますが，大学生は，電磁石がつくり出す力を使って最高時速603kmを実現しているリニアモーターカーのしくみについて，簡単《かんたん》なモデル

をもとに話をしてくれました。そのしくみについて，次のア，イの問題に答えなさい。

ア　図2のように，リニアモーターカーは，ガイドウェイの側壁《そくへき》にはり付けられている電磁石によって，反発力と引力を発生させて車体を浮上《ふじょう》させています。

　リニアモーターカーの車体が図3の位置にあるとき，車体を矢印の方向へ進めるためには，車体の あ ～ え の永久磁石は，それぞれ**側壁側に何極が向いているか**，答えなさい。

イ　図3において，車体が前進していくためには等間隔《とうかんかく》に並《なら》んでいる側壁上の電磁石のN極とS極を切り加え続ける必要があります。

　時速603kmで進んでいるとき，**何秒ごとに極を入れかえていることになりますか。小数第3位を四捨五入《ししゃごにゅう》して答えなさい。**ただし，側壁上の1つの電磁石の中央から，次の電磁石の中央までの距離《きょり》は1796mmとします。

図2　**車体が浮上するしくみ**

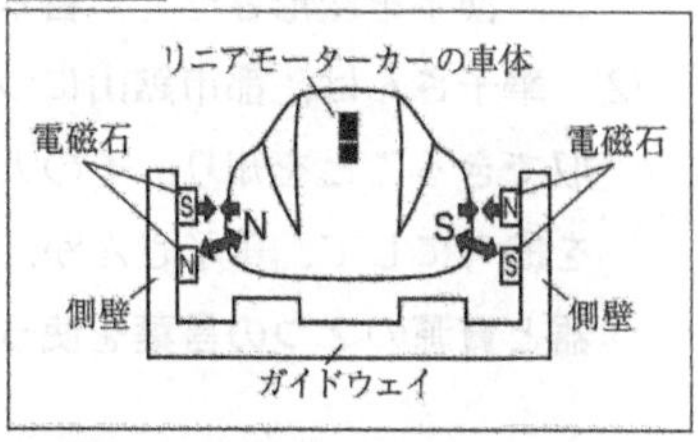

図3　**車体が前進するしくみ**

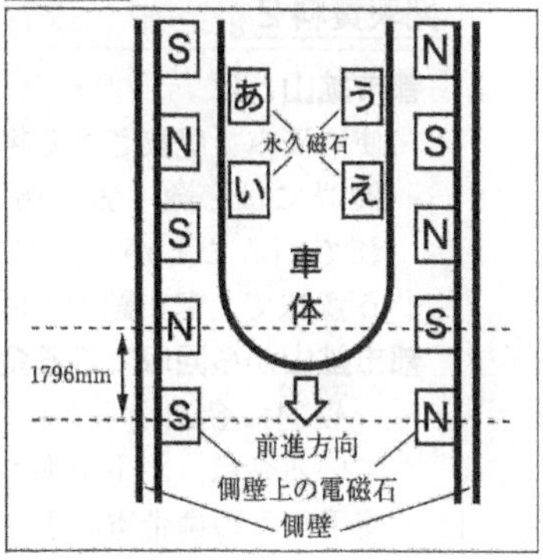

2　次の**発表資料1～3**は，華子さんが日本でとれる金をテーマに，黄金山産金遺跡《こがねやまさんきんいせき》（現在の宮城県涌谷町《わくや》）と都市鉱山についてまとめたものを，研究室で発表したものです。あとの(1)，(2)の問題に答えなさい。

発表資料1

○　**黄金山産金遺跡について**

・黄金山産金遺跡は，日本で初めて金がとれたところとして2019年に*1日本遺産《いさん》に認定《にんてい》され，今でも砂金《さきん》の存在《そんざい》が確認されている。

・この地方でとれた金が，東大寺《とうだいじ》の大仏づくりに使われたとされている。

・天平《てんぴょう》と記された瓦《かわら》が発見された。天平は聖武《しょうむ》天皇の時代の年号である。

○　**東大寺の大仏がつくられた時代の様子**

・病気の流行や貴族《きぞく》の反乱《はんらん》などがおこり，世の中がいっこうによくならなかった。

・聖武天皇は，仏教の力で国を治めようとして，東大寺の大仏をつくることを命じた。大仏づくりでは，日本中から材料が集められ，多くの人がかかわった。

・中国の進んだ政治のしくみや文化を学ぶため，使者や留学生が日本から中国に送られた。

***1日本遺産：地域《ちいき》の歴史的魅力《みりょく》や特色を通じて語られる，わが国の文化・伝統を文化庁《ちょう》が認定したもの**

(1)　東大寺の大仏がつくられた時代の説明として，**もっとも適切なもの**を，**発表資料1**をもとに，次の**ア～エから1つ選び**，**記号**で答えなさい。

ア　新しい国づくりのために，進んだ制度や文化，学問を取り入れようと，日本から小野妹子《おののいもこ》らを使者として隋《ずい》に送った。

イ　大化の改新によって，中国の制度を手本にして，都から全国へ支配を広げていくしくみを整備した。

ウ　病気や自然災害など，人の力がおよばないようなできごとから，国を守るために仏教に救いを求め，国ごとに国分寺がたてられた。

エ　漢字を変形させて，日本語の発音を表せるように工夫《くふう》したかな文字が作られた。

(2)　華子さんは，都市鉱山について調べていくなかで，使用済《ず》みの電子機器から金などの金属が回《かい》収《しゅう》できることを知り，その大切さについて発表しました。次のページの**発表資料２**，**発表資料３**を参考にして，華子さんが，使用済みの電子機器の**リサイクルが大切だと考えた理由を**，**電子機器**と**資源《しげん》**の**２つの言葉を使って書きなさい。**

発表資料２

都市鉱山とは

・使用済みで廃棄《はいき》される携帯《けいたい》電話などの電子機器には，金，銀，銅などの金属が含《ふく》まれていることから，都市にある鉱山という意味で，都市鉱山と呼ばれている。

都市鉱山から回収できる金について

・一般的《いっぱんてき》に金山からとれる＊2鉱石に含まれている金は，１トンあたり約５gである。

・使用済みの携帯電話１トン（約１万台）から回収できる金は，約280gになる。

・日本の都市鉱山にねむっているとされる金の量は，6800トンにのぼる。

＊2鉱石：役に立つ金属などを多く含む鉱物

（環境省広報誌《かんきょうしょうこうほうし》「エコジン2017年10・11月号」より作成）

発表資料３

金の＊3埋蔵量《まいぞうりょう》が多いとされる上位３ヶ国（2020年）

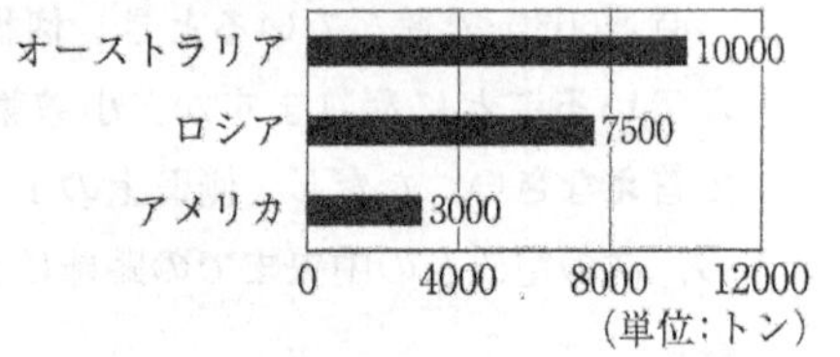

・日本の金の埋蔵量は，2009年の調査によれば14.8トンである。

・金の埋蔵量について，日本は2009年以降《いこう》，調査を行っていない。

＊3埋蔵量：天然資源が地中にうまっている量のこと

（資源エネルギー庁「埋蔵鉱量統計調査（2009）」と「アメリカ地質調査所資料（2021）」より作成）

3　大学の訪問を終えた弘二さんが，帰りの新幹線の車内で華子さんと先生と話をしています。あとの(1)～(3)の問題に答えなさい。

弘二さん	もうすぐ東京駅だね。
華子さん	そういえば，新幹線は東京駅が近くなると，㋒普通《ふつう》列車と並んで走る区間があるよね。
弘二さん	行きの新幹線では見られなかったので，帰りは見ることができるといいな。それにしても，どうしてこの新幹線の座席《ざせき》は通路をはさんで２人席と３人席に分かれているんだろう。
先　生	それはね，このような分かれ方だと，何人の集団であっても，㋓余りを出さずに座《すわ》ることができるからですよ。

(1)　「㋒普通列車と並んで走る区間」とありますが，華子さんは，時速72kmで走る全長200mの普通列車を，時速126kmで走る全長400mの新幹線が追いぬくのにかかる時間を考えました。

次の**華子さんが考えたこと**の［お］，［か］，［き］にあてはまる**数字**を答えなさい。ただし，追いぬくのにかかる時間は，新幹線の先頭が普通列車の最後尾《さいこうび》に追いついてから，新幹線の最後尾が普通列車の先頭を追いこすまでを測ることとします。

華子さんが考えたこと

普通列車は１秒間に［**お**］m進み，新幹線は１秒間に［**か**］m進むので，新幹線は普通列車より１秒間あたり何m速く進むかがわかる。このことから，追いぬくのにかかる時間は［**き**］秒となる。

⑵「㋓余りを出さずに座ることができる」とありますが，先生は新幹線の座席と余りを出さない座り方について，**ノート１**と**ノート２**をもとに教えてくれました。

ノート１

新幹線の座席

座席は，通路をはさんで２人席と３人席に分かれています。

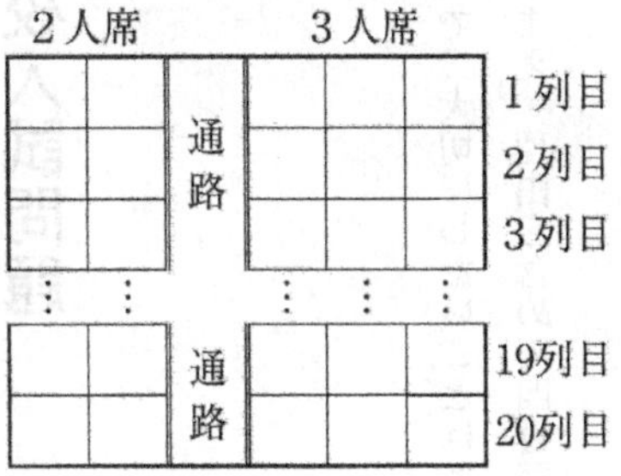

ノート２

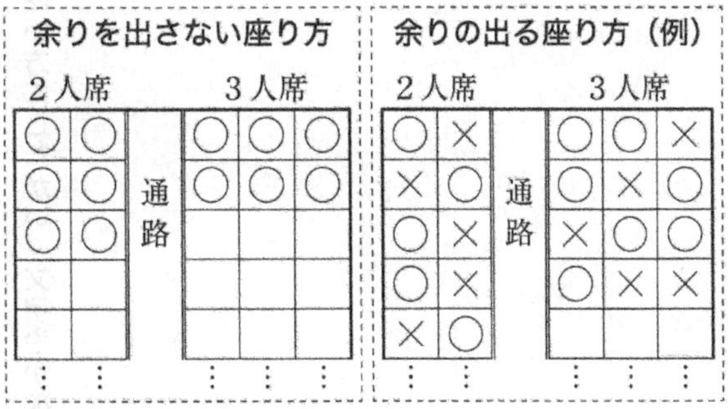

図中の○印は，座席に座っている人を示しています。
×印は，座席の余りを示しています。

弘二さんが乗車している新幹線の車両には，**ノート１**のような座席が20列100席あります。弘二さんは，学年の90人全員が余りを出さずに座る方法は，２人席15列と３人席20列で座るか，２人席18列と３人席18列で座るか，の２通りあると考えました。

学年の人数が60人のとき，全員がとなりの席を空席にせず，余りを出さずに座る方法は**何通り**あるか，答えなさい。ただし，車両は１両のみを使用することとします。

⑶ 先生は，この新幹線の座席に余りを出さずに座ることは，２人組と３人組で組をつくることと同じだと教えてくれました。

先生はさらに，３人組と４人組で余りを出さずに組をつくる場合について，**ノート３**をもとに教えてくれました。

そこで説明を聞いた華子さんは，５人組と８人組で組をつくる場合を考えました。

ノート３

３人組と４人組で組をつくる場合

３人組の組数 ＼ ４人組の組数	０組	１組	２組	３組
０組	０人	３人	６人	９人
１組	４人	７人	10人	13人
２組	８人	11人	14人	17人
３組	12人	15人	18人	21人

６人以上いれば余りを出さずに組をつくることができる。

５人組と８人組で組をつくる場合，余りを出さないためには**集団の人数は何人以上**いればよいか，答えなさい。

二〇二三年度

宮城県仙台二華中学校入試問題

【作　文】〈四〇分〉〈満点：二五点〉

検査問題

あなたが友だちと中学校生活を送るうえで、大切にしたいことはどのようなことですか。これまでの経験をふまえ、理由を含めて四百字以上五百字以内で書きなさい。

〔注意〕① 題名、氏名は書かずに、一行目から書き始めること。

② 原稿《げんこう》用紙の正しい使い方にしたがい、文字やかなづかいも正確に書くこと。

二〇二三年度　宮城県古川黎明中学校入試問題

【作　文】（四〇分）〈満点：二五点〉

検査問題

日本に初めて来た外国人に対して、あなたが良いと思う日本の文化または習慣を紹介するとしたら、どのようなことを紹介《しょうかい》しますか。理由を含めて四百字以上五百字以内で書きなさい。

〔注意〕① 題名、氏名は書かずに、一行目から書き始めること。
② 原稿《げんこう》用紙の正しい使い方にしたがい、文字やかなづかいも正確に書くこと。

MEMO

大切なことはメモしておこうネ！

2023　年　度

解　答　と　解　説

《配点は解答欄に掲載してあります。》

＜宮城県立中学校　総合問題(筆記及び外国語(英語)のリスニング)解答例＞

1　1　No.1　C　No.2　A
　2　B

2　1　(1)　ウ
　(2)　男子に比べて女子の就学率が低い
　(3)　Aの自転車はBの自転車よりも値段が高いが，安全性が高いことを示すエスジーマークがある。このことから，物を選ぶとき値段の安さより安全性が高いことの方が大事だと考えたため。
　2　(1)　ア　1(℃)　イ　う
　(2)　暖められた空気は上の方に集まるので，上の方にある暖かい空気を下の方に動かす
　(3)　ア　(測った温度が)25℃より高いときに，「5分間待つ」に進んでしまう。
　　イ　25℃以上

《宮城県仙台二華中学校》

3　1　(1)　ア　D
　　イ

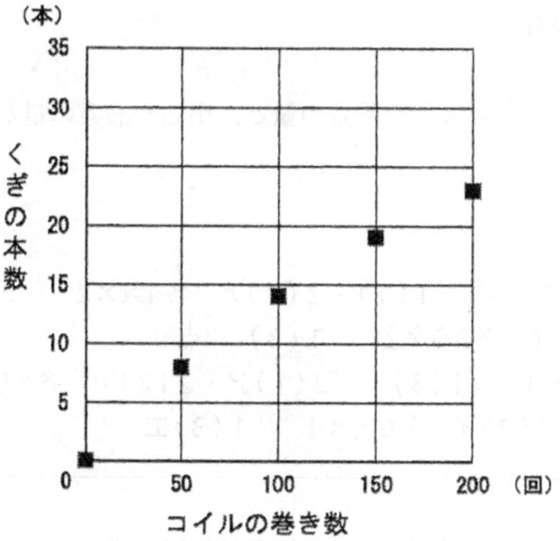

　(2)　ア　あ　S(極)　い　N(極)　う　N(極)　え　S(極)
　　イ　0.01　(秒)
　2　(1)　ウ
　(2)　日本の都市鉱山にねむっているとされる金の量は，埋蔵量が多いとされる国と並ぶほどあるため，使用済みの電子機器をリサイクルして回収することは，資源の有効活用につながるから。

3　(1)　お　20(m)　　か　35(m)　　き　40(秒)
　(2)　7(通り)
　(3)　28(人以上)

○推定配点○
[1]　1　各2点×2　　2　4点　　[2]　1(1)・2(1)ア　各4点×2　　2(2)・(3)
各5点×3　　1(2)・2(1)イ　各6点×2　　1(3)　7点
[3]　1(1)ア・2(1)・3(1)お，か・(2)　各2点×5　　1(2)ア　各3点×4
1(2)イ・3(1)き　各4点×2　　2(2)・3(3)　各6点×2　　1(1)イ　8点　　計100点

《宮城県古川黎明中学校》

[3]　1　(1)　イ
　(2)　利用者が，先に並んで待っている順番どおりにレジで会計をすることができる点。
　(3)　ア　4(倍)　　イ　204(個)　　ウ　9.12(cm^2)
　エ　求め方：重なっている1つ分の面積は9.12cm^2であり，図4のように，重なっている部分は上段の方からみると，缶詰1個に対して，4ヶ所ずつある。求める重なっている部分の合計は，1段目から4段目までの缶詰の個数を考え，1+4+9+16=30(個)となり，4×30=120(ヶ所)である。したがって，面積の合計は，9.12×120=1094.4(cm^2)となる。

2　(1)　ア　う
　イ　早く土の表面から芽を出すと，光に当たることでつくられる養分を成長に使えるから。
　(2)　ア　え
　イ　ピーマンが取り入れた酸素の量と，出した酸素の量がほとんど同じだったから。

○推定配点○
[1]　1　各2点×2　　2　4点　　[2]　1(1)・2(1)ア　各4点×2　　2(2)・(3)
各5点×3　　1(2)・2(1)イ　各6点×2　　1(3)　7点
[3]　1(1)・(3)ア　各3点×2　　1(3)イ・2(1)ア・2(2)ア　各4点×3
1(2)・(3)ウ・2(1)イ・2(2)イ　各6点×4　　1(3)エ　8点　　計100点

<宮城県立中学校　総合問題(筆記及び外国語(英語)のリスニング)解説>

基本 [1]　(英語：リスニング)

1　No. 1　I sometimes watch baseball games. にもっともあったイラストを選ぶ。
　No. 2　日付と物の特ちょうを正しく聞き取る。My birthday is June fifth. と言っているので，誕生日は6月5日である。そのあとの，I want a cap for my birthday. から，正しいイラストはAである。

<放送全文(日本語訳)>

1 No.1 Hello. My name is Satoshi. Nice to meet you. I like sports. I sometimes watch baseball games.
(こんにちは。わたしの名前はさとしです。はじめまして。わたしはスポーツが好きです。ときどき，野球の試合を観ます。)
No.2 Hi! I'm Aya. Nice to meet you. My birthday is June fifth. I want a cap for my birthday.
(こんにちは。わたしはアヤです。はじめまして。わたしの誕生日は6月5日です。わたしは誕生日にぼうしが欲しいです。)

2 それぞれのセットの値段《ねだん》と，ソフィアさんとお母さんが注文したものを正しく聞き取る。まず，店員さんの発言に注目すると，スパゲッティセットは800円，ステーキセットは900円だとわかる。次に，ソフィアさんとお母さんの会話に注目する。What do you want, Sophia? と聞かれた後に，I'd like a steak set. と言っているので，ソフィアさんはステーキセットを注文したことがわかる。その後，お母さんが I'd like a spaghetti set と言っている。

＜放送全文(日本語訳)＞

Clerk : Hello. Welcome to our restaurant. This is our menu today.
Mother : Thank you.
Clerk : A spaghetti set is nice. You can eat spaghetti, salad and cake. It's 800 yen. A steak set is good, too. You can eat steak, rice and soup. It's 900 yen.
Mother : I see.
Clerk : What would you like?
Mother : What do you want, Sophia?
Sophia : I'd like a steak set. How about you, mom?
Mother : Well, I'd like a spaghetti set.
Clerk : OK, one steak set and one spaghetti set. Anything else?
Mother : No, thank you.
(店員 : こんにちは。わたしたちのレストランへようこそ。これがわたしたちの今日のメニューです。
お母さん : ありがとうございます。
店員 : スパゲッティセットはいいですよ。あなたたちはスパゲッティとサラダとケーキを食べることができます。800円です。ステーキセットもいいですよ。あなたたちはステーキとライスとスープを食べることができます。900円です。
お母さん : わかりました。
店員 : どうしますか。
お母さん : どれが欲しいですか，ソフィア。
ソフィア : わたしはステーキセットがいいです。お母さんはどうですか。
お母さん : ええと，わたしはスパゲッティセットがいいです。
店員 : わかりました。ステーキセットが1つと，スパゲッティセットが1つですね。他にありますか。
お母さん : いいえ，結構です。)

やや難 2 **(社会・理科・情報：明治時代，文化，消費者，空気の性質，プログラミング)**

1 (1) メモからは，津田梅子《つだうめこ》がアメリカで新しい知識や文化を学んだことがわかる。資料1

からは，明治政府が世界から新しい知識を学ぼうとしていた姿勢《しせい》や，新しい制度や工業を学ぶ使節団を送っていたことがわかる。これらの情報をあわせて考えると，明治政府は日本の近代化に力を注いでいたことがわかる。

（2） 資料2の，「アメリカの女性の地位が高いことに心を打たれた。」という部分から当時の日本では女性の地位が低かったと考えられる。このことをふまえて資料3を見ると，女子の就学率《しゅうがくりつ》が男子に比べて低くなっていることに注目できるだろう。

（3） Aの自転車はBの自転車よりも値段《ねだん》は高いが，エスジーマークがついていることに注目する。エスジーマークとは，製品の安全性を認証《にんしょう》するマークである。エスジーマークが何を示すマークなのか知っていなくても，資料4から，物を選ぶときの観点の例にある安全性に注目し，正解を目指そう。

2 （1） ア 水槽《すいそう》の下の方の温度は表2から，0分の時は10℃，5分は15℃である。5分間で温度は5℃高くなっているので，1分間では，5÷5=1(℃)高くなっている。

イ 表3から，実験2では，10分から20分の間における下の方の温度は5分間で4℃ずつ高くなっていることがわかる。つまり，1℃温度が高くなるのには，5×60÷4=75(秒)かかり，27℃から30℃になるには75×3=225(秒)，つまり，3分45秒かかる。下の方の温度が27℃なのは10分のときなので，30℃になるのは，白熱電球をつけてから13分45秒後である。

（2） 表2から暖《あたた》められた空気は上の方へ行くことがわかる。表3からは，天井《てんじょう》にファンをつけることで，短い時間で下の方も暖かくなることがわかる。このことをまとめる。

（3） ア 「測った温度が25℃なら」にしてしまうと，25℃より温度が低いときと，25℃より温度が高いとき，どちらの場合も「5分間待つ」に進んでしまう。

イ 測った温度が25℃より高いときに「おわり」に進みたいので，25℃以上に修正する。

≪宮城県仙台二華中学校≫

やや難 3 （理科，社会，算数：磁石，歴史，資源，速さ，組み合わせ）

1 （1） ア 電磁石《でんじしゃく》は，電流が流れたときだけ磁石の性質をもつ磁石である。流れる電流の大きさや，コイルの巻き数，コイルの中の鉄しんの太さを変えることで磁石の強さを変えることができる。これらの性質にあてはまるものを選ぶ。

イ 表をみると，コイルの巻《ま》き数が100のときは3つの結果があることがわかる。実験では，調べたい2つのこと以外の条件はすべてそろえる必要がある。他のコイルの巻き数のときの乾電池《かんでんち》の個数をみてみるといずれも1個であるので，コイルの巻き数が100のときも，乾電池が1個のときの電磁石につく，くぎの本数を選ぶ。

（2） ア 図3の矢印の方向へ車体を動かすには，車体の後方には反発し合う力が，前方には引き合う力がはたらく必要がある。磁石は同じ極が向かいあっているときには反発し，異なる極が向かいあっているときには引き合うので，あはS極，いはN極，うはN極，えはS極がそれぞれ側壁《そくへき》側に向いていればよい。

イ 1796mmごとに極を入れかえる必要がある。時速603kmを秒速に直すと，秒速167500mmである。よって，切りかえる時間は，1796÷167500＝0.0107…となるので，小数第3位を四捨五入《ししゃごにゅう》して，0.01秒ごとに極を切りかえればよい。

2 （1） ア 小野妹子《おののいもこ》らの遣隋使《けんずいし》が派遣されたのは，飛鳥時代なので，誤《あやま》り。

イ 大化の改新が起きたのは，飛鳥時代なので，誤り。

ウ 国分寺が建てられたのは，東大寺の大仏が作られたのと同じ奈良時代なので，正しい。

エ　かな文字が作られたのは平安時代なので，誤り。

（2）　発表資料２では，都市鉱山の説明と，日本の都市鉱山にねむっているとされる量は6800トンにのぼることが説明されている。発表資料３では，金の埋蔵量《まいぞうりょう》が多い上位３ヶ国とその埋蔵量が説明されている。埋蔵量が多い国の埋蔵量はそれぞれ，10000トン，7500トン，3000トンであり，日本の都市鉱山にねむっているとされる量はこれらに並ぶ量である。つまり，使用済《ず》みの携帯電話《けいたいでんわ》をリサイクルすることで，多くの金を得ることができる。これらをまとめて説明する。

3　（1）　お　普通列車は時速72kmであるので，72000(m)÷60÷60＝20より，１秒では20m進む。

か　新幹線は時速126kmであるので，126000(m)÷60÷60＝35より，１秒では35m進む。

き　華子さんが考えたことをもとに考える。おとかより，新幹線は普通列車より１秒間あたり15m速く進むことがわかる。

新幹線が普通列車を追いこすとき，400＋200＝600(m)進めばよいので，かかる時間は，600÷15＝40(秒)となる。

（2）　３人席を中心に考えてみる。３人席に座らない人数が偶数であるとき，２人席にも余りを出さずに座ることができる。つまり，３人席を偶数列ずつ使えばよい。

20列使うとき：60人すべて３人席に座ることができる。
18列使うとき：残りの６人は２人席３列を使って座る。
16列使うとき：残りの12人は２人席を６列使って座る。
14列使うとき：残りの18人は２人席を９列使って座る。
12列使うとき：残りの24人は２人席を12列使って座る。
10列使うとき：残りの30人は２人席を15列使って座る。
８列使うとき：残りの36人は２人席を18列使って座る。
６列使うとき：残りの42人は2人席に座りきることができない。

これ以降も同様に，使用する3人席が8列未満の場合は残りの生徒は2人席に座りきることができない。

よって，座り方は全部で７通りある。

（3）　ノート３をみると，６人以降は順番に1人ずつ増えている組み合わせがある。つまり，６人以降は1人増えても組み合わせができることがわかる。

右のような表をつくり同様に考えると，28人以上いれば何人でも余りを出さずに組を作ることができる。

５人組と８人組で組をつくる場合

8人組の人数＼5人組の人数	0組	1組	2組	3組	4組	5組
0組	0人	5人	10人	15人	20人	25人
1組	8人	13人	18人	23人	28人	33人
2組	16人	21人	26人	31人	36人	41人
3組	24人	29人	34人	39人	44人	49人
4組	32人	37人	42人	47人	52人	57人

≪宮城県古川黎明中学校≫

やや難　3　（社会・算数・理科：資料の読み取り，空間図形，面積，植物の性質）

1　（1）　ア　各年の収穫量《しゅうかくりょう》に対する出荷割合《しゅっかわりあい》を求めると，2016年は約8.8割，2017年は約8.8割，2018年は約8.9割，2019年は約8.9割，2020年は8.9割といずれも9割はこえていないので誤《あやま》り。

イ　前年に比べて収穫量が増加した年は，2017年と2019年である。それぞれ出荷量を前年と比べると2017年も2019年も増加しているので正しい。

ウ　2020年の全国合計出荷量は127400トン，宮崎県からの出荷はそのうちの20%をしめているので約2.5万トン，高知県からの出荷は10%をしめているので約1.3万トンであるので誤り。

エ　九州地方の県である宮崎県と鹿児島県からの出荷量を合わせると全体の29%であり，この2県だけで全体の4分の1をこえているので，誤り。

（2）それぞれのレジに直接並《なら》ぶことで，資料２のような利用者からの意見が出ていたので，直接レジに並ぶのではなく，まとめて一列に並ぶことで，並んだ順番にレジで会計をすることができるようになったことに注目する。

（3）ア　円柱の体積は，(底面の半径)×(底面の半径)×3.14×(高さ)で求められる。底面の直径を２倍したとき，半径も2倍になるので，その体積は，2×(底面の半径)×2×(底面の半径)×3.14×(高さ)となる。

よって，円柱の直径を2倍にしたときの円柱の体積は，もとの円柱の体積の2×2=4(倍)である。

イ　表２をもとに考えると，段数《だんすう》×段数がその段の缶詰《かんづめ》の個数である。よって，

(1×1)+(2×2)+(3×3)+(4×4)+(5×5)+(6×6)+(7×7)+(8×8)=204(個)

ウ　図４の斜線《しゃせん》部分Ａを拡大した下の図をもとに面積を求める。

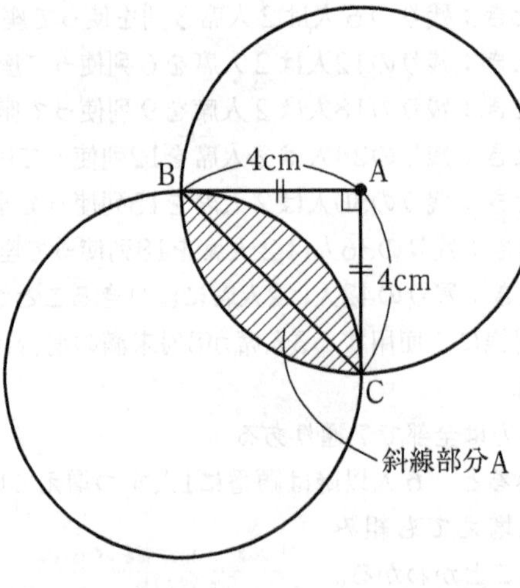

三角形ＡＢＣは角Ａが90°，辺ＡＢ＝辺ＣＡ＝４cmの直角二等辺三角形である。また，辺ＢＣは斜線部分Ａを二等分する辺である。よって，おうぎ形ＡＢＣの面積から，三角形ＡＢＣの面積をひいたものを２倍すれば斜線部分Ａの面積を求めることができる。おうぎ形ＡＢＣは円の４分の１であるから，求める面積は，

$$\left(4\times4\times3.14\times\frac{1}{4}-4\times4\times\frac{1}{2}\right)\times2=9.12(\mathrm{cm}^2)$$

となる。

エ　缶詰１個に対して斜線部分Ａは４か所あるため，重なっている缶詰の個数を求めれば面積の合計を求めることができる。

2　（1）　ア　種子Ａと種子Ｂのどちらも，８日目の植物の高さは光を当てた場合の方が当てな

い場合よりも高くなっているので，光に当たることでつくられる養分を使って成長することがわかる。また，種子Aと種子Bを比べると，種子Aの方が高く成長していることから，子葉の養分も成長に使われていることがわかる。よって，うが正しい。

イ　土の中には光は届《とど》かないが，植物が大きく育つには光が必要であるため，早く土の表面から芽《め》を出したいと考えられる。

（2）　ア　表3から酸素の割合が変化したと考えられる袋《ふくろ》は袋Dのみである。袋Dは光が当たらないように箱に入れられているので，同じ条件の袋Fと比べる。

イ　袋Cにはピーマンが入っているので，同じ条件の袋Dと比べる。2つの袋で異《こと》なっている点は，光が当たっているかどうかであるから，光が関係していることがわかる。

★ワンポイントアドバイス★

リスニングは，放送が始まる前にどのような問題なのか目を通し，注意して聞く場所を確認しておこう。筆記問題は資料をもとに解く問題が多い。それぞれの資料を別々に読み取るのではなく，関連付けて読み取ることができるように練習しておこう。

＜宮城県立古川黎明中学校　作文問題解答例＞《学校からの解答例の発表はありません。》

わたしが良いと思う日本の文化は和食です。この和食を日本に初めて来た外国人に紹介したいと思います。その理由は二つあります。

一つ目の理由は，和食はどこででも食べることができるからです。もちろん本格的なお店に行くことで，より深く日本の文化にふれられますが，お店に行かなくても和食は簡単に食べることができます。家庭でもたきこみご飯やつけ物といったおいしい和食を作ることができ，コンビニエンスストアで気軽に和食を買うこともできます。

二つ目の理由は，和食には日本ならではの要素がたくさんふくまれているからです。季節によって異なる風景を見られるのが日本の良さの一つだと思います。和食には，季節ごとのしゅんの食材が使われています。また，本格的なお店では，日本の技術が使われている器が料理の盛り付けに用いられたり，料理が美しく見えるような盛り付け方が考えられたりしています。和食には味だけでなく，他にもさまざまな面で日本の文化がふくまれていると思います。

このような理由から，わたしは日本に初めて来た外国人に紹介する文化として，和食が良いと思います。

○配点○

25点

＜作文問題解説＞

基本　（作文：テーマ型　自分の意見を述べる）

テーマに合わせて自分の意見を述べる問題である。自分の意見とその理由が伝わるような，わかりやすい作文になるよう心がける。外国人に紹介したい日本の文化や習慣には，和食やおもてなしの心，アニメなどさまざまなものがあるだろう。いずれの文化や習慣を選んだ場合でも，なぜその文化や習慣を紹介したいのか，どのような点が外国とは異なっているのかをはっきりと述べる必要がある。

十分に字数があるので，理由をしっかりと書いたり，複数個書いたりしても良いだろう。また，わかりやすい作文を目指し，１段落目《だんらくめ》に紹介したい文化や習慣，２段落目にその理由，３段落目にまとめを書くなど，段落分けを行っても良い。

★ワンポイントアドバイス★

日本の文化にはさまざまなものがあるが，多くを知っている必要はない。ふだんから，自分の知っている知識や経験，与えられた情報から作文を書く練習を行うと良い。

＜宮城県立仙台二華中学校　作文問題解答例＞《学校からの解答例の発表はありません。》

友だちと中学校生活を送るうえで，わたしは積極的に思いやりをもって話し合うことを大切にしたいです。

わたしは小学生のとき地域の野球クラブに参加していたので，中学校でも野球部に入りたいと思っています。クラブでは，なかなか試合に勝つことができずになやんでいるときがあり，コーチの提案で話し合いが行われました。みんなが自分の意見を伝え合うことで，今まで知らなかった，チームメイトが何を考えながら練習に取り組み，試合に出ているのかを知ることができました。そして，チームメイトのことを考えながら戦うことで今まで以上にチームワークが高まり，だんだん試合にも勝てるようになりました。

また，思いやりをもつことを忘れてはいけないとも思います。相手の気持ちになって言葉を考えなければ友だちを傷つけてしまいます。話し合うことは，クラス活動や委員会活動でも大切です。思いやりを忘れずに自分の意見を伝えながら積極的に話し合いを行い，より良い中学校生活を送ることができるようにしたいです。

○配点○

25点

＜作文問題解説＞

基本（作文：テーマ型　経験をもとに自分の考えを書く）

自分が友だちと中学校生活を送るうえで大切にしたいことを書き，どうして大切にしたいのかを自分の経験を述べたうえで説明する。大切にしたいこととしては，あいさつを積極的に行うことや，感謝の気持ちをしっかりと伝えること，自分の考えを伝えることなどさまざまなことが考えられる。それを大切にしようと思ったきっかけや，大切にしていたことで良かったことなどの経験をわかりやすく書く。

１段落《だんらく》目には自分が大切にしたいこと，２段落目には自分の経験，３段落目にはまとめを書くなど，わかりやすくなるように工夫して原稿《げんこう》用紙を使うと良い。

★ワンポイントアドバイス★

問題をしっかりと確認し，条件に合った作文を書こう。自分の意見に合った経験が思いつかないときには，経験から自分の意見を考えてみるのもよいだろう。

MEMO

大切なことはメモしておこうネ！

2022年度

★★★★★★★★★★★★★★★★★★★★★★★

入　試　問　題

2022年度

宮城県立中学校入試問題

【総合問題(筆記)】 (60分)　＜満点：100点＞

[1] 真《まこと》さんは，春休みに宮城県の沿岸《えんがん》部にあるおばあさんの家に遊びに行きました。次の１～３の問題に答えなさい。

１　真さんは，おばあさんの家に向かう車の中で，お父さんと話をしています。あとの(1)～(3)の問題に答えなさい。

真さん	海が見えるよ。あのあたりではかきの養しょく漁業がさかんなんだよね。
お父さん	かきの養しょくといえば，漁師さんが山に木を植える活動をしているって聞いたことがあるかな。山を豊かにすることで，海を豊かにしようとしているんだよ。
真さん	木を植えると山が豊かになるのはわかるけど，どうして海まで豊かになるのかな。
お父さん	山に雨が降ると，山の栄養分が川から海に運ばれるからなんだ。
真さん	わかったぞ。「 あ のじゅんかん」によって山の栄養分が海に運ばれるんだね。ほら，おばあさんの家のビニルハウスが見えてきたよ。
お父さん	おばあさんは作った野菜を農協や道の駅に出荷しているんだよ。この地域ではビニルハウスで野菜を作るしせつ栽培《さいばい》がさかんなんだ。今，おばあさんの家のビニルハウスではトマトが作られているようだね。
真さん	トマトの旬《しゅん》は夏だけど，㋐ビニルハウスだと春でもトマトがとれるんだね。とれたトマトは地元で食べられているのかな。
お父さん	「地産地消」と言って，地域で生産したものを地域で消費する取り組みがさかんに行われているんだよ。
真さん	㋑「地産地消」の取り組みにはどんなものがあるのか調べてみようかな。

(1)　会話文中の あ に入る**適切な言葉を漢字１字**で書きなさい。

(2)　「㋐ビニルハウスだと春でもトマトがとれる」とありますが，次のページの**資料１**からわかる**しせつ栽培の良い点を，*[1]ろじ栽培と比べて，生産者の立場から**書きなさい。

(3)　「㋑「地産地消」の取り組み」とありますが，真さんは「地産地消」の取り組みを調べるために，道の駅の直売コーナーへ行きました。**「地産地消」の良さ**について，次のページの**資料２**をもとに**消費者の立場から理由をふくめて２つ**書きなさい。

資料1 トマトの栽培スケジュール

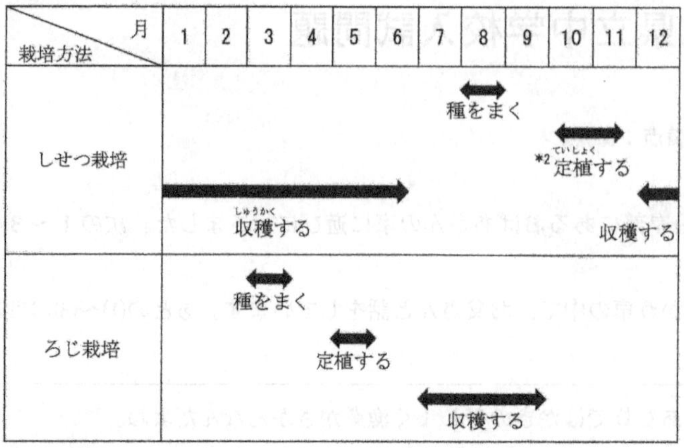

*1 ろじ栽培：ビニルハウスなどを使わず屋外の畑で育てること
*2 定植：苗《なえ》を畑に植え替えること

（「農林水産省ホームページ」より作成）

資料2 道の駅の直売コーナー

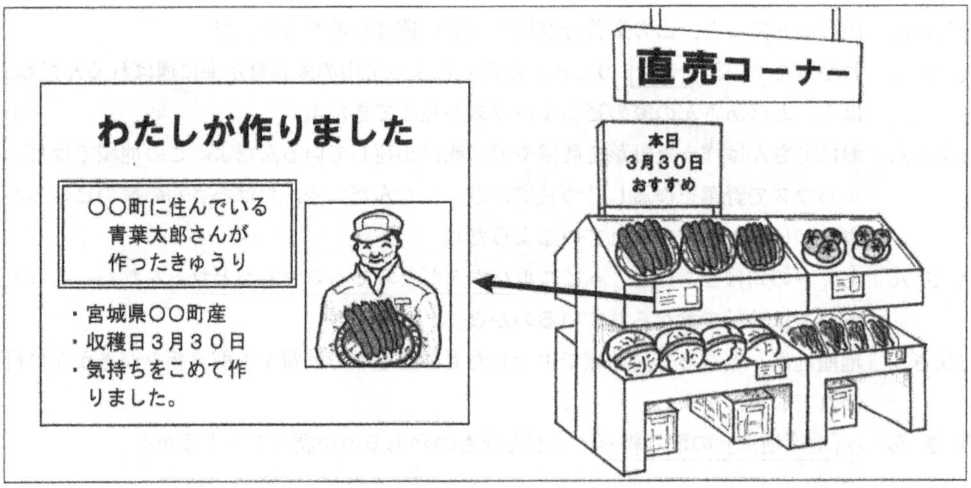

2　真さんは，おばあさんの家でいとこの春花《はるか》さんと遊んでいます。あとの(1)，(2)の問題に答えなさい。

真 さ ん　輪ゴムを利用して進む車1号を，工作クラブで作ってゲームをしたんだ。
春花さん　おもしろそうね。やってみたいな。
真 さ ん　発射《はっしゃ》台についている輪ゴムを車に引っかけて，車体を引いて手をはなせば車は進むよ。やってみて。
春花さん　思ったよりも遠くまで進んだよ。
真 さ ん　工作クラブでは，旗を倒《たお》さずにどれだけ車を近づけられるか競争したんだ。輪ゴムを［い］と車の［う］の関係に気がついたから，優勝できたよ。
春花さん　すごいね。
真 さ ん　今日は，車2号の材料と㋒計画カードも持ってきたからいっしょに作ろうよ。
春花さん　どんな車ができるのか楽しみね。

(1)　次の図１，図２を参考にして，会話文中の［い］と［う］に入る**適切な言葉**を書きなさい。

図１　車１号と発射台

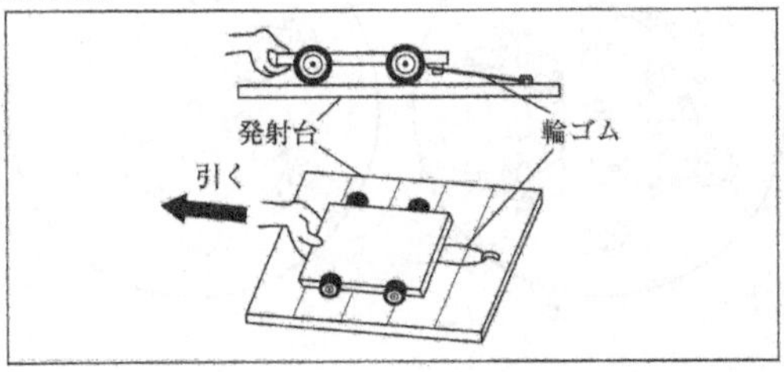

図２　工作クラブで行ったゲームの様子

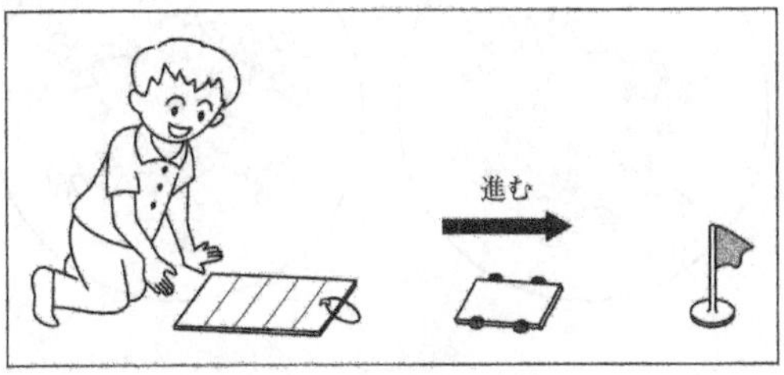

(2)「㋒計画カード」とありますが，真さんが作成した次の**計画カード**を参考に，あとのア，イの問題に答えなさい。

計画カード

〔車２号の完成予想図〕

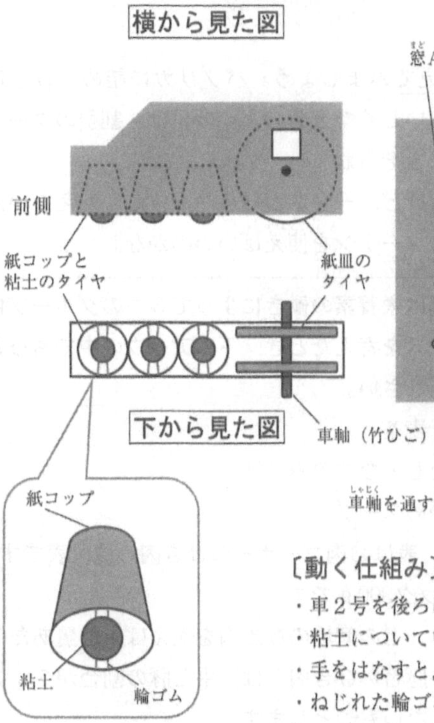

〔展開図〕

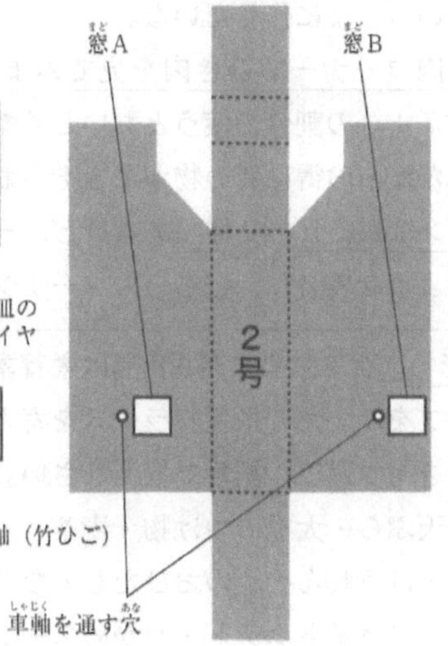

〔わたしの工夫《くふう》〕

・前輪には紙コップと粘土《ねんど》のタイヤを３つ使う。
・後輪には紙皿のタイヤを２つ使う。
・紙皿のタイヤにこどもの絵を描《えが》く。
・窓A，窓Bから紙皿のタイヤが見えるようにする。
・紙皿のタイヤが回ると，こどもの絵が動いて見える。

〔動く仕組み〕

・車２号を後ろに引く。
・粘土についている輪ゴムがねじれる。
・手をはなすと，車２号は引いた方向とは逆の方向に進む。
・ねじれた輪ゴムが［　え　］性質を利用して進む。

ア　［え］に入る**適切な言葉**を書きなさい。

イ　真さんは車２号が**前進するときに**，窓A，窓Bから見えるこどもの絵が**【条件】を満たす**ようにしたいと考えました。**窓A側と窓B側**につける紙皿のタイヤとして**適切なもの**を次のページの①～④から**それぞれ選び**，**番号**で答えなさい。

【条件】　・こどもの絵が上下逆さまにならない。
　　　　　・こどもは進行方向側の手で旗をふっている。

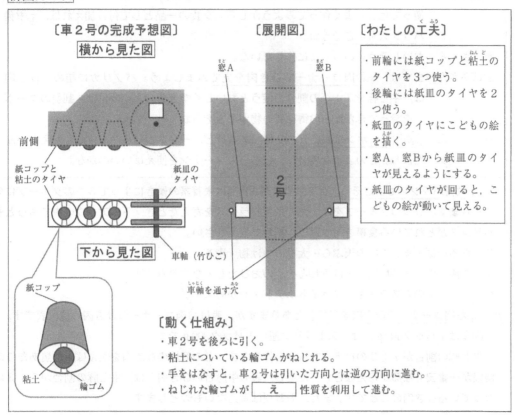

①

②

③
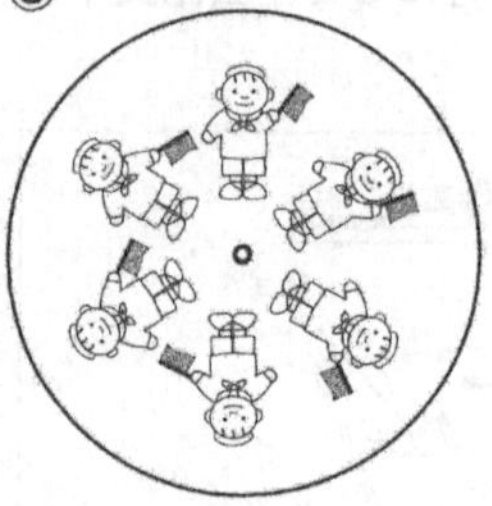
④
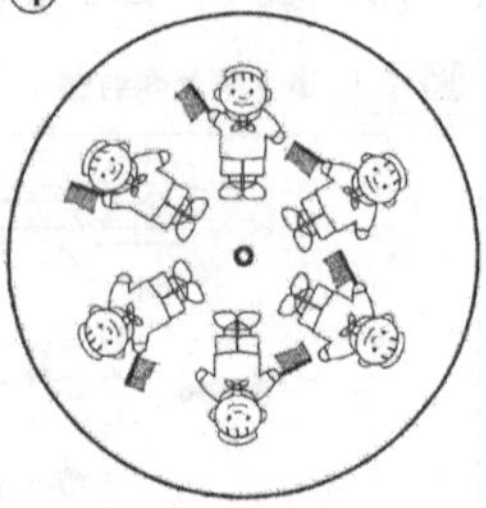

3　真さんは，おばあさんと近所のスーパーマーケットで買い物をしています。あとの(1)～(3)の問題に答えなさい。

おばあさん　今日は，パプリカの肉詰《にくづ》めなんていいかもしれないわね。パプリカとひき肉を使って色どりよく作ってみようかしら。夕食の一品として付け加えれば，㋓栄養バランスもよさそうね。

真　さ　ん　おいしそう。いっしょに作りたいな。

おばあさん　まずは，㋔お肉コーナーでひき肉を見てみましょう。パプリカに詰《つ》めるひき肉は，牛と豚《ぶた》を７：３の割合《わりあい》で使うとおいしくできるのよ。今日は，割引のクーポンを持ってきたからお得に買い物ができそうね。

真　さ　ん　㋕割引クーポンはＡとＢの２種類あるけど，一度にどちらか１枚しか使えないんだよね。どのような場合に，どちらのクーポンを使えばいいのかな。

(1)　「㋓栄養バランスもよさそう」とありますが，食品は栄養素の働きによって３つのグループに分けられます。３つのグループをふまえて栄養バランスを考えたとき，下の**ア～ウ**の中で**もっともバランスがとれている食事を１つ選び**，**記号**で答えなさい。

ア　ざるそば・まいたけの天ぷら・大根のつけ物・麦茶

イ　ご飯・さんまの塩焼き・ほうれんそうのおひたし・なすのみそ汁

ウ　パン・牛肉のステーキ・フライトポテト・わかめスープ

(2)　「㋔お肉コーナーでひき肉を見て」とありますが，**表**はお肉コーナーのひき肉の値段《ねだん》表です。国産は１パック400ｇ，オーストラリア産は１パック300ｇです。

牛と豚の割合が７：３のひき肉で料理を作るとき，どの産地のひき肉を使えば**単位量あたりの値段が一番安く**なるか答えなさい。ただし，**表**の牛豚合いびき肉とは，牛と豚の割合が７：３になっているひき肉のことです。また，消費税は考えないものとします。

表

産地・商品	数量	値段
国産牛豚合いびき肉	1パック	４８４円
オーストラリア産牛豚合いびき肉	1パック	３５１円
アメリカ産牛ひき肉	１００ｇ	１２８円
アメリカ産豚ひき肉	１００ｇ	９８円

(3)　「㋕割引クーポンはＡとＢの２種類」とありますが，真さんは，**クーポンＡとクーポンＢの使い分け**について，店員にたずねました。

次のページの文は，店員からのアドバイスです。 お には適切な言葉を， か と き にはそれぞれ**AまたはBのどちらか**を書きなさい。ただし，真さんは，合計で500円より多くの買い物をすることとし，消費税は考えないものとします。

[お] 買う場合には，クーポンＡでもクーポンＢでも割引される金額は同じになります。[お] より多く買う場合にはクーポン [か] を，[お] より少なく買う場合にはクーポン [き] を使うといいですよ。

【クーポンA】

お肉
５０％オフ
割引クーポン

【クーポンB】

合計金額より
５００円オフ
割引クーポン

＜宮城県仙台二華中学校＞

2 華子《はなこ》さんと俊二《しゅんじ》さんの学校では，海外交流を行っています。次の１～３の問題に答えなさい。

1　俊二さんは，交流会での研究発表に向けて，国境を越《こ》えて移動するわたり鳥について，**ノート**にまとめたことを先生に話をしています。あとの(1)，(2)の問題に答えなさい。

俊二さん	先生，研究発表の内容をノートにまとめました。見ていただけますか。
先　　生	もちろんいいですよ。いろいろ調べましたね。
俊二さん	はい。これまでキョクアジサシのわたりについては，くわしいことがわからなかったのですが，いろいろな国の研究者たちが協力した結果，㋐明らかになったことがあるので，それについて発表したいと思います。
先　　生	では，調べた内容から，㋑わたりの距離《きょり》を使って，地球１周分の距離が計算で求められることを示してみてはどうかな。
俊二さん	この鳥が，いかに長い距離のわたりをするのか，聞き手に感じてもらえそうですね。では，調べた内容について，発表できるように準備を続けます。

ノート

〔キョクアジサシについてわかったこと〕

・最も長距離のわたりをする鳥の一種。
・１年かけて，北極付近と南極付近を往復する。
・５月から８月の北極付近ではんしょくし，南極付近へわたる。
・以前は，１年で地球１周分の距離をわたると考えられていた。
・近年，いろいろな国の研究者たちの協力で発信器を取り付けた追跡《ついせき》が実現し，以前とは異《こと》なる事実が明らかになった。
・国際協力が進んだことで，わたりをする動物の保全が世界的に進んでいる。
・㋒観測結果から，一生のわたりの距離は2400000kmにもおよぶと考えられている。

キョクアジサシ

(1)　「㋐明らかになったこと」とありますが，次のページの**図１と図２を比較《ひかく》して**，次のページの**説明文**の [あ] と [い] に入る**適切な言葉**を書きなさい。

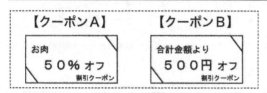

図1　以前考えられていたわたりの経路

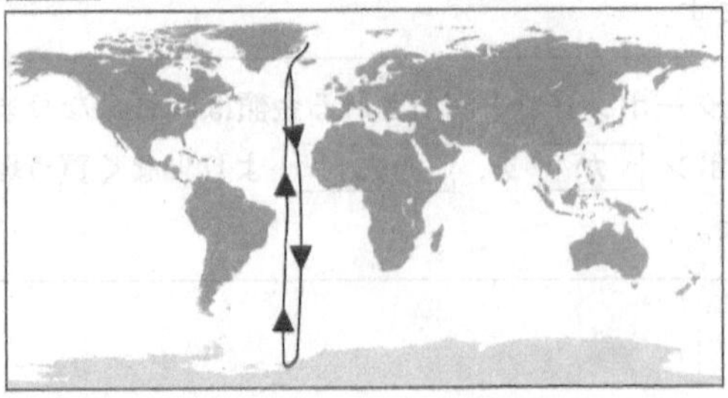

図2　実際に観測されたわたりの経路

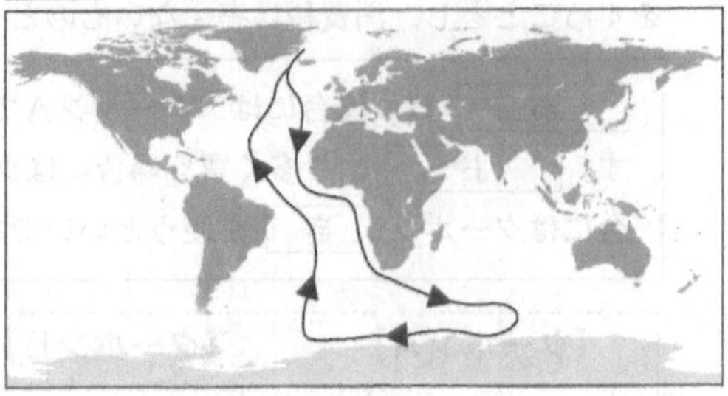

（図1，図2ともカールステン他5名らが発表した論文「キョクアジサシの追跡が最も長い距離のわたりを解明した」より作成）

説明文

以前，キョクアジサシは，図1のように，北極と南極の間を［　あ　］に移動すると考えられていた。しかし，図2のように，実際に観測されたわたりの経路では，［　い　］に移動しており，わたりの距離がおよそ2倍であることが判明した。

⑵　俊二さんは発表の中で，キョクアジサシがいかに長い距離のわたりをするのか，伝える工夫を考えています。次の**ア**，**イ**の問題に答えなさい。

ア　「㋑わたりの距離を使って，地球1周分の距離が計算で求められる」とありますが，**ノート**と**説明文**の内容から次の手順で計算してみました。

［　う　］と［　え　］にあてはまる**数字**を答えなさい。

計算手順

まず，以前考えられていた一生でのわたりの距離を求めると，現在判明しているわたりの距離の半分であるから，［　う　］㎞となる。そして，「以前は，1年で地球1周分の距離をわたると考えられていた」とあり，寿命《じゅみょう》を30年と考えると，地球1周分の距離は，［　え　］㎞と計算できる。

イ　「㋒観測結果から，一生のわたりの距離は2400000㎞にもおよぶと考えられている」とありますが，キョクアジサシが一生の間にわたる距離は，地球と月の間の距離ではかると**何往復できる**ことになりますか。

地球と月の間の距離を380000㎞として，**小数第一位を四捨五入**して，**整数**で答えなさい。

2　次のページの**発表資料**1～3は，華子さんが交流会で日本の文化について発表したものです。あとの⑴，⑵の問題に答えなさい。

⑴　**発表資料**1の内容について説明した次の**ア**～**エ**のうち，正しいものを**1つ選び**，**記号**で答えなさい。

ア　人形浄瑠璃は，世界ではほとんど評価されていない日本の伝統文化である。

イ　人形浄瑠璃の人形は，現在も江戸時代と同様に動物や植物の一部を材料としてつくられている。

ウ　人形浄瑠璃では，頭と右手を動かす人が，物語を語り，歌を歌う。

エ　人形づかいの人たちは，人形が泣く場面のときは，悲しげな表情をする。

発表資料１

日本の伝統芸能「人形浄瑠璃《じょうるり》（ユネスコ無形文化遺産《いさん》登録（2008年））」について

■人形浄瑠璃の舞台《ぶたい》■

■人形浄瑠璃の舞台で活躍《かつやく》する人々■

・人形浄瑠璃は，太夫《たゆう》（語りを担当《たんとう》する人），三味線ひき，人形づかいで演じられる。

・人形づかいは，頭と右手を動かす人（A），左手を動かす人（B），足を動かす人（C）の３人で，人形をあやつる。

・人形づかいは，自分の感情を出してはいけないとされる。

■人形に使われているもの■

・現在でも，江戸時代に使用された人形に基づいて制作されている。

・人形の頭の髪《かみ》には，実際の人間の髪の毛や江戸時代でも手に入れることができた*ヤクの毛が使われている。

・頭の部分のばねには，クジラのひげが使われている。

・肩《かた》の部分には，ヘチマのせんいが使われている。

＊ヤク：チベットとヒマラヤ，中国西部の高地に分布するウシの仲間

⑵　人形浄瑠璃などの日本の伝統文化について，アジアの人たちにもっと興味をもってもらうためには，どのように発信したらよいか，発表資料２と発表資料３それぞれのグラフからわかる特徴《とくちょう》にふれながら，あなたの考えを書きなさい。

発表資料２

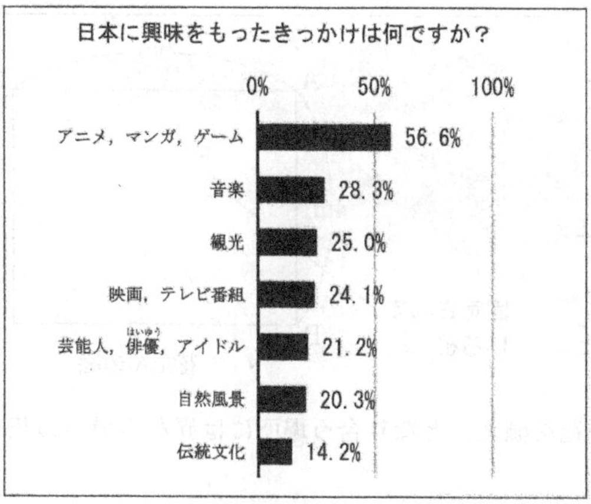

発表資料３

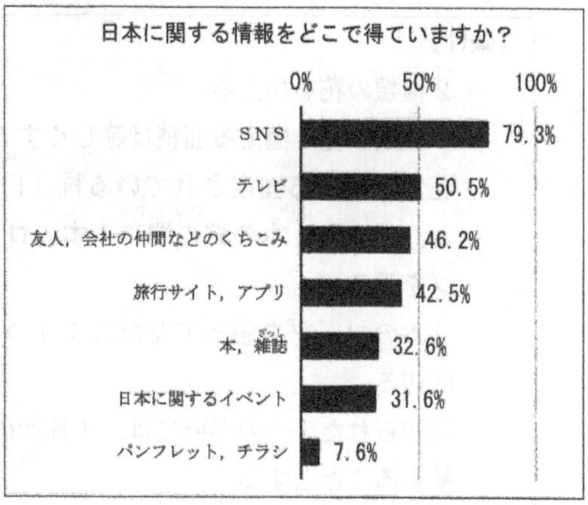

（発表資料２，発表資料３ともアジアの人たち212人を対象に実施し，複数回答を可としたアンケート。「内閣府　クールジャパンの再生産のための外国人意識調査」より作成）

3　交流会を終えた華子さんと俊二さんは，次の交流会に向けて，学級の花だんづくりについて話をしています。あとの⑴～⑶の問題に答えなさい。

華子さん　今回の交流会も楽しかったね。せっかく友達になれたから，春になったら交流した国の㊁花を学級の花だんに植えて，次の交流会で見せようよ。

俊二さん　いいね。それなら，お互《たが》いの国の花を植える面積も同じにしようよ。

華子さん　いいわね。そうだ，花を植える前に㊄花だんのデザインを画用紙にかいてみよう

よ。学級の花だんは長方形で，花だんにはすでに*杭《くい》が１本あったね。この杭を利用して，ロープで区切って花を植える場所を分ければいいんじゃないかな。

***杭：支えや目印になるような棒《ぼう》状のもの**

⑴ 「㋓花」とありますが，今回植えようと思っている花の苗《なえ》の値段《ねだん》を華子さんが調べたところ，花の苗１本の値段が220円でした。これは，昨年度購入《こうにゅう》した苗よりも１割《わり》高いことがわかりました。次の**ア**，**イ**の問題に答えなさい。ただし，消費税は考えないものとします。

ア　昨年度購入した**苗１本の値段**はいくらか，答えなさい。

イ　今回購入しようとしている花の苗は，最初の50本までは，　220円のままですが，51本目からは，１本につき値段の15％引きになります。花の苗を購入する予算が，昨年度と同じ25000円のとき，今回購入できる花の苗の最大の本数は，**昨年度と比べてどのくらいちがう**でしょうか。次の文の［お］にはあてはまる**数**を，［か］には**「多い」または「少ない」のどちらか**を書きなさい。

ただし，昨年度は割引はなく，購入した苗の本数は予算額で購入できる最大の本数とします。

今回購入できる花の苗の最大の本数は，昨年度と比べると，［お］本だけ［か］。

⑵ 「㋔花だんのデザイン」とありますが，華子さんと俊二さんは，花だんのデザインを考えるために，次のように**【条件】**をまとめました。２人がこの**【条件】**に合うようにロープを張るための４本の杭を立てる場所を考えるとき，あとの**ア**，**イ**の問題に答えなさい。

【条件】
- ２種類の花を植える。
- ２種類の花を植える面積は等しくする。
- 花だんにある固定されている杭（Ｅ）と，立てた１本の杭の間に１本のロープを張る。
- ４本のロープを張って花だんを４つに区切る。
- 区切られた１つの場所には，１種類の花を植え，となり合う場所には異なる種類の花を植えることとする。

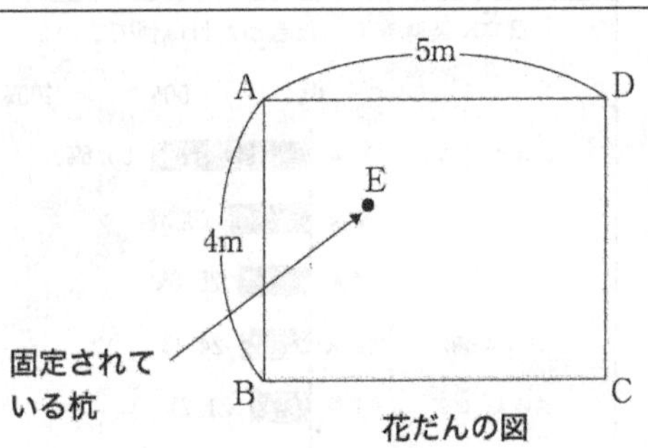

花だんの図

ア　俊二さんは，**図３**のように花だん（長方形ＡＢＣＤ）の四すみに４本の杭を立てることにしました。░**部分の２つの三角形の面積の合計が，長方形ＡＢＣＤの面積の半分になることを，言葉や式を**使って説明しなさい。

ただし，■印は俊二さんが立てた杭の場所を示し，杭の面積は考えないものとします。

図３

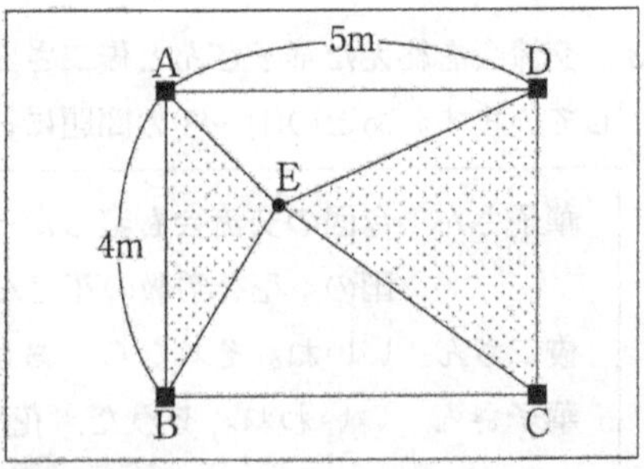

イ　華子さんは，俊二さんとはちがう４カ所に杭を立てて，花だんを区切ることを思いつきました。華子さんは花だんの図（長方形ＡＢＣＤ）のどこに杭を立てたでしょうか。華子さんが考えた，花だんを４つに区切るために立てる４本の杭の場所がわかるよう，解答用紙の図に**×印をかきこみ**なさい。また，**×印の場所**がわかるように，**×印と頂点《ちょうてん》との距離**をかきなさい。

(3)　となりには，**図４**のような長方形の花だんがもうひとつあり，ロープで４つに区切られています。４種類の花が植えられていますが，それぞれの花を植えている面積は等しいとは限りません。

aの面積が$\frac{5}{2}$m^{2}のとき，**bの面積はaの面積の何倍**か，答えなさい。

図４

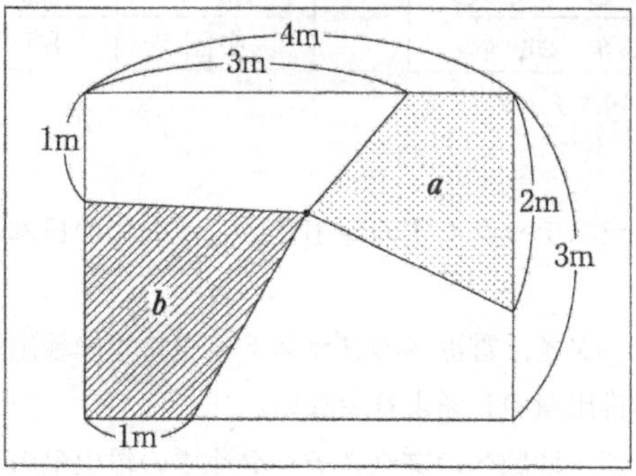

＜宮城県古川黎明中学校＞

2　黎《れい》さんと明《あきら》さんの住んでいる地域では，プラスチック製の容器，空き缶《かん》，小型家電製品などが資《し》源《げん》物として回収《かいしゅう》されています。２人は，それぞれ親子で，資源物について話をしています。次の１～３の問題に答えなさい。

1　次の会話文を読んで，あとの(1)～(3)の問題に答えなさい。

お母さん	今日は資源物の回収の日だから，プラスチック製の容器が入ったこの袋《ふくろ》を，ごみ集積場に出してきてね。
黎さん	うん，わかった。でも，こんなにたくさんのプラスチック製の容器は，回収された後，どのように処理《しょり》されるのかな。
お母さん	回収されたプラスチックは，ごみとして処分されるものもあるけど，プラスチック製品の材料として再利用したり，燃やした熱を利用して発電したり，さまざまな方法でリサイクルされているのよ。プラスチック製品の材料になるものの中には，「プラスチックくず」として㋐輸出されているものもあるのよ。
黎さん	へえ，じゃあ，プラスチックはたくさん回収された方がいいんだね。
お母さん	そうね。でも，回収されなかったプラスチックは，地球の環境《かんきょう》に影響《えいきょう》をあたえると言われているから，その量を世界規模《きぼ》で減らしていく必要があるのよ。
黎さん	わかった。今度，学校で「回収されなかったプラスチックが環境にあたえる影響」という㋑発表資料を作って，プラスチックの回収を呼びかけてみるね。

(1) 「㋐輸出されているものもある」とありますが，次の資料１と資料２を正しく説明しているものを，あとのア～エから１つ選び，記号で答えなさい。

資料１ 日本の＊廃《はい》プラスチックの排出《はいしゅつ》量

＊廃プラスチック：家庭や工場などから使用後に出されるプラスチックのこと

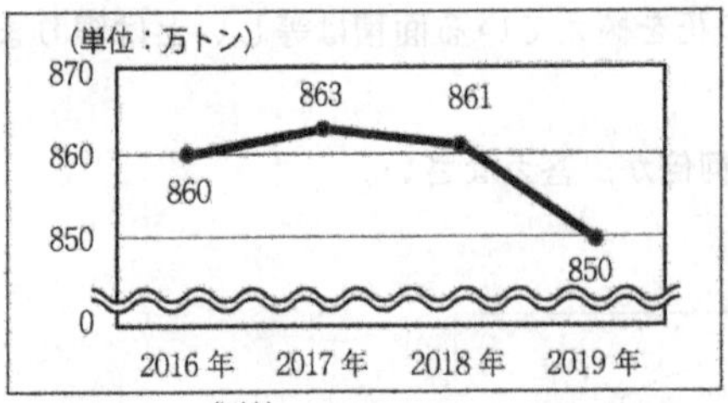

（プラスチック循環《じゅんかん》利用協会「プラスチックリサイクルの基《き》礎《そ》知識」より作成）

資料２ 主な5つの国・地域への日本からのプラスチックくずの輸出量（単位：万トン）

輸出相手国・地域	2016年	2017年	2018年	2019年
マレーシア	3.3	7.5	22.0	26.2
タイ	2.5	5.8	18.8	10.2
香港	49.3	27.5	5.4	5.7
インド	0.4	0.8	2.1	2.8
中国	80.3	74.9	4.6	1.9

（財務省「貿易統計」より作成）

ア　2016年の中国へのプラスチックくずの輸出量は，その年の日本の廃プラスチックの排出量の３分の１以上である。

イ　2017年のマレーシア，タイ，香港へのプラスチックくずの輸出量を合計しても，その年の日本の廃プラスチックの排出量の５％より少ない。

ウ　2019年の主な５つの国・地域へのプラスチックくずの輸出量の合計は，その年の日本の廃プラスチックの排出量の２割以上になる。

エ　2016年から2019年までの間，主な５つの国・地域へのプラスチックくずの輸出量の合計は減り続けているが，日本の廃プラスチックの排出量は増え続けている。

(2) 「㋑発表資料」とありますが，黎さんが作成した次のページの**発表資料**の あ と い **にあてはまる言葉**を書きなさい。

(3) 地球上のごみを減らしていくための方法として，「３Ｒ」という考え方が人々の間で広まりつつあります。次の**「３Ｒ」の説明を参考**に，あなたが日常生活の中で行えるReduce（リデュース）**にあたる取り組み**について，具体的に**例を挙げ**なさい。

「３Ｒ」の説明

Reduce（リデュース）物を大切に使い，ごみを減らすこと。
Reuse（リユース）　使える物は，くり返し使うこと。
Recycle（リサイクル）ごみを資源として再び利用すること。

発表資料

回収されなかったプラスチックが環境にあたえる影響
～なぜ回収されなかったプラスチックは生き物にまで影響をあたえるのか？～

《海の中でごみが分解されるのに要する期間》

プラスチック製の飲料ボトル	450年
レジ袋	10～20年
ベニヤ板	1～3年
新聞紙	6週間
ペーパータオル	2～4週間

（全米オーデュボン協会「オーデュボンマガジン」より作成）

《調べてわかったこと》
プラスチック製のごみは，他の種類のごみに比べて，［ あ ］。
《考えたこと》
将来《しょうらい》の生き物にも影響をあたえる可能性がある。

《自然界に捨《す》てられたプラスチックのゆくえ》（矢印はプラスチックの移動を示す。）

《調べてわかったこと》
細かくなったプラスチックは，食物連鎖《しょくもつれんさ》の中で，［ い ］。
《考えたこと》
多くの種類の生き物に影響をあたえる可能性がある。

（WWFジャパン「今，世界で起きている『海洋プラスチック』の問題」より作成）

生き物を守るためにも，私たち一人一人がプラスチックの回収に協力しましょう！

2　次の会話文を読んで，あとの⑴～⑶の問題に答えなさい。

黎さん	アルミ缶とスチール缶は，捨てるときになぜ分ける必要があるの。
お父さん	それぞれもとの金属にもどして再利用するからだよ。アルミ缶はアルミニウム，スチール缶は鉄でできているんだ。
黎さん	アルミニウムと鉄って何がちがうのかな。㋒電気を通すとか，㋓磁石《じしゃく》につくとかの性質のちがいはあるのかな。夏休みの自由研究で性質を調べてみようかな。
お父さん	㋔空き缶がどうやってリサイクルされているかも調べてみるといいね。

⑴　「㋒電気を通す」とありますが，黎さんが，次のページの図１のAのようにアルミはくに導線を当てると豆電球が光りました。しかしBのように，アルミ缶のオレンジの絵の部分に導線を当て

ても豆電球は光りませんでした。Bにおいて導線をアルミ缶の同じ場所に当てて豆電球を光らせるためには，**どのような工夫が必要か**説明しなさい。

図1

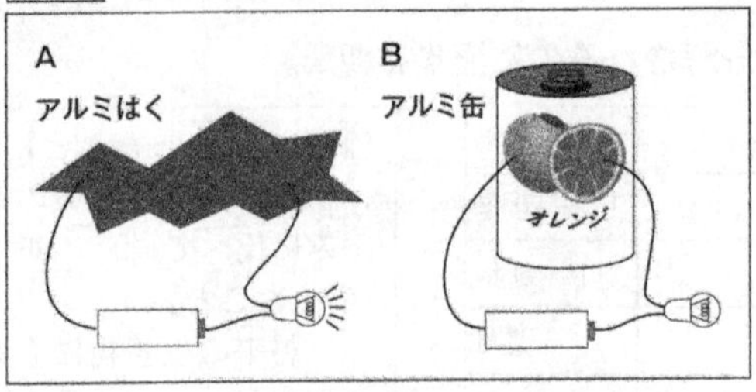

(2)「㋓磁石につく」とありますが，黎さんは**図2**のようにU磁石のそれぞれの極に２個ずつ，鉄製のクリップをつり下げました。そして磁石についたクリップの性質を確かめる実験を行い，**ノート１**にまとめました。**ノート１**の う にあてはまる適切な説明を**S極，N極という２つの言葉を用いて**書きなさい。

図2

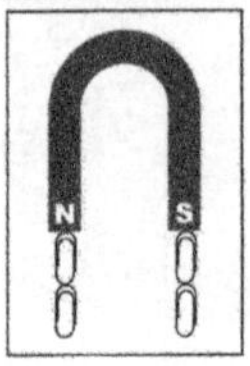

ノート１

U磁石のS極に直接つけたクリップを外して，Aのようにクリップの上下の向きを変えずに，N極側の２個目のクリップに近づけてみたところ，ぶら下がりませんでした。

しかし，Bのようにクリップの上下の向きを変えると，そのクリップはぶら下がりました。このことから，U磁石のS極に直接ついたクリップは， う という性質をもつようになったことが確かめられました。

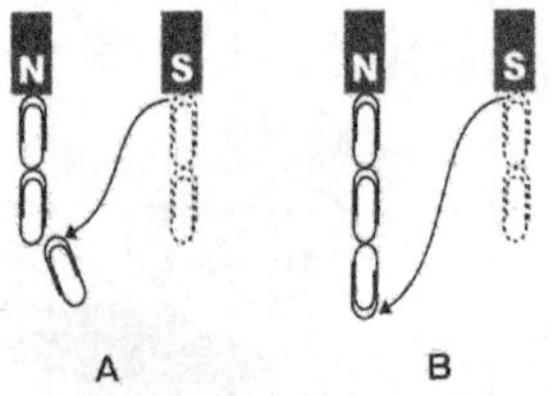

S極に直接ついていたクリップを
N極側の2個目のクリップに近づけた。

(3)「㋔空き缶がどうやってリサイクルされているか」とありますが，黎さんはアルミ缶の材料とリサイクルについて調べ，**ノート２**にまとめました。**ノート２**の え にはあてはまる**数字**を， お には**適切な言葉**を書きなさい。

ノート２

使用済《ず》みのアルミ缶をリサイクルしてアルミニウム地金《じがね》をつくるために必要なエネルギーは，ボーキサイトからつくるのに必要なエネルギーの え %です。このことから，アルミ缶をリサイクルしたほうが，省エネルギーの効果が お といえます。

使用済みのアルミ缶は，大切な資源であるとあらためて思いました。

1キログラムのアルミニウム地金をつくるのに必要なエネルギー

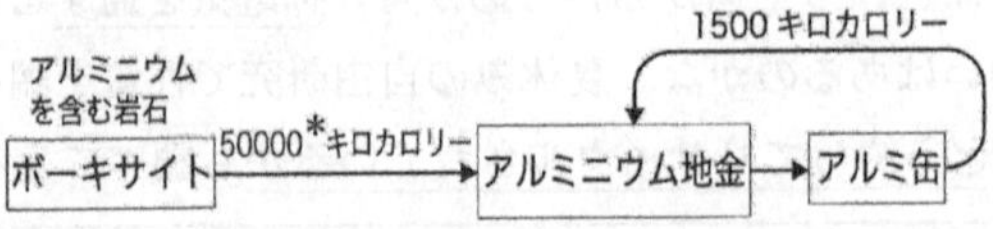

*キロカロリー：エネルギーの単位

3　次の会話文を読んで，あとの(1)～(3)の問題に答えなさい。

明 さ ん　このコンピュータ，使わないんだったら資源物として回収してもらったらいいよ。

お父さん　そうかなあ。㋕画面の横の長さとたての長さの比が今とちがっていて，かなり古く見えるけど，プログラムはちゃんと動くんだよ。入力画面の，①から④の指示にしたがって入力してごらん。

明 さ ん　よし，入力が終わったよ。

お父さん　キーボードを貸してごらん。*エンターキーを押すからよく見ていてね。

明 さ ん　結果が表示されたよ。すごい。ぼくの誕生《たんじょう》日《び》が表示されているね。でも，どうしてだろう。

お父さん　エンターキーを押すと，入力画面の④の数から［か］を自動でひくようプログラミングしたんだ。

明 さ ん　ということは，どんな誕生日の人でも入力画面の④の数から［か］をひけば，その人の誕生日が表示されるんだね。まほうの数みたい。

お父さん　そうだね。㋖説明できるかな。

明 さ ん　うん。やってみる。

***エンターキー：プログラムの実行を命令するキー**

図3　**コンピュータ**

図4　**入力画面**

① 誕生日の月の数に4をかけた数を入力　□□□□

② ①の数に9をたした数を入力　□□□□

③ ②の数に25をかけた数を入力　□□□□

④ ③の数に誕生日の日の数をたした数を入力　□□□□

図5　**結果が表示された画面**

あなたの誕生日は

1205

ですね

(1)「㋕画面の横の長さとたての長さの比」とありますが，**画面の周の長さが等しいとき**，次のア～ウのうち，**もっとも面積が大きくなる**横の長さとたての長さの比はどれですか。記号で答えなさい。ただし，画面とは図3のような ■ で囲まれた長方形の部分とします。

ア　4：3　　**イ**　16：9　　**ウ**　16：10

(2) 会話文中の2カ所の［か］には**同じ数**が入ります。その数を，**図4と図5を参考にして**求めなさい。ただし，図4で表示されている「□□□□」は，明さんが指示にしたがって数を入力するらんのことを表します。また，図5で表示されている「1205」は12月5日のことを表します。

(3)「㋖説明」とありますが，**会話文と図4，図5を参考にし，月の数を○，日の数を△として**，誕生日が正しく表示されるまでの流れを，**式と言葉を使って**示しなさい。

【総合問題リスニング】（10分）　＜満点：８点＞

（放送台本）

第１問　これから英語で自己紹介をします。No. １と No. ２の内容をもっとも適切に表しているものを，それぞれ次のＡ～Ｃの中から，１つずつ選び，記号で答えなさい。英語は２回放送されます。

【空白２秒】では，始めます。【空白２秒】

No.1

I'm Takuya.　I like animals.　I want to be a zookeeper.

【空白５秒】

くり返します。

No.2

I'm Sakura.　I like music.　I go to music school on Saturdays.
I play the piano.

【空白５秒】

くり返します。

つぎの問題に移ります。つぎを見てください。

第２問　エミリーさんとひろしさんが夏休みの出来事について話をしています。二人がそれぞれおこなったことの組み合わせとして，もっとも適切なものを，次のＡ～Ｄの中から１つ選び，記号で答えなさい。英語は２回放送されます。

【空白２秒】では，始めます。【空白２秒】

Hiroshi : How was your summer vacation, Emily?
Emily : It was fantastic.　I went to the mountain with my family.
Hiroshi : That's nice.　What did you do?
Emily : I enjoyed camping.
Hiroshi : That's good.
Emily : At night, I ate pizza.　It was great.　Did you enjoy your summer vacation, Hiroshi?
Hiroshi : Yes.　I went to the Tanabata festival with my grandmother.　I ate ice cream.　It was delicious.

【空白15秒】

第1問

　これから英語で自《じ》己《こ》紹介《しょうかい》をします。No. 1とNo. 2の内容を**もっとも適切に表しているもの**を，それぞれ次の**A～C**の中から，**1つずつ選び**，**記号**で答えなさい。英語は**2**回放送されます。

No. 1

A

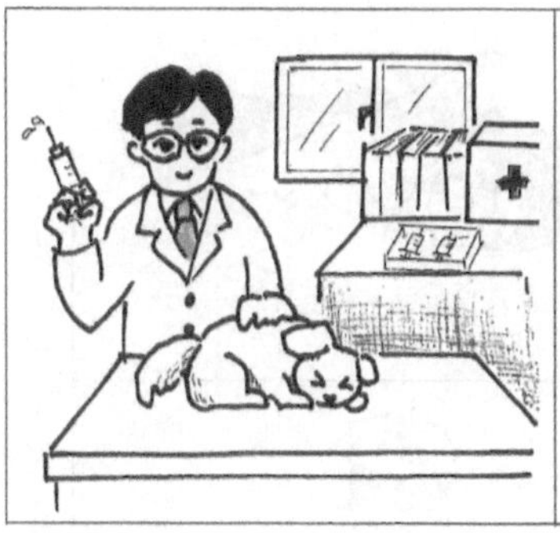

B

C

No. 2

A

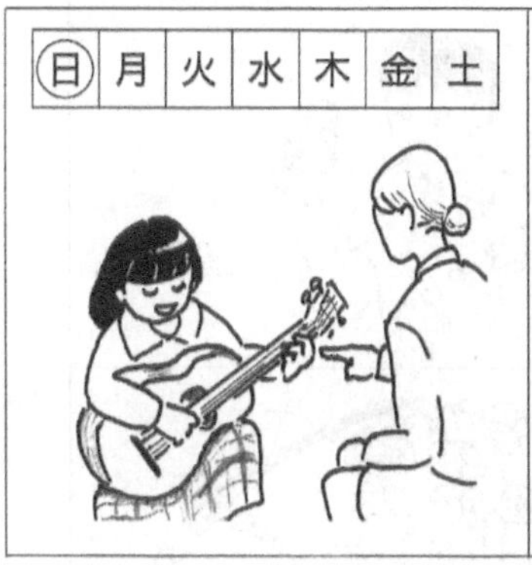

B

C

□ のらんに記入してはいけません。

解答らん

No. 1	
No. 2	

*

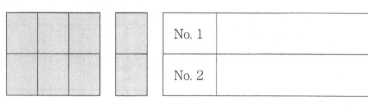

第2問

エミリーさんとひろしさんが夏休みの出来事について話をしています。二人がそれぞれおこなったことの組み合わせとして，**もっとも適切なもの**を，次の**A～D**の中から**1つ選び**，**記号**で答えなさい。英語は**2**回放送されます。

	エミリー	ひろし
A		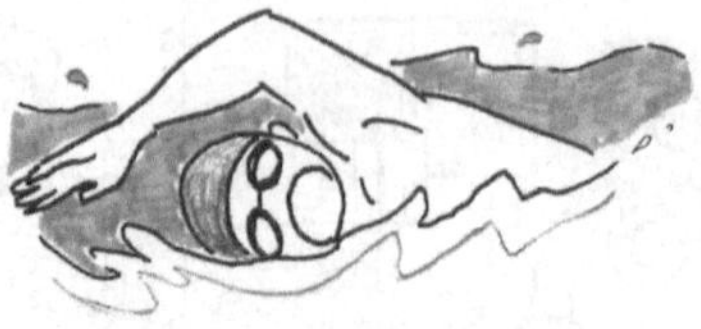
B		
C		
D		

のらんに記入してはいけません。

解答らん

*

受検番号

*

二〇二二年度
宮城県仙台二華中学校入試問題

【作　文】（四〇分）〈満点：二五点〉

検査問題

あなたは、学校生活の中でどのような礼儀《れいぎ》を大切にしていますか。これまでの経験をもとに具体例を一つ挙げ、なぜその礼儀を大切にしているのか、理由も含めて四百字以上五百字以内で書きなさい。

〔注意〕① 題名、氏名は書かずに、一行目から書き始めること。

② 原稿《げんこう》用紙の正しい使い方にしたがい、文字やかなづかいも正確に書くこと。

二〇二二年度
宮城県古川黎明中学校入試問題

【作　文】（四〇分）〈満点：二五点〉

検査問題

ここ一、二年の間で、あなた自身の生活において大変だったことを一つ挙げながら、そうした生活の中でも「温かい気持ちになったできごと」について、四百字以上五百字以内で書きなさい。

〔注意〕①　題名、氏名は書かずに、一行目から書き始めること。
②　原稿《げんこう》用紙の正しい使い方にしたがい、文字やかなづかいも正確に書くこと。

2022 年 度

解 答 と 解 説

《配点は解答欄に掲載してあります。》

＜宮城県立中学校　総合問題解答例＞

[1] 1 （1） あ　水

（2） 長い期間しゅうかくできる。

（3） 良さ①　生産者や生産地が分かるため，安心して買うことができる。

良さ②　とれたてのため，しんせんなものを買うことができる。

2 （1） い　引いた長さ

う　進んだきょり

（2） ア　え　元にもどろうとする

イ　窓A側　④

窓B側　②

3 （1） イ

（2） オーストラリア産

（3） お　お肉を1,000円分

か　A

き　B

《宮城県仙台二華中学校》

[2] 1 （1） あ　大西洋上をまっすぐ

い　海岸線にそうように複雑

（2） ア　う　1200000(km)　え　40000(km)

イ　3(往復できることになる)

2 （1） イ

（2） 日本のアニメやマンガ，ゲームをきっかけにして，日本に興味をもっている人が多い。また，SNSで情報を得ている人が多い。このことから，日本の伝統文化を紹介するアニメをつくって，その情報をSNSで発信する。

3 （1） ア　200(円)

イ　お　1　　か　少ない

（2） ア　辺ABを底辺とする三角形ABEの高さを○m，辺CDを底辺とする三角形CDEの高さを△mとすると，

三角形ABEと三角形CDEの面積の合計

＝(4×○÷2)＋(4×△÷2)

＝4×(○＋△)÷2

○＋△＝5(m)になるから　4×5÷2＝10(m^2)

次に，長方形の面積＝4×5＝20(m^2)

だから，三角形ABEと三角形CDEの面積の合計は，長方形の面積の半

分になる。

イ

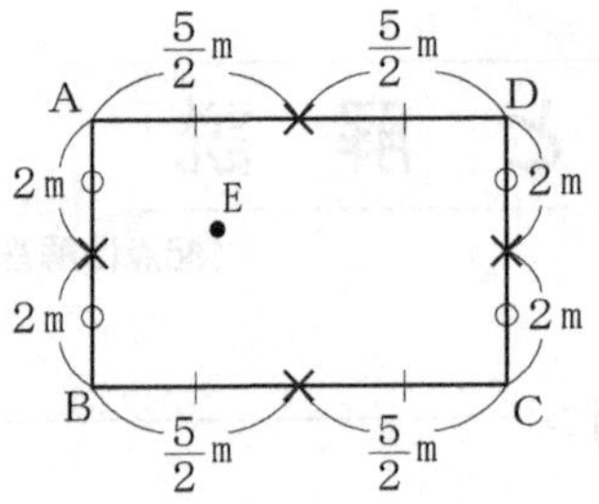

(3)　$\frac{6}{5}$(倍)

○推定配点○

1　1(1)・3(1)　各2点×2　　2(1)い，う　3(2)各3点×3
3(3)お，か，き　各4点×3　　1(2)・2(2)ア　各5点×2　　1(3)　完答7点
2(2)イ　完答8点

2　2(1)・3(1)ア，イお，か　各2点×4
1(1)あ，い・(2)アう，え，イ　各3点×5　　3(3)　5点
2(2)・3(2)イ　各6点×2　　3(2)ア　10点　　計100点

《宮城県古川黎明中学校》

2　1　(1)　イ
(2)　あ　分解されるのに要する期間が長い
い　様々な動物の体内に取り込まれる
(3)　レジ袋を買わず，マイバックを使う。
2　(1)　アルミ缶の表面をけずって，けずった部分に導線をあてる。
(2)　う　磁石のようにＳ極についていた側がＮ極で，反対側がＳ極
(3)　え　3
お　高い
3　(1)　ア
(2)　225
(3)　月の数を○，日の数を△とすると，図4の入力画面で入力した数は，
①　○×4
②　○×4＋9
③　(○×4＋9)×25＝○×4×25＋9×25＝○×100＋225
④　(○×100＋225)＋△
となるから，④の数から225を引くと○×100＋△となる。
これは百のかたまりで月を，一のかたまりで日のことであることを表している。よって，図5のように誕生日である○月△日を表す数が正しく表示される。

○推定配点○

1　1(1)・3(1)　各2点×2　　2(1)い，う・3(2)　各3点×3
3(3)お，か，き　各4点×3　　1(2)・2(2)ア　各5点×2　　1(3)　完答7点
2(2)イ　完答8点

2　1(1)・3(1)　各2点×2　　1(2)あ，い・2(1)・(3)え，お　各4点×5
2(2)・3(2)　各5点×2　　1(3)　6点　　3(3)　10点　　計100点

＜宮城県立中学校　総合問題解説＞

1　（総合問題：水の循環，地産地消，力学，栄養素，百分率）

1(1)　地中にしみ込んだ雨水に土の中の栄養分が溶け出して，その雨水が川から海へ流れ出ることによって山の栄養分は海に運ばれている。

(2)　ろじ栽培《さいばい》では収穫《しゅうかく》期間が７～９月の３か月しかないが，しせつ栽培だと12～６月の７か月の間収穫することができる。収穫の期間が長いほど生産者は収入を得る期間が長くなるので，収穫期間が長いのは良い点である。

(3)　どこでだれが作っている農産物なのかが分かると安心して消費者は買うことができる。また，地産地消の農産物は輸送に時間がかかっていないので，他の地域で作られたものよりも新せんである。

基本

2(1)　輪ゴムを引けば引くほど，車が進む力は大きくなるので，車が進むきょりはのびる。

(2)ア　ねじれたゴムが元にもどろうとする力によって，粘土《ねんど》が回転して車が前に進むことができる。

イ　窓Ａは車軸の上側についているので，車軸を通す絵の中心に足が向いている③か④が当てはまる。進行方向はこのとき，こちらからみて左側になるので④を選ぶ。反対に，窓Ｂは車軸の下側についているので，車軸を通す絵の中心に頭が向いている①か②が当てはまる。進行方向はこのとき，こちらからみて右側になるので②を選ぶ。

3(1)　食品は栄養素の働きによって，エネルギーのもとになるグループ，体をつくるもとになるグループ，体の調子を整えるグループの３つに分類される。ア～ウの選択しに入っている食品を分類すると，そば・ご飯・パン・ポテトはエネルギーのもとになるグループ，さんま・牛肉・わかめは体をつくるもとになるグループ，まいたけ・大根・ほうれん草・なす・麦茶は体の調子を整えるグループになる。よって，各グループに属する食品が少なくとも一つは必ず入っているイを選ぶ。

(2)　まず，牛豚《ぶた》合いびき肉を比べる。100gあたりの国産の値段《ねだん》は121円であるのに対し，オーストラリア産は117円である。よって，国産よりもオーストラリア産の方が安い。次に，アメリカ産の牛ひき肉・豚ひき肉を7：3になるように300g買った場合の値段を考える。このとき，必要な牛ひき肉の量は

$$300\times\frac{7}{10}=210(\mathrm{g})$$

よって，アメリカ産のひき肉を買うときは牛ひき肉を210g，豚ひき肉を90g買うことになる。合計の値段は

$$128\times\frac{210}{100}+98\times\frac{90}{100}=357(\text{円})$$

これは，オーストラリア産牛豚合いびき肉の300gの値段351円よりも高いので，単位量あ

たりの値段が一番安くなるのはオーストラリア産である。

（3） お肉50％オフの割引がされる金額が500円よりも大きくなるのは，500÷0.5＝1000より，お肉を1000円より多く買う場合である。1000円より金額が大きくなるほど，50％オフで割引される金額も多くなる。したがって，1000円より多くなる場合には50％オフのクーポンを，1000円より少なくなる場合には500円オフのクーポンを使えばよい。

《宮城県仙台二華中学校》

重要 **2** **（社会，理科，算数：江戸時代の文化，わたり鳥，速さ，計算の工夫，図形）**

1（1） 図１では経路の矢印が大西洋上，南北方向にまっすぐかかれている。図２では，矢印がアフリカ大陸や南極大陸の一部の海岸線に沿ってかかれており，図１よりもその距離は長い。

（2）ア 現在判明しているわたりの距離は2400000kmなので，以前考えられていたわたりの距離はその半分である1200000km。これを寿命《じゅみょう》の30年で割ると，

1200000÷30＝40000(km)

よって，地球1周分の距離は40000km。

イ キョクアジサシが一生の間にわたる距離を地球と月の間の距離の２倍で割れば，何往復できるか求められる。

2400000÷(380000×2)＝3.15…(回)

よって，小数第一位を四捨五入するので３回である。

2（1）ア 人形浄《じょう》瑠《る》璃《り》は2008年にユネスコ無形文化遺産《いさん》に登録されているので，世界ではほとんど評価されていないというのは誤《あやま》り。

イ 人形は現在も江戸時代に使用された人形に基づいて制作されており，人間の髪《かみ》の毛やヤクの毛，クジラのひげ，ヘチマのせんいが使われているので正しい。

ウ 物語を語るのは人形づかいではなく，太夫《たゆう》なので誤り。

エ 人形づかいは自分の感情を出してはいけないとされているので誤り。

（2） 発表資料２から，日本に興味をもったきっかけはアニメ，マンガ，ゲームが多いことがわかる。また，発表資料３から日本に関する情報はSNSから得ている人が多いことが読み取れるので，この２つの特徴《とくちょう》から発信方法を考え，自分の言葉でまとめるとよい。

3（1）ア 昨年度購入《こうにゅう》した苗《なえ》よりも１割高い値段が220円であったということから，昨年度の苗の値段は

220÷1.1＝200(円)

イ 昨年度は苗が200円なので，昨年度購入した苗の本数は

25000÷200＝125(本)

今年は苗が最初の50本までは220円なので，50本分の合計金額は

220×50＝11000(円)

残りの使える金額は

25000－11000＝14000(円)

51本目からの1本の値段は15％引きなので

220×(100－15)÷100＝187(円)

１本187円の苗は14000円で何本購入できるか考えると，

14000÷187＝74.86…(本)

となり，最大で74本購入できるため，今年購入できる苗の本数は

$50+74=124$(本)

したがって，今年購入できる花の苗の最大の本数は，昨年度と比べると１本だけ少ない。

(２)ア　２つの三角形の面積の合計を求める際，文字を利用すると式をまとめやすい。それぞれの三角形の高さを足すと，長方形ABCDの横の長さ5mと等しくなることに着目できるとよい。

イ　右の図より，三角形AEBを２等分した三角形AEFと三角形BEFの面積をそれぞれ☆とする。同様に三角形BEGと三角形CEGの面積を▲，三角形CEHと三角形DEHの面積を×，三角形DEIと三角形AEIの面積を●とする。

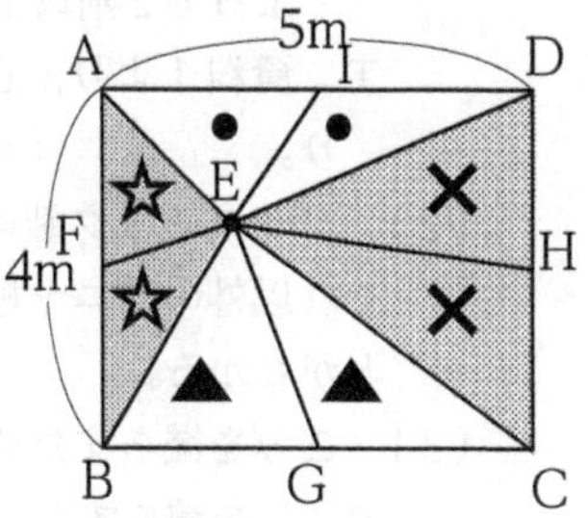

ここで，四角形AFEIの面積は☆＋●，四角形EGCHの面積は▲＋×であるため，両方を足すと，☆＋●＋▲＋×となり，これは四角形ABCDの面積の半分である。したがって，このような図形が成り立つように杭を立てればよい。

同じ高さのとき，底辺が同じであれば三角形の面積も等しいため，点F，G，H，Iはそれぞれ辺AB，BC，CD，DAの中点である。

やや難

(３)　右の図のように，長方形の花だんの上辺から杭《くい》までの距離を○m，右辺からの距離を△mとする。杭から花だんの右上のすみを結んで，ａを２つの三角形に分けて面積を求めると，

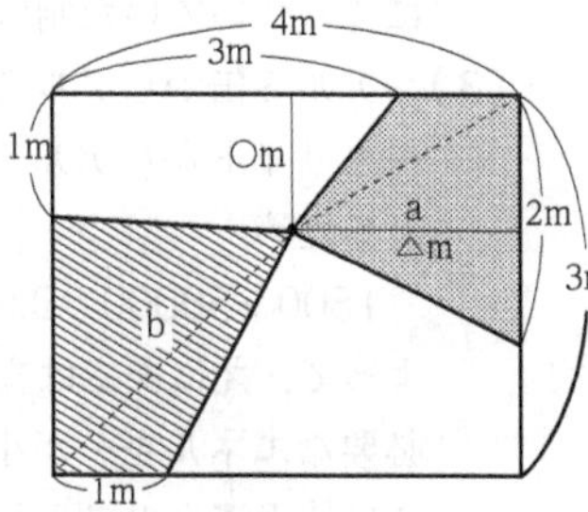

$\{(4-3)\times\bigcirc\div2\}+(2\times\triangle\div2)=\dfrac{1}{2}\times\bigcirc+\triangle(\mathrm{m}^2)$ …①

同様に，杭から花だんの左下のすみを結んで，ｂの面積を求めると，

$\{(3-1)\times(4-\triangle)\div2\}+(1\times(3-\bigcirc)\div2)=4-\triangle+\dfrac{3}{2}-\dfrac{1}{2}\times\bigcirc$

$=\dfrac{11}{2}-\left(\dfrac{1}{2}\times\bigcirc+\triangle\right)(\mathrm{m}^2)$…②

このとき，ａの面積は$\dfrac{5}{2}\mathrm{m}^2$であるため，①より$\dfrac{1}{2}\times\bigcirc+\triangle=\dfrac{5}{2}$であることがわかる。よって，②の式は$\dfrac{11}{2}-\dfrac{5}{2}=3(\mathrm{m}^2)$となり，ｂの面積は$3\mathrm{m}^2$。ｂの面積はａの面積の何倍であるかを求めたいので，答えは，$3\div\dfrac{5}{2}=\dfrac{6}{5}$(倍)となる。

《宮城県古川黎明中学校》

重要　2　(算数，理科，社会：電気，磁石，エネルギー，計算)

１(１)ア　2016年の日本の廃《はい》プラスチックの排出《はいしゅつ》量は資料１より860万トンである。よって，３分の１は$860\div3=286.6\cdots$(万トン)だが，資料２より，その年の日本から中国へのプラスチックくずの輸出量は80.3万トンであるので，３分の１以上という説明は誤り。

イ　2017年のマレーシア，タイ，香港へのプラスチックくずの輸出量を合計すると，

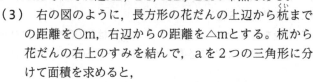

7.5＋5.8＋27.5＝40.8(万トン)。その年の日本の廃プラスチックの排出量の5％は
863×0.05＝43.15(万トン)。よって正しい。

ウ　2019年の５つの国・地域へのプラスチックくずの輸出量の合計は
26.2＋10.2＋5.7＋2.8＋1.9＝46.8(万トン)
この年の日本の廃プラスチックの排出量の２割は
850×0.2＝170(万トン)
よって２割以上であるという説明は誤《あやま》り。

エ　資料１より，日本の廃プラスチックの排出量は2017年から減少し続けているので誤り。

（2）　プラスチック製の飲料ボトルやレジ袋の分解には何十年，何百年もかかるのに対して，それ以外のベニヤ板や新聞紙，ペーパータオルなどは比かく的短時間で分解されていることがわかる。

（3）　ごみを減らすために取り組んでいることを書く。例えば，マイバックの利用は，レジ袋のごみを減らすことに役立っている。

2（1）　アルミ缶には，と装がしてあって，電気を通しにくい場合があるので，表面をけずると電気を通しやすくなる。

（2）　U磁石《じしゃく》にくっついていたクリップは磁石の性質を帯びるようになるため，U磁石のS極側にくっついていた側はN極に，反対側はＳ極になる。

（3）　アルミ缶からアルミニウム地金《じがね》を作るために必要なエネルギーは1500キロカロリー，ボーキサイトからアルミニウム地金を作るために必要なエネルギーは50000キロカロリーであるため，
1500÷50000＝0.03
よって，えにあてはまるのは3％である。
必要なエネルギーが小さい方が省エネルギーの効果が高いといえるため，アルミニウム地金は使用済《ず》みのアルミ缶からリサイクルした方が環境《かんきょう》に優しい。

3（1）　画面の横とたての長さの合計を□で表すと，それぞれの比のときの横とたての長さは右の表の通りになる。ここで，それぞれの画面の面積を考えると，□はすべて共通しているため，横とたての数字をかけた数が大きいほど，面積も大きくなることがわかる。よって，それぞれ計算すると，

画面の比	横の長さ	たての長さ
4：3	$\frac{4}{7}$×□	$\frac{3}{7}$×□
16：9	$\frac{16}{25}$×□	$\frac{9}{25}$×□
16：10	$\frac{16}{26}$×□	$\frac{10}{26}$×□

4：3は$\frac{4}{7}\times\frac{3}{7}=\frac{12}{49}=0.244\cdots$

16：9は$\frac{16}{25}\times\frac{9}{25}=\frac{144}{625}=0.230\cdots$

16：10は$\frac{16}{26}\times\frac{10}{26}=\frac{40}{169}=0.236\cdots$

であるため，画面の面積がもっとも大きくなる横の長さとたての長さの比は4：3である。

（2）　図５で明さんの誕生日《たんじょうび》は12月5日であることがわかるため，図４の入力画面の指示にしたがって，12と５を用いて順に計算していく。よって，①は12×4＝48，②は

48＋9＝57，③は57×25＝1425，④は1425＋5＝1430となる。お父さんの言葉から，④の数から，かをひくと，1205が求められることがわかるので，かは1430－1205＝225となる。

（3） 図4の指示にしたがい，順を追って説明すればよいので，手順①～④を式で示すことから始める。示した④の式から225をひくことで○×100＋△という式ができることから，百のかたまりと一のかたまりで月と日が表されることがわかる。

★ワンポイントアドバイス★

どの問題も問題文をよく読んで，あたえられた条件や情報を適切に使うことが大切。求め方を説明する問題では，自分で記号を用いながらわかりやすく書くことが求められる。グラフや資料を読み取りながら，正誤《せいご》を問う問題も見られた。

＜宮城県立中学校　総合問題(リスニング)解答例＞

第1問 No.1　B

No.2　C

第2問 C

○推定配点○

第1問　各2点×2　　第2問　4点　　計8点

＜宮城県立中学校　総合問題(リスニング)解説＞

第1問 (英語：リスニング)

基本

No.1　zookeeper(動物の飼育員)という単語を聞き取ることができればBを選択できる。

No.2　どのイラストも音楽の授業をしている。何曜日に学校に行き，何の楽器を演奏《えんそう》するのかを聞き取ることができればよい。土曜日に学校に行き，ピアノを演奏しているのはC。

＜放送全文(日本語訳)＞

No.1　I'm Takuya. I like animals. I want to be a zookeeper.

僕はたくやです。動物が好きです。動物の飼育員になりたいです。

No.2　I'm Sakura. I like music. I go to music school on Saturdays. I play the piano.

私はさくらです。音楽が好きです。毎週土曜日に音楽学校に行っています。私はピアノを演奏します。

第2問 (英語：リスニング)

エミリーさんは夏休みに，山に行ってキャンプを楽しみ，ピザを食べたと言っているので，テニスをしているDのイラストが不適切であると分かる。ひろしさんは祖母と一緒に七夕祭りに行き，アイスクリームを食べたと言っているので答えはCかDになる。よって，二人がそれぞれおこなったことの組み合わせとしてもっとも適切なのはCである。

＜放送全文(日本語訳)＞

Hiroshi: How was your summer vacation, Emily?
Emily: It was fantastic. I went to the mountain with my family.
Hiroshi: That's nice. What did you do?
Emily: I enjoyed camping.
Hiroshi: That's good.
Emily: At night, I ate pizza. It was great. Did you enjoy your summer vacation, Hiroshi?
Hiroshi: Yes. I went to the Tanabata festival with my grandmother. I ate ice cream. It was delicious.

ひろし：エミリー，夏休みはどうだった？
エミリー：とてもよかったよ。私は家族と山に行ったの。
ひろし：それはすばらしいね。何をしたの？
エミリー：キャンプを楽しんだよ。
ひろし：それはいいね。
エミリー：夜にはピザを食べたの。とてもおいしかった。ひろし，あなたは夏休みを楽しんだ？
ひろし：うん。祖母と七夕まつりに行ったんだ。アイスクリームを食べたよ。とてもおいしかった。

★ワンポイントアドバイス★

放送が流れる前に問題文と選択しによく目を通し，何を聞き分ける必要があるのか考えながら集中して聞くことが求められる。難しい単語や表現はないので日頃から短めの会話文になれておくことが大切。

＜宮城県仙台二華中学校　作文問題解答例＞《学校からの解答例の発表はありません。》

私が学校生活の中で大切にしている礼儀は，先生や上の学年の人への言葉づかいです。具体的には，目上の人に対して敬語を使うということです。

私は学校の合唱団に入っていたため，音楽の先生と特に仲がよく，休み時間には，先生のところに行き，お話をしていました。以前，私が先生に敬語を使わずに話しかけたとき，先生から，「親しき仲にも礼儀あり」ということわざを教えてもらいました。私はその先生と話す機会が多かったため，他の先生と比べ仲がよかったです。しかし，先生に対する尊敬の気持ちがないということではありません。先生は，尊敬の気持ちを表現するためには敬語を使うべきであり，特に目上の人に対して敬語を使うことは，大人になってからも大切なことだと教えてくれました。

この経験から，私は敬語を使うことの大切さを実感することができました。「親しき仲にも礼儀あり」ということわざは，どんなに仲がよくても，礼儀を忘れてはいけないという意味があります。先生や先ぱい，身の回りの大人たちに敬意を表すためにも，私はこれからも敬語を使うという礼儀を大切にしていこうと思います。

○配点○
25点

＜宮城県仙台二華中学校　作文問題解説＞

基本 （作文：テーマ型　自分の考えを書く）

四百字以上五百字以内なので，三段落《だんらく》程度の構成で書くとよい。第一段落では，自分が学校生活の中で大切にしている礼儀《れいぎ》について短くまとめる。第二段落では，その礼儀にまつわる自分の経験と，その礼儀を大切にしている理由について説明する。第三段落では，自分の考えとこれからの行動についてまとめる。

今回のテーマは，学校生活の中で大切にしている礼儀である。どのような礼儀について書くか決めるときに，その礼儀を学校生活の中で大切にしているかどうかに気をつけることが大切だ。

★ワンポイントアドバイス★

問題に書いてあるテーマをよく読まないと，自分の書いた作文が条件を満たしていないということがあり得る。作文を書き始める前にもう一度，自分が書こうとしている作文がテーマに合っているかを確認しよう。

＜宮城県古川黎明中学校　作文問題解答例＞《学校からの解答例の発表はありません。》

ここ一，二年の間で，私の生活において大変だったことは，一度に複数の仕事を引き受けてしまったことです。

私は小学校五年生の一年間，クラスの学級委員といきもの係の二つをしていました。あるとき，学級委員の仕事といきもの係の仕事を一度に頼まれ，私はどちらの仕事も引き受けました。二つとも提出までの期間が短く，計画を立てて実行しようとしましたが，学校の宿題や習い事などがあり，計画通りに進めることができませんでした。私は先生にお願いして，学級委員の仕事の期限を延ばしてもらおうと考えていました。しかし，ある日の昼休みに友人が，「学級委員の仕事，大変そうだから手伝うよ。」と声をかけてくれました。私はこのとき，人の優しさを感じてとても温かい気持ちになりました。この友人のおかげで，どちらの仕事も期限内に終わらせることができました。

この経験から，私は，大変なときに「手伝うよ。」と声をかけてくれる人がいることのありがたさを感じました。そして，私も困っている人がいたら，声をかけて手伝ってあげようと思いました。

○配点○

25点

＜宮城県古川黎明中学校　作文問題解説＞

基本 （作文：テーマ型　自分の意見を述べる）

作文のテーマがあたえられ，自分の意見を書く問題である。テーマは，ここ一，二年の間における自分自身の生活の中で，大変だったけれど，温かい気持ちになったできごとである。ここ一，二年の間に自分が経験したことの中から，このテーマに合い，そこから自分が何を学んだかにつなげられるようなものを選ぶと書きやすい。このときに，ただ大変だったできごとを選ぶのではなく，大変な中でも，温かい気持ちになれたできごとを選ぶということにも気をつけたい。

四百字以上五百字以内なので，三段落《だんらく》程度の構成で書くとよい。一段落目では，ここ一，二年の間における自分自身の生活の中で，大変だったできごとを短くまとめる。二段落目では，一段落目で挙げたことについて，なぜ大変だったのか，そしてその中で起きた心が温まったできごとについてくわしく説明する。そして三段落目では，この経験から学んだことや感じたことを書くという構成にすると，読み手にも伝わりやすく，わかりやすい文章になる。

★ワンポイントアドバイス★

テーマに合った自分の経験を選ぶときに，ただ大変だったできごとを選ぶのではなく，大変だったけれど，温かい気持ちになったできごとを選ぶという点に気をつけたい。日ごろから，あたえられた問題をよく読み，条件をすべて満たす作文を書くことを心がけよう。

＜総合問題リスニング―サンプルA解答例＞

第1問　No.1　B

No.2　A

第2問　A

＜総合問題リスニング―サンプルA解説＞

基本 第1問　(英語：リスニング)

No.1「good at ~ing」の「～」には動詞が入り,「～することが得意である」という意味になる。「good at swimming」は「泳ぐことが得意である」になるため，Bの男の子が泳いでいるイラストを選ぶ。

No.2「like ~ing」の「～」には動詞が入り，「～することが好き」という意味になる。「like reading」で「読むことが好き」という意味になるため，Aの女の子が本を読んでいるイラストを選ぶ。

＜放送全文(日本語訳)＞

No.1　I'm Hiroshi. I like summer. I'm good at swimming.

僕はひろしです。僕は夏が好きです。僕は泳ぐことが得意です。

No.2　I'm Sakura. I like reading. I want a new book.

私はさくらです。私は読むことが好きです。私は新しい本が欲《ほ》しいです。

第2問　(英語：リスニング)

あきらさんがエミリーさんに対して「夏休みはどうだったか」をたずね，エミリーさんは山に行ってキャンプを楽しんだと答えた。加えて，エミリーさんは料理を楽しんでカレーライスを食べたとも言っている。よって，エミリーさんのイラストとして正しい可能性があるのはAとBとCである。一方，あきらさんは海に行ってつりを楽しんだと言っているので，あきらさんのイラストとして正しいのはAだけだとわかる。したがって，二人の夏休みの出来事を適切に表しているのはAである。

＜放送全文(日本語訳)＞

Akira: How was your summer vacation, Emily?

Emily: It was great. I went to the mountain. I enjoyed camping.

Akira: Did you enjoy fishing?

Emily: No. I enjoyed cooking. I ate curry and rice. It was great. Did you enjoy your summer vacation, Akira?

Akira: Yes. I went to the sea. I enjoyed fishing.

(あきら：エミリー，夏休みはどうだった？

エミリー：とてもよかったよ。私は山に行ったの。キャンプを楽しんだよ。

あきら：つりは楽しんだの？

エミリー：いいえ。料理を楽しんだよ。カレーライスを食べたの。とてもおいしかった。あきら，あなたは夏休みを楽しんだ？

あきら：うん。海に行ったんだ。つりを楽しんだよ。)

★ワンポイントアドバイス★

英語の会話文を聞いて，イラストの選択しの中から正しいものを選ぶ形式になっている。難解な単語や慣用表現はないため，基礎的な英会話で使われる表現を聞き取ることができれば正解することができる。

＜総合問題リスニング―サンプルＢ解答例＞

第１問　No.1　A

　　　　No.2　B

第２問　C

＜総合問題リスニング―サンプルＢ解説＞

基本 第１問 (英語：リスニング)

No.1 「good at ~ing」は「～することが得意である」という意味。「good at cooking」は「料理をすることが得意である」という意味になる。「bake bread」とはパンを焼くという意味で，baker(パン屋)であると言っているので，パンを焼いているＡのイラストを選ぶ。

No.2 「can」は「～できる」という意味である。「I can sing well.」は「私は上手に歌うことができます。」という意味なので，Ｂの女の子が歌っているイラストを選ぶ。

＜放送全文(日本語訳)＞

No.1　I'm good at cooking. I can bake bread well. I'm a baker.

僕は料理が得意です。パンを上手に焼くことができます。僕はパン屋です。

No.2　I like music. I can sing well. I'm a singer.

私は音楽が好きです。私は上手に歌うことができます。私は歌手です。

第２問 （英語：リスニング）

道に困っている外国人が行こうとしているのは本屋である。本屋は二人がいるところから数えて２つ目の交差点を右に曲がって，左側にある。「Go straight for ～ block(s)」で「～ブロックまっすぐ進む」，また「Turn right/left」で「右もしくは左に進む」という意味であるので，本屋の場所を示している適切な選択しはCである。

＜放送全文(日本語訳)＞

外国人: Excuse me. I want to go to a bookstore. Can you help me?
あなた: OK. We are here.
A：Go straight for one block. Turn right at the traffic light. You can see it on your right.
B：Go straight for two blocks. Turn left at the traffic light. You can see it on your left.
C：Go straight for two blocks. Turn right at the traffic light. You can see it on your left.

外国人：すみません。私は本屋に行きたいです。私を助けてくれますか？
あなた：わかりました。私たちはここにいます。
A：１ブロックまっすぐに進んで。信号を右に曲がる。あなたの右側にそれが見えます。
B：２ブロックまっすぐに進んで。信号を左に曲がる。あなたの左側にそれが見えます。
C：２ブロックまっすぐに進んで。信号を右に曲がる。あなたの左側にそれが見えます。

★ワンポイントアドバイス★

英語の会話文を聞いて，選択しの中から正しいものを選ぶ形式になっている。それぞれ２回くり返されるので，問題文のイラストをよく見て，何を聞き取れば正解を選ぶことができそうか考えながら聞くことが重要である。

2021年度

★★★★★★★★★★★★★★★★★★★★★★

入　試　問　題

2021年度

宮城県立中学校入試問題

【総合問題】（60分）　＜満点：100点＞

1　正志《まさし》さん，健太さん，春花さんが通っている小学校では，「かかわる」「もとめる」「はたす」の3つのスローガンのもと，さまざまな活動が行われています。

次の**1**～**3**の問題に答えなさい。

1　正志さんは，「地域の伝統工芸」をテーマとした「総合的な学習の時間」の調べ学習で，地域の和紙工房《こうぼう》を訪問《ほうもん》しました。あとの(1)～(3)の問題に答えなさい。

正志さん	和紙は㋐聖徳太子《しょうとくたいし》が活躍《かつやく》した飛鳥《あすか》時代から使われているんですよね。
職人さん	よく知っているね。しかし当時は誰《だれ》もが和紙を使えたわけではなく，広く使われるようになったのは㋑江戸時代の中ごろからなんだよ。
正志さん	そのころは，この地域にもたくさんの和紙工房があったようですね。
職人さん	そうだよ。でもね，和紙工房は少しずつ減ってきて，今ではここだけになってしまったんだよ。
正志さん	そうなんですね。ところで，ここの和紙は何に使われているんですか。
職人さん	絵を描《か》いたり文字を書いたりするためだけではなく，㋒和紙の良さを生かして着物の生地《きじ》などにも使われているんだよ。
正志さん	和紙はいろいろな物に使われているんですね。他にどんな物に使われているか調べてみたいと思います。

(1)「㋐聖徳太子」とありますが，聖徳太子が目ざした国づくりとして，**もっとも適切なものを**，次の**資料1**，**2**をもとにして，あとの**ア**～**ウ**から**1つ選び**，**記号で答えなさい**。

資料1　**十七条の憲法の一部をわかりやすくしたもの**

第1条　人の和を大切にしなさい。
第2条　仏教を深く信じなさい。
第3条　天皇《てんのう》の命令には必ず従《したが》いなさい。

資料2　**遣隋使《けんずいし》の目的や内容**

皇帝《こうてい》が大きな力をもっていた中国（隋）と対等な国の交わりを結び，中国（隋）の進んだ政治や文化を取り入れようとした。

ア　中国（隋）の支配のもと，人の和を大切にする国づくりを目ざした。

イ　日本の古い政治を固く守り続け，仏教の教えにもとづく国づくりを目ざした。

ウ　人々の争いをなくし，中国（隋）を参考に天皇中心の国づくりを目ざした。

(2)「㋑江戸時代の中ごろ」とありますが，社会の授業で寺子屋について学んだ正志さんは，江戸時代の和紙出荷量の推移《すいい》について調べて次のページの**グラフ**にまとめたところ，和紙出荷量の増加と寺子屋の増加には関係があったのではないかと考えました。

グラフや**資料3**を参考にして，**正志さんがそのように考えた理由**を書きなさい。

グラフ　江戸時代における和紙出荷量の推移

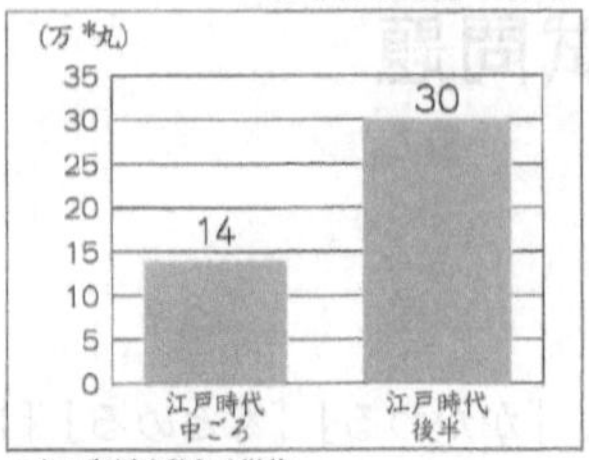

＊丸：和紙を数える単位
(『日本経済史の研究』)より作成

資料３　社会の授業で用いたプリントの一部

・寺子屋では，往来物《おうらいもの》と呼ばれる教科書を用いて，子どもが読み書きの初歩を学んだ。
・寺子屋は，江戸時代の中ごろに江戸や大阪に広まり，江戸時代後半には全国で見られるようになった。
・寺子屋が増えたことで，読み書きのできる人が増えて，たくさんの人が本を読めるようになった。

(3)「㋒和紙の良さ」とありますが，正志さんは工房でもらったパンフレットと和紙でできた商品の写真を準備し，調べ学習の発表会で，和紙の良さを生かした商品を，クラスのみんなにすいせんすることにしました。

あなたならどの商品をすいせんしますか。**写真１～３から１つ選び，資料４にふれながら，選んだ商品をすいせんする文章を作りなさい。**

資料４　工房でもらったパンフレットの一部

和紙のここがすごい！

みなさんは「和紙」と言われたら習字の半紙や折り紙などを思い浮《う》かべるのではないでしょうか。

実は和紙はみなさんが思っている以上に優《すぐ》れたもので，さまざまなものの素材として活用されています。

和紙は丈夫《じょうぶ》で手触《てざわ》りも良く，光を適度に通すにもかかわらず，紫外線《しがいせん》を90％前後カットする効果もあります。また，和紙のせんいがフィルターの役割《やくわり》をして，ほこりや花粉などを吸着《きゅうちゃく》するほか，消臭《しょうしゅう》効果もあるのです。

写真１　和紙でできた着物

写真２　和紙でできた日傘《ひがさ》

写真３　和紙でできたマスク

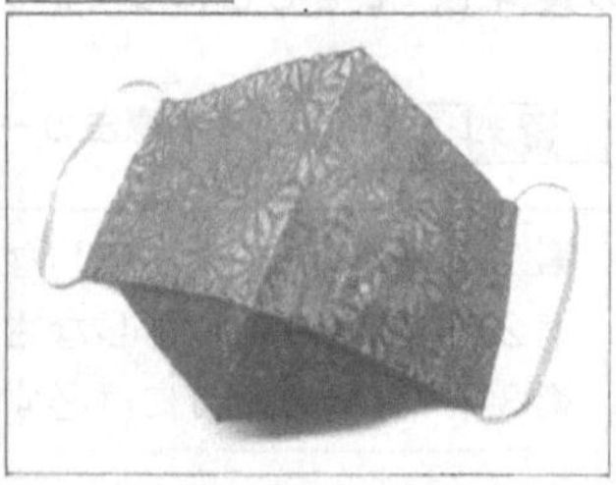

2　健太さんたちのクラスでは，学校の花壇《かだん》でニチニチソウを育てることになりました。あとの(1)～(3)の問題に答えなさい。

先　生　みんなで種をまきますよ。種をまいたら，うすく土をかけてください。
健太さん　土をかけたら種に光が当たりませんが，㋓発芽に光は必要ないのですか。
先　生　それでは，あとで発芽と光の関係について調べてみましょう。
健太さん　先生，種をこぼしてしまいました。種の粒《つぶ》が小さすぎて，土に混じって拾えません。一か所にたくさん芽が出てしまっても大きく育ちますか。

先　　生　そのときは，㋔成長の良いものを残して，その他のものを引き抜《ぬ》くと大きく育ちますよ。

健太さん　そういえば，アサガオを育てたときにもやりました。ところで，ニチニチソウはどんな色の花がさきますか。

先　　生　白・赤・ピンク・むらさきの花がさきますよ。さいたら㋕花びらで，色水を作って折りぞめをしましょう。

⑴　「㋓発芽に光は必要ないのですか」とありますが，このことを確かめるために，健太さんはア～エの条件で観察し比較《ひかく》することにしました。**発芽と光の関係**について調べるには，**どれとどれを比較**すればよいですか。次の**ア**～**エ**から**2つ選び**，**記号**で答えなさい。

　ただし，種は土の上にのせているだけとし，発芽に適した温度を保つこととします。また，**ア**，**イ**には光が当たっていますが，**ウ**，**エ**は段《だん》ボールの囲いで光がさえぎられています。なお，水やりのときに段ボールの囲いを外しても実験結果には影響《えいきょう》しないこととします。

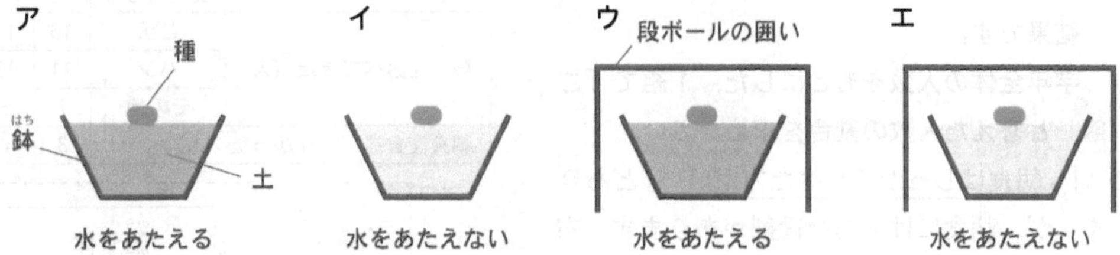

⑵　「㋔成長の良いものを残して，その他のものを引き抜く」とありますが，**この作業をすることで**，**植物が大きく育つ理由**を書きなさい。

⑶　「㋕花びらで，色水を作って折りぞめをしましょう」とありますが，健太さんたちは先生に教えてもらった**折りぞめの手順**に従い，正方形の和紙をそめました。

　和紙を**もとの正方形に広げたとき，和紙はどのようにそめ分けられているでしょうか**。解答用紙の**色の表し方**に従って，**そめ分けられた様子**を書き込みなさい。

折りぞめの手順

①　正方形の向かい合う頂点《ちょうてん》が重なるように対角線で和紙を折り，直角二等辺三角形をつくります。
②　①でできた直角二等辺三角形の同じ長さの辺どうしが重なるように折ります。
③　②でできた直角二等辺三角形の同じ長さの辺どうしが重なるように折ります。
④　③の和紙を折りたたんだ状態のままで，**写真**4のように3色それぞれの色本でそめます。
⑤　**写真**5や**写真**6のようにそめ上がった和紙を，もとの正方形に広げて，かんそうさせます。

写真4

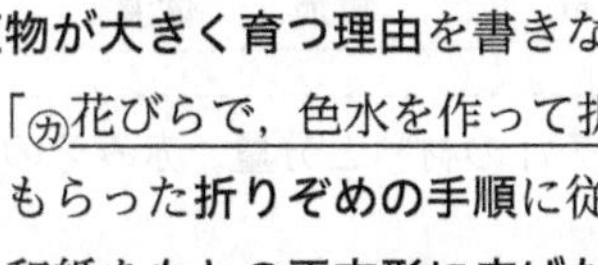

写真5

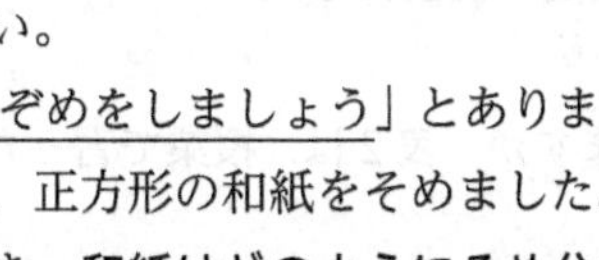

写真6

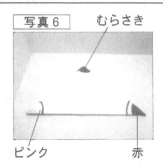

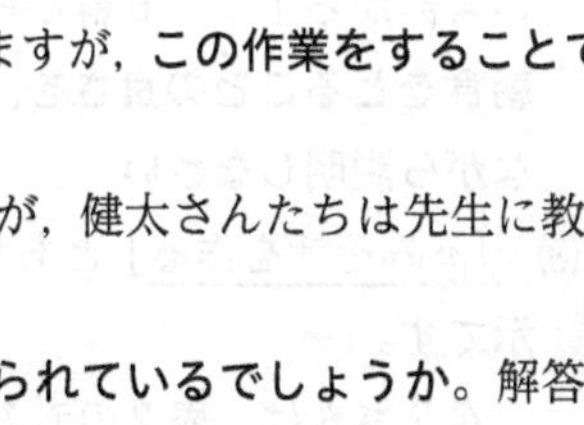

3　春花さんは，朝食について，お母さんと話をしています。あとの⑴～⑶の問題に答えなさい。

春花さん　家庭科の授業で，朝食は大切だって先生が言ってたよ。
お母さん　そうね。わが家の朝食はパンよりご飯が多いけど，春花のクラスではご飯とパンのどちらを食べてくる人が多いのかな。
春花さん　保健委員会がとった㋖朝食のアンケートだと，私のクラスでは，ご飯を食べてきたと答えた人が多かったよ。でもね，朝食を食べてこなかったと答えた人もいるんだよ。朝食をぬいたら，私はお腹《なか》がすいてお昼までがまんできないな。
お母さん　お母さんも㋗朝食はしっかり食べた方がいいと思うよ。これからも，おいしい朝食を作るね。
春花さん　私も手伝うよ。授業で習った㋘みそ汁《しる》を作るね。

⑴　「㋖朝食のアンケート」とありますが，右の**表１**は，春花さんの学年のある日のアンケート結果です。

学年全体の人数をもとにした，１組で「ご飯」と答えた人数の割合を求めなさい。

表１　ある日のアンケート結果

	食べたもの	1組	2組	計
朝食を食べてきた（人）	ご飯	16	13	29
	パン	11	17	28
	その他	7	5	12
朝食を食べてこなかった（人）		3	2	5

⑵　「㋗朝食はしっかり食べた方がいい」とありますが，朝食には大切な役割があります。右の**A群から１つ，B群から１つ言葉を選び，朝食をとることの良さを，朝食の役割にふれながら**説明しなさい。

A群：腸《ちょう》　脳《のう》や体

B群：排泄《はいせつ》　体温

⑶　「㋘みそ汁を作る」とありますが，**表２**は，授業で習ったみそ汁の材料と分量，赤みその成分表示です。

春花さんは，**表２**の赤みそと比較して塩分が25％カットされた減塩みそを使って５人分のみそ汁を作ります。

春花さんが作るみそ汁の，食塩相当量を求めなさい。

ただし，みそ以外の材料に含《ふく》まれる塩分については考えないものとし，塩分と食塩相当量とは同じものであるとします。

表２　授業で習ったみそ汁の材料と分量，赤みその成分表示

豆腐《とうふ》のみそ汁（２人分）	
水	300mL
煮干《にぼ》し	10g
みそ	大さじ１
豆腐	1／2丁
ネギ	適量

＊みそ大さじ１は18g

赤みそ	100gあたり
エネルギー	190kcal
たんぱく質	11.6g
脂質《ししつ》	5.2g
炭水化物	23.5g
ナトリウム	4.7g
食塩相当量	12g

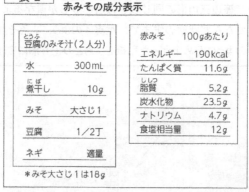

＜宮城県仙台二華中学校＞

2　太郎さんと華子《はなこ》さんは，仙台二華中学校の文化祭に出かけました。
次の１～４の問題に答えなさい。

1　太郎さんと華子さんは，最初に自然科学部のコーナーに行きました。あとの(1)～(3)の問題に答えなさい。

太郎さん　いろいろな実験があるね。これはダンゴムシの迷路脱出《めいろだっしゅつ》実験だ。
華子さん　ダンゴムシって落ち葉の下にいて，触《さわ》ると丸くなる生きものよね。
部　　員　ダンゴムシは，迷路に入れると分かれ道を曲がりながら脱出するんですよ。この迷路（図１）は，入口からそれぞれの出口まで，どの道を通っても㋐道のりは18㎝となっています。実験では，ダンゴムシが㋑どのように分かれ道を曲がって迷路を脱出するかを調べました。

ダンゴムシの迷路脱出実験

【方法】○厚紙で，図１のような迷路を作る。
○ダンゴムシを50匹《ぴき》用意する。
○１回に１匹ずつ迷路の入口に放し，脱出までの時間と，脱出した出口を記録する。
【結果】○すべてのダンゴムシは出口から脱出し，進んだ道をもどったダンゴムシはいなかった。
○脱出までにかかった時間は，もっとも早いものが６秒，もっとも遅《おそ》いものが45秒だった。

図１

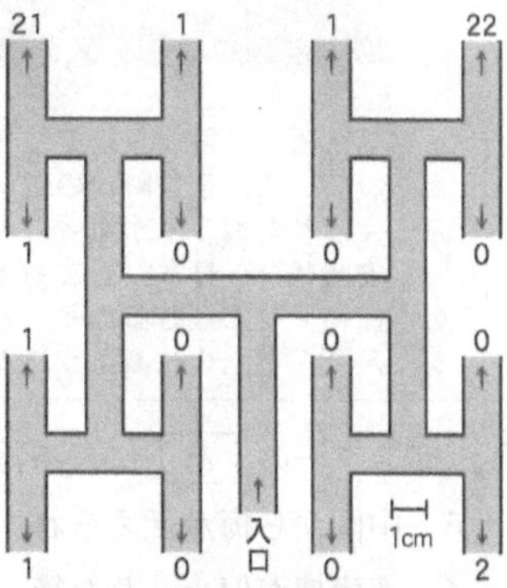

数字はそれぞれの出口から脱出したダンゴムシの数を示す。

(1)　「㋐道のりは18㎝」とありますが，迷路をもっとも早く脱出したダンゴムシと，もっとも遅く脱出したダンゴムシが，**それぞれ迷路を脱出したときと同じ速さで直線上を１分間移動したとすると，移動した距離《きょり》の差は何㎝になるか**答えなさい。

(2)　「㋑どのように分かれ道を曲がって迷路を脱出するか」とありますが，この**実験からわかったこと**を，次のア～エから**すべて選び**，記号で答えなさい。

ア　最初の分かれ道では，右に曲がるダンゴムシの方が多かった。

イ　最初の分かれ道では，右に曲がるダンゴムシと左に曲がるダンゴムシは同じ数であった。

ウ　分かれ道で左右どちらかに曲がると，次の分かれ道では最初の曲がり道で曲がった方向とは逆の方向，その次の分かれ道ではまた逆の方向というように，交互《こうご》に曲がる方向を変えて脱出したダンゴムシが85％以上いた。

エ　分かれ道で左右どちらかに曲がると，次の分かれ道でも同じ方向，その次の分かれ道でも同じ方向というように，常に最初の分かれ道と同じ方向に曲がって脱出したダンゴムシが85％以上いた。

(3)　この剣験で，85％以上のダンゴムシに見られた移動のしかたには，ダンゴムシが障害《しょうがい》物をよけながら外敵《がいてき》などから逃げるときに，**どのような利点があると考えられますか。迷路の入口から出口までの距離に着目して書きなさい。**

2　次に太郎さんと華子さんは社会科研究部のコーナーに行きました。あとの(1)，(2)の問題に答えなさい。

部　　員	私たちは，＊京都御所《ごしょ》にある＊正殿《せいでん》の前に植えられた木について調べてポスターにしました。平安時代，正殿から見て左側にある木が，梅から桜に替《か》わりましたが，そうした変化は，和歌にもみられました。
太郎さん	奈良時代の『万葉集』と平安時代の『古今和歌集』を比較《ひかく》しているのですね。日本人は，花といえばやはり㋒<u>桜の花</u>と感じる人が多いですね。

＊京都御所：現在の京都市にある旧皇居《こうきょ》　＊正殿：中心となる建物

ポスター

《調べたこと》

① 正殿の「木」の変化

京都御所の正殿から見て左側に桜の木が植えられている。奈良時代の御所には，中国から伝えられた梅の木が植えられていた。しかし平安時代に，日本にもともと生えていた桜の木に植え替えられるなど，日本独自の文化がだんだんと見られるようになった。

② 和歌によまれた「花」の変化

・奈良時代，『万葉集』に多く登場する花は「梅」である。
・平安時代，『古今和歌集』に多く登場する花は「桜」である。遣唐使《けんとうし》が停止された後，中国の文化の影響《えいきょう》を受けつつも，日本独自の文化が見られるようになり，花といえば桜をさす和歌が多くなった。

《考えられること》

平安時代は，［　あ　］時代だった。

(1)　ポスターの［あ］に入る言葉を，次のア～エから１つ選び，記号で答えなさい。

ア　中国から梅が伝えられ，『古今和歌集』には桜の花よりも梅の花が多くよまれた

イ　遣唐使が停止された後，桜に代わって梅がもてはやされた

ウ　中国の文化をもとに，新たに日本風の文化が生まれた

エ　貴族のくらしが，しだいに中国風の文化に変わっていった

(2)　「㋒桜の花」とありますが，右の図２は「桜がさきはじめる時期」を表したものです，図２をもとに**３月31日より後に桜がさきはじめる場所にある世界遺《い》産《さん》について，次のア～エからすべて選び，**記号で答えなさい。

ア　原爆《げんばく》ドーム（広島県）

イ　中尊寺金色堂《ちゅうそんじこんじきどう》（岩手県）

ウ　法隆寺《ほうりゅうじ》（奈良県）

エ　白川郷《ごう》（岐阜県）

図２　桜がさきはじめる時期

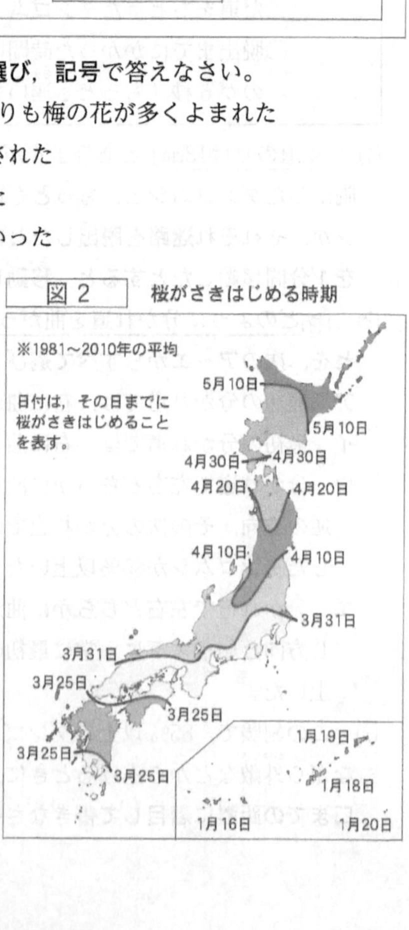

3　次に太郎さんと華子さんは，クイズ研究会のコーナーに行きました。あとの(1)～(3)の問題に答えなさい。

華子さん　きれいなメダルがたくさんあるね。
部　　員　全部同じメダルに見えますが，模型《もけい》のメダルも入っています。模型は形や大きさは本物と全く同じですが，重さが本物より少しだけ重いものや軽いものもあります。
華子さん　手で持っただけでは，どれが模型なのか分かりませんね。
部　　員　そうですね。この４枚《まい》の中には模型のメダルが１枚入っていますが，どうすれば模型のメダルを見分けることができると思いますか。
太郎さん　見当もつきません。どのように見分けるのですか。
部　　員　ここにあるてんびんを使います。こうすれば，㋓てんびんを３回使って見分けることができますよ。見ていてくださいね。
華子さん　なるほど。工夫すれば，㋔てんびんを使う回数をもっと減らせるかな。

(1)　「㋓てんびんを３回使って見分けることができます」とありますが，部員は下の手順でてんびんを３回使って，4枚のメダルの中から１枚の模型を見分ける方法を説明しました。４枚のメダルあ～えの中から，**模型のメダルを１つ選び，記号**で答えなさい。

部員が説明した手順

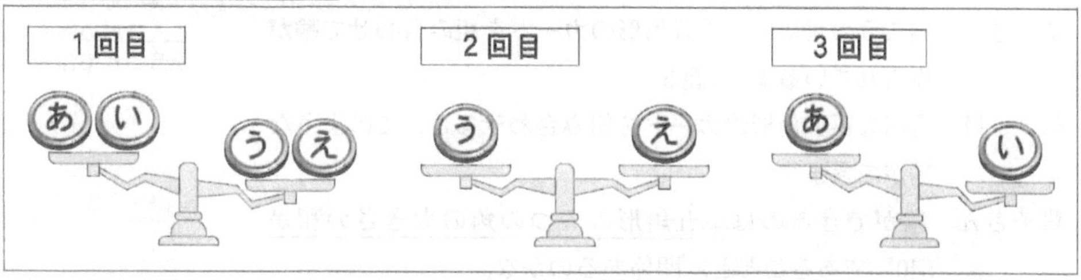

(2)　「㋔てんびんを使う回数をもっと減らせる」とありますが，華子さんは，**てんびんを２回**使って，４枚のメダルＡ～Ｄの中に**１枚だけ入っている模型を見分ける方法**を思いつきました。**華子さんが思いついた方法**を説明しなさい。

(3)　見学の最後に部員は，「模型は何枚？」というクイズを出しました。下の【条件】のとき，**本物より軽い模型**と，**本物より重い模型**は，**それぞれ何枚ずつ入っているか**答えなさい。

【条件】
・メダルは全部で251枚あります。重さは全部で1002.8ｇです。
・本物のメダルは１枚の重さが４ｇです。
・軽い模型は，本物よりも0.3ｇ軽く，重い模型は本物よりも0.1ｇ重いです。
・重い模型の枚数は，軽い模型の枚数の1.5倍です。

4　次に太郎さんと華子さんは，数学パズル愛好会に行きました。あとの(1)～(3)の問題に答えなさい。

部　員　ここでは，いろいろな形をしたカードを組み合わせた図形パズルを出題しています。

華子さん　机の上に，少しずつ形の違《ちが》う５種類の等脚《とうきゃく》台形のカードが並《なら》べてあるね。

部　員　等脚台形なので，下底の両はじの角**あ**（図３）の大きさが等しくなっています。５種類の等脚台形は，角**あ**の大きさがカードごとに違います。

太郎さん　となりの机には同じ種類のカードを組み合わせて輪が作られているよ。（図４）

部　員　この輪は，５種類のカードのうち，角**あ**の大きさが60°の合同な台形のカードだけを組み合わせて，重なる部分やすき間のないように並べて作りました。

太郎さん　㋕残りの４種類のカードでも同じように輪は作れるのかな。

部　員　カードはそれぞれ合同なものを40枚ずつ用意しています。角の大きさに注意して考えてみてください。

華子さん　向こうの机には，正五角形のカードを組み合わせて輪が作られているよ。（図５）

部　員　合同な正五角形のカードを組み合わせると，このような輪ができます。

華子さん　輪ができるのは㋖五角形の５つの角の大きさの和が540°であることと，関係あるのかな。

部　員　こちらには，正七角形のカードがあります。㋗正七角形のカードでも輪ができるんですよ。

図３

等脚台形のカード

図４

等脚台形のカードを組み合わせて作られた輪

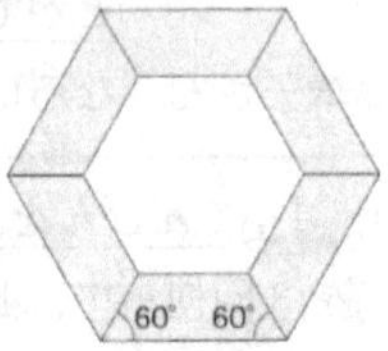

図５

正五角形のカードを組み合わせて作られた輪

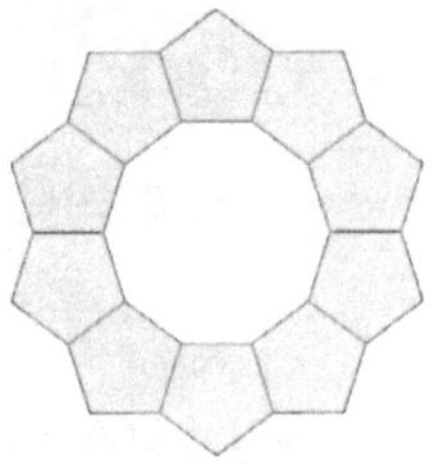

(1)「㋕残りの４種類のカードでも同じように輪は作れるのかな」とありますが，残りの４種類のカードは，角**あ**の大きさが下の**表**のとおりになっています。同じ種類のカードだけを組み合わせて，**重なる部分やすき間のないように並べて輪を作ることができるものを，ア～エからすべて選び，記号で答えなさい。**

表

等脚台形のカード	ア	イ	ウ	エ
角あの大きさ	55°	65°	75°	85°

(2)「㋖五角形の５つの角の大きさの和が540°」とありますが，**五角形の５つの角の大きさの和が540°となることを説明しなさい。**

(3)「㋗正七角形のカードでも輪ができる」とありますが，合同な正七角形のカードを組み合わせて，**重なる部分やすき間のないように並べて輪ができることを説明しなさい。**なお，説明するときに，解答用紙の正七角形の図を利用してもかまいません。

＜宮城県古川黎明中学校＞

2　黎《れい》さんと明《あきら》さんたちの小学校では，毎年修学旅行で山形県に行きます。
次の１，２の問題に答えなさい。

1　黎さんと明さんは，修学旅行で行く予定である山形県の最上川《もがみがわ》やその流域《りゅういき》の市と町について調べ学習をします。あとの(1)～(4)の問題に答えなさい。

先　生　みなさんで，先生が地図に示した最上川流域の市や町について調べてみましょう。黎さんは何を調べますか。

黎さん　私はくだものが大好きなので，ぶどうの生産がさかんな高畠町《たかはたまち》とさくらんぼ狩《が》りで有名な寒河江市《さがえし》について㋐地形図を使って，農業の特ちょうを調べようと思います。

先　生　それは面白そうなテーマですね。明さんは何を調べますか。

明さん　山形県はお米の生産がさかんです。そこで，㋑最上川と米づくりの関係性を調べようと思います。またどのようにしておいしいお米をつくっているか調べたいと思います。

先　生　なるほど。山形のお米もおいしいですからね。農家の人たちは安全でおいしいお米を食べてもらうために㋒さまざまな努力をしているのでしょうね。

先生が示した地図

(1)「㋐地形図」とありますが，次の**資料１**と**資料２**は寒河江市と高畠町の地形図の一部です。それらについて述べた文として**もっとも適切なものを**，あとの**ア～エから１つ選び**，**記号**で答えなさい。

資料１　寒河江市の地形図の一部

資料２　高畠町の地形図の一部

ア　**資料１**では，北側よりも南側により多くの果樹園《かじゅえん》が見られる。
イ　**資料１**，**２**では，水田と果樹園以外には農地として利用されていない。
ウ　**資料１**では平地に，**資料２**ではけいしゃ地に果樹園が見られる。
エ　**資料２**には学校や警察署《けいさつしょ》が見られるが，**資料１**には見られない。

(2) 「㋑最上川と米づくりの関係性」とありますが，明さんは最上川の流量が米づくりに影響《えいきょう》しているのではないかと考えました。あとのア，イの問題に答えなさい。

ア　明さんは**グラフ１，２**を用意しました。**これらのグラフから読み取れることとしてもっとも適切なものを，あとのあ～えから１つ選び，記号で答えなさい。**

グラフ１　酒田市の最上川の流量

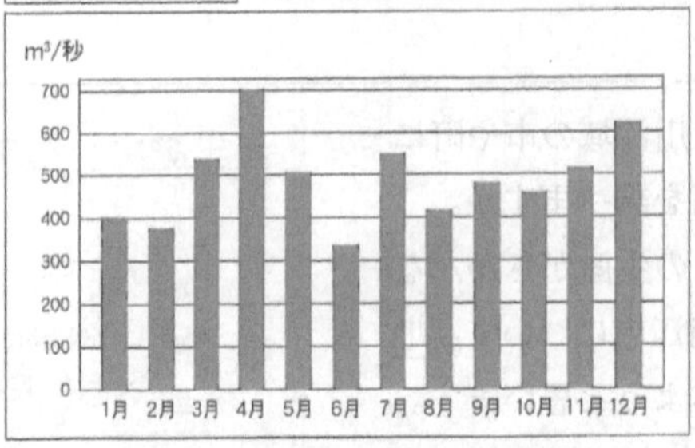

グラフ２　最上川流域の３つの市の降水量（酒田市，尾花沢市，長井市）

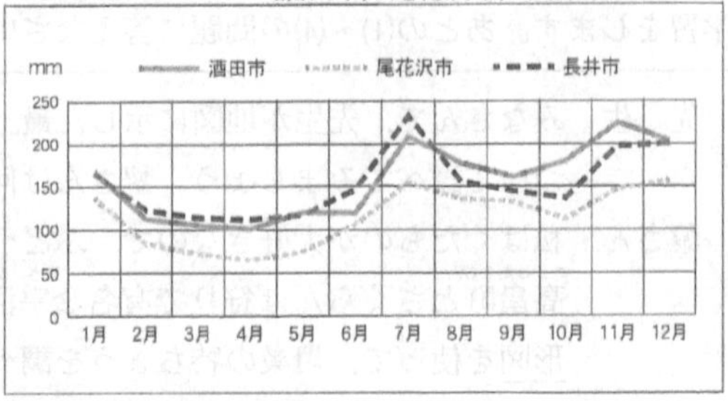

あ　川の流量と３つの市の降水量が12月に多いのは，梅雨《つゆ》の影響による。

い　３つの市の降水量が多い７月は，川の流量が１年のなかでもっとも多い。

う　雪どけ水が流れこむことで，4月に川の流量が多くなる。

え　６月に川の流量が少ないのは，６月の降水量が３つの市すべてでもっとも少ないためである。

イ　明さんは**資料３，４**をまとめ，春に最上川の流量の多いことが米づくりに役立っていると考えました。**明さんがそのように考えた理由を，資料３，４をもとにして書きなさい。**

資料３　米づくりカレンダー

4月，5月	6月～8月	9月，10月
田おこし，種まき，苗《なえ》づくり，しろかき，田植え	水の管理，農薬をまく	稲《いね》刈《か》り，稲のかんそう，もみすり，出荷《しゅっか》

資料４　米づくりのポイント

- 田んぼに水を入れ，土をくだいて平らにする「しろかき」は，稲を育てるための重要な作業です。
- 稲の生育《せいいく》を助けるために，田んぼに水を入れたり，抜《ぬ》いたりして「水の管理」を行います。
- 「稲刈り」の前には水を抜いて，稲と土を乾《かわ》かし，作業をしやすくします。

(3) 「㋒さまざまな努力」とありますが，農薬や化学肥料の使用を減らすなどの努力として，次の**写真**にあるような**アイガモ農法**があります。次の**図１のあ～うの部分のうち，いずれか１つを選び，選んだ部分のアイガモ農法における役割《やくわり》について，具体的に書きなさい。**

写真　アイガモ農法の写真

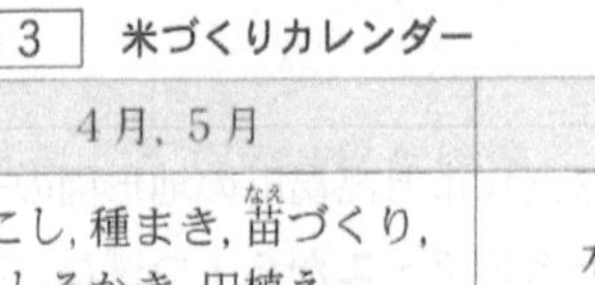

図１　田んぼでのアイガモの様子

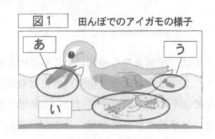

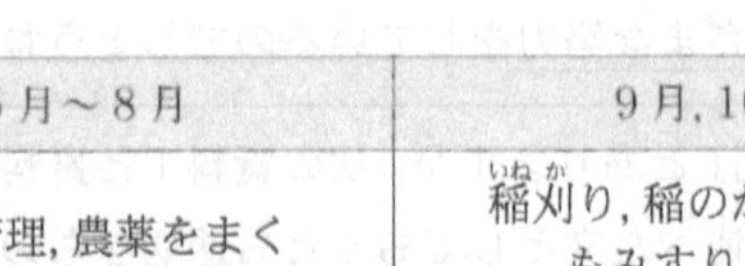

(4) 明さんは，庄内《しょうない》地方で起こるフェーン現象について興味をもち，ノートにまとめました。あとのア，イの問題に答えなさい。

ノート

◎フェーン現象…しめった空気が山をのぼるときに，空気の温度が下がり雲ができて雨が降《ふ》り，山の反対側のしゃ面をおりるときには，あたたかくかわいた空気に変わって流れていき，ふもとの気温が上がる現象のこと。

<空気の温度変化>
・空気の温度は，空気が100m上昇《じょうしょう》するごとに1.0℃下がり，100m下降《かこう》するごとに1.0℃上がる。
・雲ができているところでは，空気の温度は，100m上昇するごとに0.5℃下がる。

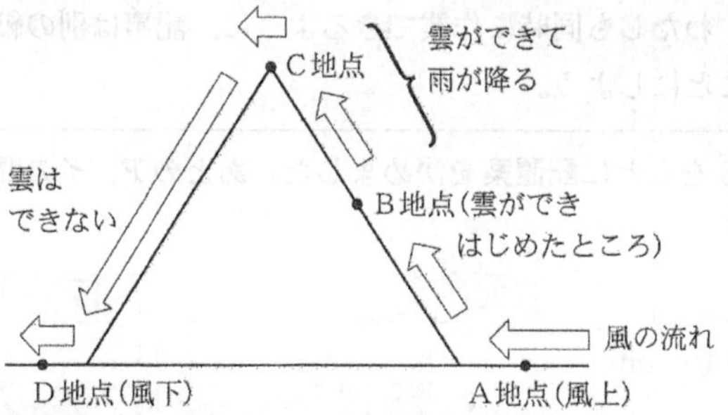

・A地点から山をのぼる空気の温度は，少しずつ下がっていく。
↓
・B地点で雲ができはじめ，山頂《さんちょう》のC地点まで雲で覆《おお》われる。
↓
・C地点からD地点へ下るまで空気の温度は，少しずつ上がっていく。

<標高が同じA地点とD地点の温度の比較>
・A地点とC地点の間で雲ができなかったときには，A地点とD地点の空気の温度は，［ あ ］。
・B地点で雲ができると，A地点とD地点の空気の温度では，D地点の方が高くなる。
・B地点より低い位置に雲ができると，A地点とD地点の空気の温度差は，［ い ］。

ア　明さんのノートの空らんのあ，いにあてはまる言葉を，下の①～⑤の中からそれぞれ選び，記号で答えなさい。

①A地点の方が高くなる　②D地点の方が高くなる　③変わらない
④大きくなる　⑤小さくなる

イ　図2のように空気が流れてフェーン現象が起こったとき，庄内町に流れこむ空気の温度は何℃になるか答えなさい。ただし，庄内町側では雲は発生せず，この空気は，ノートに示されたように温度変化するものとします。

図2

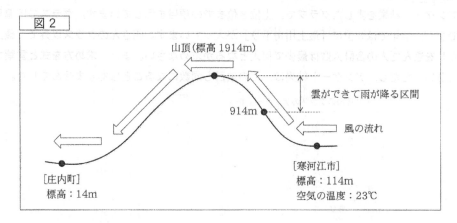

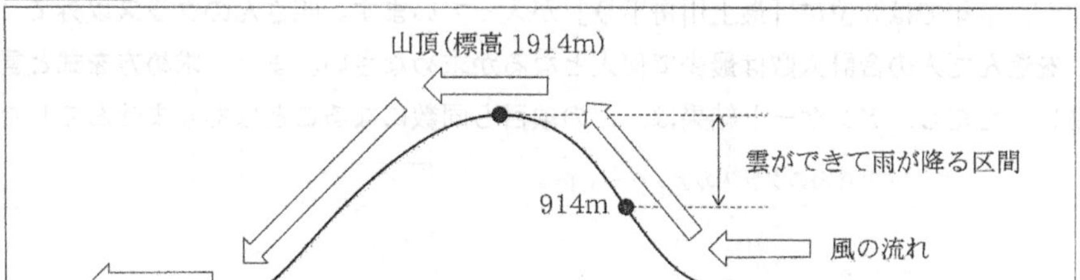

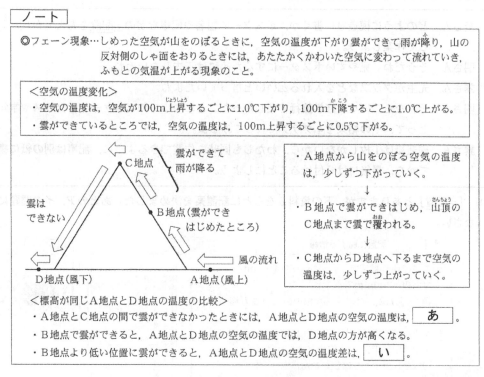

2 黎さんと明さんは，模造紙《もぞうし》を使って，修学旅行の体験を１枚のポスターにまとめることになりました。あとの⑴，⑵の問題に答えなさい。

黎さん	どのように模造紙に書くか，ポスターの題名や記事などの㊤配置を考えてから，分担《ぶんたん》して作業しよう。
明さん	そうだね。見やすいポスターにするためには工夫しないとね。
黎さん	先生がグラフなどを入れるといいと言っていたよね。
明さん	それなら，ぼくは修学旅行で楽しかったことについてのアンケートをクラスや学年でとって，その結果を㊥グラフに表してみるよ。
黎さん	模造紙は１枚しかないから，わたしも同時に作業できるように，記事は別の紙に書いてから，最後にはり付けることにしよう。

⑴ 「㊤配置」とありますが，下の**資料５**をもとに**配置案**を決めました。あとの**ア**，**イ**の問題に答えなさい。

資料５　**配置に関する情報**

○ここで使う模造紙は，長い辺が1100mm，短い辺が800mmです。
○題名部分は，横の長さが800mmの長方形で，大きさは，模造紙全体の10％とします。
○記事を書く紙は，長い辺が420mm，短い辺が290mmで，５枚使用します。ただし，切ったり折ったりはしません。
○題名部分でもなく，記事を書いた紙をはり付けた部分でもないところは，余白とします。

配置案

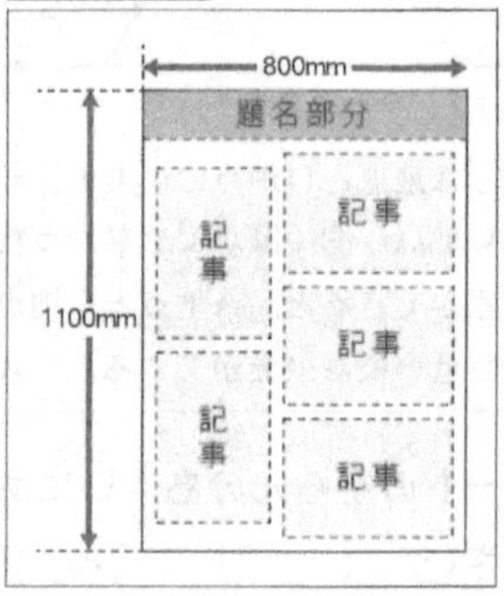

図３

ア　**配置案**の**余白の面積**を求めなさい。ただし，**単位は**cm^2とします。

イ　題名については，円の形をした同じ大きさの紙６枚に，「山形の思い出」と１枚に一字ずつ書き，配置案の題名部分にすべて収《おさ》まるようにはり付けます。このとき，**円の直径は最大で何**㎜になりますか。ただし，**図３**のように　円と円が重ならないようにし，まっすぐ横一列に並べるものとします。

⑵ 「㊥グラフ」とありますが，**グラフ３**は明さんのクラス40人，**グラフ４**は学年120人を対象にしたアンケート結果を表したグラフで，上位３位までの項目《こうもく》を示しています。クラスでは温泉《おんせん》が３位ですが，学年では３位に「最上川舟下《ふなくだ》り」が入っています。**明さんのクラス以外で「最上川舟下り」を選んだ人の合計人数は最少で何人となるか求めなさい**。また，**求め方を式と言葉**で説明しなさい。ただし，アンケート結果は，どの項目も同数になることはありませんでした。

グラフ３　明さんのクラスのアンケート結果

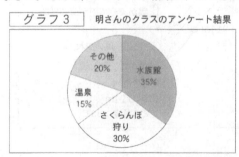

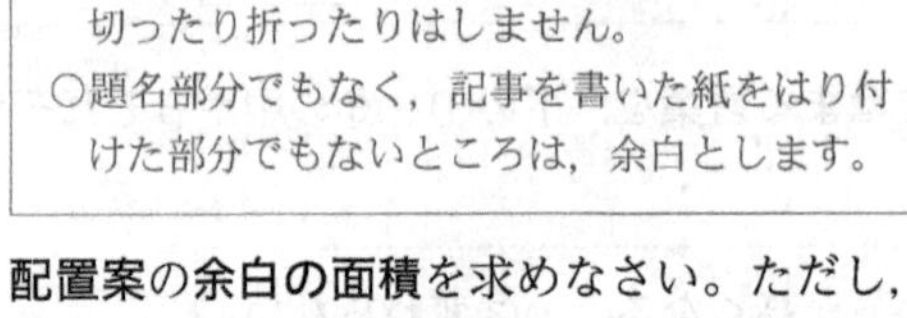

グラフ４　学年のアンケート結果

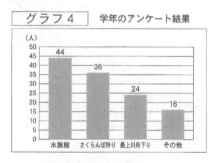

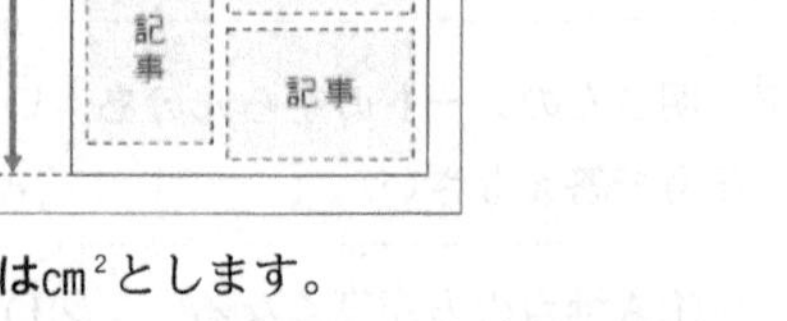

二〇二一年度
宮城県仙台二華中学校入試問題

【作　文】（四〇分）〈満点：二五点〉

問題

　人々が便利で快適な生活をしようとすることで、地球環境《かんきょう》にさまざまな問題が起きています。あなたは、＊持続可能な社会を実現するために、今後どのようなことに気をつけて生活をしたいですか。あなたのこれまでの経験をもとに、四百字以上五百字以内で書きなさい。

＊持続可能な社会　地球環境や自然環境が適切に保全され、将来《しょうらい》の世代が必要とするものをそこなうことなく、現在の世代の要求を満たすような開発が行われている社会

（一社）日本家政学会生活経営学部会編『持続可能な社会をつくる生活経営学』より）

〔注意〕①　題名、氏名は書かずに、一行目から書き始めること。

②　原稿《げんこう》用紙の正しい使い方にしたがい、文字やかなづかいも正確に書くこと。

二〇二一年度

宮城県古川黎明中学校入試問題

【作　文】（四〇分）〈満点：二五点〉

問題

小学校生活で、判断にまよう場面や状況《じょうきょう》にあったとき、どのように考え、どう行動しましたか。あなたの体験の中から一つあげ、そこから学んだことを含《ふく》めて、四百字以上五百字以内で書きなさい。

〔注意〕① 題名、氏名は書かずに、一行目から書き始めること。

② 原稿《げんこう》用紙の正しい使い方にしたがい、文字やかなづかいも正確に書くこと。

2021 年 度

解 答 と 解 説

《配点は解答欄に掲載してあります。》

＜宮城県立中学校　総合問題解答例＞

1　1　(1)　ウ

(2)　寺子屋が広まったことで，読み書きのできる人が増えたため，多くの本が作られるようになり，和紙の出荷量が増加したと考えたから。

(3)　選んだ写真の番号　1

和紙でできた着物は，手触りが良く丈夫なので，着心地が良く長持ちします。消臭効果もあるので，汗をかきやすい夏にもおすすめの商品です。

2　(1)　ア　(と)　ウ

(2)　葉がかさならないように間をあけることで，植物の成長に必要な日光が多くの葉に当たるから。

(3)

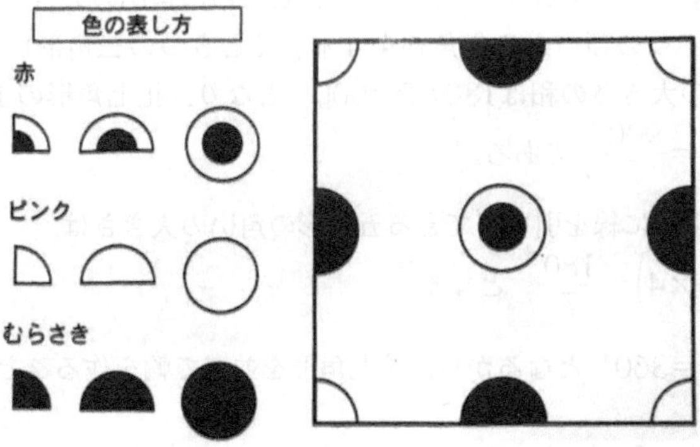

3　(1)　$\frac{8}{37}$

(2)　・腸の働きを活発にし，排泄のリズムを整えることで，健康な生活を送ることができる。

・体温を上昇させ，脳や体が活発に働くことで，いきいきと1日をスタートさせることができる。

(3)　4.05(g)

《宮城県仙台二華中学校》

2　1　(1)　156(cm)

(2)　イ，ウ

(3)　同じ道のりを歩いても，より遠くに移動することができるため，外敵などから逃げるときに有利になる。

2　(1)　ウ

（２） イ，エ

3 （１） あ

（２） １回目にＡとＢをのせ，つり合えばＡとＢは本物で，ＣかＤのどちらかが模型となる。２回目にＡとＣをのせ，つり合えばＤが模型で，つり合わなければＣが模型である。一方，１回目にかたむいた場合はＡかＢのどちらかが模型で，ＣとＤは本物となる。２回目にＡとＣをのせ，つり合えばＢが模型で，つり合わなければＡが模型である。

（３） 本物より軽い模型　8（枚）

本物より重い模型　12（枚）

4 （１） ウ，エ

（２） 五角形の１つの頂点から対角線を２本引くと３つの三角形に分けられる。三角形の角の大きさの和は180°であるから，五角形の大きさの和は180°×3＝540°になる。

（３）

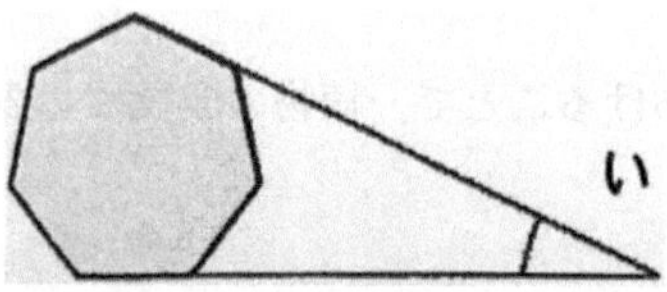

上の図のように線を引き，線が交わったところの角いの大きさを求める。

七角形の１つの頂点から対角線を４本引くと５つの三角形に分けられるので，七角形の角の大きさの和は180×5＝900°となり，正七角形の１つの角の大きさは，$900\div7=\frac{900}{7}^{\circ}$ である。

上の図のように線を引いてできる五角形の角いの大きさは，

$540-\left(\frac{900}{7}\times4\right)=\frac{180}{7}^{\circ}$ となる。

$\frac{180}{7}\times14=360^{\circ}$ となるから，正七角形を並べて輪を作ることができる。

○推定配点○

[1] 1（1）・2（1）・3（1） 各3点×3　1（2）・（3）・3（2） 各6点×3　2（2）5点　2（3）10点　3（3）8点

[2] 1（1）・（2）・2（1）・（2）・3（1） 各3点×5　1（3）・4（1） 各4点×2　3（2）・4（3） 各8点×2　3（3）6点　4（2）5点　計100点

《宮城県古川黎明中学校》

[2] 1 （1） ウ

（2） ア　う

イ　4月，5月に流量が多いと，しろかきをおこなうために多くの水を田んぼに入れることができるから。

（3） 記号　あ

役割　雑草や害虫を食べてくれる。

（4） ア あ ③　い ④
　　　イ 29℃
2 （1） ア 1830(cm^2)
　　　イ 110(mm)
（2） 19(人)
求め方
グラフ４から，学年で「最上川舟下り」を選んだ人数は24人である。グラフ３から，明さんのクラスで３番目に多い「温泉」を選んだ人数は40×0.15＝6(人)であることが分かるので，「最上川舟下り」を選んだ人数が最大で5人となる。よって，明さんのクラス以外で「最上川舟下り」を選んだ人数は最少で24－5＝19(人)である。

○推定配点○
1　1(1)・2(1)・3(1)　各3点×3　　1(2)・(3)・3(2)　各6点×3
2(2)5点　2(3)10点　3(3)8点
2　1(1)・(2)ア・(3)記号・(4)ア　各3点×5
1(2)イ・2(1)ア・(2)求め方　各6点×3
1(3)役割・2(1)イ・(2)答え　各4点×3　　1(4)イ　5点　　計100点

<宮城県立中学校　総合問題解説>

1 (総合問題：伝統工芸，発芽，図形，成分表示)

1(1)　資料２から中国(隋《ずい》)と対等な国の交わりを結んでいたことが分かるので，中国(隋)の支配のもとにはない。中国(隋)の進んだ政治を取り入れようともしていたので，日本の古い政治を固く守り続けていたと書いているイは不適切である。

(2)　正志《まさし》さんは，寺子屋が増えたことで読み書きのできる人が増えたということ，そして江戸時代後半には寺子屋が全国で見られるようになったということから，和紙を使う本の生産が増えたのではないかと考えた。

(3)　解答例のほかにも，紫外線《しがいせん》を90％前後カットするという良さを取りあげて日傘《ひがさ》をすいせんする文章にしたり，和紙のフィルターの役割や消臭《しょうしゅう》効果にふれてマスクをすいせんする文章にすることもできる。

基本

2(1)　イとエは光がある場合とない場合を比べることができるが，実験で発芽した，もしくはしなかった原因が光によるものなのか水によるものなのか分からないので，この場合ふさわしくない。

(2)　成長の良いもの以外を引き抜《ぬ》くことによって，成長が良いものにより多くの光が当たるようになり，さらに大きく成長する。

(3)　正方形は**写真６**のような８つの合同な直角二等辺三角形に分けられる。**写真６**から直角の部分がむらさきで，手順のように折った場合，直角の部分は正方形の４辺のそれぞれ真ん中にあたるので，むらさきの半円が４カ所できる。また８つの直角二等辺三角形が共有する一点の方の頂点を赤でそめているので真ん中に赤色の円ができる。残りの頂点をピンクでそめているので正方形の４つの角はすべてピンク色にそまる。

3(1)　１組でご飯を朝食に食べてきた人は16人，学年全体の人数は74人なので，

$16 \div 74 = \frac{8}{37}$

よって，求める割合は$\frac{8}{37}$である。

（2） 夜寝《ね》ている間には体温が下がり，体のさまざまな器官が休んでいるので，朝食を食べることによって体温が上がると，腸《ちょう》や脳《のう》も活発に働くようになる。

（3） 減塩みその塩分は赤みそと比較《ひかく》して25％カットされている。すなわち赤みその塩分の75％の量の塩分が含《ふく》まれていることになる。豆腐《とうふ》のみそ汁２人分のみその量は18gなので５人分の量は，

$18 \times \frac{5}{2} = 45\text{(g)}$

赤みそ100gあたりには12gの塩分が含まれていることから，赤みそ45gに含まれる塩分の量は，

$12 \times \frac{45}{100} = \frac{27}{5}\text{(g)}$

この75％が，春花さんが５人分のみそ汁を作るときに含まれる塩分の量になるので，

$\frac{27}{5} \times \frac{75}{100} = 4.05\text{(g)}$

《宮城県仙台二華中学校》

基本 [2] （算数，社会，理科：速さ，国風文化，計算の工夫，図形）

1（1） 迷路をもっとも早く脱出《だっしゅつ》したダンゴムシは18cmの道のりを６秒で移動する。このダンゴムシの速さは，18÷6＝3より，秒速3cmである。秒速3cmのダンゴムシが１分間移動した距離《きょり》は，3×60＝180より180cmとなる。

迷路をもっとも遅《おそ》く脱出したダンゴムシは18cmの道のりを45秒で移動する。このダンゴムシの速さは，18÷45＝0.4より，秒速0.4cmである。秒速0.4㎝のダンゴムシが１分間移動した距離は，0.4×60＝24より24cmとなる。

これらの距離の差は，

180−24＝156

よって，答えは156cmである。

（2） 右左右左，左右左右の順番で曲がったダンゴムシの数は合わせて43匹であった。これは50匹の85％である42.5匹を上回っているのでウが正しく，エはまちがっている。

（3） 図１からもわかるように，くり返し曲がり道を曲がるとき一つ前の曲がり道とは逆の方向に曲がることによって，同じ時間でより遠くへ移動することができる。

2（1） 平安時代，遣唐使《けんとうし》が停止された後は日本独自の文化が発達するようになった。

（2） 原爆《げんばく》ドームと法隆寺《ほうりゅうじ》は３月の25～31日にさきはじめる場所に位置している。

3（1） 模型《もけい》のメダルは１枚だけで,「う」と「え」がつり合っていることから，模型のメダルは「あ」と「え」のいずれかであり模型は本物より軽いことが分かる。「あ」と「い」を比べたとき軽い方の「あ」が模型である。

（2） 模型のメダルは１枚しかないので，４枚の中から２枚取り出してつり合えばその２枚は本物で，つり合わなければどちらかが模型であることがわかる。

（3） まず，与えられた条件を整理する。それぞれのメダルの重さは，

・本物のメダル：4g

・軽い模型　　：3.7g

・重い模型　　：4.1g

である。また，重い模型と軽い模型の枚《まい》数の関係にも着目する。重い模型の数は軽い模型の数の1.5倍である。どちらの模型も整数になるので，軽い模型の枚数は，２，４，６，…のように２の倍数になる。

これらをふまえて，２枚ずつ軽い模型の枚数を増やしたとき，枚数と重さの関係を表に表すと次のようになる。

	枚数（枚）	重さ（g）	枚数（枚）	重さ（g）	枚数（枚）	重さ（g）	枚数（枚）	重さ（g）
軽い模型	2	7.4	4	14.8	6	22.2	8	29.6
重い模型	3	12.3	6	24.6	9	36.9	12	49.2
本物のメダル	246	984	241	964	236	944	231	924
合　計	251	1003.7	251	1003.4	251	1003.1	251	1002.8

条件より，全部の重さは1002.8gなので，答えは本物より軽い模型が８枚，本物より重い模型が12枚である。

4（1）　重なる部分やすき間がないように並《なら》べて輪を作ることができるとき，となり合う等脚《とうきゃく》台形の共有する辺から輪の中心に向かって線をのばすと一点で交わる。この二等辺三角形の辺が等しい二辺がなす角の大きさが360°の約数になるとき等脚台形は輪を作ることができる。

（2）　正五角形は内角の和が180°の三角形３つに分けることができる。

（3）　角度が割り切れないときは分数のまま計算するとよい。

★ワンポイントアドバイス★

それぞれの問題の会話文や資料から情報を整理する力，その中からそれぞれの問題を解くために必要な情報を選ぶ力が求められる。日ごろから情報をまとめるくせをつけておくことが大切だ。

《宮城県古川黎明中学校》

2　（算数，理科，社会：地図，農業，フェーン現象，計算）

1（1）　資料１では南側よりも北側に果樹園《かじゅえん》が見られ，南東には学校や警察署《けいさつしょ》も見られる。また，どちらの資料でも水田と果樹園以外にも農地として利用されている。

（2）ア　３つの市はいずれも梅雨の影響《えいきょう》で７月に降水量が多い。また，川の流量は雪どけ水が流れてくるため４月に多くなる。

イ　しろかきには多くの水を田んぼに入れる必要がある。

（3）　アイガモは雑草や害虫をえさとして食べ，そのはいせつ物が稲《いね》の養分になる。また，アイガモが泳ぐことによって土がかくはんされる。

重要　（4）ア　雲ができているところとできていないところでは，しゃ面での空気の温度の下がり方が異なることに注意する。

イ　914m地点までは雲ができず100mごとに1.0℃下がるので８℃下がる。914m地点から山頂までの1000mの間は100mごとに0.5℃下がるので5℃下がる。合わせて，寒河江《さがえ》市から山頂までは13℃下がるので山頂での温度は10℃になる。山頂から標高14mの庄内《しょうない》市までは1900mの標高差があるので，100m下降《かこう》するごとに1.0℃上がることから，山頂から温度は19℃上昇《じょうしょう》して，庄内市の温度は29℃だとわかる。よって答えは29℃である。

２（１）ア　単位はcm^2で求めるのですべてcmで計算する。題名部分は模造紙《もぞうし》全体の10％の大きさなので，

$80\times110\times0.1=880(cm^2)$

記事を書く紙は全部で５枚あるので，

$42\times29\times5=6090(cm^2)$

模造紙全体から題名部分と記事部分の面積をひくと余白の面積が求められるので，

$80\times110-(880+6090)=1830(cm^2)$

よって，$1830cm^2$である。

イ　円を６つ作りたいので800mmを６でわると，

$800\div6=133.33333\cdots$

題名部分の縦の長さは110mmであるから直径は最大で110mmにすることができる。

（２）　明さんのクラスで最大何人が最上川舟下《ふなくだ》りを選んだのかがわかれば，明《あきら》さんのクラス以外で最上川舟下りを選んだ人の合計の最小人数が求められる。

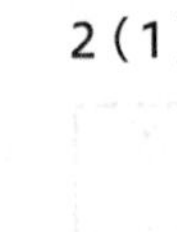

★ワンポイントアドバイス★

図形問題では補助線を引くなど，解くのに工夫が必要な問題が多い。どの問題も問題文をよく読んであたえられた条件や情報をしっかり使うことが大切である。グラフや資料を読み取りながら最大や最小を求める問題も見られた。求め方を式や言葉で説明できるような練習が必要だ。

＜宮城県仙台二華中学校　作文問題解答例＞《学校から解答例の発表はありません。》

私は持続可能な社会を実現するために，不要なごみを出さないことに気をつけて生活していきたいと思います。なぜなら，人々が快適な生活を求めた結果，大量のごみが発生し，環境をよごしているからです。

コンビニへ買い物に行ったとき，レジぶくろは有料だと言われました。私はほかにふくろを持っていなかったので，それを買って家に帰りました。なぜお金がかかるのか疑問に思い，家族に聞いてみたところ，環境を守るためだと教えてもらいました。レジぶくろはプラスチックでできています。現在，プラスチックごみが海をよごし，海に住む生き物たちに大きなえいきょうをもたらしているそうです。それを聞いて，今後，ごみを出さないようにエコバックを持ち歩こうと決意しました。

自分たちだけが便利で快適な生活を送ることができればよいという考えでは，地球環境が悪化してしまいます。自分には関係ないと思うのではなく，持続可能な社会作りを実現するために，小さなことから少しずつ意識を変えていくことが必要です。今後は，エコバックやマイボトルなどを常に持ち歩き，ごみを出さないための取り組みをしていきたいと思います。

○配点○
25点

＜宮城県仙台二華中学校　作文問題解説＞

基本

（作文：テーマ型　自分の考えを書く）

まず自分が行っている取組や考えを第一段落《だんらく》に短くまとめる。それについてのくわしい説明と自分の経験を第二段落に書き，自分の考えやこれからの行動を第三段落にまとめる。

自分にとって書きやすい経験を選んで書くことも大切だ。

今回は，地球環境《かんきょう》という地球に住むみんなの問題に触れているので，自分の行動だけでなく，周りの人たちもともにすべき行動に関することまで考えを述べられるとよい。

★ワンポイントアドバイス★

各段落で条件にある内容を書くために，各段落の分量に注意しよう。どんな経験がきっかけで取り組みを行うようになったのか，わかりやすく説明することを意識しよう。

＜宮城県古川黎明中学校　作文問題解答例＞《学校から解答例の発表はありません。》

私が判断にまよう状況にあったのは，友達に宿題の答えを見せてほしいとたのまれたときです。その経験から，自分の考えたことを伝える大切さを学びました。

夏休みに友達の家で宿題をしていたときのことです。友達から，算数は苦手だから答えを写させてほしいとたのまれました。私は，友達のたのみを断ったらきらわれてしまうかもしれないと考えました。しかし，丸写しすることは友達のためにはならないと気づき，考え直しました。わからない問題があったら解き方を教えるから，答えを写すのはだめだと断りました。友達は不満そうでしたが，一緒に解き方を考えていくうちに，最後は一人でもすらすら解けるようになりました。友達の家から帰るときにお礼を言われて，自分の考えが伝わったことにうれしくなりました。

これらのことから，自分の考えを伝えるという行動は，相手を思う気持ちまで伝えてくれるのだと学びました。相手にきらわれてしまうかどうかよりも，本当に相手のためになるのかどうか考え，より自分の考えを伝える方法を探しながら行動していきたいと思います。

○配点○
25点

＜宮城県古川黎明中学校　作文問題解説＞

基本

（作文：テーマ型　自分の意見を述べる）

作文のテーマがあたえられ，自分の意見を書く問題である。テーマが判断にまよう状況《じょうきょう》であり，これまでに自分が経験したことや具体例を思いうかべやすい。そこから自分が何を学んだか，経験したことや具体例につながりをもたせたうえで考え，もっとも書きやすいものを書くとよい。

四百字以上五百字以内なので，三段落《だんらく》程度の構成で書くとよい。一段落目でどのような状況でまよったか，そこから何を学んだかを書き，二段落目でなぜそう考えるのかという理由として自分の経験や具体例を書く。そして三段落目で自分の意見をまとめるという構成にすると，読み手にも伝わりやすく，得点につながる。

★ワンポイントアドバイス★

テーマがとある状況に対する自分の考えであるので，具体例や自分の経験をわかりやすく書くこと，自分の考えとのつながりがとても重要になる。

2020年度

★★★★★★★★★★★★★★★★★★★★★★★

入　試　問　題

2020年度

宮城県立中学校入試問題

【総合問題】（60分）　＜満点：100点＞

1　陽子さん，学さん，良太さんたちの小学校では，地域《ちいき》の人たちと協力して，防災に向けたさまざまな取り組みが行われています。

次の１～３の問題に答えなさい。

1　陽子さんは，「災害に強いまちづくり」をテーマとした授業で防災マップを作ることになりました。そこで，避難所《ひなんじょ》にも指定されている公民館をたずね，地域の自然災害にくわしい館長さんに話を聞きました。あとの(1)，(2)の問題に答えなさい。

陽子さん	この地域では，どんな自然災害が多いのですか。
館長さん	この地域では昔から，冬の強い季節風による被害《ひがい》と川の洪水《こうずい》になやまされてきました。そこで，防災のためのさまざまな工夫《くふう》がされてきたのです。その一つが，家のそばにつくられた㋐防風林です。ですから，今でもこの地域には，同じ方位に林のある家が多いのですよ。
陽子さん	確かに，よく見かけますね。
館長さん	災害に対しては，ふだんからの備えが欠かせません。例えば，川の洪水に備えて，家から公民館への避難経路を確認《かくにん》しておくといいですね。災害から身を守るためには，正しい情報を集め，自分で判断し行動することが大切です。また，今回は災害について話しましたが，この川には，㋑地域を支えてきた歴史があることも忘れないでくださいね。

(1)「㋐防風林」について，館長さんが地域の**写真**を見せてくれました。**この地域で冬の季節風がもっとも強く吹《ふ》くと考えられるのは，どの方向から**ですか。もっとも適切なものを，次の**ア～エから１つ選び，記号**で答えなさい。

ア　南西から　　**イ**　南東から　　**ウ**　北西から

エ　北東から

写真　地域の航空写真の一部

(2)　陽子さんは，防災マップを作るために，先生から地域の**地図**（次のページ）をもらいました。次の**ア**，**イ**の問題に答えなさい。

ア　陽子さんは，洪水のおそれがあるときの家から公民館への避難経路を考えて**地図**に書きこみ，お父さんに見てもらいました。すると，お父さんは，陽子さんとは別の避難経路を示してくれました。

お父さんの避難経路が，陽子さんの避難経路と比べて，**より安全だと考えられる点**を，**地図をもとに**書きなさい。

地図　先生からもらった地域の地図

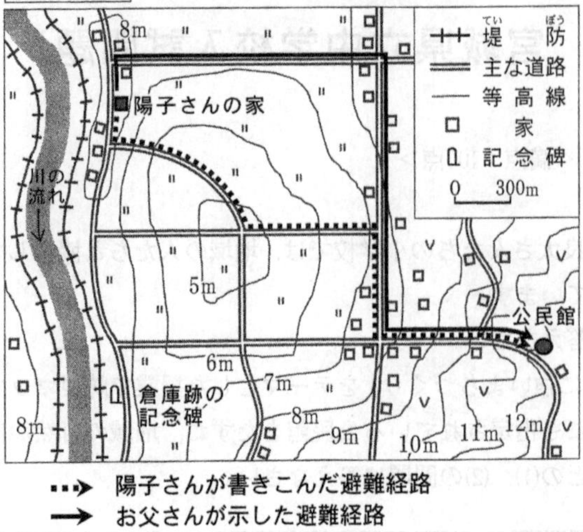

イ　「㋑地域を支えてきた」とありますが，陽子さんは川のそばに倉庫跡《そうこあと》の記念碑《きねんひ》があることに関心を持ち，後日，この倉庫について調べ，**ノート**にまとめました。

あ，**い**にあてはまる言葉を書き入れ，**ノートを完成**させなさい。

ノート

- 倉庫は江戸時代に建てられた。
- 倉庫は当時「御蔵《おくら》」と呼ばれ，この地域でとれた米を集めて保管していた。
- 川のそばに倉庫が建てられたのは，［あ］を使って大量の米を［い］ため。

2　学さんは，学校の火災避難訓練が終わった後に，消防士さんと話しました。あとの(1)～(3)の問題に答えなさい。

消防士さん	今日の訓練はどうでしたか。
学　さ　ん	㋒煙《けむり》の中を避難する体験はとても緊張《きんちょう》しました。それから，家でもよく料理をするので，校庭で体験した㋓天ぷらなべの油に火がついてしまったときの消火活動についての訓練も，とても参考になりました。
消防士さん	家庭では，台所で料理中に起こる火災が多いのです。㋔消防署《しょうぼうしょ》のホームページにもっとくわしい情報がのっているので，家族と一緒《いっしょ》に見てください。
学　さ　ん	はい，帰ったらさっそくみんなで見てみます。

(1)「㋒煙の中を避難する」とありますが，火災で煙が発生している中で避難するときの様子として**もっとも望ましいものを**，あとの**ア～エから１つ選び**，記号で答えなさい。また，**それを選んだ理由をあたためられた空気という言葉を用いて書きなさい**。

ア　　イ　　ウ　　エ

(2)「㋓天ぷらなべの油に火がついてしまったときの消火活動」とありますが，消防士さんは「油は約350℃前後まで熱せられると，火がついてしまうことがあります。そのようなときに絶対にやってはいけないことは，あわてて水をかけてしまうことです。」と教えてくれました。水をかけてはいけない理由として，**もっとも適切なものを，次のア～ウから１つ選び，記号で答えなさい。**

ア　水が高温の油によって熱せられて熱湯となり，その熱湯が周りに飛び散るから。

イ　水が高温の油によって熱せられて水蒸気《すいじょうき》となり，その水蒸気が火のついた油を周囲に飛び散らせるから。

ウ　水が油にまざると，油はさらによく燃えるから。

(3)「㋔消防署のホームページにもっとくわしい情報がのっている」とありますが，ホームページには，図１のように「消火器が近くにない場合は，水でぬらしたタオルなどをなべに何枚《なんまい》もかぶせるとよい」と書いてありました。**そのようにするとよい理由を，物が燃えるときのしくみにふれながら，書きなさい。**

図１

3　良太さんは，学級活動の時間に作成する「防災新聞」について先生に相談しました。あとの(1)～(3)の問題に答えなさい。

良太さん　今度作る防災新聞に，この前参加した親子防災キャンプについての記事を書きたいと思うのですが，どうですか。

先　　生　それはいいですね。具体的にどんなことをしたのですか。

良太さん　㋕防災すごろくのゲームをしてみんなと仲良くなりました。夜は，㋖地域の人たちが事前にドローンで撮影《さつえい》した動画を見て，㋗防災ウォークラリーのコースの危《き》険《けん》な場所を確認しました。ドローンが安全確認にも活用されていることを初めて知りました。翌日《よくじつ》，みんなで防災ウォークラリーに参加しました。

先　　生　いろいろな経験をしたんですね。防災新聞の完成を楽しみにしています。

(1)「㋕防災すごろくのゲーム」とありますが，良太さんは，実際に防災すごろくを自分で作り，クラスのみんなでゲームをすることにしました。次のページの図２はゲームで使うさいころを作るための立方体の展開図《てんかいず》で，次のページの図３のようなさいころを作ります。**図２のＥの位置に１の目が入るとき，６の目が入る位置をＡ～Ｆから１つ選び，記号で答えなさい。**ただし，さいころは向かい合った面の目の数を合わせると７になるものとします。

図２

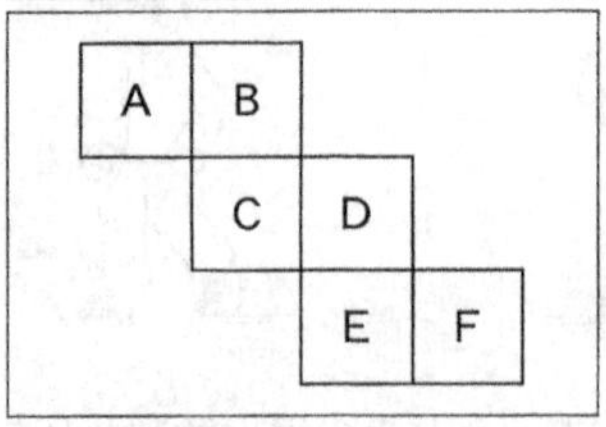

図３

(2) 「㋖地域の人たちが事前にドローンで撮影した動画」とありますが，撮影は図４のコースを２人で行いました。午前10時ちょうどに１人目が地点Ａから地点Ｂの方向に撮影を開始し，少し遅《おく》れて２人目が地点Ａから最初の人と反対回りに撮影を始めたところ，午前10時12分ちょうどに２台のドローンがコース上ですれちがって，それぞれ地点Ａに戻《もど》ってきました。それぞれのドローンはコース１周を回るのに，１人目は20分，反対回りで撮影した２人目は15分かかりました。

このとき，**２人目が撮影を始めた時刻《じこく》**を答えなさい。また，**求め方を式と言葉**で説明しなさい。ただし，２台のドローンが飛行したコースの道のりはどちらの回り方であっても同じとし，ドローンはそれぞれ一定の速さで飛行したものとします。

図４

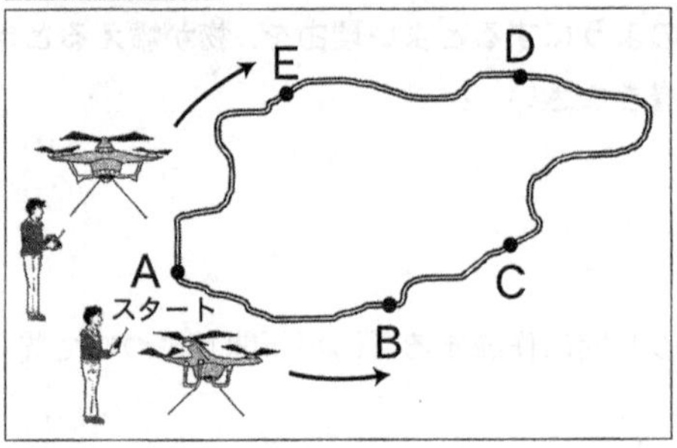

(3) 「㋗防災ウォークラリー」とありますが，良太さんは，防災ウォークラリーで配布された資料を確認しています。良太さんは図４の地点Ａをスタートして，Ｂ，Ｃ，Ｄ，Ｅの順にチェックポイントを通り，Ａまで戻るコースを歩くのに，45分かかりました。

良太さんの移動時間と，**資料に示された目安とされている移動時間**との差を求め，**どちらがどれだけ短いか**，答えなさい。

資料

	移動時間の目安
*Ａ～Ｂ～Ｃ	17分
Ｂ～Ｃ～Ｄ	20分
Ｃ～Ｄ～Ｅ	23分
Ｄ～Ｅ～Ａ	21分
Ｅ～Ａ～Ｂ	19分

＊Ａ～Ｂ～ＣはＡからＢを通ってＣまで歩く道のりを表しています。
（Ｂ～Ｃ～Ｄ以下も同じです。）

＜宮城県仙台二華中学校＞

2　華子《はなこ》さんとお父さんは，夏休みに北海道に住むおばさんの家に行きました。
次の１～５の問題に答えなさい。

1　おばさんの家は，図１のような平らな屋根の家です。北海道では冬の大雪に備えて，図２のような傾斜《けいしゃ》が急な屋根の他にも，図１のような平らな屋根も増えているそうです。雪の多い地域で，**図１のような屋根が増えている理由として考えられること**を書きなさい。

図１

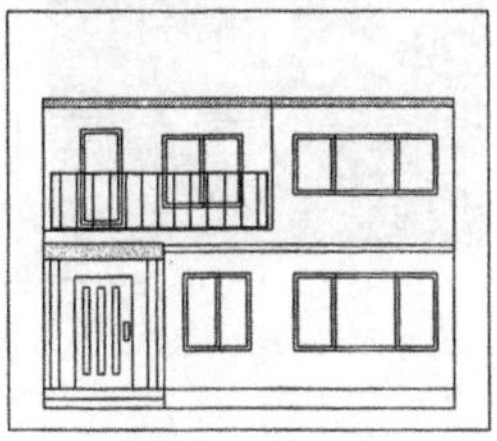

図２

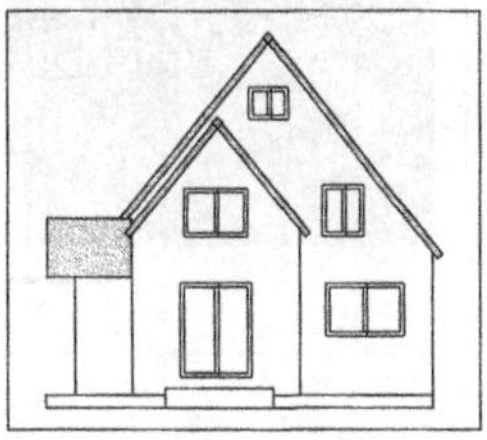

2　華子さんとお父さんは，函館《はこだて》港を訪《おとず》れました。お父さんは，函館港が日米修好通商条約で開かれた５港のうちの１つであったことを教えてくれました。日米修好通商条約では，日本に＊関税《かんぜい》自主権《じしゅけん》が認《みと》められませんでした。**アメリカが日本に関税自主権を認めなかったのはなぜ**だと考えますか。**貿易という言葉を用いて**書きなさい。

＊関税自主権：外国からの輸入品にかける税金を自由に決める権利

3　華子さんとお父さんは，函館山に出かけました。華子さんが，半島のようにつき出た地形（**図３**）についてお父さんに聞いてみると，現在の地形は，海底火山の噴火《ふんか》によってできたものだと教えてくれました。話を聞いて，華子さんは現在の地形のでき方を，**ノート**にまとめました。あとの⑴，⑵の問題に答えなさい。

図３　**現在の函館の地形**

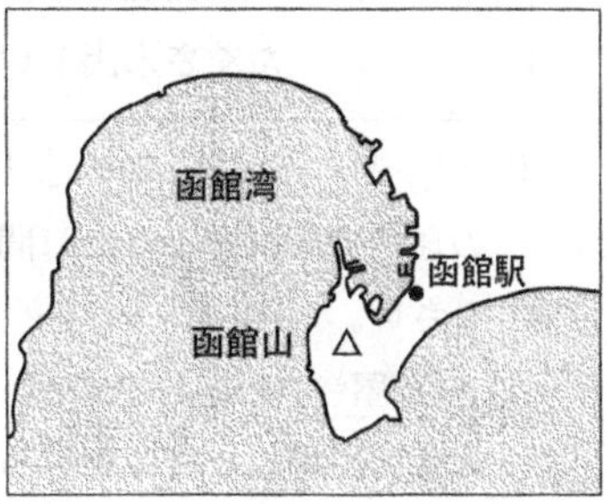

ノート

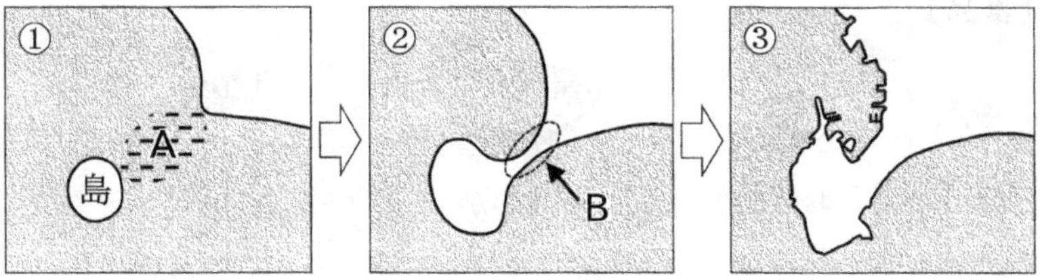

海底火山が噴火して，島（現在の函館山）が現れ，Aの部分の潮《しお》の流れがゆるやかになる。	島と対岸が陸続きになり，Bのような地形となる。	陸地がさらに広がり，港などが作られて，現在の地形となる。

⑴　**ノート**の②で，島と対岸が陸続きになったのは**どうしてだと考えられますか。潮の流れに着目して，運ぱん，たい積という２つの言葉を用いて**説明しなさい。

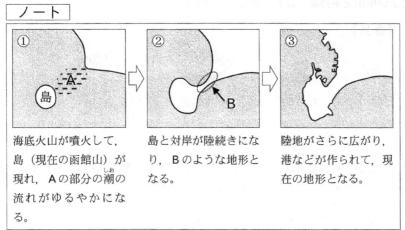

⑵　前のページのノートの②で，Ｂの部分の地面の様子としてもっとも適切なものを，次のア～エから１つ選び，記号で答えなさい。

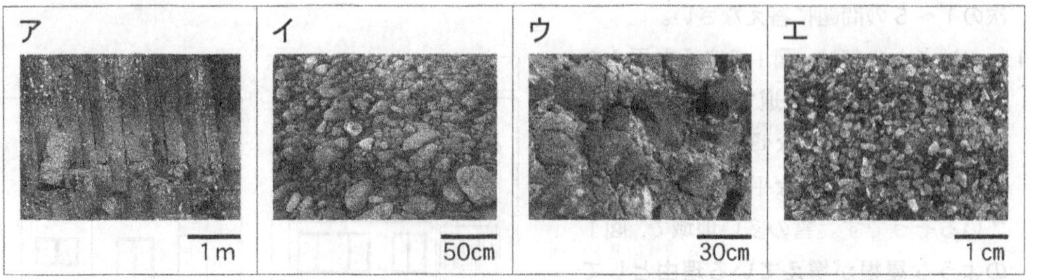

4　函館市ではマラソン大会が行われており，華子さんはお父さんといっしょに応援《おうえん》をしました。あとの⑴，⑵の問題に答えなさい。

華子さん	優勝《ゆうしょう》した選手は，２時間20分39秒でゴールしていたよ。
お父さん	マラソンの距離《きょり》は，42.195㎞だよね。速いなあ。華子が全力で走ってもかなわないかもしれないね。
華子さん	この前の体育の時間に50ｍ走をして，私の記録は9.7秒だったよ。
お父さん	㋐どちらが速いかな。後で計算してみようか。
華子さん	そうだね。応援したら，少しお腹が空《す》いちゃった。選手や観客のために㋑屋台《やたい》もたくさん出ているから，何か食べて帰りたいな。

⑴　「㋐どちらが速いかな」とありますが，優勝した選手の平均の速さを求め，優勝した選手がこの速さで50ｍを走った時間と，華子さんの50ｍ走の記録とでは，どちらがどれだけ速いか答えなさい。

⑵　「㋑屋台」とありますが，屋台では，次のような食品が売られていました。あなたがマラソン大会に出場した後に食べるとしたら何を選びますか。次の食品から１つ選び，運動した後に食べるとよい理由を栄養素にふれながら書きなさい。

【食品】

5　マラソン大会が行われた日は，華子さんの誕生日《たんじょうび》でした。華子さんが，来年の誕生日についてお父さんと話しています。あとの⑴～⑷の問題に答えなさい。

お父さん	気が早いけど，来年の誕生日は何曜日かな。
華子さん	今日は日曜日だよね。１年を365日とすれば，365を［　あ　］曜日と分かるわ。
お父さん	そうだね。じゃあ，これは分かるかな。

メモの例にある い と う に入る数は思いつくかい。

華子さん　いくつか思いつくわ。

お父さん　う に入る数を，図4に書いてごらん。

華子さん　図4に い に入る数を書く場所がないわ。

お父さん　いいところに気づいたね。でも，さっき，華子が曜日を考えたとき， い に入る数は関係したかな。

華子さん　う に入る数だけを考えていたわ。そうか，曜日を考えるときのように い に入る数が関係しないこともあるのね。

お父さん　だから図4には い に入る数を書く場所がなくていいんだよ。

華子さん　なるほど。㋒他の数だとどうなるかな。それと，図4の㋓ う に入る数は，必ず三角形の中の数より小さい数に書きかえられるよね。

お父さん　その通り。よく気付いたね。

メモ

例

365＝7× い ＋ う

図4

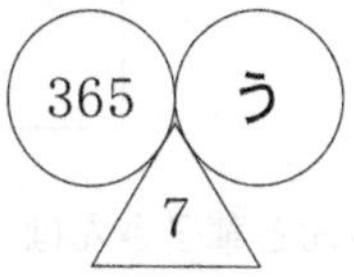

(1)　会話文中の あ に，曜日の求め方と，１年後の曜日を，会話文に合うように言葉を補《おぎな》って答えなさい。

(2)　「㋒他の数だとどうなるかな」とありますが，お父さんは例として，図5を書いてくれました。あとのア，イの問題に答えなさい。

図5　　　　図6

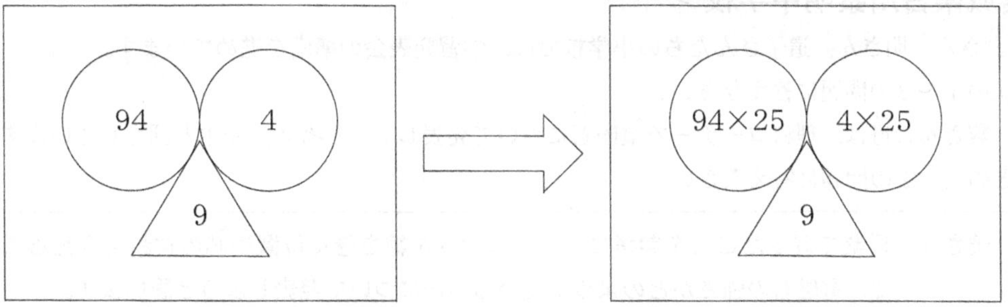

ア　図5にある3つの数字の関係を，会話文中のメモを参考に式で表しなさい。

イ　図6は図5の丸の中の数字に同じ数をかけたものです。図6の関係が成り立つことを，アで求めた式を使って説明しなさい。

(3)　「㋓ う に入る数は，必ず三角形の中の数より小さい数に書きかえられる」とありますが，お父さんは，図6が次のページの図7のように表せることを教えてくれました。

図7のように表せることを(2)を参考に式と言葉で説明しなさい。

図7

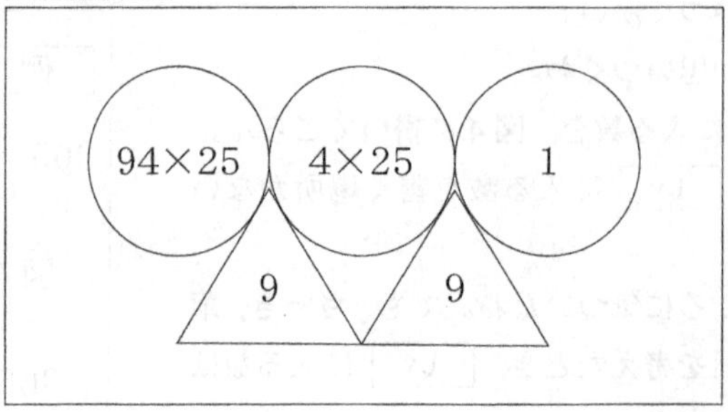

(4) お父さんと華子さんは，図7の考え方を使って，次のような数当てゲームをすることにしました。あとの問題に答えなさい。

【数当てゲーム】 暗号・鍵《かぎ》・パスワードを使って，秘密《ひみつ》の数字を当てよう
【ルール】
① 秘密の数字を求めるには暗号と鍵とパスワードが必要です。
② 秘密の数字は，暗号をパスワードの回数だけ*かけ合わせた数を鍵で割った余りの数です。

お父さんが示した暗号は「299」で，鍵は「27」，パスワードは「5」でした。秘密の数字を求めなさい。ただし，途中《とちゅう》の考え方も書きなさい。

*かけ合わせた：例えば2を3回かけ合わせるとは，2×2×2のこと。

＜宮城県古川黎明中学校＞

2 黎《れい》さん，明さん，道子さんたちの小学校では，学習発表会の準備を進めています。
次の1～3の問題に答えなさい。

1 黎さんの班《はん》は，理科コーナーで電磁石《でんじしゃく》について発表しようと考え，先生と話をしています。あとの(1)，(2)の問題に答えなさい。

黎さん　授業で習ったことを参考にして，エナメル線を巻《ま》く位置や芯《しん》の材料を変えることで，電磁石の強さがどのように変わるのかについて発表しようと思います。
先　生　では，㋐実験して確かめてみましょう。他に発表することはありますか。
黎さん　はい。㋑身の回りにある電磁石の性質を生かした製品に，どのような物があるかについて発表しようと考えています。
先　生　わかりました。では，発表を楽しみにしています。

(1) 「㋐実験して確かめてみましょう」とありますが，黎さんたちは，図1のような電磁石A～Dを作り，図2のような実験を行いました。表はその実験の結果で，ノート1はそれらをまとめたものです。 あ ～ う に適切な言葉を書き入れ，ノート1を完成させなさい。

（図1，図2，表，ノート1は次のページにあります。）

図1

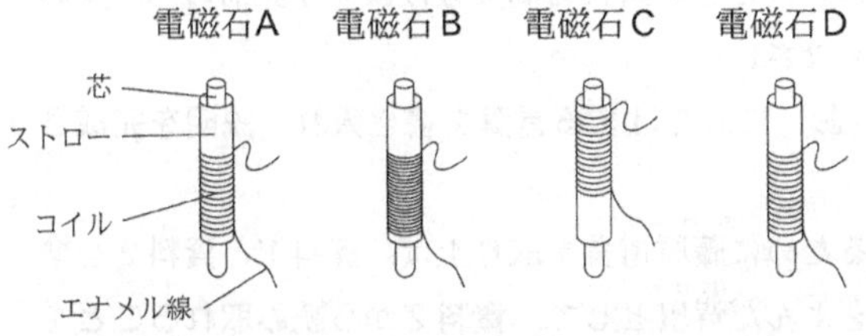

巻き数：AとCとDは50回巻，Bは100回巻
芯の材料：AとBとCは鉄，Dは銅
その他の条件はすべて同じ

図2　図1の向きのままくぎに電磁石を近づけて，ついたくぎの本数を調べる実験

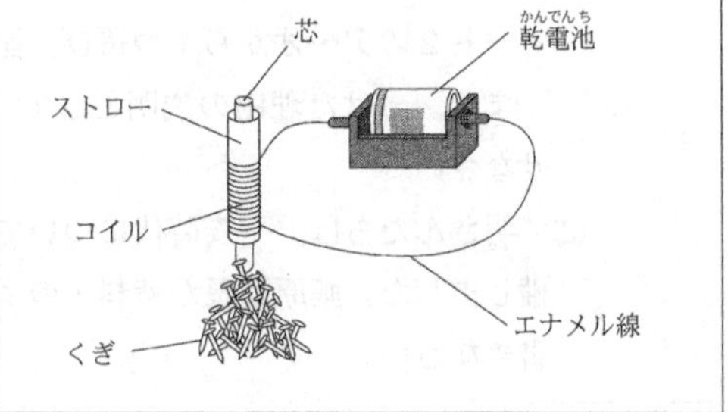

表　電磁石についたくぎの本数（本）

電磁石	1回目	2回目	3回目	4回目	5回目
電磁石A	39	31	34	32	30
電磁石B	57	59	55	51	55
電磁石C	17	12	13	10	12
電磁石D	0	0	0	0	0

ノート1

・AとBを比べて分かったこと
コイルの巻き数が［　あ　］
・AとCを比べて分かったこと
コイルとくぎの距離《きょり》が［　い　］
・AとDを比べて分かったこと
芯の材料が［　う　］

⑵「㋑身の回りにある電磁石の性質を生かした製品」とありますが，再生リサイクル工場では，**写真**のように，電磁石を利用したクレーンが用いられています。

再生リサイクル工場で，**電磁石がクレーンに利用されている理由として考えられること**を書きなさい。

写真

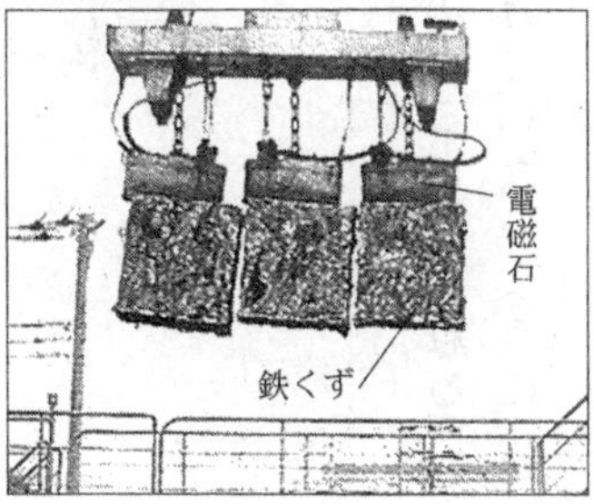

2　明さんの班は，社会科コーナーで，奈良から江戸までの時代について発表するために，**ノート2**にまとめました。あとの⑴，⑵の問題に答えなさい。

ノート2

時　代	奈良時代	*ア	平安時代	イ	鎌倉時代	ウ	室町時代	エ	安土桃山時代	オ	江戸時代

説　明　（　え　）が中心の政治から，（　お　）が中心の政治に変わった。

＊ア～オは，それぞれの時代と時代の境を示す。

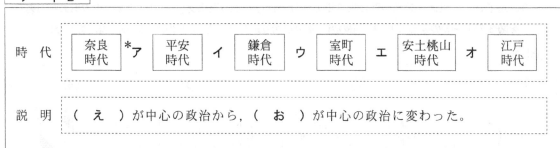

(1)　明さんたちは，6つの時代について，政治の特徴《とくちょう》が大きく変わったところを境に2つに分け，発表しようと考えました。**あなたなら，どの時代とどの時代の間で分けますか**。前のページの**ノート2のア～オから1つ選び，記号で答えなさい**。

また，分けた理由の説明として，**（え）**，**（お）**にあてはまる**言葉**を書き入れ，**説明を完成させなさい**。

(2)　明さんたちは，平安時代について発表するために藤原道長《ふじわらのみちなが》を取り上げ，**資料1**と**資料2**を準備しました。藤原道長が**資料1**のような歌をよんだ背景《はいけい》として，**資料2から読み取れること**を書きなさい。

資料1　**藤原道長がよんだ歌**

この世をば　わが世とぞ思ふ《う》
もち月の　かけたることも
なしと思へ《え》ば

〈歌の意味〉
この世の中は、自分の世のように思われる。
まるで、満月が少しも欠けていないように
思われることだ。

資料2　**藤原道長の親戚《しんせき》関係の一部**

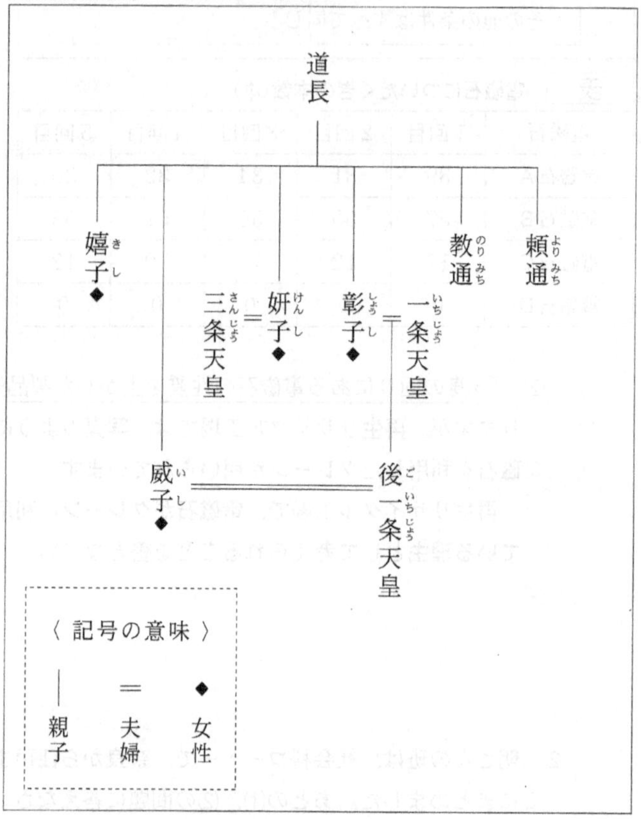

3　道子さんの班は，教室の壁《かべ》に折り紙で飾《かざ》りつけをしようと考え，1辺が18㎝の正方形の折り紙を図3の①～③のように折り，④の黒い部分を切り取りました。あとの(1)～(4)の問題に答えなさい。

図3

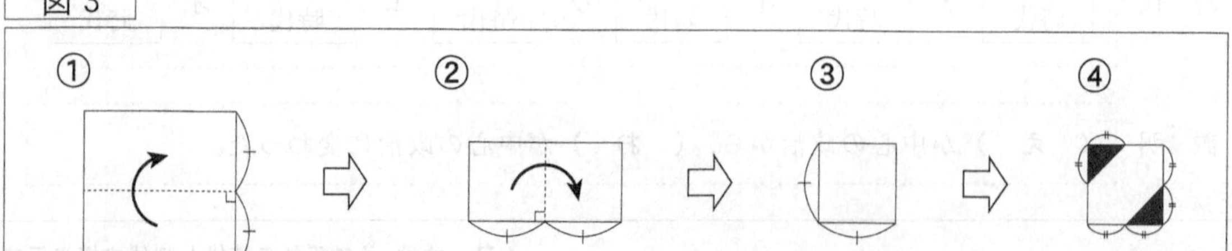

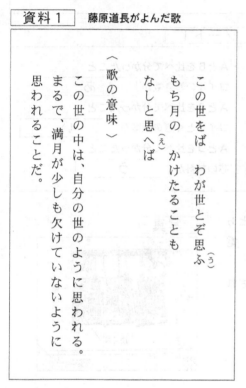

⑴　前のページの図３の④で，黒い部分を切り取った後，折り紙を広げたときにできた飾りの形を，次のア～エから１つ選び，記号で答えなさい。

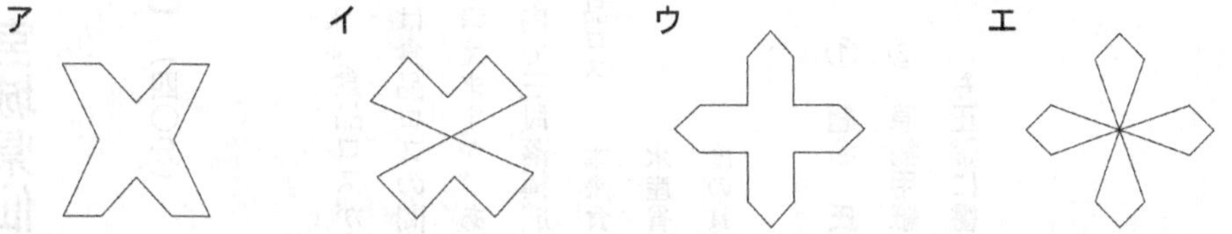

⑵　図３の④で切り取った部分の１つを広げると，形は図４のような三角形になりました。この三角形の面積とＥの部分の角度を求めなさい。

図４

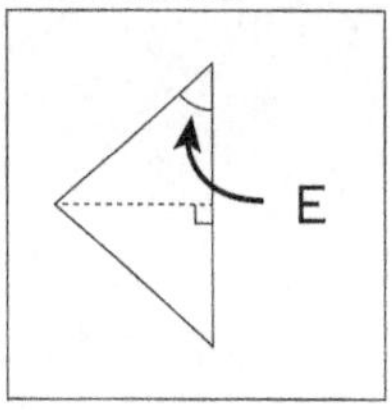

⑶　図４の三角形を100枚用いて，図５のように１㎝ずつ重ねた飾りを作り，壁に貼《は》りました。このとき，できた飾りの面積を求めなさい。また，求め方を式と言葉で説明しなさい。

図５　壁に貼りつけた飾りと重ねた部分の拡大《かくだい》図《ず》

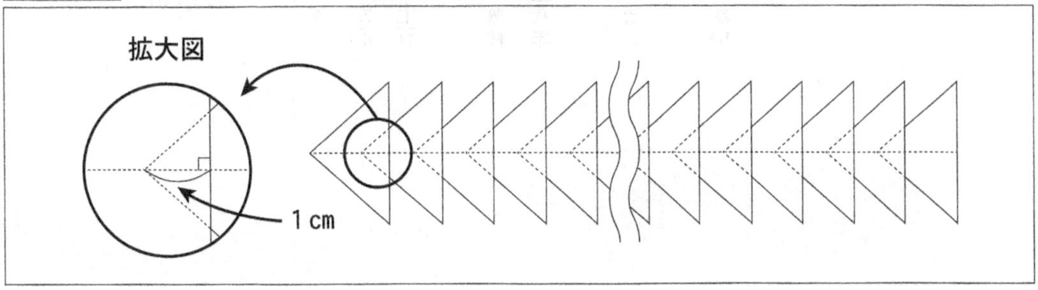

⑷　図３の③を，図６のように黒い部分を切り取ると，図７のような図形がそれぞれできました。図７の点線で囲まれた図形について，それぞれ合計した面積の比をもっとも簡単《かんたん》な整数の比で答えなさい。

図６

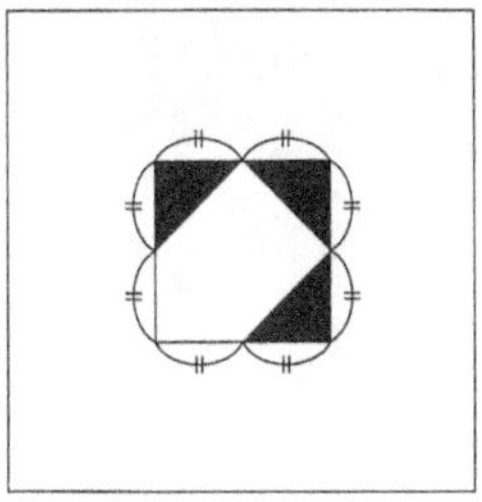

図７

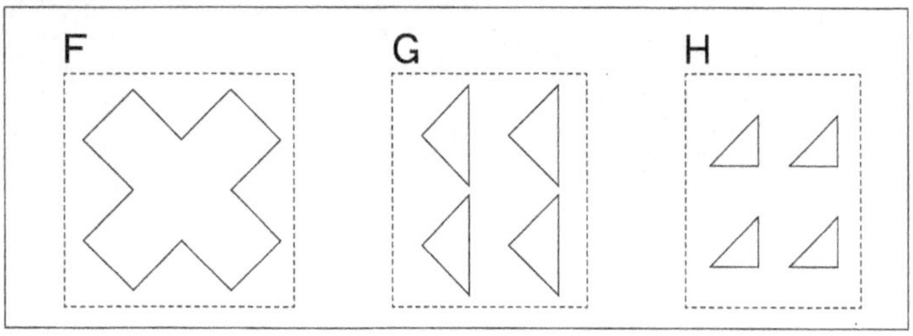

二〇二〇年度

宮城県仙台二華中学校入試問題

【作　文】（四〇分）〈満点：二五点〉

問題

現在、*食品ロスが大きな社会問題として取り上げられています。あなたは食品ロスの問題を解決するために、どのような取り組みが必要だと考えますか。あなたのこれまでの経験をもとに、四百字以上五百字以内で三段落構成で書きなさい。

*食品ロス　本来食べられるにも関わらず捨てられた食品のこと。農林水産省が平成三一年四月に発表した日本国内の平成二八年度の食品ロスは約六四三万トンにもなる。

（農林水産省「食品ロス量の公表について」より）

〈注意〉① 題名、氏名は書かずに、一行目から書き始めること。

② 原稿《げんこう》用紙の正しい使い方にしたがい、文字やかなづかいも正確に書くこと。

二〇二〇年度
宮城県古川黎明中学校入試問題

【作　文】〈四〇分〉〈満点：二五点〉

問題

中学校生活では、より多くの人と接する機会が増えていきます。今後あなたが、自分とは異なるものの見方や考え方をする人といっしょに活動するとき、大切にしたいことは何ですか。理由を明確にして、四百字以上五百字以内で自分の考えを書きなさい。

〔注意〕① 題名、氏名は書かずに、一行目から書き始めること。
② 原稿《げんこう》用紙の正しい使い方にしたがい、文字やかなづかいも正確に書くこと。

MEMO

大切なことはメモしておこうネ！

2020 年 度

解 答 と 解 説

《配点は解答欄に掲載してあります。》

＜宮城県立中学校　総合問題解答例＞

1　1　(1)ウ

(2)ア　お父さんの避難経路は，陽子さんの避難経路と比べて，より高い所を通って避難することができる点。

イ　あ(　舟(川)　)　い(　輸送する(運ぶ)　)

2　(1)記号(　イ　)

理由　(例)火災によって発生した煙は，あたためられた空気によって上に移動するので，煙を吸い込まないようにするために，体勢を低く保ち，口をハンカチなどでおおう必要があるから。

(2)イ

(3)物が燃えるためには酸素が必要であり，水でぬらしたタオルなどをかぶせることで，空気中の酸素が油に届かなくなり，火を消すことができるから。

3　(1)B

(2)午前(　１０　)時(　６　)分

求め方：

コース全体の長さを１とみると，

１人目は１分で全体の$\frac{1}{20}$，２人目は１分で全体の$\frac{1}{15}$撮影できる。

１人目が12分間で撮影したコースの長さは$\frac{1}{20}\times12=\frac{3}{5}$

２人目が撮影したコースの長さは$1-\frac{3}{5}=\frac{2}{5}$

よって，２人目が撮影した時間は$\frac{2}{5}\div\frac{1}{15}=6$(分)

これより，２人目が撮影を始めた時刻は10時12分の6分前となるから，10時6分となる。

(3)良太さんの移動時間が５分短い。

《宮城県仙台二華中学校》

2　1　落雪による事故を防止することができるから。

屋根に雪をとかす設備をつけられるようになったから。

2　日本との貿易で，アメリカが自分の国の製品を安く売ることができるから。

3　(1)島と対岸の間の潮の流れがゆるやかになったので，運ぱんされた土砂が島と対岸の間にたい積したから。

(2)エ

4　(1)(　華子さん　)の方が(　0.3　)秒速い

(2)選ぶもの(　　おにぎり　)

理由　おにぎりには炭水化物が多く含まれているので，走って消費したエネルギーを補給することができるから。

5　(1)7で割ると1余るから，曜日が1つ進むので，月

(2)ア　$94=9\times10+4$　($94=9\times$ い $+4$)

イ　$94=9\times10+4$なので

$94\times25=(9\times10+4)\times25$

$=9\times10\times25+4\times25$となる。

したがって，図6の関係が成り立つ。

(3)(2)より，$94\times25=9\times10\times25+4\times25$

$=9\times10\times25+4\times(9\times2+7)$

$=9\times10\times25+4\times9\times2+28$

$=9\times10\times25+9\times8+9\times3+1$

$=9\times(10\times25+8+3)+1$

となり，図7のように表すことができる。

(4)$299=27\times11+2$なので

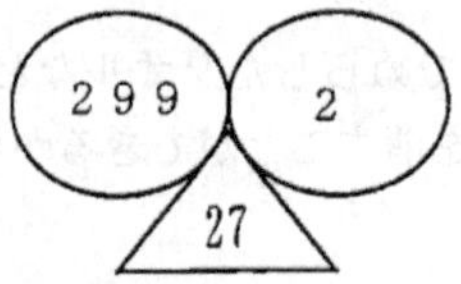

図6と図7の関係より

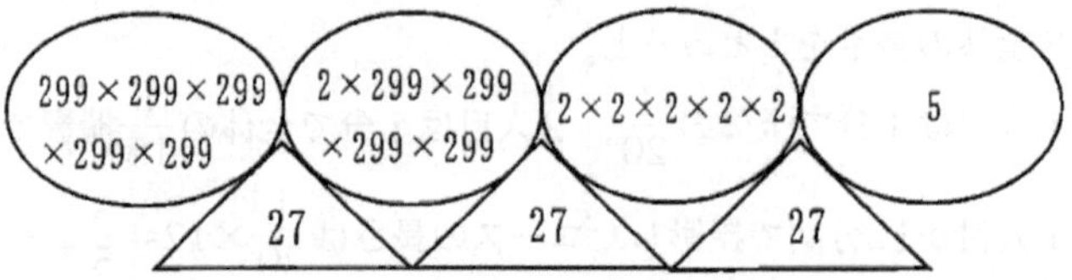

図より，299を5回かけ合わせた数を27で割った余りが5なので，秘密の数は5である。

○推定配点○

[1]　1(1)・2(2)・3(1)　各3点×3　　1(2)ア・2(3)　各6点×2
1(2)イ　各2点×2　　2(1)記号：3点　理由：6点　　3(2)答え：4点　求め方：8点
3(3)4点

[2]　1・4(1)・5(1)各3点×3　　2・3(1)各5点×2　　3(2)2点
4(2)選ぶもの：2点　理由：5点　　5(2)ア：3点　イ：6点
5(3)6点　　5(4)7点　　　計100点

《宮城県古川黎明中学校》

[2] 1 (1)あ　コイルの巻き数が多い方が，くぎを引きつける力が強い。
い　コイルとくぎの距離が近い方が，くぎを引きつける力が強い。
う　芯の材料が銅のときは，くぎを引きつけない。
(2)とても重い鉄くずでも運ぶことができるから。
さまざまなゴミの中から，鉄だけを引きつけて集めることができるから。

2 (1)イ
え　天皇や貴族　　お　武士
(2)自分の娘たちが天皇と結婚したり，孫が天皇になったりして天皇家とのつながりが深まり，権力が高まった。

3 (1)ウ
(2)面積(　　20.25　　)cm^2　角度(　　45　　)度
(3)面積(　　1926　　)cm^2
求め方：
重なる部分の三角形は，底辺2cm，高さ1cmなので，面積は，1cm^2
(2×1÷2=1より)
100枚の三角形を重ねたとき，三角形は，99か所重なる。つまり，三角形100枚分の面積から，99か所分の面積を引けばよい。
よって，20.25×100−1×99=1926となる。
これにより，できた飾りの面積は，1926cm^2となる。
(4)F：G：H=5：2：1

○推定配点○

[1]　1(1)・2(2)・3(1)　各3点×3　　1(2)ア・2(3)　各6点×2
1(2)イ　各2点×2　　2(1)記号：3点　理由：6点　　3(2)答え：4点　求め方：8点
3(3)4点

[2]　1　各4点×4　　2(1)　各2点×3　　2(2)6点
3(1)2点　　3(2)各3点×2　　(3)面積：3点　求め方:8点　　(4)3点　　計100点

＜宮城県立中学校　総合問題解説＞

[1]　(総合問題：自然災害，稲作《いなさく》，火災，さいころ，旅人算)

1 (1)防風林は風から家を守るためにつくられる。写真では家の北西側に防風林があるため，冬の季節風は北西から吹《ふ》いていると考えられる。

(2)洪水《こうずい》が起きると，川の水は標高が高い所から低いところに流れ込むため，標高が高い場所を通るように避難《ひなん》すべきである。また，川のそばに倉庫跡《そうこあと》がみられるが，川のそばの倉庫は江戸時代に舟で川を渡って米を運ぶ際に必要とされたものである。

基本　2 (1)煙《けむり》は人体にとって有毒で，あたためられると上に移動するので，煙を吸うのをさけるためには体勢を低くしてハンカチで手をおさえながら避難《ひなん》する必要がある。

(2)350℃前後までになるような高温の油に水を注いでしまうと，水が油の熱によって水蒸気《すいじょうき》になり，まわりに飛び散って火災がさらに拡大《かくだい》することにもなりかねない。

(3)物が燃えるのに必要なのは酸素である。水でぬらしたタオルを何枚もかぶせると火元に酸素が届《とど》かなくなり，火を消すことが可能になる。

3（1）さいころで6の目が入る面は，1の目が入る面の向かい側の面である。問題文より，1の目が入る位置はEであり，展開図《てんかいず》をもとにするとEの位置に向かい合う面はBの入った面であるので，ここに6の目が入ることになる。

（2）まず，コース全体の長さを1と仮定し，それぞれのドローンが1分あたりにどれだけの距離《きょり》を進めるかを考える。1人目のドローンは撮影《さつえい》を開始してすれちがうまでの間動き続けているので，撮影開始からすれちがうまでの12分間でどれだけの距離を進んだかを求める。そして，それを全体の長さである1から引いたものが2人目のドローンの進んだ距離である。それを2人目のドローンの1分ごとの進む距離で割《わ》ると，2人目のドローンが出発してからすれちがうまでの時間6分が求められる。その時間を2台のドローンがすれちがった10時12分から引くと，2人目のドローンが出発した時刻《じこく》がわかる。

（3）目安とされている移動時間では，5つのチェックポイントを順番に通って出発した地点と同じ地点に戻《もど》る動きをするのに何分かかるのかということについて考える。まず，A→B→C→D→Eと動くのに何分かかるのかを求める。目安では，A→B→Cの動きには17分，C→D→Eの動きには23分かかるとされているため，A→B→C→D→Eと動くには17＋23＝40分かかる。同じように，B→C→D→E→Aと動いたときについても考えると，B→C→Dは20(分)，D→E→Aは21分移動に時間がかかることから，B→C→D→E→Aと動くには20＋21＝41(分)かかる。移動時間の目安より，E→A→Bの動きには19分かかることと，計算によって求められたB→C→D→E→Aの動きとA→B→C→D→Eの動きにかかる時間をあわせて考えると，E→A→B→C→D→E→A→B→C→D→Eと動くには100分かかり，E→A→B→C→D→Eというコースを一周する動きには100÷2＝50分かかる。E→A→B→C→D→Eの動きにかかる時間は，A→B→C→D→E→Aの動きにかかる時間と同じであり，良太さんのA→B→C→D→E→Aの動きにかかった時間が45分であったことから，目安とされている移動時間より良太さんの移動時間の方が50－45＝5(分)短いことがわかる。

《宮城県仙台二華中学校》

基本 2 （社会，理科，算数：くらしの工夫，貿易，流水のはたらき，速さ，栄養素）

1　雪の多い地域《ちいき》でも，屋根の雪が急に落ちてくるのを防ぐために家の屋根を平らにするケースが増えている。また，屋根を平らにすることで雪をとかす設備も設置可能になる。

2　アメリカが日本に関税自主権《かんぜいじしゅけん》を認めなかったことによって，日本はアメリカからの輸入品に対して関税を自由にかけることができず，その分アメリカからの輸入品の値段《ねだん》は安くなって，日本にアメリカからの輸入品がたくさん流通するようになり，貿易をする上でアメリカが有利になった。

3（1）潮《しお》などの流水には土砂を運ぱんするはたらきがあるが，流れがゆるやかになるとたい積作用の方が強くなり，運んできた土砂を積もらせて，新たな地形をつくることがある。

（2）Bの部分のように流れがゆるやかな下流にたい積するのは主に粒《つぶ》の小さな砂《すな》やどろであるが，砂のつぶの大きさは0.06～2㎜，どろのつぶの大きさは0.06㎜以下である。

4（1）選手の走った距離の単位はmに，時間の単位は秒に直して選手の走る平均の速さを求める。選手の走った距離は42.195×1000＝42195(m)で，時間は2×60×60＋20×60＋39＝8439(秒)であるため，選手の走る速さは42195÷8439＝5(m/秒)。選手がこの平均の速さで50mを走るのにかかる時間は，50÷5＝10(秒)。華子さんは50mを9.7秒で走ったため，華子さんの方が10−9.7＝0.3(秒)速い。

(2)おにぎりの場合，おにぎりに使われる白米には炭水化物が多く含《ふく》まれていて，それにともない炭水化物に含まれる糖質《とうしつ》の量もほかの食品と比べると多くなる。糖質はつかれを軽減し，筋肉《きんにく》の分解を防ぐので，運動したあとの食事には炭水化物を多く含む食品を選ぶとよい。

5(1)曜日は７日周期で変化することをもとにすると，１年が365日のとき，365÷7＝52あまり1であるため，華子さんの1年後の誕生《たんじょう》日《び》の曜日は今年の誕生日の曜日より1つ進むことがわかる。

(2)会話文中のメモの例と図４を照らし合わせると，図４の左の丸の中の数字が例の式の答え，図４の右の丸の中の数字が例の式の[う]の部分，図４の三角の中の数字が例の式で[い]とかけ合わせられる数となる。それを参考に，図５の左の丸の中の数字，右の丸の中の数字，三角の中の数字をあてはめて考える。また，94を94＝9×10＋4として，94×25を式変形させると図６の関係が成り立つ。

(3)図７の真ん中の丸が94×25が書かれた丸に対して右側の丸であり，かつ1が書かれた丸に対しては左側の丸であることに注目し，式変形して考えていく。

(4)まず，わられる数は暗号をパスワードの数だけかけ合わせた数になるので，一番左の丸は，299×299×299×299×299である。299＝27×11＋2と表せることから，丸の中の299という数字が2に変化し，丸の中の数字は2×2×2×2×2という状態を経て，2×2×2×2×2＝32＝27×1＋5と表せるために一番右の丸の数字は5となり，これが秘《ひ》密《みつ》の数字となる。

《宮城県古川黎明中学校》

[2]　(算数，理科，社会：電磁石《でんじしゃく》，歴史，図形)

1(1)電磁石Ａと電磁石Ｂを比べると，電磁石Ａは50回巻《まき》で電磁石Ｂは100回巻であり，芯《しん》の材料も含《ふく》めてその他の条件はすべて同じである。表を見ると，１回目から５回目までのすべての実験結果において電磁石Ｂのほうがついたくぎの本数が多く，コイルの巻き数を多くするとくぎを引きつける力が強くなることがわかる。また，電磁石Ａと電磁石Ｃは巻き数や芯の材料などの条件は同じであるが，図１を見るとコイルの位置にちがいがあり，表を見るとすべての実験結果において電磁石Ａのほうが電磁石Ｃよりも多くのくぎを引きつけていることがわかる。よって，電磁石Ａのようにコイルが電磁石の下部に巻かれていてコイルとくぎの距離が近いほうが，くぎを引きつける力が強いということになる。また，電磁石Ａと電磁石Ｄを比べると，芯の材料が電磁石Ａは鉄で，電磁石Ｄは銅であるというちがいがあり，表を見るとすべての実験結果において電磁石Ｄにはくぎがつかなかったことがわかる。よって，芯の材料が銅のときはくぎは電磁石につかないことがわかる。

(2)再生リサイクル工場のクレーンに電磁石を用いて，電磁石に電流を流したり止めたりすることで，重い鉄くずをクレーンにつけたりはなしたりしてかんたんに移動させることができるようになる。また，磁石につくものだけを選別してゴミを収集《しゅうしゅう》することも可能になる。

2(1)平安時代までは政治の中心は天皇《てんのう》や貴族にあったが，鎌倉時代から江戸時代までは武士が政治の実権《じっけん》をにぎった。

(2)天皇が大きな力をもっていた平安時代において，娘にあたる妍子《けんし》や彰子《しょうし》が天皇の妻となったり，孫にあたる後一条天皇《ごいちじょうてんのう》が天皇として即位《そくい》したりと，藤原道長《ふじわらのみちなが》は当時かなり優位《ゆうい》に立っていた。

3（1）④の紙を広げると，図のように点対称《てんたいしょう》な図形ができ，対称の中心は④の正方形の左下の点となる。

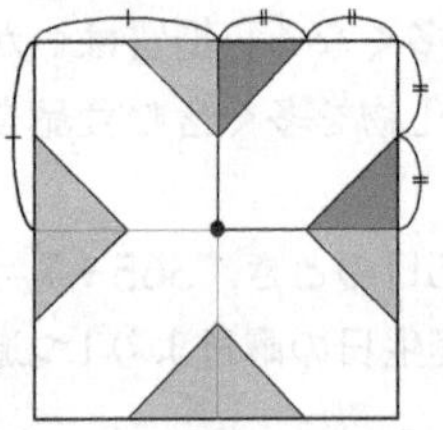

（2）④の黒い部分の三角形は直角二等辺三角形であり，それが上下に２つつながったものが図４となる。①，②と正方形の紙を２回折りたたんでいるため③の正方形の一辺は18÷2＝9(cm)であり，黒い部分の三角形の直角をはさんでいる辺の長さは③の正方形の一辺をさらに半分にしたものになるので，9÷2＝4.5(cm)となる。図４の三角形の面積は黒い部分の三角形の面積２つ分であるので，4.5×4.5÷2×2＝20.25(cm^2)。Eの部分の角度は④の黒い部分の三角形の直角ではない角と同じ大きさであるので，45度である。

（3）重なる部分の面積を求め，100枚の三角形の面積の合計から99か所の重なる部分の面積の合計を引く。

（4）図６の紙を広げると，以下のような図形ができる。

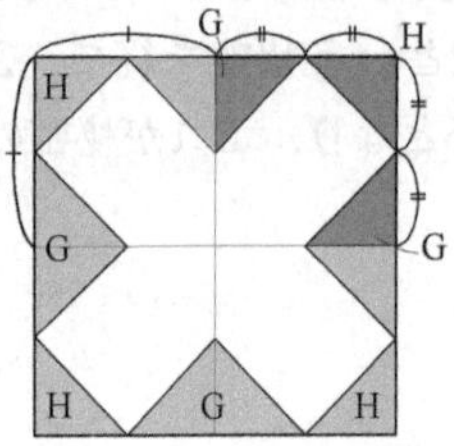

折り紙の一辺の長さを１とすると，折り紙全体の面積は１となり，Hの三角形の直角をはさむ辺の長さは折り紙の一辺の長さの$\frac{1}{4}$となる。Hの三角形４つの合計の面積は$\frac{1}{4}\times\frac{1}{4}\div2\times4=\frac{1}{8}$と表せる。Gの三角形１つは図４の三角形と同じであり，面積はHの三角形１つの2倍となる。よってGの三角形４つの合計の面積は$\frac{1}{8}\times2=\frac{1}{4}$と表せる。Fの面積はHの三角形４つの合計の面積とGの三角形４つの合計の面積を全体の面積から引いたものになるので，$1-\frac{1}{8}-\frac{1}{4}=\frac{5}{8}$となる。よって求める比はF：G：H＝$\frac{5}{8}$：$\frac{1}{4}$：$\frac{1}{8}$＝5：2：1となる。

★ワンポイントアドバイス★

さまざまな教科から出題されており，理由を問う問題や，計算の求め方を記述させる問題が多くある。時間配分をきちんとして，時間内に答えられるようにしていくよう，くり返し練習していく必要があるね。

＜宮城県仙台二華中学校　作文解答例＞《学校から解答例の発表はありません。》

私の考えた食品ロスを解決するための取り組みは，二つあります。一つ目は好ききらいをせずに何でも食べる努力をすることで，二つ目はお店で捨てられる手前の商品を安く売ることです。

一つ目の何でも食べる努力をするということに関して，私がようち園生だった時に野菜が苦手で食事のたびに残していましたが，後になって残した野菜は捨てられていたことを知って，もったいないことをしたと反省しました。一人一人が好ききらいをしない努力をすれば，捨てられる食品の量は減らせると思います。二つ目の取り組みについては，実際に近所のパン屋さんでパンの切れはしが安く売られていて，母がいつも買っています。食べ物の見た目が多少悪かったり賞味期限が近くなっていたりしても，安くてまだ食べることができるのであれば買う人もいると思うし，この取り組みを行うお店が増えれば，食品ロスも減るはずです。

お店で食品を買って食べる人と，お店で食品を売る人の両方が食品をなるべく捨てない努力をすることが，食品ロスの解決に必要だと思います。

○配点○

25点

＜宮城県仙台二華中学校　作文解説＞

基本

（作文：テーマ型　自分の考えを書く）

まず初めに自分の考えた取り組みを第一段落《だんらく》に短くまとめ，それについてのくわしい説明と自分の経験を第二段落に書き，結論《けつろん》にあたる内容を第三段落にまとめる。

字数が四百字以上五百字以内であるので，長くなりすぎないようにわかりやすく自分の経験をまとめる必要がある。身の回りに目を向けて，自分にとって書きやすい経験を選んで書くことも大切だ。

★ワンポイントアドバイス★

各段落で条件にある内容を書くために，各段落の分量に注意しよう。取り組みと，それを考えるもとになった経験をわかりやすく説明することを意識しよう。

＜宮城県古川黎明中学校　作文解答例＞《学校から解答例の発表はありません。》

自分とは異なるものの見方や考え方をする人といっしょに活動するとき，私が大切にしたいことは，価値観のちがいを認めるということです。

人間は，自分の持つ価値観にそってものを考えます。例えば，犬とねこなら，犬の方が好きな人がいて，ねこの方が好きな人もいます。このようなちがいが起こる理由は，どちらに価値を感じるかが人によって様々だからです。また，犬の方が好きという人どうしが必ずしも価値観が同じとは言い切れません。犬の性格やふるまいが好きな人もいれば，犬の見た目が好きな人もいて，犬のどこに価値を感じるかは人それぞれです。よって，価値観は人の数だけ存在します。

わたしたちは常に自分とは価値観のちがう人々と接することになります。自分とは異なる考え方をする人がいるのは当たり前のことですが，これを理解しないと，価値観のちがいを正そうとして相手としょうとつしてしまいます。だからこそ，相手と自分の価値観のちがいを認めることが大事だと思います。

○配点○

25点

＜宮城県古川黎明中学校　作文解説＞

基本　**（作文：テーマ型　自分の意見を述べる）**

作文のテーマがあたえられ，自分の意見を書く問題である。テーマが比かく的ちゅう象的なので，作文のじくを自分で定める必要がある。これまでに自分が経験したことや具体例を思いうかべ，そこから自分が他者とともに活動していく上で大切にしたいと思うことを決めるとよい。

四百字以上五百字以内なので，三段落《だんらく》程度の構成で書くとよい。最初の段落で自分が大切だと思うことを書き，二段落目でなぜそう思うのかという理由として自分の経験や具体例を書く。そして最終段落で自分の意見をまとめるという構成にすると，読み手にも伝わりやすい。

★ワンポイントアドバイス★

テーマがちゅう象的であるので，自分が大切だと思うことや，それに基づく具体例や自分の経験をわかりやすく書くことがとても重要になるね。

2019年度

入　試　問　題

2019
年
度

2019年度

宮城県立中学校入試問題

【総合問題】（60分）　＜満点：100点＞

1　小学6年生の太郎さんは，夏休みに家族で，おばあさんの家に行きました。
次の1～3の問題に答えなさい。

1　おばあさんの家では，農業を営んでいます。次の会話文は，食事中に米作りについて話したときのものです。あとの(1)～(3)の問題に答えなさい。

太郎さん	おばあさんは，いつからお米を作っているの。
おばあさん	ずっと昔からだよ。おばあさんは，この家にお嫁《よめ》に来た時から米作りをしているんだけど，㋐今ではずいぶん楽になったよ。
お父さん	お父さんが子どものころ，おばあさんがかまどを使って釜《かま》で炊《た》いたご飯はとてもおいしかったな。
おばあさん	「㋑はじめチョロチョロ　なかパッパ　赤子《あかご》泣いても蓋《ふた》取るな」という言い伝えを守って炊いていたからね。
お父さん	平成5年に㋒冷害があって，寒さに強い品種に変えたけど，今でもおばあさんが作って炊いてくれたご飯が一番おいしいよ。

＊赤子：生まれたばかりの子ども

(1)　「㋐今ではずいぶん楽になったよ」とありますが，**写真1**，**写真2**，**グラフ1**をもとに，昔と今の米作りにかかる時間がどのように変化したのか，理由とともに説明しなさい。

写真1　昭和30年ごろの田植えの様子

写真2　現在の田植えの様子

グラフ1　米作りにかかる水田10aあたりの年間の労働時間

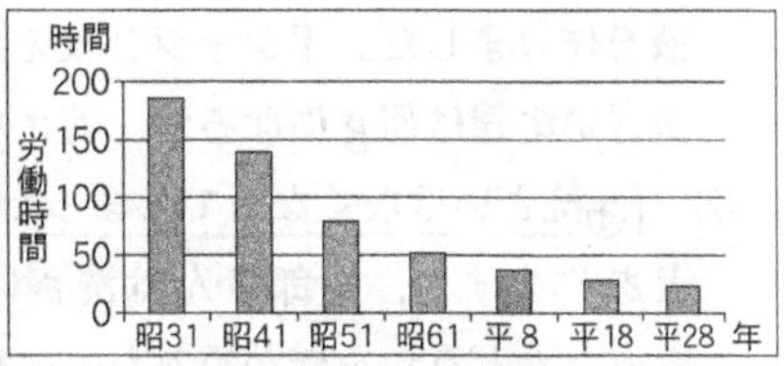

（農林水産省農業経営統計調査より作成）

(2)　「㋑はじめチョロチョロ　なかパッパ　赤子泣いても蓋取るな」とありますが，このことについて太郎さんが調べたところ，この言い伝えには，釜でご飯を炊く場合のポイントが表されていることが分かりました。下の**資料1**は太郎さんが調べた内容をまとめたものです。**資料1**の［あ］，［い］にあてはまる言葉を答えなさい。

資料1

はじめチョロチョロ	弱火で時間をかけて釜全体を温める。また，米に［あ］を吸収させる。
なかパッパ	強火にして蓋がコトコト音をたてるくらいに［い］させる。
赤子泣いても蓋取るな	火を消して蒸《む》らし終わるまで蓋を開けてはいけない。

(3) 「㋒冷害」とありますが，冷害の原因の１つに「やませ」があります。「やませ」による冷害についてまとめた下の文中の **う** ，**え** にあてはまる言葉を図１を参考にして答えなさい。

図１

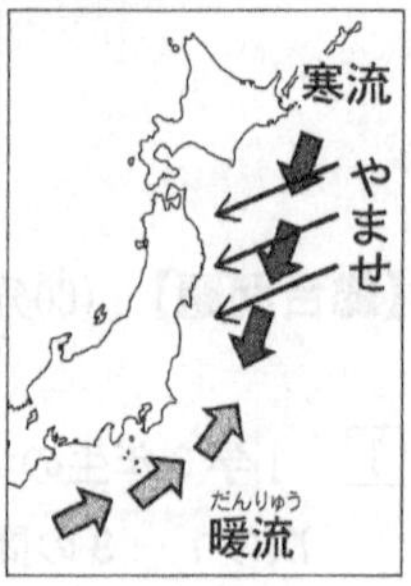

> 「やませ」とは，春から夏にかけて吹《ふ》く東よりの冷たく湿《しめ》った風のことである。稲《いね》の穂《ほ》が出る時期に「やませ」が吹き続くと，太平洋側では，気温の **う** い日が続いたり，**え** やくもりの日が続いたりして，稲の生育に大きなえいきょうを与える。

2　太郎さんは，夏休みの自由研究で，洗《せん》たくについて調べることにしました。次の会話文は，おばあさんと話したときのものです。あとの(1)～(3)の問題に答えなさい。

太郎さん	家庭科の授業で洗たくを手洗いでやったよ。そのときに確かめたいと思ったことがあったんだ。
おばあさん	何を確かめたいと思ったの。
太郎さん	㋓洗たく液を作るときに，よくかき混ぜたら洗ざいが見えなくなったから㋔洗ざいはなくなってしまったのかなと思ったんだ。それから，㋕洗たく物の色がちがうとかわき方もちがうのかなとも思ったんだ。今日は，それについて調べるために，白色と黒色のＴシャツを１枚ずつ手洗いで洗たくするから，手伝ってもらえるかな。
おばあさん	いいわよ。この洗いおけと粉末《ふんまつ》洗ざいを使ってやってみようか。
太郎さん	はじめに，洗たく液を作るね。白色と黒色のＴシャツの重さをはかったら，それぞれ150ｇだったよ。

(1) 「㋓洗たく液を作る」とありますが，太郎さんは表１のような洗ざいの使用量のめやすを見て，洗たく液を作りました。Ｔシャツ２枚を洗うために必要な洗ざいの量は何ｇになるか，答えなさい。

表１　洗ざいの使用量のめやす

水の量	洗たく物の重さの15倍
洗ざいの量	水３Ｌに対して3.4ｇ

＊水１Ｌの重さを１kgとする

(2) 「㋔洗ざいはなくなってしまったのかな」とありますが，太郎さんは洗ざいがなくなったかどうかを確かめるために電子てんびんを使って右の手順で調べました。その結果，手順の④では手順の①との重さが同じになりました。手順の①と③のはかり方として適切なものを，下のＡ～Ｅから１つずつ選び，記号で答えなさい。

手順

① 洗ざいを水にとかす前の重さをはかる。
② 洗ざいをすべて水に入れてよくかき混ぜてとかす。
③ 洗ざいを水にとかした後の重さをはかる。
④ ①ではかった重さと③ではかった重さを比べる。

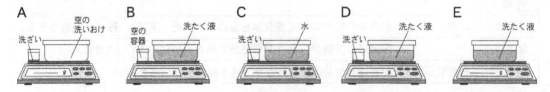

A

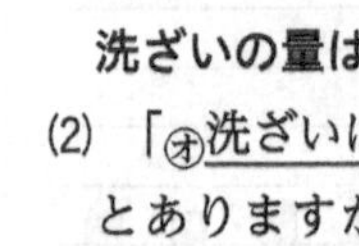

B

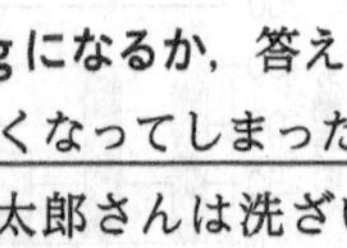

C

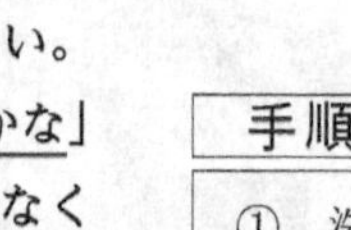

D

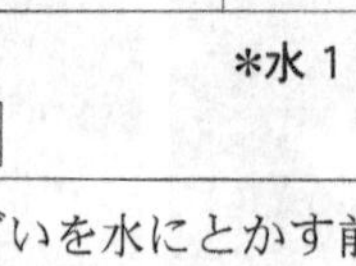

E

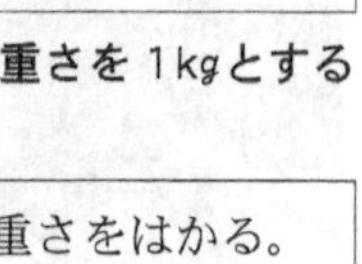

⑶ 「㋕洗たく物の色がちがうとかわき方もちがうのかな」とありますが，太郎さんは白色のＴシャツと黒色のＴシャツを洗たくした後，日なたに干《ほ》して，かわき方について調べました。**グラフ２**は干し始めてからの時間とＴシャツの重さとの関係を表したものです。黒色のＴシャツのかわき方を表したものとして適切なものを，**グラフ２のⒶ，Ⓑから１つ選び，記号で答えなさい**。また，選んだ理由を**温度**という言葉を使って説明しなさい。ただし，白色のＴシャツと黒色のＴシャツは布の種類，形，大きさ，干し方が同じものとします。

グラフ２　Ｔシャツの重さの変化

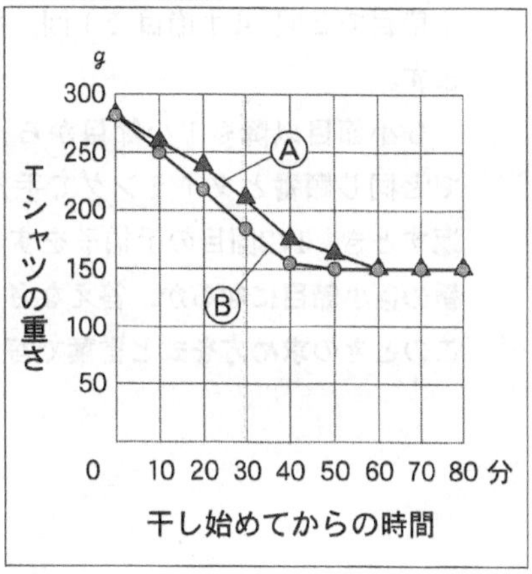

3　太郎さんは，おばあさんの家での生活を充実《じゅうじつ》したものにするために，下のような目標を立てました。あとの⑴～⑶の問題に答えなさい。

生　活	・午前６時に起床《きしょう》し，午後10時に就寝《しゅうしん》する。 ・地域《ちいき》で行うラジオ体操《たいそう》に参加する。　・町のプールに行く。
学　習	・午前中に１時間30分勉強する。　・読書をする。
その他	・地域の社会福祉《しゃかいふくし》施設《しせつ》の交流会に参加する。

⑴　太郎さんは，目標をもとに１日の計画表を作りました。**表２**はその一部です。午前８時20分から勉強を始め，目標どおりの勉強時間を設定すると，**プールに使える▒▒部分の時間は何分とれるか**，答えなさい。ただし，勉強とプールの間にとる移動をふくむ休けい時間は20分とし，12時にプールを出発することにします。

表２

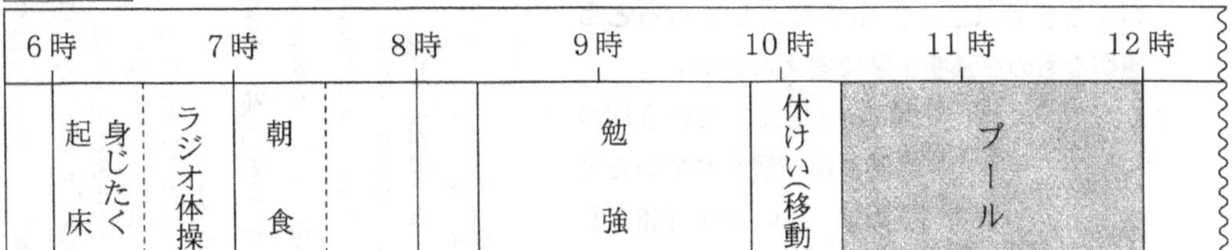

⑵　太郎さんは午後の時間に，いとこから借りた本を読むことを計画しています。いとこがその本を毎日同じページ数だけ読んだところ，読み終えるまでに25日間かかったそうです。太郎さんは，いとこよりも毎日６ページずつ多く読んで，19日間で読み終える計画を立てました。**太郎さんは１日に何ページ読むことにしたか**，答えなさい。

⑶　太郎さんは，おばあさんといっしょに近くの社会福祉施設の交流会に参加し，お年寄りの人たちと「アルプス一万尺《いちまんじゃく》」の曲を歌いながら手拍子《てびょうし》をすることにしました。次のページの**資料２**の

楽譜《がくふ》で１小節目で１回，２小節目で１回，３小節目で２回，４小節目で１回，手拍子をします。

５小節目以降《いこう》も１小節目から４小節目までと同じ順番とタイミングで手拍子をくり返すとき，172回目の手拍子をするのは，**何番の何小節目になるか**，答えなさい。また，このときの**求め方を式と言葉**で答えなさい。

資料２

アルプス一万尺

作詞者不明
アメリカ民謡

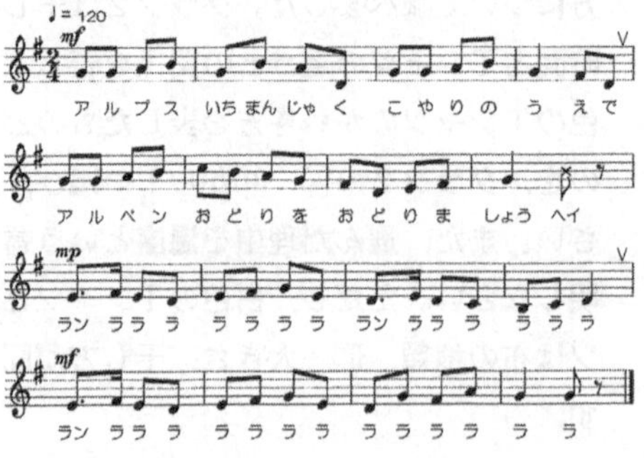
♩= 120
mf
アルプス　いちまんじゃく　こやりの　うえで
アルペン　おどりを　おどりま　しょう　ヘイ
mp
ラン　ララ　ラ　ラ　ラ　ラ　ラ　ラン　ララ　ラ　ラ　ラ　ラ
mf
ラン　ララ　ラ　ラ　ラ　ラ　ラ　ラ　ラ　ラ　ラ　ラ　ラ

＊上の楽譜は１番の楽譜です。２番以降もこの楽譜をくり返します。

＊この曲は25番以上あると言われています。

＜宮城県仙台二華中学校＞

2　華子《はなこ》さんと二郎さんの中学校では，ある川の水辺で校外活動を行っています。

次の１～４の問題に答えなさい。

1　水辺には，**写真１**のようにたくさんのヨシが生えています。華子さんと二郎さんは，ヨシについて興味をもち調べました。

次の⑴，⑵の問題に答えなさい。　**＊ヨシ：イネ科の植物**

写真１　ヨシ

⑴　華子さんは，ヨシが万葉集《まんようしゅう》や百人一首《ひゃくにんいっしゅ》などの歌にもよまれており，古くから日本各地の川や湖に生えていたことを知りました。

次の**ア**，**イ**の問題に答えなさい。

＊万葉集：日本最古の歌集

ア　**資料１の□には同じ季節が入ります。資料１を参考に□に入る季節としてもっとも適切なものを漢字１字で答えなさい。**

イ　**万葉集には，「近江《おうみ》」，「遠江《とおとうみ》」という湖の名が出てきます。当時，都が置かれていた地域から近い方を「近江」，遠い方を「遠江」と呼んでいました。「近江」はどの湖か，図１の①～③から１つ選び，記号で答えなさい。**

図１　現在の日本地図の一部

①
②
③

資料１　ヨシがよまれている歌

夕《ゆう》されば　門田《かどた》の稲葉《いなば》　おとづれて
葦《あし》のまろやに　□風ぞふく　（百人一首より）

（意味）夕方になると、家の前の田んぼに□風が訪《おとず》れ、稲の葉がそよそよと音をさせて揺《ゆ》れている。その心地よい□風は、このヨシぶき（かやぶき）の家にも吹いてきた。

＊葦　ヨシの別名

葦辺《あしべ》なる　荻《おぎ》の葉さやぎ　□風の
吹き来るなへに　雁《かり》鳴き渡る　（万葉集より）

（意味）ヨシの生えている岸辺の荻の葉が、さやさやと音を立ててさわやかな□風が吹いてくる。それにつれて雁が鳴き渡って飛んでいく。

＊荻　イネ科の植物、水辺に生息《せいそく》
＊雁　カモ科の水鳥、渡り鳥

⑵　二郎さんは，ヨシについて調べ，**資料２**，**資料３**のようにまとめました。あとの**ア**，**イ**の問題に答えなさい。

資料２　ヨシについて

- 水中のちっ素やりんを吸収して２～３か月で３ｍ近くまで成長する。
- 秋から冬にかけて枯《か》れ，12月～３月頃《ごろ》に刈《か》り取り，水辺から運び出す。
- ㋐刈り取ったヨシはかやぶき屋根などの材料として使われることがある。

資料３　ヨシの養分となるちっ素やりんについて

- 生活はい水などには，ちっ素やりんなどが含《ふく》まれ，川に流れ出すことがある。
- ヨシが枯れた後，ちっ素やりんが土や水に溶《と》け出すことがある。
- ちっ素やりんを多く含んだ水が海に流れ出ると，流れ出た範囲にそれらを栄養とするプランクトンが大量に増えることがある。その結果，その範囲にいる㋑海の中の生き物が呼吸できなくなることがある。

＊生活はい水：家庭から出る洗《せん》ざいなどを含む汚《よご》れた水
＊プランクトン：水の中の小さな生き物

ア　「㋐刈り取ったヨシはかやぶき屋根などの材料として使われる」とありますが，二郎さんは，刈り取り，水辺から運び出す**理由**がもう１つあることに気づきました。もう１つの**理由**を，**資料２**と**資料３**をもとに答えなさい。

イ　「㋑海の中の生き物が呼吸できなくなる」とありますが，なぜ海の中の生き物が呼吸できなくなるのかを，**酸素**，**プランクトン**の２つの言葉を使って説明しなさい。

2　校外活動をする水辺は**図２**のような場所で，川の水位《すいい》が変化します。華子さんの学校では，川の水位が活動場所の水辺よりも低くなる時間を選んで活動しています。活動時間を午前９時から午後１時までとするとき，活動日の川の水位を示すグラフとして最も適切なものを，**グラフ１**の**①～③から１つ選び**，**記号**で答えなさい。また，その**理由**を**図２**と**グラフ１**をもとに説明しなさい。

図２　校外活動をする水辺付近《ふきん》の断面図《だんめんず》

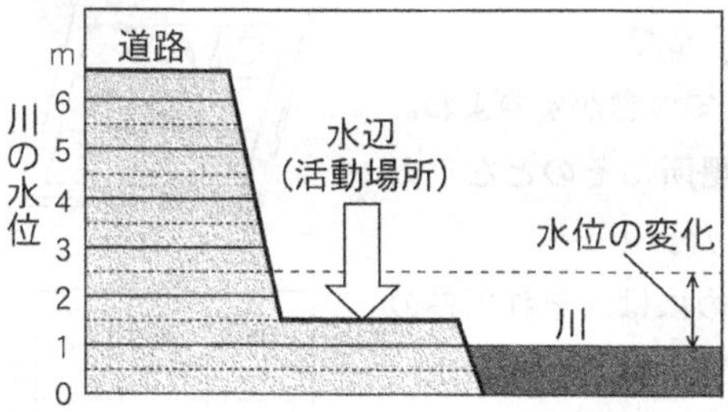

グラフ１　川の水位の変化

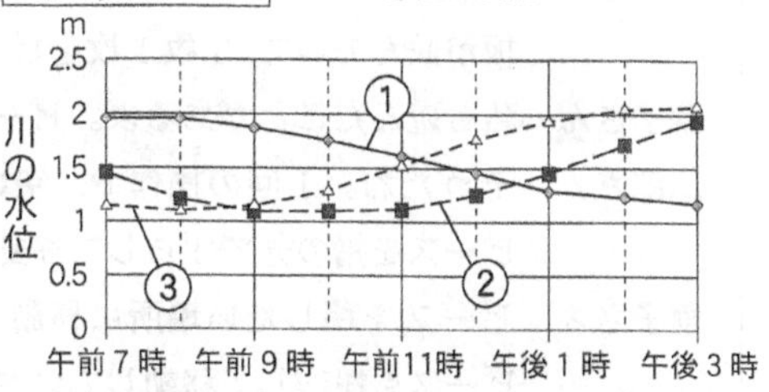

（国土交通省水門水質データベースより作成）

3　華子さんと二郎さんは，水辺の調査を行いました。

次の⑴～⑶の問題に答えなさい。

写真２

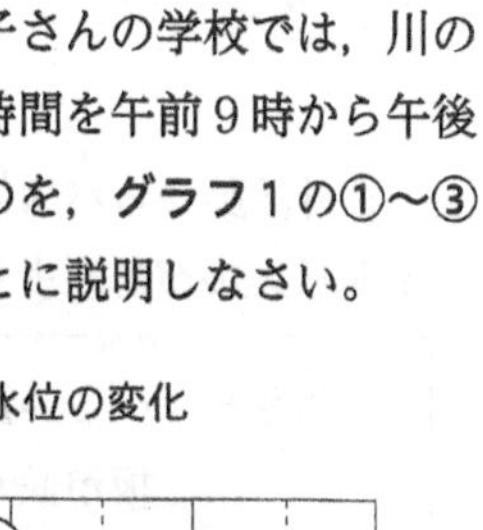

⑴　華子さんは，たてが５ｍ，横が10ｍある長方形の場所に生えているヨシの本数を調べることにしました。調査する場所には，同じ割合でヨシが生えているものと考え，**写真２**のように，１辺が50㎝の正方形の枠《わく》を１回だけ用い，枠の中のヨシの本数を数えます。**枠の中のヨシの本数を何倍にすれば全体の本数を求められるか**，答えなさい。

⑵　華子さんの学校では，ヨシの生育域を広げるために，ヨシの移植《いしょく》活動をしています。華子さんはヨシの生育域が１年間にどのくらい広がっているか，先生に質問したところ，今年の生育域は，昨年より８％広がっていると教えてくれました。

次のア，イの問題に答えなさい。

ア　今年のヨシの生育域が105haであるとすると，**昨年のヨシの生育域は何haか，小数第２位を四捨五入《ししゃごにゅう》して答えなさい。**

イ　移植活動を続けて，来年からは生育域を前年と比べて毎年10%ずつ広げていくとすると，**ヨシの生育域が今年の1.6倍を初めて超《こ》えるのは何年後か，答えなさい。**

⑶　二郎さんは，川の中の小さな生き物を観察するために，川の水を持ち帰りました。プレパラートを作り，**写真３**の顕微鏡《けんびきょう》で観察したところ，**写真４**のようなミジンコを見つけました。また，スライドガラスの上をミジンコが**A**の位置から**B**の位置まで，**図３**のような道すじで移動する様子が観察されました。このとき，ミジンコが実際に移動した道すじとして適切なものを，**選択肢《せんたくし》の①～④から１つ選び，記号で**答えなさい。

写真３
顕微鏡

写真４
ミジンコ

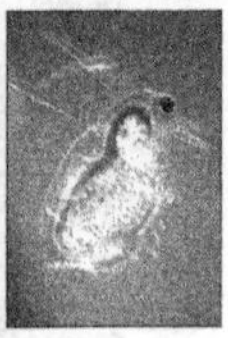

図３
顕微鏡で観察した道すじ

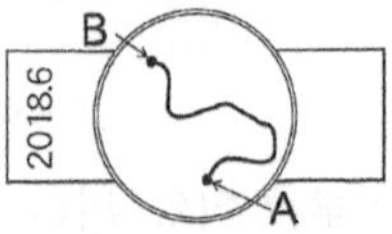

［選択肢］

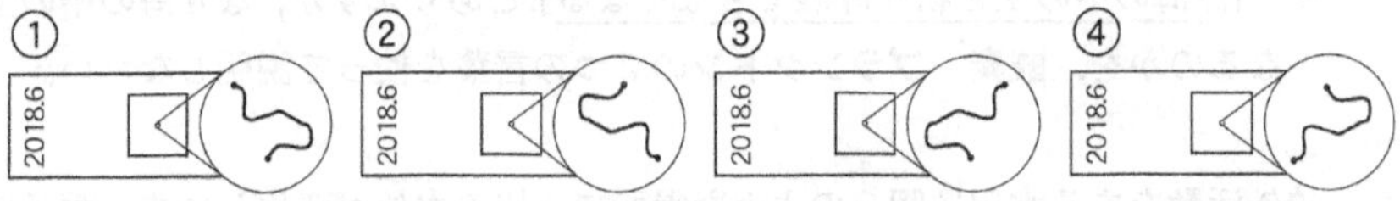

4　校外活動からバスで帰る途中，道の駅に寄りました。おみやげ品のコーナーに**図４**のようなスライドパズルがありました。次の会話文を読んで，あとの⑴～⑶の問題に答えなさい。

二郎さん　小さいころ，これでよく遊んだな。枠の中に８枚《まい》の正方形の板が並んでいて，１枚１枚をピースというんだ。

華子さん　私も遊んだことがあるよ。ピースを１枚ずつ動かすのよね。

二郎さん　そうだね。１回の操作《そうさ》で，空いている場所にそのとなりのピースを指の先でずらして移動させるんだ。

華子さん　ピースを移したい場所に移動させるためには，それ以外のピースも操作して移動していかなければならないのね。

二郎さん　この見本を借りよう。右上の場所が空いている状態から始めるね（図５）。　Bのピースを**A**の位置に移動させるには，最も少なくて何回の操作が必要かな。

華子さん　４回ね。B，D，A，Bのピースを順に操作すればBのピースが最初のAの位置に移動するよ（図６）。

二郎さん　じゃあ，もしAのピースから操作し始めたら，何回の操作でBのピースが最初のAの位置に移動できるかな。

図４

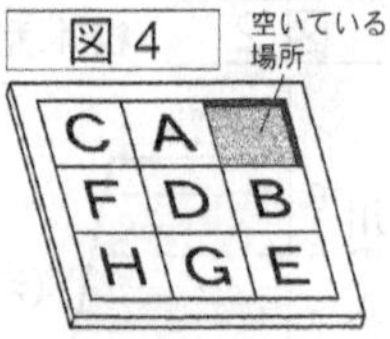

図５

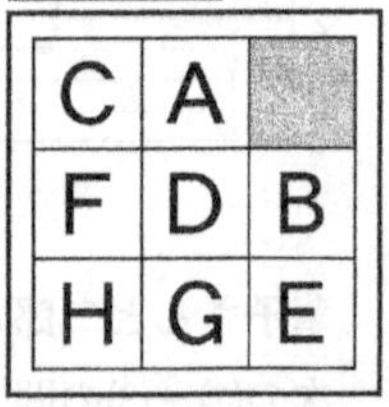

図６

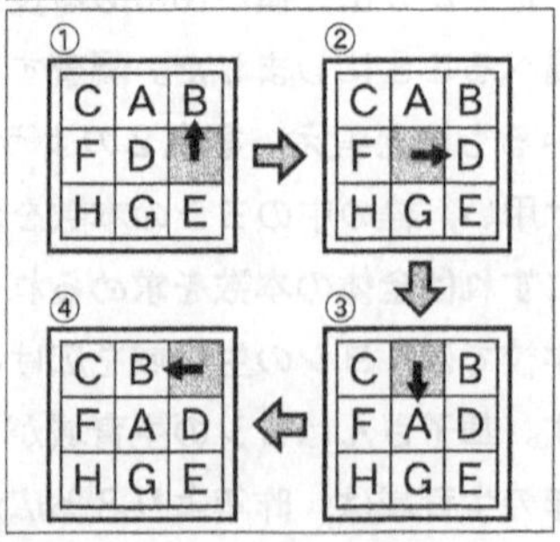

図７

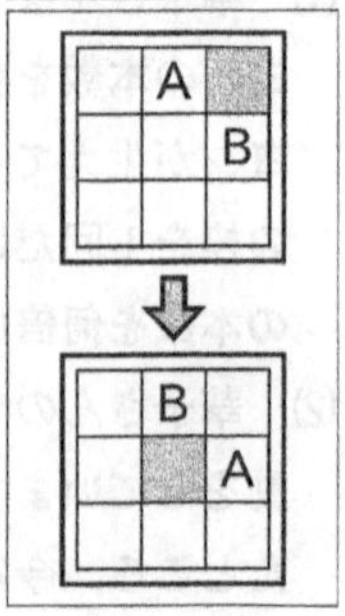

華子さん　[あ]　回ね。この方法だとAとBの位置が最初の位置と入れかわるね（図7）。
二郎さん　そうか。これは，㋒2つのピースの位置を入れかえる方法なんだね。

(1)　上の会話文中の [あ] にあてはまる**最も少ない回数**を答えなさい。

(2)　図8の状態を図9の状態にするには，**何回の操作が必要ですか。最も少ない回数を答えなさい。**ただし，C，D，Eのピースを移動するときは，その中の2つを「㋒2つのピースの位置を入れかえる方法」と同じ方法で移動することとし，また，最後に空いている場所は，操作を始める前と同じ位置になるようにします。

図8

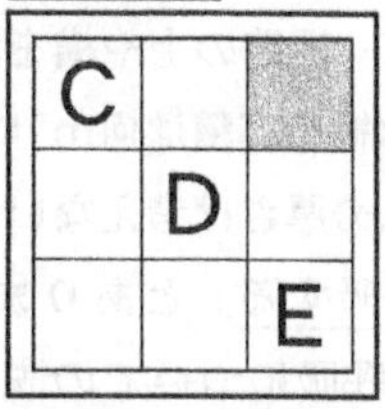

図9

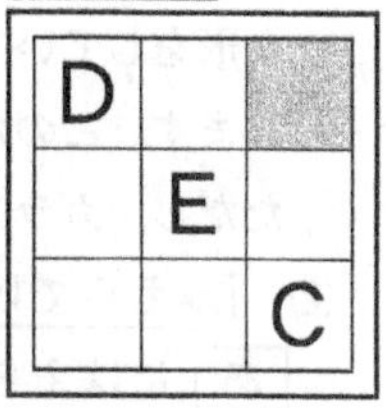

(3)　ピースが15枚の図10のようなスライドパズルがあります。図10の状態を図11の状態にするには，**何回の操作が必要ですか。最も少ない回数を答えなさい。**ただし，1，2，3，4のピースを移動するときは，その中の2つを「㋒2つのピースの位置を入れかえる方法」と同じ方法で移動することとし，また，最後に空いている場所は，操作を始める前と同じ位置になるようにします。

図10

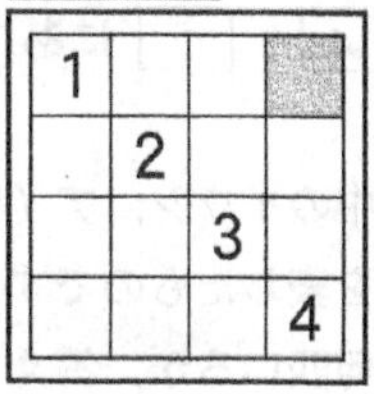

図11

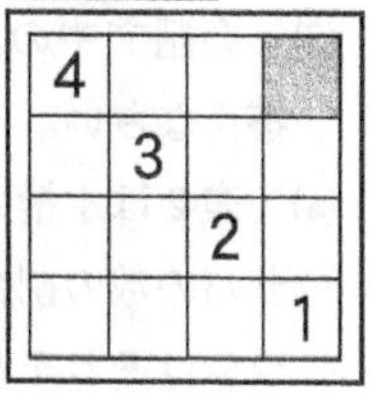

＜宮城県古川黎明中学校＞

2　中学生の黎《れい》さんは，家族で水族館に行きました。
次の1～4の問題に答えなさい。

1　黎さんの家族は，お父さん，お母さん，高校生のお兄さん，小学生の妹の5人家族です。「前売り券」の料金は，大人が表1の入場料の10%引き，小人は15%引きです。**黎さんの家族全員が「前売り券」を購入《こうにゅう》していたとすると，いくら支払ったのか**，答えなさい。

表1　入場料

大人（高校生以上）	1500円
小人（小・中学生）	800円

2　黎さんは「三陸沖《おき》の海にすむ生き物」のコーナーで解説員と話をしました。次の会話文を読んで，あとの(1)～(4)の問題に答えなさい。

解説員　「三陸沖の海にすむ生き物」の水槽《すいそう》では，イワシ，アイナメ，マダイ，サバなどたくさんの魚が見られます。最も少ないマダイでも30匹《ぴき》います。
黎さん　イワシの大群は迫力《はくりょく》がありますね。よく見ると，イワシが口を開けて泳いでいますが，えさを食べているのですか。
解説員　いいところに気づきましたね。でもイワシが泳ぐときに口を開けるのは，えさを食べるためだけではなく，㋐えらで呼吸するためでもあるのですよ。イワシは泳ぎながら，口から海水を取り入れ，[　　　あ　　　] 呼吸しています。
黎さん　私たちと同じようにイワシも呼吸しているのですね。さっきイルカのショーの前にイルカが自由に泳いでいる様子を見ていたら，しばらく水中にもぐったあと，水の上に

	頭を出していました。頭の上の方に穴がありました。
解説員	よく気がつきましたね。イルカは頭の上の方にある穴から［い］を出し入れしていて，人やウサギと同じように［う］で呼吸をしています。

(1)「三陸沖の海にすむ生き物」の水槽は右の図1のような形をしていて，通路の上や横を泳ぐ魚を見ることができます。この**水槽の容積は何m^3になるか，答えなさい**。ただし，ガラスの厚さは考えないこととします。

図1

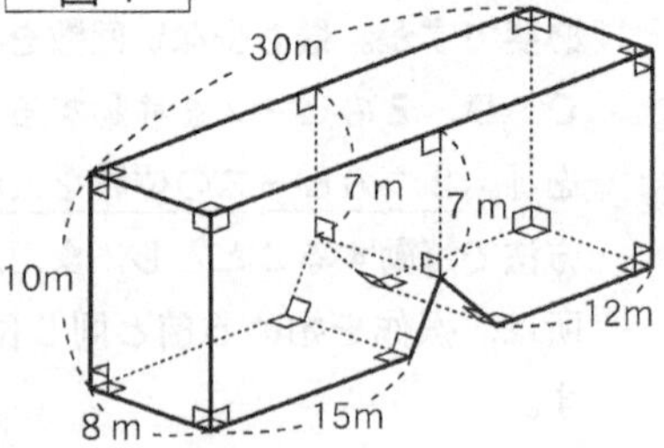

(2)「㋐えらで呼吸する」とありますが，上の会話文の［あ］にはえら呼吸についての説明の一部が入ります。［あ］に入る適切な説明を**血液という言葉を使って**答えなさい。

(3) 会話文中の［い］，［う］に**あてはまる言葉を**答えなさい。

(4) **表2**は水槽の中のイワシ，アイナメ，マダイ，サバの数の割合を表したものです。**アイナメとイワシはそれぞれ何匹いるか**，答えなさい。

表2

アイナメ：マダイ	4：1
イワシ：サ　バ	7：2
アイナメ：サ　バ	3：8

3　黎さんは「海の中の食物連《しょくもつれん》鎖《さ》と生き物の数」と書かれた**図2**のパネルの前で解説員と話をしました。次の会話文を読んで，あとの(1)，(2)の問題に答えなさい。

図2　パネル

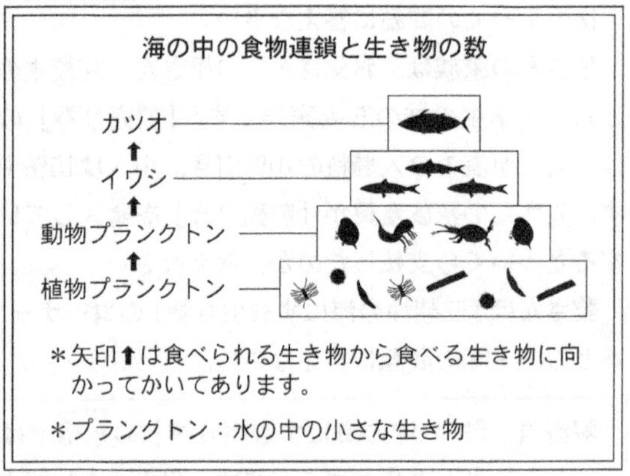

解説員	生き物はほかの生き物と「食べる」「食べられる」という関係でつながっています。このようなつながりを食物連鎖といいます。このパネルはカツオ，イワシ，動物プランクトン，植物プランクトンを例として食物連鎖と生き物の数の関係を表したものです。多くの場合，「食べる」「食べられる」という関係において，食べる生き物よりも食べられる生き物の数の方が多いので，このパネルのピラミッドのような形になるのですよ。
黎さん	ピラミッドの土台が植物プランクトンになっていますが，植物プランクトンは植物の仲間なのですか。
解説員	そうです。海の中の生き物も陸上の生き物と同じく，㋑植物プランクトンなどの植物の仲間から食物連鎖がはじまっているのです。動物は植物やほかの動物を食べて，その中にふくまれる養分を取り入れています。

(1)「㋑植物プランクトンなどの植物の仲間から食物連鎖がはじまっている」とありますが，それは植物プランクトンなどの植物の仲間にどのようなはたらきがあるからか，**日光**，**養分**という**2つ**の言葉を使って説明しなさい。

(2) 自然の中では，ある動植物の数が変化したとき，食物連鎖により，他の動植物の数も変化することがあります。図2のパネルに示された生き物について考えた場合，イワシの数が急に減ると，カツオや動物プランクトンの数はどのように変化するか，**「食べる」「食べられる」という関係**をもとに答えなさい。

4 黎さんは，水族館を見学した後，「わたしたちの食生活と水産業」というテーマで水産業について調べました。次の(1)～(3)の問題に答えなさい。

(1) 黎さんは，まず水産資源を守る漁業の取り組みについて調べました。**資料1**は黎さんがまとめた内容の一部です。**資料1**の **え** にあてはまる言葉を答えなさい。

資料1　水産資源を守る漁業の取り組み

大まかな区別	取り組みの例	対象となっている水産物の例
とり過ぎを防ぐ取り組み	とってはいけない期間を決めている。	アワビ，ウニ，マダコなど
	決められた基準よりも小さなものをとることを禁止している。	アワビ，ウニ，ハマグリ，アサリなど
	とってよい量の上限を決めている。	サンマ，スルメイカなど
え に力を入れる取り組み	出荷できる大きさまで人間が世話をし，成長させてからとっている。	ギンザケ，カキ，ホヤ，ワカメ，ノリなど
	人間の手でたまごをかえした後，放流し，自然の中で成長させてからとっている。	サケ，ヒラメなど

（宮城県公式ウェブサイト「宮城県の水産業」より作成）

(2) 黎さんは，宮城県では水産加工業がさかんであることを知り，魚のかんづめ工場へ見学に行きました。**資料2**は黎さんが魚のかんづめができるまでの流れをまとめたものです。**魚をかんづめにする利点は何か**，**資料2**をもとに**2つ**答えなさい。

資料2　魚のかんづめができるまでの主な流れ

【工程1】
・魚を水洗いする。
・骨や皮などを取り除く。

⇨

【工程2】
・金属探知機《たんちき》で魚を検査する。
・かんに魚や調味料を入れる。

⇨

【工程3】
・ふたをして中の空気を抜く。
・蒸気でさっきんする。

⇨

【工程4】
・品質検査をする。
・箱づめして出荷する。

(3) 黎さんは，水産物の海外からの輸入について調べる中で，次のページの**資料3**，**表3**を見つけ，日本は自給率《じきゅうりつ》が低いため，フードマイレージが大きくなることが分かりました。**資料3**と**表3**をもとにして，次の**ア**，**イ**の問題に答えなさい。

ア フードマイレージが大きくなると，なぜ環境に悪いえいきょうをおよぼすのか，**排出《はいしゅつ》量**という言葉を使って説明しなさい。

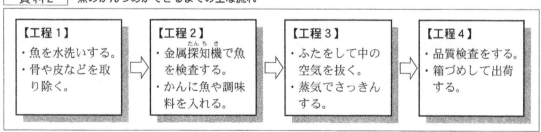

イ　自給率を高め，フードマイレージを小さくするために，私たちが消費者としてできることを答えなさい。

資料３　**フードマイレージ**

フードマイレージとは，食料の輸送量に輸送きょりをかけた値《あたい》で，大きくなればなるほど，環境《かんきょう》に悪いえいきょうをおよぼす。

（求め方）
食料の輸送量（t）×食料の輸送きょり（km）

（農林水産省資料より作成）

表３　**各国の食用魚かい類の自給率**

国名	自給率（％）
ベトナム	153
タイ	148
カナダ	138
中国	112
日本	62

（水産庁「水産白書」より作成）

二〇一九年度
宮城県仙台二華中学校入試問題

【作　文】（四〇分）〈満点：二五点〉

問題

これからの生活では、様々な場面でリーダーを務める機会があります。そのようなとき、あなたはどのようなリーダーになろうと思いますか。四百字以上五百字以内で書きなさい。

【条件】
① 作文は三段落構成で書きなさい。
② 一段落目では、あなたが考える「リーダー」について書きなさい。
③ 二段落目では、②のように考えるようになった理由を書きなさい。
④ 三段落目では、②のような「リーダー」になるために、今後心がけていきたいことを書きなさい。

〈注意〉① 題名、氏名は書かずに、一行目から書き始めること。
② 原稿《げんこう》用紙の正しい使い方にしたがい、文字やかなづかいも正確に書くこと。

二〇一九年度

宮城県古川黎明中学校入試問題

【作　文】（四〇分）〈満点：二五点〉

問題

学校生活には授業をはじめ、学級活動や委員会活動など様々な場面で「話し合い」をする機会がありますが、「話し合い」で大切なことは何だと思いますか。あなたのこれまでの学校生活での経験をもとに、四百字以上五百字以内で、理由を示しながら書きなさい。

〔注意〕① 題名、氏名は書かずに、一行目から書き始めること。

② 原稿《げんこう》用紙の正しい使い方にしたがい、文字やかなづかいも正確に書くこと。

2019 年 度

解 答 と 解 説

《配点は解答欄に掲載してあります。》

＜宮城県立中学校　総合問題解答例＞

1 1 (1) 昔は人の手で作業を行っていたが，今は機械で作業を行うことが多くなったため，労働時間が減少した。

(2) あ 水　い ふっとう

(3) う 低　え 雨

2 (1) 5.1(g)

(2) ① C　③ B

(3) 記号 Ⓑ

理由 黒色は白色に比べて温まりやすく，温度が上がるため，水の蒸発がさかんになって，早くかわくから。

3 (1) 110(分)

(2) 25(ページ)

(3) 9(番の)10(小節目)

求め方：

4小節目までの手拍子の回数は

1+1+2+1=5(回)。

1番に16小節あるから，1番でする手拍子の回数は，

5×(16÷4)=20(回)。

172回を超えないで，その数に最も近い20の倍数は20×8で，160だから，172回目は9番であることがわかる。

また，172−160=12

だから，手拍子の合計が12回となるのは

12=5+5+1+1より，

4小節+4小節+1小節+1小節で10小節目

よって9番の10小節目となる。

《宮城県仙台二華中学校》

2 1 (1) ア 秋　イ ①

(2) ア 枯れたヨシから，ちっ素やりんが，再び川に溶け出さないようにするため。

イ プランクトンが大量に増えた範囲では，大量のプランクトンが呼吸することにより，海の中の酸素が少なくなるから。

2 記号 ②

理由 水辺は川の水位が約1.5mの高さにあり，活動時間中の川の水位が水辺よりも低いのは②のグラフだから。

3 (1) (枠の中のヨシの本数を)200(倍すればよい)

(2) ア　97.2(ha)
　　イ　5(年後)
(3) 記号　②
4 (1) 6(回)
　(2) 16(回)
　(3) 50(回)

○推定配点○

□1 1(1)・2(1)・3(1)(2)　各4点×4　　1(2)(3)・2(2)　各3点×6　　2(3)記号：2点　理由：4点
3(3)答え：3点　求め方：7点

□2 2記号：2点　理由：4点　　他　各4点×11　　　計100点

《宮城県古川黎明中学校》

□2 1　5410(円)
2 (1) 2364(m^3)
　(2) あ　えらで，血液中に酸素を吸収し，血液中の二酸化炭素を外に出して
　(3) い　空気　う　肺
　(4) アイナメ　120(匹)　　イワシ　1120(匹)
3 (1) 日光が当たることで，自らでんぷんなどの養分をつくるはたらきがあるから。
　(2) カツオ
　　カツオがえさとするイワシの数が減るため，カツオの数が減る。
　動物プランクトン
　　動物プランクトンを食べるイワシの数が減るため，動物プランクトンの数が増える。
4 (1) え　つくり育てる漁業
　(2) 保存性にすぐれている。
　　安全性にすぐれている。
　(3) ア　輸送の時の二酸化炭素の排出量が多くなるから。
　　イ　なるべく身近なところでとれたものを食べる。

○推定配点○

□1 1(1)・2(1)・3(1)(2)　各4点×4　　1(2)(3)・2(2)　各3点×6　　2(3)記号：2点　理由：4点
3(3)答え：3点　求め方：7点

□2 1・2(1)・3・4(3)　各4点×7　　2(2)(4)・4(1)(2)　各3点×6　　2(3)各2点×2　　　計100点

＜宮城県立中学校　総合問題解説＞

□1 **(総合問題：米作り，やませ，洗たく，時間，本のページ数，規則性)**

1 (1) **写真1**からは人が田植えの作業を行っていることが，**写真2**からは機械が田植えの作業を行っていることがわかる。また**グラフ1**から米作りにかかる労働時間が年々減っていることも読み取れる。これらをまとめた上で，昔と今の作業を比較し，米作りにかかる時間が減ったことを記述する。

(2) 最初に弱火で釜《かま》全体を温めることで，米粒に水分を行きわたらせる。強火にしたとき蓋《ふた》が音をたてることから，水がふっとうして水蒸気が発生していると考えられる。

(3) やませは東北地方で吹く冷たい風で，気温を下げたり雨を降らせたりするため，冷害の原

因となっている。

基本

2 ⑴ Tシャツ2枚の重さは150×2＝300(g)。洗たくに必要な水の量は，洗たく物の重さの15倍なので，300×15＝4500(g)，4500g＝4.5kgである。水1Lの重さを1kgとするので，水は4.5Lである。また，洗ざいの量は水3Lに対して3.4g必要である。これらのことから4.5÷3＝1.5(倍)の水が必要なので，洗ざいの量は3.4×1.5＝5.1(g)必要である。

⑵ 手順①の洗ざいを水にとかす前の重さと，手順③の洗ざいを水にとかして洗たく液を作ったときの重さを比べている。2つの状態で重さが同じであるということは，洗ざいを入れる容器と洗たく液を入れる洗いおけがあること，洗ざいと水がなければならない。①では容器に洗ざいが，また洗いおけに水が入っている状態のCを，③では容器は空で，洗いおけに洗たく液が入っている状態のBを選ぶ。Aは洗いおけが空なので比べることができない。Dはすでに洗ざいの入った洗たく液が洗いおけに入っているのに容器にも洗ざいが入っているため洗ざいが2つあることになる。Eは容器がないため比べることができない。

⑶ 干し始めてからのTシャツの重さを比べると，グラフのⒷのほうがグラフⒶよりもTシャツの重さの減り方が早いことに着目する。黒色は，白色よりも太陽の熱を吸収しやすいため，温まりやすく，洗たくによってしみこんだ水が蒸発しやすい。

3 ⑴ 午前8時20分から1時間30分勉強すると，勉強が終わる時間は，午前9時50分となる。それから休けいの時間を20分とるので，プールを始める時間は午前10時10分である。12時にプールを出発するので，午前10時10分から12時までの1時間50分，すなわち110分がプールに使える時間である。

⑵ 2人の差である6日間でいとこが読んだページ数は，太郎さんがいとこよりも毎日多く読む6ページの19日分である。6×19＝114より，いとこは6日間で114ページ読んだので，114÷6＝19(ページ)を1日で読んだことになる。よって，太郎さんが1日に読むページ数は，19＋6＝25より，25ページである。

⑶ 小節番号，曲の番数，手拍子の回数の規則性を考える問題。1番でする手拍子の回数が(1＋1＋2＋1)×4＝20(回)であることから，番号ごとの曲の始まりは手拍子の1回目，21回目，41回目…のように，20の倍数に1をたした数字で手拍子をしたときである。よって20×8＋1＝161(回目)が9番の始まりであると分かる。161回目から172回目までの12回について考えると，(1＋1＋2＋1)＋(1＋1＋2＋1)＋1＋1＝5＋5＋1＋1＝12より，(1～4小節)，(5～8小節)，9小節，10小節となるので，172回目の手拍子をするのは9番の10小節目である。

《宮城県仙台二華中学校》

基本 2 （総合問題：和歌，校外活動，規則性，パズル）

1 (1) ア　門田の稲葉《いなば》，葦《あし》，萩《はぎ》の葉から秋を想像することができる。

イ　万葉集が作られた奈良時代では奈良の平城京に都が置かれていた。よって，都から近い方の「近江」は奈良県の一番近くに存在する①の湖である。

(2) ア　資料3より，ヨシは枯《か》れたあと，ちっ素やりんが土や水に溶け出すこと，またちっ素やりんを含んだ水が海に流れると海の中の生き物に悪いえいきょうを与えることが分かる。よって，枯れたヨシをそのままにしてちっ素やりんが川に流れ出すことがないように，刈り取り，水辺から運び出す必要がある。

イ　生き物は，酸素を吸って二酸化炭素を排出して呼吸している。大量のプランクトンが酸素を使って呼吸をすることで，海の中の生き物が呼吸するのに使える酸素が少なくなってしまう。

2　活動時間である午前9時から午後1時の間，1.5mの地点にある水辺より川の水位が低くなっているグラフは，②のみである。

3 (1)　1辺が50cmの正方形の枠《わく》の面積は，50cm＝0.5mより，0.5×0.5＝0.25(m^2)で，たてが5m，横が10mある長方形の場所の面積は，5×10＝50(m^2)なので，調査する場所全体のヨシの本数は，枠の中のヨシの本数を50÷0.25＝200(倍)すれば求められる。

(2) ア　今年のヨシの生育域は昨年より8％広がっているので，昨年の生育域の1.08倍である。105÷1.08＝97.22…より，小数第2位を四捨五入して97.2haである。

イ　生育域を前年と比べて10％広げていくので，前年度の1.1倍の生育域にしていくということが分かる。1.1×1.1＝1.21，1.21×1.1＝1.331，1.331×1.1＝1.4641，1.4641×1.1＝1.61051より，5年後である。

(3)　顕微鏡を用いると，上下左右が反対になって見える。よって，ミジンコが実際に移動した道すじは，観察した道すじの上下左右が反対になった②である。①は観察した道すじと同じもの，③は左右のみが反対になったもの，④は上下のみが反対になったものである。

4 (1)　図よりAのピースから操作し始めたとき，動くピースの順番はA→D→B→A→D→Bより，6回目でAとBの位置が入れかわる。

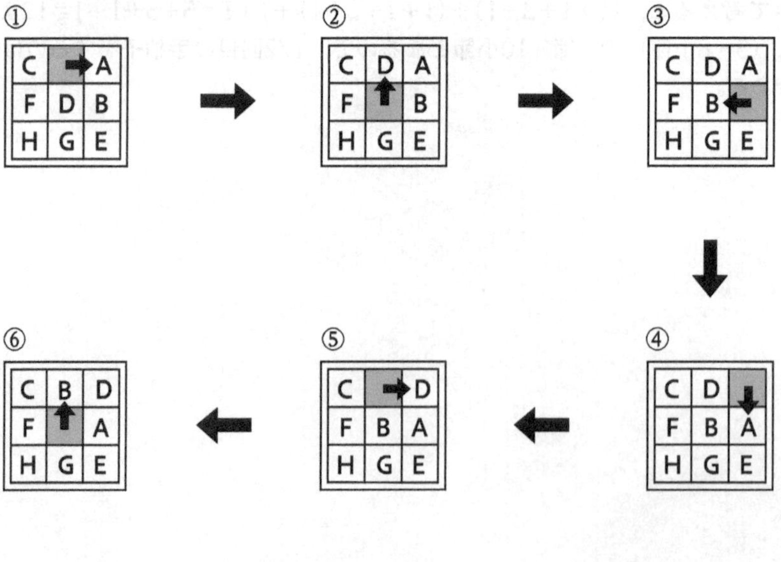

(2)　最初に，空いている場所をCの右どなりに移動させてから「㋒2つのピースの位置を入れかえる方法」でCとDを入れかえる。この作業は(1)より6回である。次に空いている場所を2回かけてCの下に移動させる。同じく㋒の方法でCとEを入れかえる。そして，空いている場所を1回かけて移動させることで，全部で16回の操作を行うことで図9の形にすることができる。

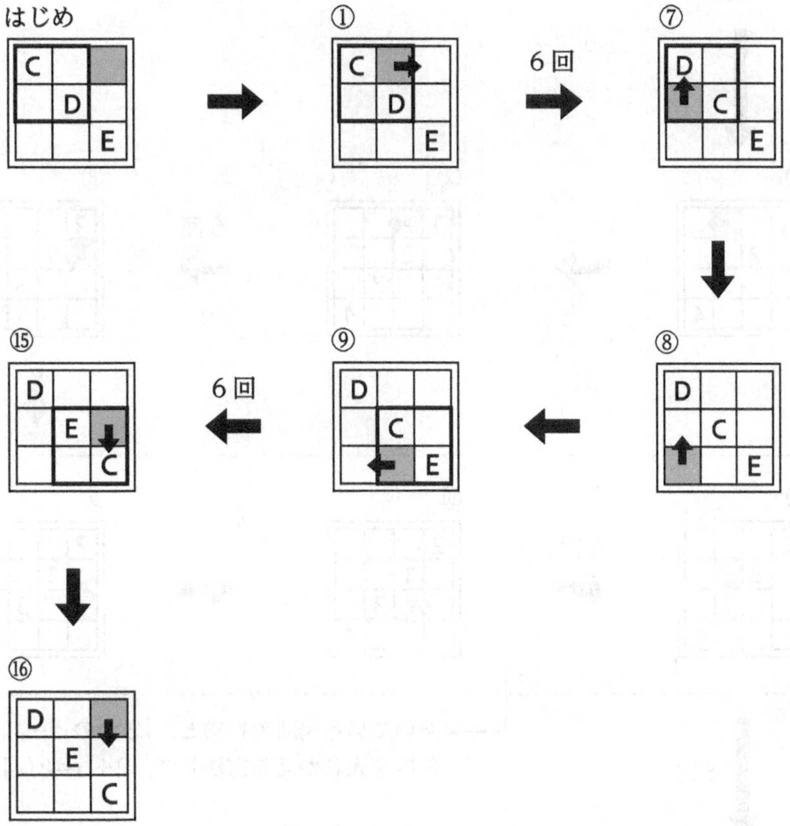

(3)　最初に，空いている場所を2回かけて移動させる。次に㋒の方法で1と2を入れかえる。次に空いている場所を2回かけて移動させる。同じく㋒の方法で1と3を入れかえる。ここで，「空いている場所の移動と㋒の方法で2+6=8(回)の移動が必要である」ことがわかる。よって，8回かけて，1と4の入れかえ，3と4の入れかえ，2と4の入れかえ，2と3の入れかえを行う。最後に空いている場所を2回かけて移動させることで，図11の形にすることができる。

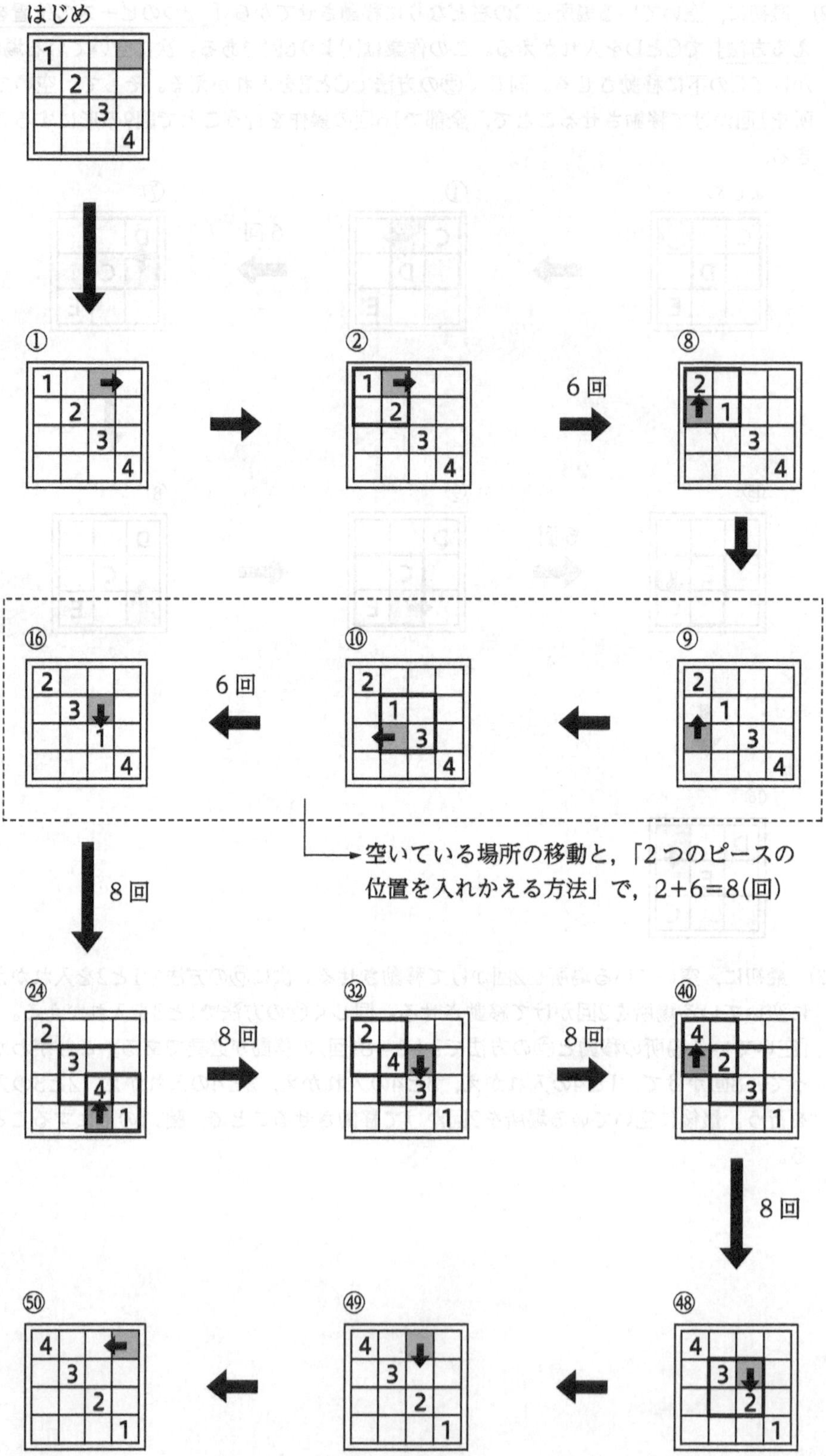
はじめ
①
②
6回
⑧
⑯
⑩
⑨
6回
空いている場所の移動と，「2つのピースの位置を入れかえる方法」で，2+6=8(回)
8回
㉔
㉜
㊵
8回
8回
8回
㊿
㊾
㊽

《宮城県古川黎明中学校》

2 **（算数，理科，社会：体積，生き物の呼吸，割合，食物連鎖，水産業）**

1　お父さん，お母さん，高校生のお兄さんの3人は大人の入場料の10％引き，中学生の黎さん，小学生の妹の2人は小人の入場料の15％引きになるので，

$1500\times(1-0.1)\times3+800\times(1-0.15)\times2$
$=4050+1360$
$=5410$(円)

2　⑴　水槽《すいそう》は全体の直方体の体積から，下の三角柱の体積を取り除いた形であると考えられるので，

$8\times10\times30-(30-15-12)\times(10-7)\div2\times8$
$=2400-3\times3\div2\times8$
$=2400-36$
$=2364$

より，$2364m^3$である。

⑵　イワシは，空気中で行う肺呼吸ではなく，えらを使って呼吸している。呼吸の仕組みである，血液中に酸素を取り込み，血液中の二酸化炭素を排出することを記述する。

⑶　イルカはほ乳類なので，えらではなく，肺を使って呼吸する。頭の上の穴から直接空気を出し入れしている。

⑷　マダイは水槽に30匹いて，アイナメ：マダイの割合が4：1であることから，アイナメは$30\times4=120$(匹)いる。次に，アイナメ：サバの割合が3：8であることから，サバは3：8＝120：□より，$8\times40=320$(匹)いる。イワシ：サバの割合は7：2なので，イワシは7：2＝□：320より$7\times160=1120$(匹)いる。

3　⑴　植物プランクトンは太陽の光に当たることで，二酸化炭素を出し，養分を生みだす。

⑵　**図2**のパネルより，カツオはイワシを食べ，動物プランクトンはイワシに食べられる関係であることが分かる。カツオは食べるものが減るため減少し，動物プランクトンは食べられなくなるため増える。

4　⑴　水産資源を守るために，人間の手によって世話をして成長させることから，つくり育てる漁業であるといえる。

⑵　魚をかんづめにするためにはさまざまな工程が必要である。不要な部分を取り除き，中の空気を抜いてさっきんすることで，魚をくさりにくくしていることで，食中毒の原因を取り除いている。また金属探知《たんち》機による検査や，品質検査を行うことで安全面も確保することができる。

⑶　**ア**　フードマイレージは輸送きょりに比例して大きくなる。輸送するには，車や船など二酸化炭素を大量に排出する乗り物が必要なので，長い時間輸送することで環境に悪いえいきょうをおよぼす。

イ　輸送きょりが長くかかることのないように，身近なところでとれた食べ物を食べるとフードマイレージは小さくなる。

★ワンポイントアドバイス★

さまざまな教科から出題されており，理由を問う問題や，計算の求め方を記述させる問題が多くある。時間配分をきちんとして，時間内に答えられるようにしていくよう，くり返し練習していく必要がある。

＜宮城県仙台二華中学校　作文解答例＞《学校から解答例の発表はありません。》

リーダーとはみんなのやる気を引き出す存在だと思います。一人で物事をすすめてみんなを引っ張っていくのはよいリーダーではありません。チームのみんなが生き生きと活動できる状きょうやふん囲気をつくり出すことがリーダーの最も重要な役目だと思います。

こう考えるようになったのは料理クラブの活動がきっかけです。部長さんはしっかり者でいつも仕事を一人でこなしていました。彼女はそれが私たちのためになると思っていたのですが，私は部員としてもっと主体的に活動を行いたいと思っていました。リーダーにとっては，自分で全部やったほうが早いと思うこともあるかもしれません。しかし，それではみんなで活動する意味がないと感じました。この経験から，役割分担などをして，みんなを生かすことこそがリーダーの役目だと考えるようになったのです。

みんなを生かすリーダーになるには，メンバー一人一人のよいところを知ることが必要です。そのため私は，いろいろな人とコミュニケーションをとる中で，相手を尊重することを心がけたいです。

○配点○

25点

＜宮城県仙台二華中学校　作文解説＞

基本　**（作文：テーマ型　自分の考えを書く）**

段落構成について細かい指示があるので，注意する。この作文では自分の経験について述べるという条件はないが，「②のように考えるようになった理由」を二段落目で書くようになっているので，ここで自分の経験を書いてもよい。また，三段落目の「今後心がけていきたいこと」は具体的に書くようにする。

字数が四百字以上五百字以内なので，自分が考えるリーダー像を短くまとめる必要がある。なぜそう思うようになったかを説明できるものにしぼることも大切だ。

★ワンポイントアドバイス★

各段落で条件にある内容を書くために，各段落の分量に注意しよう。問題と条件から，第三段落が最も重要な部分であることを意識しよう。

＜宮城県古川黎明中学校　作文解答例＞《学校から解答例の発表はありません。》

話し合いで大切なのは，話し合いに参加する人全員が発言できるような環境づくりだと思います。

私は五年生で学級委員になり，学級目標を決める話し合いをクラスで行いました。まず，もう一人の学級委員と考えた話し合いの方法は，クラスで輪になって座り，意見を出し合うというものでした。それを担任の先生に伝えたところ，「その方法で，本当に全員の意見を取り入れた学級目標ができるのか。声の大きい人の意見しか通らないのではないか。」と言われたため，考え直しました。まずは五人の班で意見を出し合って，班で学級目標を考え，次に，集まった学級目標の中から班ごとに最もよいと思うものに投票する方法にしました。この方法にしたおかげで，クラス全員が納得できる学級目標を決めることができ，結果的によい話し合いになりました。

全員で話し合う方法では，目立つ人や積極的な人の意見ばかり通ってしまい，声の小さい人は発言しにくいふん囲気になっていたと思います。しかし，まず少人数で話し合うようにすることで，話し合いに参加する人全員が，自分の意見をしっかり言えるようになるはずです。

○配点○

25点

＜宮城県古川黎明中学校　作文解説＞

基本

（作文：テーマ型　自分の意見を述べる）

作文のテーマが与えられ，自分の体験と意見を書く問題である。テーマが比かく的抽象的なので，作文の軸を自分で定める必要がある。「これまでの学校生活での経験をもとに」とあるので，話し合いについて自分が経験したことを思い浮かべ，そこから自分が大切だと思うことを決めるとよい。経験の場が学校生活に限定されていることに注意する。

四百字以上五百字以内なので，三段落程度の構成で書くとよい。最初の段落で自分が大切だと思うことを書き，二段落目でなぜそう思うのかという理由として自分の経験を書く。そして最終段落で自分の意見をまとめるという構成にすると，読み手にも伝わりやすい。

★ワンポイントアドバイス★

「話し合い」で大切なことはたくさんあるが，論点をしぼって作文できるかが重要だ。自分の経験とつなげやすいものを選ぼう。

MEMO

大切なことはメモしておこうネ！

平成30年度

入　試　問　題

平成30年度

宮城県立中学校入試問題

【総合問題】　(60分)　　＜満点：100点＞

1　太郎さん，ゆう子さん，よし子さんの学年では，個人ごとに興味をもったことについて，調べ学習に取り組みました。

次の１～３の問題に答えなさい。

1　太郎さんは，最近よく見かける「太陽光発電のパネル」について興味をもちました。次の会話文は，太陽光発電のパネル設置業者の田中さんと話したときのものです。あとの(1)～(3)の問題に答えなさい。

太郎さん　太陽光発電のよさを教えてください。

田中さん　太陽光発電は，太陽の光で電気を作り出しているため，天然ガスや石炭，石油などを燃料とする火力発電と違《ちが》い，二酸化炭素を排出《はいしゅつ》しません。このことは，環境《かんきょう》を守る上でとても大事なことで，㋐太陽光発電が注目される大きな理由です。

太郎さん　だから，太陽光発電のパネルをよく見かけるのですね。

田中さん　太陽光発電の他に，風力発電，地熱発電，水力発電なども注目されていますよ。太陽光や風力，地熱などのように自然の力を利用し，繰《く》り返し使うことができるエネルギーを再生可能エネルギーと呼《よ》び，日本は今，その開発に力を入れています。しかし，㋑再生可能エネルギーにも，課題はあるんですよ。

太郎さん　そうなんですね，㋒日本のエネルギー問題についても調べてみます。

(1)　「㋐太陽光発電が注目される大きな理由です」とありますが，太郎さんが太陽光発電について調べたところ，**グラフ１**と**グラフ２**を見つけました。**グラフ１とグラフ２から太陽光発電について読み取れることを**答えなさい。

グラフ１　**住宅用太陽光発電導入件数**

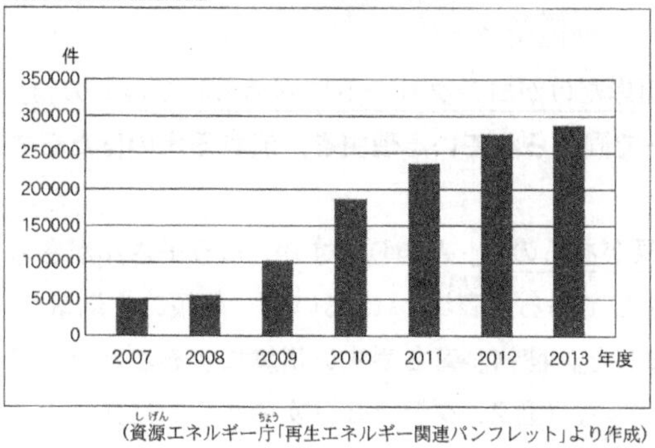

(資源《しげん》エネルギー庁《ちょう》「再生エネルギー関連パンフレット」より作成)

グラフ２　**年間発電電力量の割合（2013年度）**

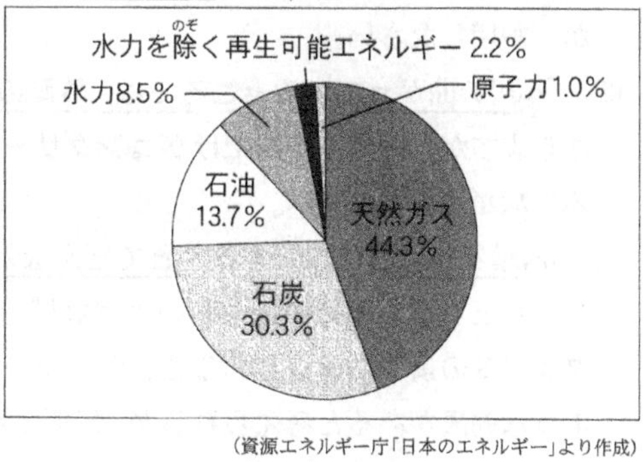

(資源エネルギー庁「日本のエネルギー」より作成)

(2)　「㋑再生可能エネルギーにも，課題はあるんですよ」とありますが，**太陽光発電と風力発電に共通する課題には，どのようなことがあると考えられるか**，答えなさい。

(3)　「㋒日本のエネルギー問題についても調べてみます」とありますが，太郎さんは，日本のエネルギー問題としてエネルギー自給率について調べ，他の国の状況《じょうきょう》と比べるために，**表1**のようにまとめました。**表1**を参考に，日本のエネルギーについていえることを**エネルギー自給率，輸入，エネルギー資源の３つの言葉をすべて使って**答えなさい。

表１
エネルギー自給率(2013年)

国	自給率(％)
アメリカ	86.0
イギリス	57.6
ドイツ	37.9
日 本	6.1

(資源エネルギー庁「日本のエネルギー」より作成)

2　ゆう子さんは，「学校の近くを流れる川」について調べるために，お父さんと川を見に来ました。次の会話文は，そのときのものです。あとの(1)～(3)の問題に答えなさい。

ゆう子さん　お父さん，河原にこれまで見られなかった大きな石があるよ（図１）。数日前に(エ)台風が来て，大雨が降《ふ》っていたことと関係しているのかな。

図１

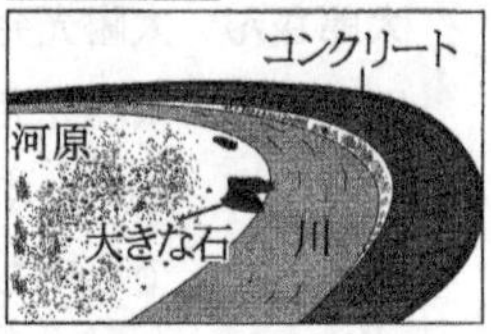

お 父 さ ん　そうかもしれないね。ふだんは流れのゆるやかな川だけど，台風のときにテレビのニュースで映し出されていたこの川の様子は，いつもとかなり違っていたからね。

ゆう子さん　そういえば，大きな石がある(オ)川の曲がっているところでは，外側の川岸だけがコンクリートで固められているのね。

お 父 さ ん　そうだね。この川はコンクリートで固めているけれど，最近では，ただコンクリートで固めるだけではなく，石を用いたり，コンクリートの上に土をかぶせたりして，植物が育ちやすくしている方法も増えているみたいだよ。

ゆう子さん　(カ)植物を育ちやすくすることでどんな効果があるのか，それについて調べてみたいな。

(1)　「(エ)台風が来て，大雨が降っていたことと関係している」とありますが，**河原に大きな石が見られるようになったことは，台風が来て大雨が降っていたことと，どのように関係しているのか**，説明しなさい。

(2)　「(オ)川の曲がっているところでは，外側の川岸だけがコンクリートで固められているのね」とありますが，**外側の川岸だけがコンクリートで固められている理由を，流れる水のはたらきにふれながら**答えなさい。

(3)　「(カ)植物を育ちやすくすることでどんな効果があるのか」とありますが，ゆう子さんがさらに調べたところ，**図２のＡ～Ｅ**のような構造をしている水際域《みずぎわいき》*1において，魚類の生息量*2が**グラフ３**のように違っていることが分かりました。**植物が育ちやすい川岸にすることで，どのような効果があると考えられるか**，説明しなさい。（**図２，グラフ３**は次のページにあります。）

図２　水際域の構造

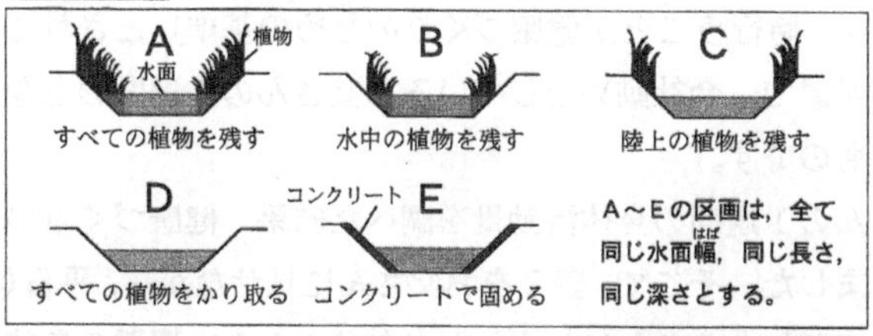

グラフ３　水際域の構造と魚類の生息量比較《ひかく》

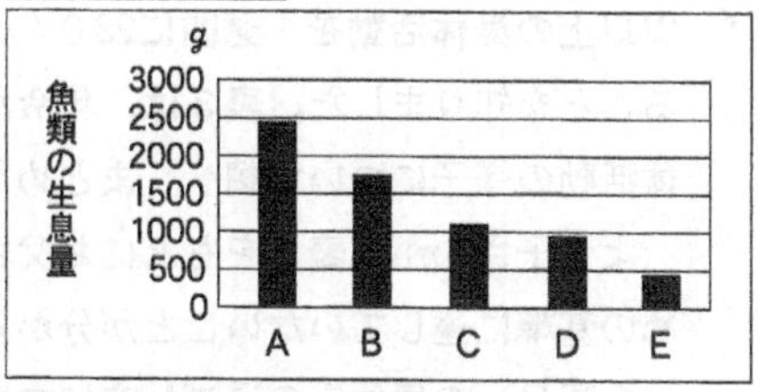

（国立研究開発法人土木研究所「水生生物にとっての水際域の機能」より作成）

＊１ 水際域：水面が陸地と接しているところの陸上部分と水中部分
＊２ 生息量：同じ条件でつかまえた魚の重量を足した量

3　よし子さんは，「健康と運動」について興味をもちました。次の会話文は，宮城県庁で健康に関する仕事をしている田村さんと話したときのものです。あとの(1)，(2)の問題に答えなさい。

よし子さん　インターネットで健康づくりと運動について調べたら，㋖メッツという言葉が出てきました。メッツとは何ですか。

田村さん　歩行やジョギングなどの生活活動や運動のことを身体活動といい，その身体活動の強度*を表す単位がメッツです。

よし子さん　どんな運動をどれぐらいすればよいか，わかるものはありますか。

田村さん　㋗メッツ表で示されている身体活動を参考にすると，運動の目安を決めやすくなりますよ。

＊強度：強さの度合いのこと

(1)　「㋖メッツ」「㋗メッツ表」とありますが，よし子さんは，メッツについて調べ，**表２**のようにメッツと主な身体活動の関係をまとめました。また，身体活動による**エネルギー消費量（kcal）**は，次の計算で求められることが分かりました。

表２　メッツと主な身体活動

メッツ	生活活動	運動
1.0	座《すわ》って仕事	
3.0	歩行，台所の手伝い	ボウリング，バレーボール
3.5	庭の草むしり，風呂掃除《ふろそうじ》	家で行う体操《たいそう》，カヌー
4.0	自転車に乗る，階段を上る	卓球《たっきゅう》，ラジオ体操
4.5	耕作，家の修ぜん	ダブルスのテニス
5.0	動物と活発に遊ぶ	野球，ソフトボール
5.5	シャベルで土や泥《どろ》をすくう	バドミントン
6.0	雪かき	軽いジョギング

（厚生《こうせい》労働省「健康づくりのための身体活動基準 2013」より作成）

身体活動の強度（メッツ）×時間（時）×体重（kg）

よし子さんは，お父さんの休日の過ごし方を調べて次のように**メモ**し，どれぐらいのエネルギー消費量になるかを計算することにしました。

メモ（お父さんの主な身体活動）　平成29年10月７日（土）
台所の手伝い（30分），庭の草むしり（48分），軽いジョギング（20分），
風呂掃除（12分）

このメモをもとに，10月７日のお父さんの**主な身体活動によるエネルギー消費量の合計は何kcalだったか**，答えなさい。ただし，お父さんの体重は70.0kgとします。

(2)　よし子さんは，調べ学習を進めるうちに，身体活動量は「メッツ・時」という単位で表され，

身体活動の強度（メッツ）×時間（時） で求められること，また，「18～64歳《さい》では，**3.0メッツ以上の身体活動を1週間に23.0メッツ・時行うことが健康づくりのための基準**」とされていることを知りました。**表3**は，年令が40歳で，会社勤《づと》めをしているお父さんの1週間の主な身体活動の様子について調べ，まとめたものです。

よし子さんが，**表3**をもとにお父さんの1週間の身体活動量を調べた結果，健康づくりのための基準に達していないことが分かりました。そこで，**表2**をお父さんに見せながら，**平日（月～金曜日）の昼休みの過ごし方**について話し合うことにしました。**お父さんの1週間の身体活動量をちょうど23.0メッツ・時にするために，どのような身体活動をすればよいか**，次の2つの**条件**をふまえて答えなさい。また，**求め方を式と言葉**で答えなさい。

条件1：お父さんが昼休みに行う身体活動は，**10分間**とする。
条件2：同じ**生活活動**を平日（月～金曜日）の昼休みに**必ず行う**。

表3　よし子さんのお父さんの1週間（主な身体活動の様子）　（「－」は3.0メッツ以上の身体活動をしていないことを示す）

	朝	午前	昼休み	午後	夕方
平日（月～金曜日）	歩行による通勤《つうきん》（15分）	職場で座って仕事（3時間）	－	職場で座って仕事（4時間）	歩行による通勤（15分）
土曜日	台所の手伝い（30分）	庭の草むしり（48分）	－	軽いジョギング（20分）	風呂掃除（12分）
日曜日	家の修ぜん（20分）	庭の草むしり（48分）	－	軽いジョギング（10分）	風呂掃除（12分）

＜宮城県仙台二華中学校＞

2 華子《はなこ》さんと二郎さんは，夏休みにカナダでホームステイをすることになりました。
あとの1～4の問題に答えなさい。

カナダの基本情報

- Ⓐカナダは，北アメリカ大陸にある。
- 16世紀以降《いこう》，長い期間にわたり，イギリスや ［Ⓑ］ など，ヨーロッパの国に支配されていたが，現在は，独立した国家になっている。
- 国土の大部分が，Ⓒ日本よりも北に位置する。
- Ⓓ夜に日本からカナダに電話をかけたら，カナダは朝だった。

地図

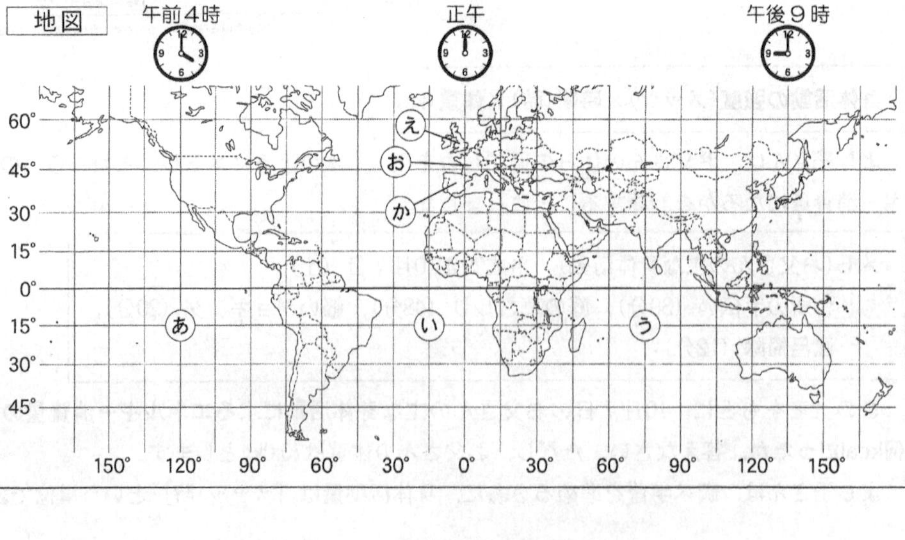

1　華子さんはカナダに行く前に，カナダについて調べ，わかったことを前のページの**カナダの基本情報**としてまとめました。あとの⑴～⑷の問題に答えなさい。

⑴　「Ⓐカナダ」の西岸が面している海洋を，**地図中のあ～うから１つ選び**，**記号**で答えなさい。また，その**海洋の名前**も答えなさい。

⑵　Ⓑ の国は，国土の大部分が北緯《ほくい》43°～北緯51°，西経《せいけい》5°～東経《とうけい》8°に位置しています。Ⓑにあてはまる国を**地図中のえ～かの中から１つ選び**，**記号**で答えなさい。また，その**国名**も答えなさい。

⑶　「Ⓒ日本よりも北に位置する」とありますが，寒さが厳《きび》しい地域では，温かさを保つ工夫がみられます。例えば，家の窓を二重窓《にじゅうまど》にしたり，衣服《いふく》を重ね着したりするなどして，寒さ対策《たいさく》をしています。二重窓にすることや衣服の重ね着が，寒さ対策となる**理由**を答えなさい。

⑷　「Ⓓ夜に日本からカナダに電話をかけたら，カナダは朝だった」とありますが，日本（東経135°）が午後９時のとき，イギリス（経度０°）は正午です。このとき，カナダの首都《しゅと》，**オタワ（西経75°）は何時か**，**カナダの基本情報**を参考《さんこう》にして答えなさい。

2　華子さんと二郎さんは飛行機に乗り込みました。飛行中，機内のモニター画面には，**図１**のように出発してから到着《とうちゃく》までの飛行機の位置を示す距離《きょり》情報が出ていました。二郎さんは，飛行機の速さに興味をもち，行きの飛行距離と帰りの飛行距離を同じものとして計算したところ，行きは平均の速さが時速800kmで，帰りは平均の速さが時速675kmでした。

図１

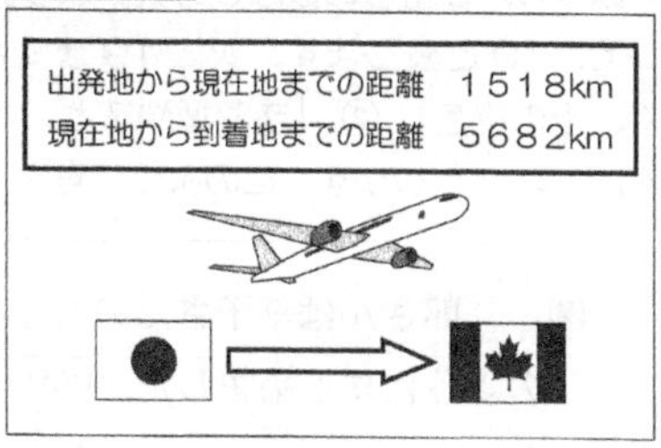

図１の数値を利用して，**往復《おうふく》したときの平均の速さ**を**小数第２位を四捨五入《ししゃごにゅう》**して答えなさい。また，**求め方を式と言葉**で答えなさい。

3　カナダに着いた華子さんと二郎さんは，食事をすることにしました。
次の⑴，⑵の問題に答えなさい。

⑴　華子さんは，**図２**の４品をまず選びましたが，小学校で学んだ**栄養《えいよう》バランスのよい食事**にしようと思い，点線部分にあと１品を加えることにしました。栄養バランスのよい食事にするためには，どのようなメニューを加えたらよいですか。**メニューを１つ**書きなさい。また，そのメニューを加えた理由を**ア～ウから１つ選び**，**記号**で答えなさい。

【選んだ理由】

ア　体のエネルギーのもとになる食品が足りないから

イ　体をつくる食品が足りないから

ウ　体の調子を整える食品が足りないから

図２

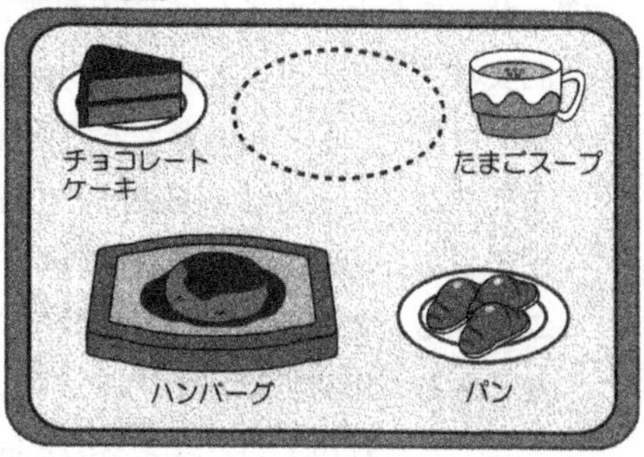

⑵　華子さんと二郎さんは食事後，天気が良かったので近くの公園に行き，休憩《きゅうけい》することにしました。公園には，石でできたベンチがありましたが，ベンチは熱かったので芝生《しばふ》に座りました。芝生の方が熱くない理由を，**温度**，**表面**，**蒸散《じょうさん》の3つの言葉をすべて使って**，説明しなさい。

4　華子さんと二郎さんは，ホームステイ先の家族と一緒《いっしょ》にテーマパークを訪《おとず》れました。華子さんと二郎さんを乗せた車は，駐車場《ちゅうしゃじょう》の815番に駐車しました。となりの番号は817番だったので，華子さんは番号がつながっていないことに疑問をもち，係の人に聞いたところ，見る位置によって間違いやすい6と9は使われていないことを教えてもらいました。

次の⑴～⑷の問題に答えなさい。

⑴　華子さんは，使わない数字があるときの数の数え方について興味をもち，まず，使える数字とくり上がりについて，**メモ１**のようにまとめました。**[①] ～ [③] にあてはまる数**を書きなさい。

メモ１

ふだん，私たちは，０から９までの記号（数字）を使って数を表します。たとえば，１から数えて５番目の数は５，９番目の数は９と表します。１０番目の数は，使える記号（数字）がないので，けたをひとつ増やして，１０と表します。次に１９まで数えたら，十の位を１の次に大きい [①] にします。このようにして，十の位を [②] まで増やすと，それ以上大きな記号（数字）はないので，また，けたをひとつ増やして，[③] とします。このように考えると，どんな大きい数でも１０個の記号（数字）を使って表せます。

⑵　二郎さんは華子さんのまとめた**メモ１**を読み，数の数え方を曜日にあてはめて考え，**メモ２**のようにまとめました。**[④] ～ [⑧] にあてはまる数や言葉**を書きなさい。

メモ２

はじめに，曜日と０～６までの記号（数字）を下の表のように対応させます。

曜日	日	月	火	水	木	金	土
数字	0	1	2	3	4	5	6

このように考えると，６の次は使える記号（数字）がないので，１から数えて７番目の数は，けたをひとつ増やして，１０ とします。次に，[④] まで数えたら，十の位の記号（数字）を２にします。このように考えると，2けたで最も大きい数は [⑤] なので，次の数はけたをさらにひとつ増やして [⑥] と表します。

この考え方では，１２ が表す曜日は，１週間後の火曜日となり，４５ が表す曜日は，[⑦] 週間後の [⑧] 曜日となります。

⑶　華子さんと二郎さんは，2人がまとめた**メモ１**，**メモ２**について話し合いをしました。次の会話文は，そのときのものです。会話文中の **[⑨]**，**[⑩] にあてはまる数**を書きなさい。

華子さん　二郎さんの考え方の場合，3けたのときはどう考えたらいいんだろう。

二郎さん　たとえば， 326だと土曜日だけど，何週間後になるかな。

華子さん　10は，10日後ではなく７日後だよね。20は，７日が２つと考えるのね。

二郎さん　すると，60は７日が６つ集まったから，７×６日後と考えられるね。

華子さん　100は60からさらに７日たっているから，49日後ね。そうすると，100は７日の集まりが７つと考えるのと同じかな。つまり，７×７日後。

二郎さん　それなら，200は７×７の集まりが２つだね。そうすると，

326＝300＋20＋６

と考えると，７×７の集まりが３つ，つまり７週間の集まりが３つと，さらに２週間後だから，23週間後の土曜日だね。今日が日曜日だから［　⑨　］日後になるね。こう考えると，けたがひとつ大きくなっても同じように考えられるね。

華子さん　すると，1345は今日が日曜日だから，［　⑩　］日後だよね。

(4)　二郎さんは，駐車場の番号が何番まであるのかが気になり，係の人に聞いたところ，１番から1345番まであることを教えてもらいました。二郎さんは，６と９が使われていないことを思い出し，**(3)の会話で考えたことを利用して**，駐車場に駐車できる台数を計算したところ，741台であることが分かりました。**二郎さんが求めた方法を，式と言葉を使って説明**しなさい。

＜宮城県古川黎明中学校＞

［2］　黎《れい》さんと明さんは，中学校の海外研修でオーストラリアに行くことになりました。次の１～３の問題に答えなさい。

１　黎さんと明さんはバスに乗り，海岸沿《ぞ》いの高速道路を通って，空港に向かいました。次の会話文は，バスの車窓《しゃそう》から運動公園が見えたときのものです。あとの(1)，(2)の問題に答えなさい。

黎さん　そういえば，体育祭でグラウンドに直線と直径30mの半円で１周200mのトラックを作ったよね。

明さん　そうそう，私は体育祭実行委員だったから，どうやってトラックを作るか，先生と何度も話し合ったんだ。あの時のトラックの㋐直線部分の長さは何mだったかな。

黎さん　あの看板《かんばん》を見て(**写真１**)。学校の近くの公園に設置されている避難《ひなん》場所の標示《ひょうじ》に似ているよね。

明さん　あの看板も避難場所の標示の１つで，㋑災害から身を守るために避難する場所を示しているんだ。高速道路を避難場所に指定する取組は，現在全国に広がっているんだよ。

(1)　「㋐直線部分の長さは何mだったかな」とありますが，黎さんたちは，体育祭のとき，図１のようなトラックを作りました。**１周200mのトラックにするためには，図１の直線部分(あ)の長さを何mにすればよいか**，答えなさい。また，**求め方を式と言葉**で答えなさい。

ただし，円周率は3.14とします。

図１

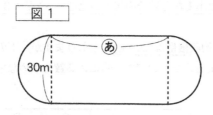

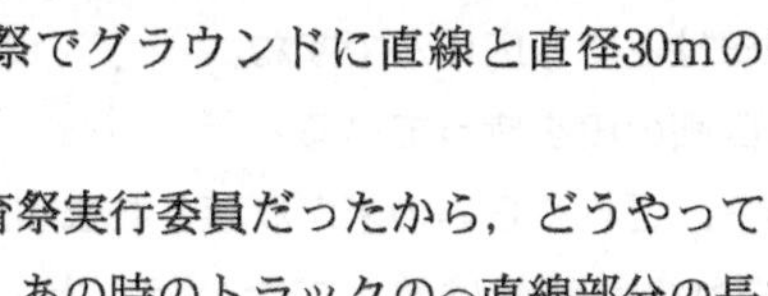

(2)　「㋑災害から身を守るために避難する場所を示しているんだ」とありますが，この看板は，**写真１**，**写真２**のように高速道路に設置されていました。このような海岸沿いの地域では，**なぜ高速道路が避難場所に指定されているのかについて，どのような自然現象が災害を引き起こすと予想されるかもふくめて**，説明しなさい。　(**写真１**，**写真２**は次のページにあります。)

写真１　高速道路からの写真

写真２　高速道路の下からの写真

2　黎さんと明さんは，オーストラリアのシドニーに到着《とうちゃく》し，ホームステイ先のスミスさんの自宅に向かいました。農業を営むスミスさんは，米とカボチャを栽培《さいばい》しています。次の会話文はスミスさんと話したときのものです。あとの(1)，(2)の問題に答えなさい。

黎　さ　ん　スミスさんの田はとても広いんですね。

スミスさん　私は全部で５区画の田を持っているんだ。

明　さ　ん　１区画の田から，どれくらいの米が収穫《しゅうかく》されますか。

スミスさん　５区画それぞれの収穫量は覚えてないけれど，㋒１区画あたりの平均収穫量は12000kgだったよ。

黎　さ　ん　そんなに米が収穫できるなんてすごいですね。

スミスさん　米だけでなく，今年はカボチャも味のよいものがたくさんとれたんだ。君たちにもごちそうしよう。

明　さ　ん　ありがとうございます。

黎　さ　ん　そのカボチャを使って，いっしょにクッキーを作りませんか。

スミスさん　いいですね。ここに，カボチャ400ｇと小麦粉1000ｇと砂糖《さとう》500ｇがありますよ。

明　さ　ん　それぞれどのくらいの割合《わりあい》にして混ぜればいいのかな。

黎　さ　ん　㋓カボチャと小麦粉と砂糖の重さの比を，５：７：３の割合にして混ぜればいいのよ。

(1)「㋒１区画あたりの平均収穫量は12000kg」とありますが，下の**表**は５区画の田（Ａ～Ｅ）から収穫された米の量をまとめたものです。**(い)に入る数**を求めなさい。

表

田	A	B	C	D	E	平均
米の収穫量（kg）	(い)	11600	12300	12200	12100	12000

(2)「㋓カボチャと小麦粉と砂糖の重さの比を，５：７：３の割合にして混ぜればいいのよ」とありますが，**この割合でできるだけ多く材料を使ってクッキーを作るには，カボチャと小麦粉と砂糖をそれぞれ何ｇずつ使えばよいか**，求めなさい。

3　黎さんと明さんは，オーストラリアから帰国しました。次の会話文は，学校の教室で海外研修のふり返り学習に取り組んでいるときのものです。あとの(1)～(5)の問題に答えなさい。

黎さん　オーストラリアでの海外研修は楽しかったね。㋔これは休日にスミスさんといっしょに行った港の写真だよ。また行きたいなあ。

明さん　でも，オーストラリアはすごく遠かったね。㋕距離《きょり》がどのくらいあったのか調べたいな。

黎さん　そう言えば，飛行機が離陸《りりく》するときに機内のテレビで滑走路《かっそうろ》の様子が映っていたけれど，滑走路に数字が書いてあって不思議に思ったんだ。

明さん　私も不思議に思ってあとで調べてみたら，あれは㋖滑走路が真北《まきた》からどれだけずれているのかを示した数字なんだって。

黎さん　方位磁針《ほういじしん》みたいなものなんだね。㋗地球が大きな磁石《じしゃく》だから，方位磁針が役に立つことを㋘理科の授業で勉強したことを思い出したよ。

(1)　「㋔これは休日にスミスさんといっしょに行った港の写真だよ」とありますが，**写真３**がその写真です。**この写真３は，図２の①～③のどの地点から撮影《さつえい》したものか，番号で答えなさい。**

写真３

図２

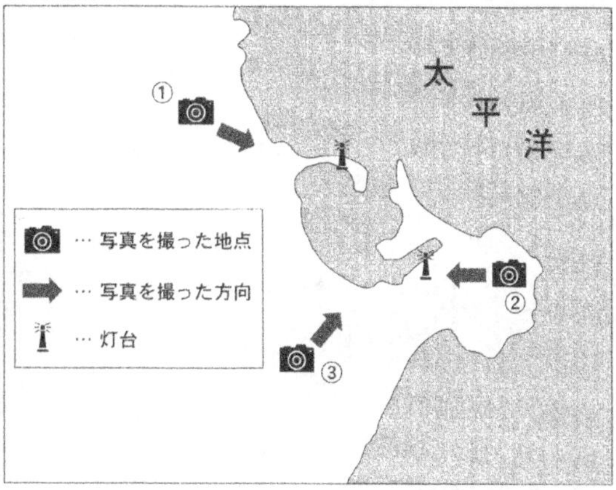

(2)　「㋕距離がどのくらいあったのか調べたいな」とありますが，地球儀《ちきゅうぎ》と紙テープを使って，**東京からシドニーまでのおおよその距離を調べる方法**を答えなさい。

ただし，地球は球とし，赤道１周を４万kmとします。

(3)　「㋖滑走路が真北からどれだけずれているのかを示した数字」とありますが，この数字は，真北を36として，図３のように決められています。ある滑走路に14という数字がかいてありました。**この滑走路が向いている方位**を答えなさい。

図３

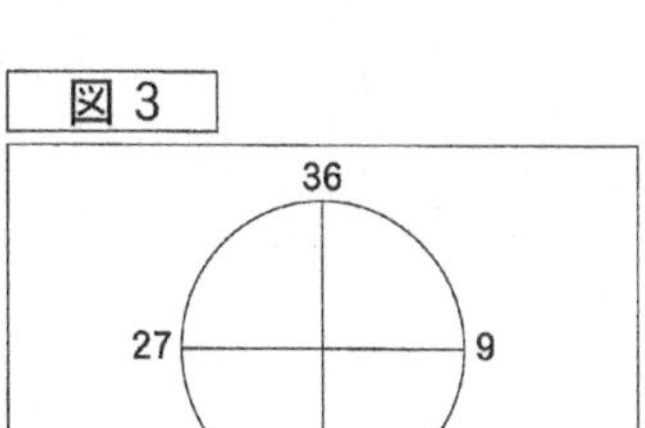

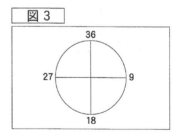

(4) 「㋗地球が大きな磁石だから，方位磁針が役に立つ」とありますが，東京で棒磁石《ぼうじしゃく》の真ん中を糸でつるし，真横から見ると，**図4**のようになります。これは，地球が球であるために起こります。

　これと同じ実験をオーストラリアのシドニーで行った場合には，**棒磁石の様子はどのようになるか，解答用紙の図にかきなさい。**

図 4

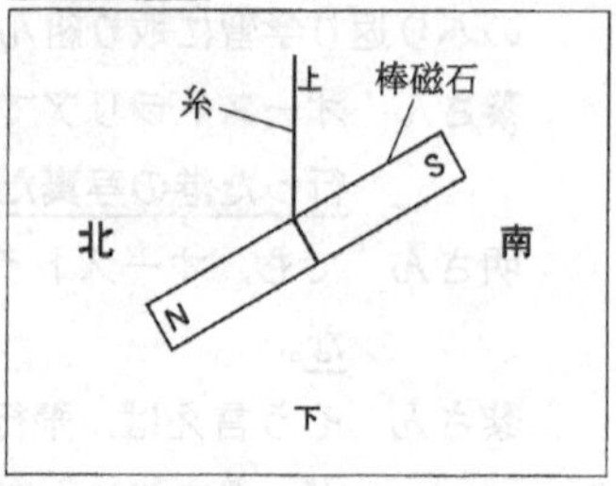

(5) 「㋘理科の授業で勉強したこと」とありますが，**図5**のように鉄しん（鉄のくぎ）に導線《どうせん》をまき，乾電池《かんでんち》を1個つないだ電磁石《でんじしゃく》にして方位磁針に近づけると，方位磁針は東の方向へおよそ5度ふれました。

　2個の乾電池を使って，方位磁針を西の方向へおよそ5度ふれさせるには，**乾電池をどのようにつなげばよいか，乾電池と導線を解答用紙の図にかきなさい。**

図 5

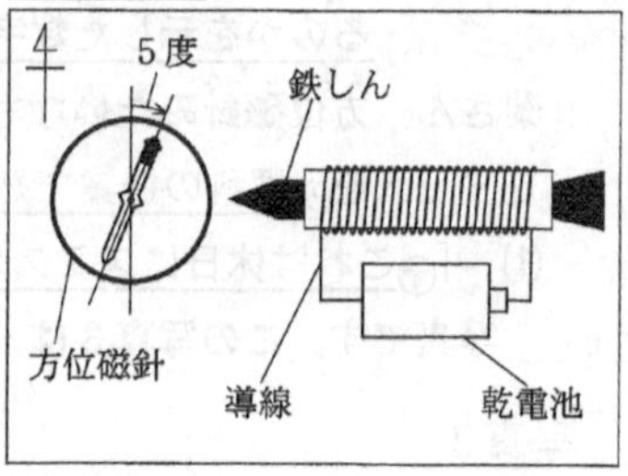

平成三〇年度
宮城県仙台二華中学校入試問題

【作　文】（四〇分）〈満点：二五点〉

問題

あなたが「元気をもらった言葉」とは、どのようなときにかけられた、どういう言葉ですか。その時の体験であなたは何を考え、その後の生活でどのように生かしていますか。次の条件にしたがい、四百字以上五百字以内で書きなさい。

【条件】
① 作文は三段落構成で書きなさい。
② 一段落目では、あなたが「元気をもらった言葉」について、どのようなときに、どういう言葉をかけられたのか、具体的に書きなさい。
③ 二段落目では、その言葉をかけられて考えたことについて書きなさい。
④ 三段落目では、その言葉をその後の生活でどのように生かしているかについて書きなさい。

〔注意〕① 題名、氏名は書かずに、一行目から書き始めること。
② 原稿《げんこう》用紙の正しい使い方にしたがい、文字やかなづかいも正確に書くこと。

平成三〇年度

宮城県古川黎明中学校入試問題

【作　文】〈四〇分〉〈満点：二五点〉

問題

知らないことや分からないことがあったとき、あなたならどのように解決しますか。これまでの体験をふまえて、そのように解決しようとする理由を明確にしながら、あなたの考えを四百字以上五百字以内で書きなさい。

〔注意〕
①　題名、氏名は書かずに、一行目から書き始めること。
②　原稿《げんこう》用紙の正しい使い方にしたがい、文字やかなづかいも正確に書くこと。

平成30年度

解答と解説

《配点は解答欄に掲載してあります。》

＜宮城県立中学校　総合問題解答例＞

1　1　(1)　(例)　住宅用太陽光発電導入件数は年々増えている。しかし，年間発電電力量の割合をみると，水力を除く再生可能エネルギーの割合は2.2％しかない。太陽光発電は，この2.2％の中にふくまれており，住宅用の太陽光発電の導入は増えていても，太陽光発電による年間発電電力量は少ない。

(2)　(例)　風力発電や太陽光発電は，自然条件によって発電量が左右されやすい。

(3)　(例)　エネルギー資源の少ない日本は，その多くを海外からの輸入にたよっており，エネルギー自給率は6.1％と少ない。

2　(1)　(例)　台風が来て大雨が降ったことで，川の水の量が増えるとともに水の流れが速くなり，流れる水のはたらきのうち運搬する力が強くなったことが関係している，

(2)　(例)　川の曲がっているところでは，外側のほうが流れる水のはたらきで地面をけずるはたらきが大きくなるので，川岸がけずられたりくずれたりすることを防ぐため。

(3)　(例)　植物を育ちやすくすることで，魚類の生息量が減ることをおさえる効果がある。

3　(1)　490(kcal)

(2)　歩行

求め方：

平日

$3.0(\text{メッツ})\times\frac{1}{2}(\text{時間})\times 5(\text{日})=7.5$メッツ・時　……①

土曜日

$\left(3.0\times\frac{1}{2}+3.5\times\frac{4}{5}+6.0\times\frac{1}{3}+3.5\times\frac{1}{5}\right)=7.0$メッツ・時……②

日曜日

$\left(4.5\times\frac{1}{3}+3.5\times\frac{4}{5}+6.0\times\frac{1}{6}+3.5\times\frac{1}{5}\right)=6.0$メッツ・時……③

①～③より，お父さんの1週間の身体活動量は，

7.5(平日)＋7.0(土曜日)＋6.0(日曜日)＝20.5メッツ・時

となり，基準の23.0メッツ・時より2.5メッツ・時少ない。

平日5日間で2.5メッツ・時とするには，1日あたり0.5メッツ・時の身体活動を昼休みに毎日続ければよい。

昼休み10分間で0.5メッツ・時になる生活活動は，3.0メッツの活動で，歩行または台所の手伝いである。

歩行または台所の手伝いのうち，職場でできる生活活動は，歩行である。

《宮城県仙台二華中学校》

[2] 1 (1) 記号 ㋐ 海洋の名前 太平洋

(2) 記号 ㋔ 国名 フランス

(3) (例) 空気の層ができて，保温性が高まるから。

(4) 午前7時

2 (時速)732.2(km)

求め方：

(例) 図1より，$1518+5682=7200$

行きにかかる時間は$7200\div800=9$(時間)

帰りにかかる時間は$7200\div675=\frac{32}{3}$(時間)

よって，

往復にかかる時間は$9+\frac{32}{3}=\frac{59}{3}$(時間)

往復の距離は$7200\times2=14400$(km)

したがって，往復したときの平均の速さは

$14400\div\frac{59}{3}=732.20\cdots=732.2$

3 (1) メニュー：(例)サラダ 記号：ウ

(2) (例) 蒸散によって，芝生の表面の熱がうばわれて，温度が下がるから。

4 (1) ① 2 ② 9 ③ 100

(2) ④ 16 ⑤ 66 ⑥ 100 ⑦ 4 ⑧ 金

(3) ⑨ 167 ⑩ 523

(4) (例) 6と9が使えないので，使える数字は0，1，2，3，4，5，7，8の8つである。つまり，0～7までの8つの数字が使えると考えることができる。よって，

$1345=1000+300+40+5$

1000は，$8\times8\times8$の集まりが1つ，300は，8×8の集まりが3つ，40は，8の集まりが4つということになるため，

$8\times8\times8\times1+8\times8\times3+8\times4+5=741$

となる。つまり，741台である。

○推定配点○

[1] 1・2・3(1) 各5点×7 3(2)答え：5点 求め方：10点

[2] 1(3)・(4) 各3点×2 2答え：3点 求め方：7点 3(2) 6点 4(4) 12点
他 各1点×16 計100点

《宮城県古川黎明中学校》

[2] 1 (1) 52.9(m)

求め方：半円の部分は$30\times3.14\div2\times2=94.2$

トラック1周は200mだから，$200-94.2=105.8$

よって $105.8\div2=52.9$

(2) (例) 海岸沿いの地域では，津波の発生が予想される。津波の被害にあわないように，いち早く高い場所に避難する必要があるので，高いところに設置された高速道

路が避難場所に設定されている。

2 (1) 11800(kg)

(2) カボチャ　400(g)　　小麦粉　560(g)　　砂糖　240(g)

3 (1) ①

(2) (例) ①地球儀の赤道上に紙テープをはり付け，切る。

②次に東京・シドニー間に紙テープをはり付け，切る。

③赤道一周の長さの紙テープに東京・シドニー間の長さの紙テープをあててみると，4万kmの約何分の1であるかが分かり，東京・シドニー間のおおよその直線距離が分かる。

(3) 南東

(4)

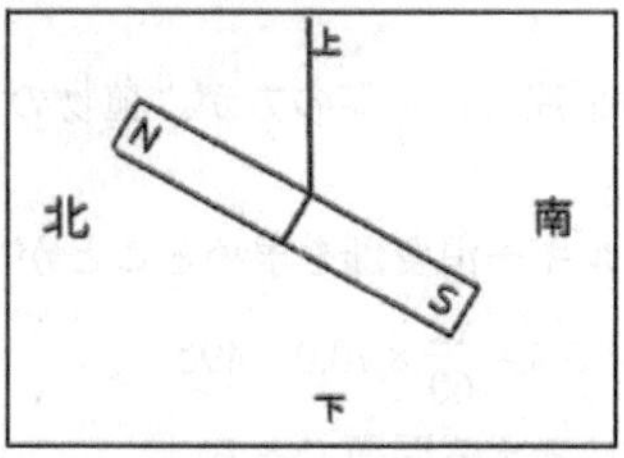

(5)

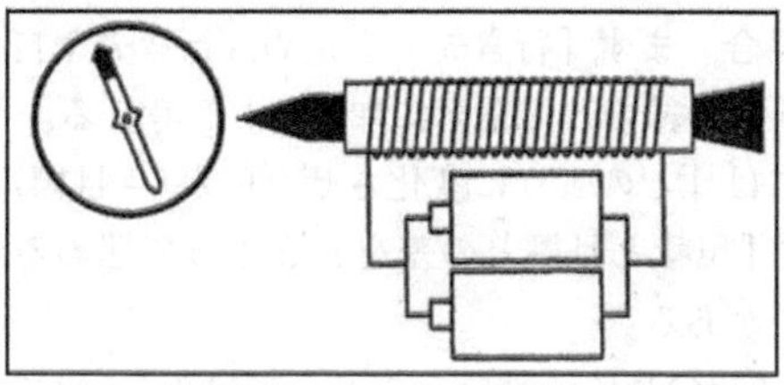

○推定配点○

1　1・2・3(1)　各5点×7　　3(2)答え：5点　求め方：10点

2　1(1)答え：2点　求め方：5点　　1(2)・3(2)・3(4)・3(5)　各5点×4　　3(3)　3点

他　各4点×5　　　計100点

＜宮城県立中学校　総合問題解説＞

1　(社会，理科，算数：エネルギー問題，流れる水のはたらきなど)

1 (1) グラフ1からは「住宅用太陽光発電導入件数」が年々増加していることが，グラフ2からは太陽光発電を含む「水力を除く再生可能エネルギー」の電力量の割合が非常に低いことが読み取れる。これらをまとめた上で，「太陽光発電による電力量は現状少ない」という結論を記述する。

(2) 太陽光発電，風力発電はどちらも再生可能エネルギーを利用して発電を行う仕組みである。これらは火力発電など人工的に発生させた熱エネルギーを電気エネルギーへと変換する方法とは異なり，そのエネルギー供給源を人の力では制御できない自然現象に頼っている。火力発電であれば，燃料となる石油や石炭などがあればいつでも発電を行うことができる。しかし，太陽光発電は夜間発電できない上に雨天時にはその発電量を大幅に減らしてしまうし，風力発電であれば，風が吹かなければ発電を行うことはできない。このように，再生可能エネルギーを利用した発電では，気象条件によって出力にばらつきがでてしまい，供給が不安定となる。

(3) 表からは日本のエネルギー自給率が他国と比べて低いことが読み取れる。自給率が低いということは，すなわちエネルギー資源の不足分を他国からの資源の輸入によってまかなっている，ということを示している。

基本 2 (1) それまでなかった大きな石が見られるようになったということは，つまり，大きな石が元あった場所から何かによって運ばれてきたことを示している。一方，流れる水の運搬する力は水の量が多くなれば強くなるので，大きな石を河原まで運んできたのは，大雨によって増水した川の水である，ということが推理できる。

(2) 流れる水のはたらきには「しん食」「運ぱん」「たい積」の3つがある。そのうち「しん食」は流れる水が地面をけずりとるはたらきのことを指すが，この力は，川の曲がっている部分では外側の方が強くなる。そのため，川がけずりとられすぎないように，外側をコンクリートで固めて守る必要がある。

(3) 図2とグラフ3を対応させて見てみると，植物を残した水際の方が，植物のない水際よりもたくさんの魚類が生息できることが読み取れる。

3 (1) 与えられた表と計算式から，お父さんのエネルギー消費量を求めることができる。

$$3.0\times\frac{30}{60}\times70.0+3.5\times\frac{48}{60}\times70.0+6.0\times\frac{20}{60}\times70.0+3.5\times\frac{12}{60}\times70.0=490$$

やや難 (2) 目標を実現するための手段について，論理的に考える問題である。

たとえば電車でどこかへ出かける場合，まず「行き先」を定め，行き先や自分の家が「どこにあるか」を確認し，そのうえで「どの線のどの電車に乗るか」を考える。

同じように，何かを実現するためには「どのように変化させたいか(＝目標)」と「現状と目標との差(＝現状の分析)」，および「現状と目標との差をどうやって埋めるか(＝手段)」について考え，実行計画を立てる必要がある。

この問題ではすでに「お父さんの1週間の身体活動量をちょうど23.0メッツにする」という目標が与えられている。したがって，次に行うのは目標と現状の差を確認することである。与えられている表と式から，現在のお父さんの身体活動について計算することができる。その結果，お父さんの現在の身体活動量は20.5メッツ・時であり，目標まであと2.5メッツ・時足りないことがわかる。

あとは手段について考えたいが，問題ではすでに条件として「10分間行う」，「平日に毎日行う」ということが与えられている。平日は1週間のうち5日であるので，1週間で2.5メッツ・時を補う場合，1日あたり$2.5\div5=0.5$メッツ・時の運動を行えばよい。

0.5メッツ・時の運動を10分間，つまり$\frac{10}{60}=\frac{1}{6}$時間で行うためには，

$0.5\div\frac{1}{6}=3.0$メッツの運動を行う必要がある。ここで，表2を見てみると，3.0メッツの運動には「歩行」，「台所の手伝い」，「ボウリング」，「バレーボール」があることが分かる。あとはこのうちのどれを行えばいいか，お父さんが会社勤めであることを思い出しながら考えることが必要である。会社でボウリングやバレーボールをするのが難しいことは簡単に想像できるし，お父さんが会社で台所の手伝いをするような機会は，常識的に考えてほぼないか，非常に少ないことがわかる。よって，お父さんが会社で，昼休みの10分間に行える適切な運動は「歩行」である。

《宮城県仙台二華中学校》

2 （社会，理科，家庭科，算数：時差，栄養，規則性のある数字など）

基本

1 (1) カナダは北アメリカ大陸に存在し，北西と南でアメリカの国土に挟まれたような形をしている。また，南北のアメリカ大陸の西側とユーラシア大陸，オーストラリア大陸の間にある海洋を太平洋と呼ぶ。他の海洋として，アメリカ大陸の東側とユーラシア大陸，アフリカ大陸の西側ではさまれた海洋を大西洋，インドの南側に広がる海洋をインド洋と呼ぶ。

(2) 与えられた地図を見て判断する。緯度とは地球を南北方向に区切ったときの目盛りの位置（＝地図上の横線）であり，経度とは東西方向の目盛りの位置（＝地図上の縦線）のことである。0°の線より東が東経，西が西経になる。

(3) 空気には，「動かない限り熱が伝わりにくい（＝熱伝導性が低い）」という性質がある。この性質を利用し，動き回らないような空気の層を外側に作ることで，外の気温の低さが部屋の内側へ伝わりにくくしている。

(4) 経度の差が15度あるごとに，時差は1時間広がる。西経75°のオタワと，東経135°の東京との経度の差は，$75+135=210°$ である。$210\div15=14$ より，東京とオタワの時差は14時間である。地球は東向きに回っているので，オタワと東京では東京時間のほうが早い。よって，オタワの時刻は東京より14時間前の午前7時であり，これは「カナダは朝だった」とするカナダの基本情報に一致する。

2 全体の距離と往復にかかった時間の合計をもとに，平均の速さを求める。時間＝距離÷速さ，速さ＝距離÷時間で求める。

3 (1) チョコレートケーキやパンの主な材料である小麦粉は体のエネルギーのもとになる炭水化物を多く含む食品である。また，ハンバーグに使われる肉や，たまごスープに入っているたまごは体をつくるたんぱく質を多く含む食品である。このメニューでは，体の調子を整える食品が足りていないので，サラダなどの野菜を多く取れるようなメニューを加えるとよい。

(2) 植物が根からとり入れた水を葉の気こうから水蒸気として出すはたらきを蒸散という。水が水蒸気に変化するとき熱がうばわれることで温度が下がる。

4 (1) このような数字の表現の仕方を10進法と呼ぶ。

(2) このルールにしたがって数字を記述すると，十の位が1の数字の中で最も大きいのは16となる。7は使えないため，次の数は17ではなく20となる。同様に，使える数字の中でもっとも大きいのは6なので，一番大きい2けたの数は66である。

(3) ⑨23週間と6日後なので，$7\times23+6=167$（日後）

⑩5は金曜日である。

40は7日＝1週間が4つ，300は7週間が3つ，1000は7週間×7＝49週間が1つ分あることを指す。よって，$5+7\times4+7\times7\times3+7\times7\times7\times1=523$（日後）となる。

(4) (3)の会話文や，(4)の問題文から条件をしぼっていく。

《宮城県古川黎明中学校》

2 （社会，理科，算数：電磁石のはたらき，防災など）

1 (1) まず半円の部分の長さを求める。

(2) 高速道路は通常歩行者の立ち入りを禁止しているが，東日本大震災において，高速道路が避難場所としてのはたらきをしたこともあり，避難所としての高速道路の整備が進められている。

2 (1) 1区画あたりの平均収穫量が12000kgであることから，AからEまでの5区画での総収穫量が12000×5＝60000(kg)であることがわかる。BからEまでの収穫量の合計は11600＋12300＋12200＋12100＝48200(kg)より，区画Aでの収穫量は，60000－48200＝11800(kg)である。

(別解) 次のようにすると計算が簡単になる。12000×5＝12000＋12000＋12000＋12000＋12000だから，AからEについて，12000より少ない分の合計と12000より多い分の合計は等しくなる。つまりC，D，Eは12000より大きく，12000との差の合計は300＋200＋100＝600　Bは12000より小さくその差は400だから，Aは12000より小さくその差は600－400＝200と考えられる。よって12000－200＝11800(kg)である。

(2) 用意されている材料の中でカボチャが最も少なく，かつレシピ中の割合に各材料間での極端な差はないので，カボチャの量で作れるクッキーの量が最大量と決めて考える。つまり，カボチャを全て使うことで最大量のクッキーを作ることができる。クッキーを作ることができる割合について，カボチャが400gであるとき，小麦粉の重さは$400\times\frac{7}{5}=560$(g)，砂糖の重さは$400\times\frac{3}{5}=240$(g)となり，これは元ある材料で十分にまかなえる量であるので，正しいと言える。

やや難

3 (1) 写真では，右側に港があり，灯台は2本見える。また，向かって右側の灯台のほうが遠くに見えるので，図2の地図を参照すれば①から撮影した写真であることが推測できる。

(2) 球状の2点間の距離を求めるときは，紙テープで地球儀にあてて，印をつけそれをもとにして求めるとよい。

(3) 真北を36，真東を9として，円を36分割したときに14がどこに来るかを考える。14は9と18の間にあるので，南東を向いていることがわかる。

(4) 地球は一つの大きな磁石のようになっていて，北極と南極にそれぞれS極とN極を持っている。方位磁針はこの性質を利用した道具で，北半球では小さな磁石のN極が，磁力線にしたがって地球の北極にあるS極と引き合った結果，北を指す仕組みになっている。ただし地球は丸いため，緯度0度(＝赤道)より北にある場所では，磁石が磁力線に乗ると，地面にめりこむような傾きができてしまう。このような傾きを伏角と呼ぶ。南極(＝N極)のほうが近い南半球ではこれとまったく逆のことが起きるので，棒磁石のS極側が地面にめり込むように傾く。日本で一般的に販売されている方位磁針の中には，この伏角を見越してS極側の方が少し重くなっているものがあり，これによってバランスを保つ仕組みになっている。そのため，東京で買った方位磁針をシドニーで使おうとすると，S極側がより傾いてしまい，針が盤面に引っかかってうまく使えない場合がある。

(5) コイル(導線を同じ向きに何回も巻いたもの)に電流を流すことによって強い磁力を発生させることができる。これを電磁石と呼ぶ。コイルに鉄しんを入れることでより強い磁力を発生させることができるが，磁力の強さはコイルの巻数や電流の大きさにも依存する。問題では，2個の乾電池を使って同じだけふれさせたいので，電流の大きさが変わらないように並列つなぎにすればよい。また，磁力の向きは電流の向きを変えることによって逆にすることができる。この問題では図5とは逆に西の方向へふれさせたいので，電池の向きを逆にすればよい。

★ワンポイントアドバイス★

さまざまな教科から出題されており，文章で答えさせる問題や，計算の過程も答えさせる問題が多くある。時間配分をきちんとして，時間内に答えられるようにしていくよう，くり返し練習していく必要がある。

＜宮城県仙台二華中学校　作文解答例＞《学校から解答例の発表はありません。》

私が「元気をもらった言葉」は，小学校の先生に言われた「自分に自信を持ちなさい」という言葉です。体育の時間にとび箱のテストがありました。練習ではとべていたのですが，テストで急に自信がなくなり，受けられないでいました。その時，先生は私にこの言葉をかけてくれました。これを聞いて私は自信を取り戻し，テストを受け，とぶことができました。

私がその言葉をかけられて気づいたことは，自分を信じることがいかに大切かということです。何かに挑むとき，今までたくさん努力していたとしても，自分に自信を持てなければうまくいきません。逆に，「自分なら絶対にできる」という気持ちで挑むと，自分の持つ最大限の力を発揮できます。私はこの言葉を聞いて，このように考えるようになりました。

今でも，何か大事な場面ではこの言葉を思い出します。五年生の時に主役を演じた学芸会では，前日にご飯を食べられないほど緊張していました。しかし，本番ではこの言葉を思い出して自分を勇気づけ，うまく演じることができました。この小学校の先生の言葉は，今後も大事な場面で私に勇気を与えてくれると思います。

○配点○

25点

＜宮城県仙台二華中学校　作文解説＞

基本

（作文：テーマ型　自分の考えを書く）

問題で提示されたテーマについて，体験をふまえて考えを書く問題。自分の考えを，指定された構成に沿ってまとめ，体験をふまえて分かりやすく書く力が求められる。

「元気をもらった言葉」というテーマについて，示された条件に従って書く。条件①～④は，段落の数と，それぞれの段落の内容についての指定となっている。第一段落には「元気をもらった言葉」，第二段落には「その言葉をかけられて考えたこと」，第三段落には「その言葉を今後の生活にどのように生かしているか」を書くように指示されているので，必ずそれを守って書くこと。全体の構成が問題で指示されているので，構成を自分で考える必要はないが，その構成を守らないと大きく減点されるおそれがあるので，特に注意すること。

また，各段落の分量が大きくかたよらないように気を付ける。また，体験はできるだけ具体的に書くほうがよい。しかし，テーマに関係のない細かい点にこだわりすぎるのはさけること。そして，体験と考えたことがしっかりとつながるように注意する。

★ワンポイントアドバイス★

自分の体験は具体的に，わかりやすく書くようにしよう。また，テーマからそれすぎないように気を付ける。体験と自分の考えがきちんとつながるように意識して書こう。

＜宮城県古川黎明中学校　作文解答例＞《学校から解答例の発表はありません。》

私は知らないことや分からないことがあったとき，周りの人にたずねて，解決します。周りの人にたずねることは勇気がいりますが，スムーズに問題を解決することができると思います。

小学五年生のとき，私は飼育委員になりました。飼育委員は小学校で飼っているウサギの世話をする委員です。私はウサギの世話をしたことがなかったので，当番初日，戸惑ってしまいました。その時，たまたま同じ委員の六年生が通りがかったので，やり方をたずねてみました。その六年生はやさしく，ていねいに教えてくれました。そのおかげで，当番初日から，委員の仕事をしっかりとスムーズにやることができました。また，教えてくれた六年生と仲良くなることができました。

周りの人にたずねて解決すると，自分一人で解決するときより短時間で解決できたり，その人と仲良くなれたりするので，私はこの方法で解決します。また，周りの人に知らないことや分からないことがあったときには，私が教えたり，助けたりするようにします。そのことにより，その人がスムーズに解決できたり，その人と仲良くなったりしたいと思います。

○配点○

25点

＜宮城県古川黎明中学校　作文解説＞

基本　（作文：テーマ型　自分の意見を述べる）

作文のテーマが与えられ，自分の体験と意見を書く問題である。テーマの意味をとらえ，自分の体験をふまえたうえで，考えをまとめる力をみようとする出題だ。

問題は次の手順でまとめるとよい。

①テーマに結び付けられる体験を探す。

自分の中では，そのような意味づけをしていなかった体験でも，このような視点から意味づけが可能だと判断できれば，それを取り上げることも可能である。また，自分の意見につなげられるような体験を選ぶようにしよう。

②その体験を通して考えたことをまとめる。

①で選んだ体験をふまえて，知らないことや分からないことがあったとき，どのように解決するかをまとめる。また，そのように解決しようとする理由もわかりやすく述べる。

★ワンポイントアドバイス★

段落構成の指定はないので，自分で構成を考えて書こう。四百～五百字という字数指定なので，二～五段落構成で書くのが一般的である。

平成29年度

★★★★★★★★★★★★★★★★★★★★★★★★

入　試　問　題

制作の都合上，平成29年度以前は，
市立仙台青陵中等教育学校の問題・解答解説・解答用紙
も掲載しております。

市立仙台青陵中等教育学校の問題・解答解説・解答用紙
は参考資料としてご活用ください。

平成29年度

宮城県立中学校入試問題

【総合問題】（60分）　＜満点：100点＞

1　夏休みにゆうこさんは，お兄さんといっしょに，東京に住むおじいさんの家へ遊びに行きました。

次の１～３の問題に答えなさい。

１　ゆうこさんとお兄さんは，おじいさんに街を案内してもらい，そのときに次のような会話をしました。あとの(1)，(2)の問題に答えなさい。

ゆうこさん	東京の街は，人や自動車が多いね。昔から多かったのかしら。
おじいさん	私《わたし》が子供のころは，戦後の復興が始まったころだったから，舗装《ほそう》された道路はほとんどなかったし，自動車の数も少なかったんだよ。私が働き始めた1960年代は，産業が盛《さか》んで，高速道路や新幹線がつくられたんだ。私たちの頭の上を通っている道路は，首都高速道路といって，㋐1964年に開かれた東京オリンピックに向けて建設が始まり，その後も建設が進んだんだよ。
ゆうこさん	そうなんだ。そういえば東海道新幹線も，前の東京オリンピックが始まる直前につくられたのよね。開会式の会場となった国立競技場にはたくさんの人が訪れたと聞いたことがあるわ。
おじいさん	そうだよ。その後も産業の成長とともに㋑道路や線路が整備され，人と物資の移動が活発になっていったんだよ。
お兄さん	学校で日本の高度経済《けいざい》成長について習ったけれど，おじいさんは，街や人々の暮《く》らしが変わっていく様子をずっと見てきたんだね。

(1)「㋐1964年に開かれた東京オリンピックに向けて建設が始まり」とありますが，**地図**は，東京オリンピックが開かれたときの首都高速道路とその周辺を示しています。オリンピックに向けて，**地図で示した首都高速道路が建設された理由**を，答えなさい。

地図

1964年の首都高速道路（開通時）

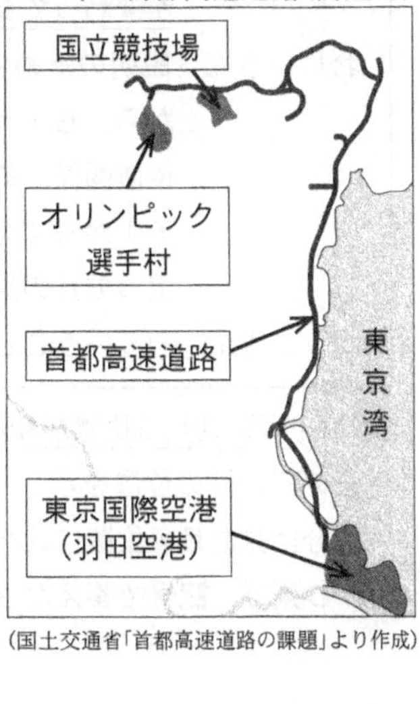

（国土交通省「首都高速道路の課題」より作成）

(2)「㋑道路や線路が整備され，人と物資の移動が活発になっていったんだよ」とありますが，ゆうこさんは，家に帰ってから夏休みの宿題として「日本の交通事情と物資輸送の変化」について調べ，次のページの**表１**，**表２**にまとめました。次の**ア**，**イ**の問題に答えなさい。

ア　「道路の整備と物資の移動」と「線路の整備と物資の移動」のそれぞれについて，**表１**，**表２から読みとれることを**，答えなさい。

イ　自動車による貨物輸送には，鉄道による貨物輸送に比べてどのような利点があると考えられるか，答えなさい。

表１　鉄道と自動車の貨物輸送量の変化

年	鉄道の貨物輸送量（ｔ）	自動車の貨物輸送量（ｔ）
1955	170000000	569000000
1965	200000000	2193000000
1975	138000000	4393000000
1985	65000000	5048000000

（総務省統計局「輸送機関別国内輸送量－貨物」より作成）

表２　線路と舗装道路*の長さの変化

年	線路の長さ（km）	舗装道路の長さ（km）
1955	19946	4157
1965	21137	16730
1975	22183	36751
1985	22461	48435

*舗装道路に高速道路も含まれる
（総務省統計局「道路延長及び舗装道路」「鉄道施設及び運転」より作成）

2　ゆうこさんとお兄さんは，おじいさんといっしょに，近所の夏祭りに行く途中《とちゅう》の公園で，次のような会話をしました。あとの⑴，⑵の問題に答えなさい。

ゆうこさん　西の空にきれいな三日月が見えるね（**図１**）。

おじいさん　そうだね。４日後に同じ場所で見てみると，月の形と位置が今日とは変わっているのがわかるよ。

お兄さん　４日後の同じ時間に３人でこの場所に見に来てみよう。

－４日後－

ゆうこさん　おじいさんが言ったとおり，㋒月の見える位置が変わっているし，月の形も半月になっているわ。

お兄さん　どうして㋓日によって月の形が変わって見えるのかな。

おじいさん　説明のために図をかいてきたから，ちょっと見てごらん（**図２**）。これは，宇宙から見た，今日の地球と月の位置関係，そして太陽の光の向きについて簡単に示したものなんだよ。月はおよそ１か月で地球の周りを１周しているんだ。そのため，［　㋔　］から，日によって月の形が変わって見えるんだよ。

ゆうこさん　そういうことなのね。よくわかったわ。

図１　８月６日午後７時30分

図２　８月10日の地球と月の位置関係

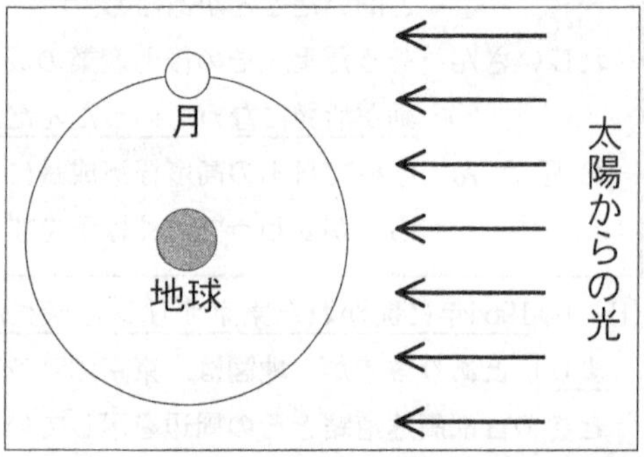

⑴　「㋒月の見える位置が変わっている」とありますが，次のページの**図３**は，８月６日午後７時30分の三日月の位置を示しています。８月10日午後７時30分に見た月の位置は，８月６日午後７時30分に見た月の位置に比べて，どちらの方向に移動したか，**図３**の①～④から最も適切なものを**１つ**選び，**記号**で答えなさい。

図３

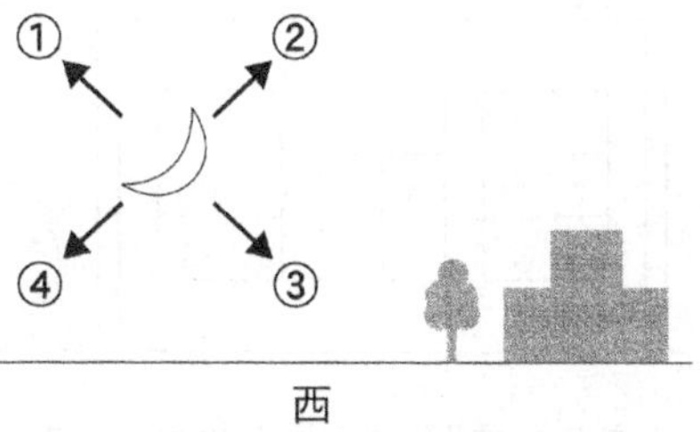

⑵　「㊁日によって月の形が変わって見える」とありますが，このことについて，次の**ア**，**イ**の問題に答えなさい。

ア　会話文の ㋔ に入る，月の見え方が日によって変化す理由を答えなさい。

イ　10日後の８月20日に地球から見える月はどのような形をしているか，最も適切なものを，次の①～⑤から**１つ**選び，**記号**で答えなさい。

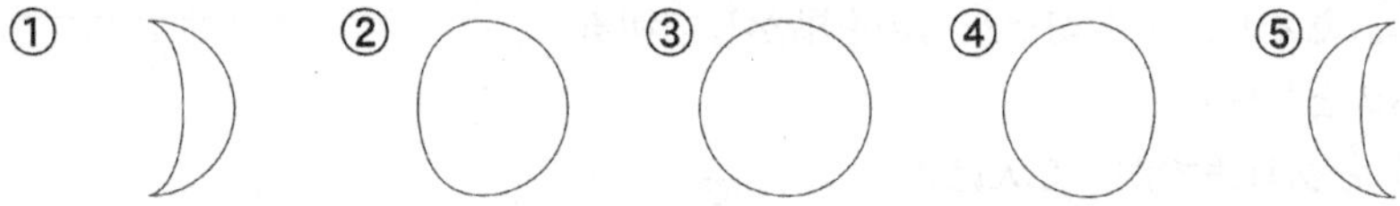

3　ゆうこさんとお兄さんは，おじいさんが経営しているたたみ工場を訪問《ほうもん》し，たたみのことについて次のような会話をしました。あとの⑴～⑶の問題に答えなさい。

お兄さん	おじいさん，今日はぼくたちに，たたみのことを教えてください。
おじいさん	私の家のたたみは，長方形の形をしているよね。たたみの長い辺は，短い辺の２倍になっていて，たたみ１枚《まい》分の大きさを１畳《じょう》と呼んでいるんだ。たたみをしく場合には，㋕たたみの角が十字に交わらない，つまり，4枚のたたみの角が１か所に集まらないようにするしき方が，えんぎが良いとされているんだ。
ゆうこさん	たたみのしき方，おもしろそうだわ。
おじいさん	ここの工場では，たたみを使った工芸品も作って販売《はんばい》しているんだよ。㋖たたみの切り方を変えて，小さい長方形や㋗正六角形などの工芸品も作っているんだ。お茶の道具や花びんを置いたり，部屋のインテリアとしてかざったりと，工夫しだいで様々な使い道があるんだよ。

⑴　２人は，**図４**のような３畳の部屋へのたたみのしき方について，実際のたたみの代わりに，**図５**のような，縦《たて》と横の長さの比が　１：２　の，同じ大きさの長方形の板３枚を用いて考え，**図６**のような３通りの方法を見つけました。

次に，**図７**のような６畳の部屋へのたたみのしき方について，**図５**の板**６枚を用いて考えました。６畳の部屋へのたたみのしき方は，全部で何通り**あるか，答えなさい。また，**そのうち㋕のようなしき方は何通り**あるか，答えなさい。（**図５**～**図７**は次のページにあります。）

図４

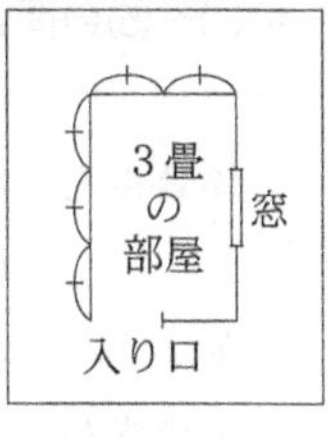

図５

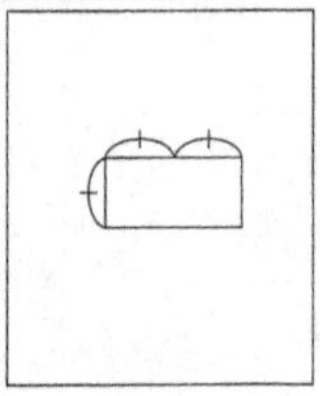

図６

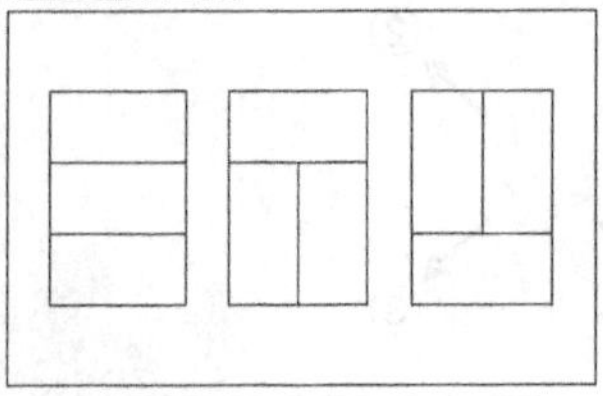

図７

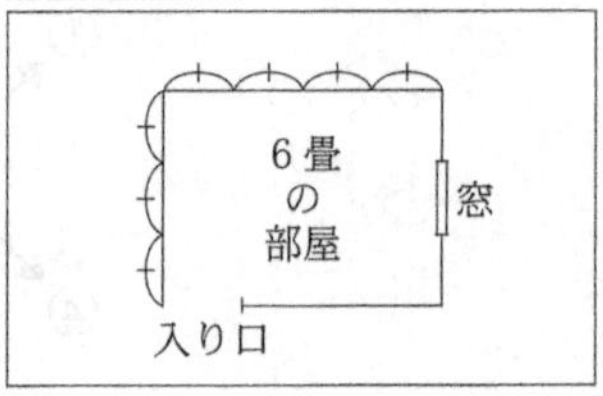

(2) 「㋖たたみの切り方」とありますが，２人は１枚のたたみを「縦や横の辺と平行な直線にそって切る切り方」でたたみを切るときのことを考えました。

この切り方で，１枚のたたみを２回切るときの例として**図８**のような場合が考えられ，たたみは最大で４つの部分に分けることができますが，この切り方で１枚のたたみを**７回切る場合，最大でいくつの部分に分けることができるか**，答えなさい。ただし，一度切ったものを動かして切ることはしないものとします。

図８

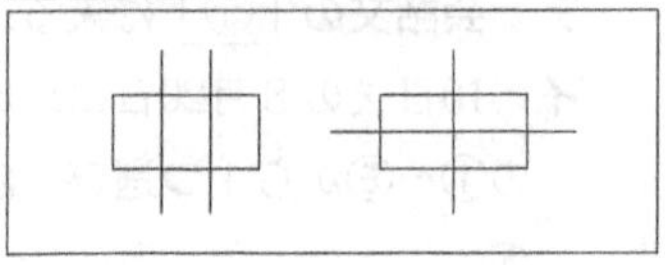

(3) 「㋗正六角形」とありますが，２人はこの工芸品に関心を持ち，これをたくさん用いて床《ゆか》にしきつめてみることにしました。

図９のように，まず，正六角形の工芸品を１枚置き，その周りをすきまなく囲むように，矢印の方向に工芸品をしきつめていったところ，ちょうど６周目が終わるところまでしきつめることができました。

図９

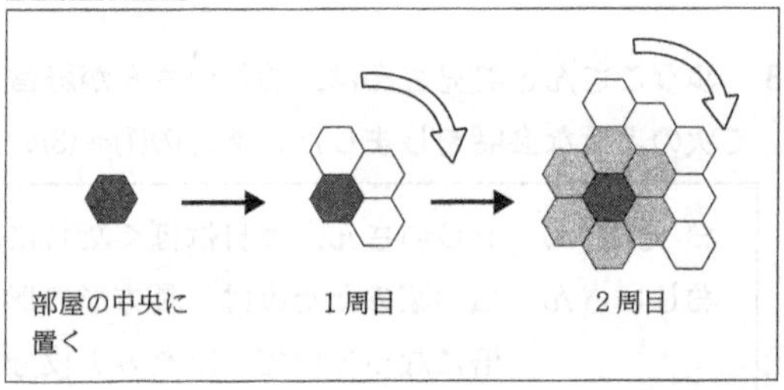

中央に置いた最初の１枚をふくめて，しきつめたすべての工芸品の枚数は何枚か，答えなさい。また，**このときの枚数の求め方を，式と言葉**で答えなさい。

＜宮城県仙台二華中学校＞

2 華子《はなこ》さんと二郎さんの小学校では，地域《ちいき》のことを紹介《しょうかい》する，ふるさと館の見学を行いました。次の１，２の問題に答えなさい。

1　次の会話文は，華子さんがふるさと館の屋上で係員さんから説明を受けたときのものです。あとの(1)～(5)の問題に答えなさい。

係員さん	この場所からは，㋐周辺の施設《しせつ》や町なみ，遠くに㋑山を見ることができます。川の流れも見えますね。あの川は㋒太平洋まで続いています。
華子さん	ここはながめがよくて，いろいろなものが見えますね。
係員さん	㋓方位磁針《じしん》を準備しているので，方角を確認しながら見てみるといいですよ。

(1) 「㋐周辺の施設」とありますが，次のページの**地図１**は，ふるさと館周辺の施設の地図です。

次の①～④の道順で進んだとき，□ **に入る施設名**を答えなさい。

① ふるさと館の出入口から道路に出て，道路を南の方向に約250m進むと信号機のある交差点があります。
② その交差点から東の方向へ約120m進むと北側に学校があります。
③ そのまま東に進み，学校をこえてすぐの十字路を南の方向へ約150m進むと病院があります。
④ その病院の前の道路をはさんだ向かい側には □ があります。

地図1

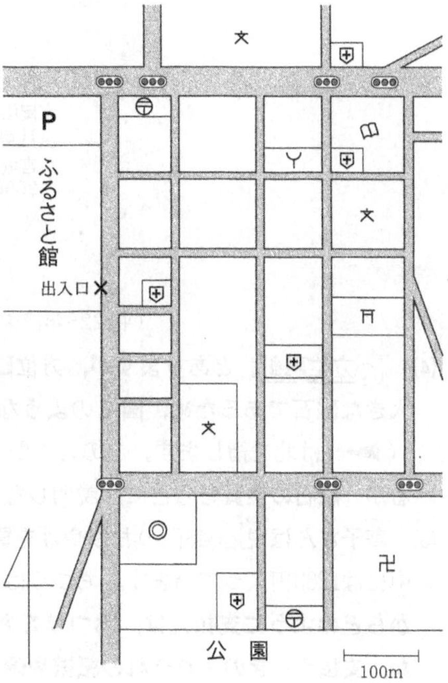

⑵ 「㋑山」とありますが，**図1**は，屋上から見た山の，地形と土地利用を示したものです。
次の**ア**，**イ**の問題に答えなさい。
ア A－Bの断面図を**解答用紙の図**にかきなさい。
イ **図1**から，この山の土地がどのように利用されているかを，**標高に関連づけて**説明しなさい。

図1

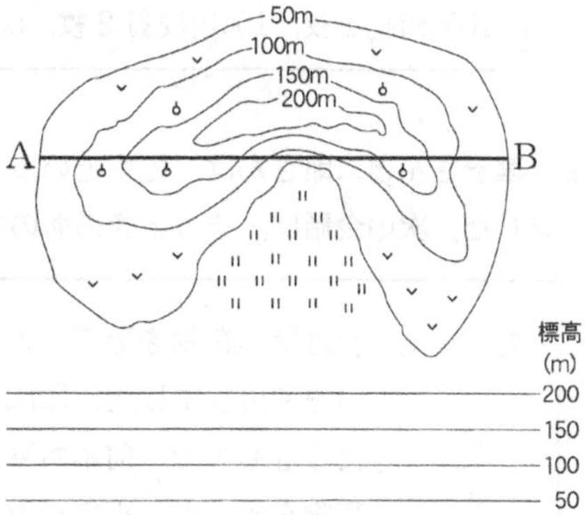

⑶ 「㋒太平洋」とありますが，**地図2**の○で囲んだ地域の海では，カキなどの養殖《ようしょく》が盛《さか》んです。次のページの**グラフ**は，日本のカキの水揚《あ》げ量を示したものです。次の**ア**，**イ**の問題に答えなさい。
ア **地図2**の○で囲んだ地域でカキなどの**養殖が盛んな理由を，地図2を参考にして2つ**答えなさい。
イ 次のページの**グラフ**中の角**Ⓐの大きさを求めたいとき，どのような計算をすればよいか，一つの式**で表しなさい。

地図2 **宮城県の沿岸《えんがん》北部**

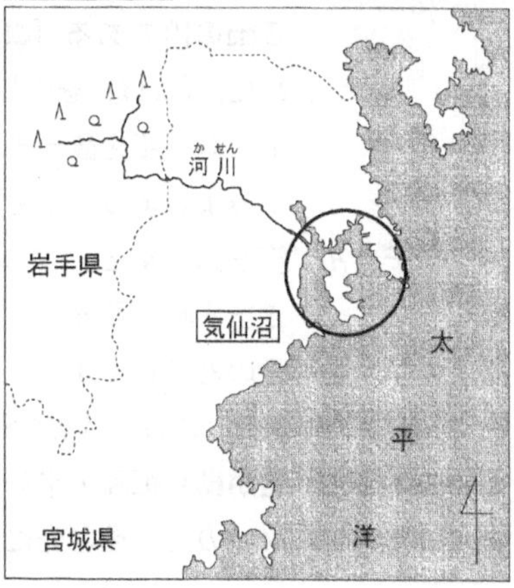

グラフ　**日本のカキの水揚げ量(単位：t)**

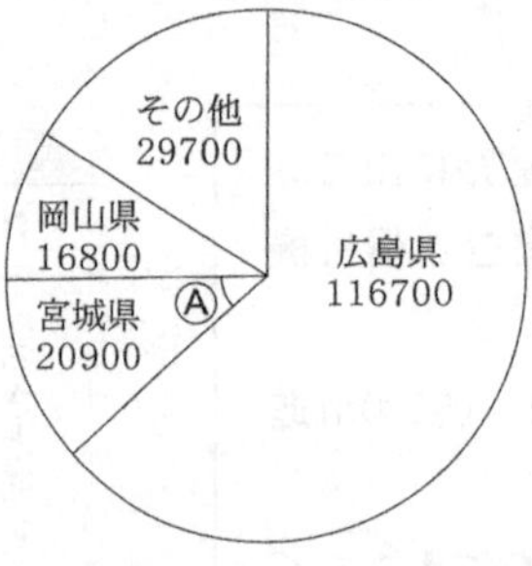

(平成26年漁業・養殖業生産統計資料より作成)

(4)　「㋓方位磁針」とありますが，方位磁針の針は磁石《じしゃく》になっています。地球も大きな磁石であるため，**図2**のような方位磁針の場合，針の色がついた部分（▶）は北を指します。このことから，**地球についてどのようなことがわかるか，磁石の性質をもとに**，説明しなさい。

図2

(5)　華子さんは税込《ぜいこみ》648円のおみやげを買おうとしています。華子さんの財布の中には1263円入っています。おつりは最も少ない枚数でもらうものとするとき，**財布の中のお金からどのように支払えば，おつりをもらった後の財布の中の硬貨《こうか》の枚数《まいすう》を最も少なくできますか。支払うときのそれぞれの紙幣《しへい》や硬貨の枚数**を答えなさい。

ただし，華子さんの財布の中のお金は下のとおりです。

1000円札１枚，100円硬貨２枚，50円硬貨１枚，10円硬貨１枚，１円硬貨３枚

2　華子さんと二郎さんは，先生といっしょにふるさと館の「昔の人の知恵《ちえ》」の展示《てんじ》コーナーに行きました。次の会話は，そのときのものです。あとの(1)～(3)の問題に答えなさい。

先　　生　昔は重い荷物を運ぶときには「コロ」というものを利用しました。「コロ」とは断面が円の棒のようなもので，何本も平行に並《なら》べて，その上に荷物を置くと，小さな力で動かすことができます。では，実験してみましょう。断面が，直径５㎝の円である「コロ」を用意しました。はじめに，「コロ」を同じ間かくで平行に並べ，その上に重い箱を置きます（**図3**）。少しだけ動かしてみましょう。小さな力で動かすことができます。

図３

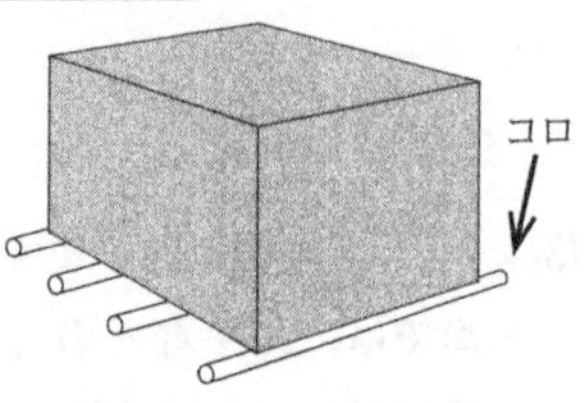

華子さん　箱を動かすと，「コロ」も転がりながら動きますね（**図4**）。

図４

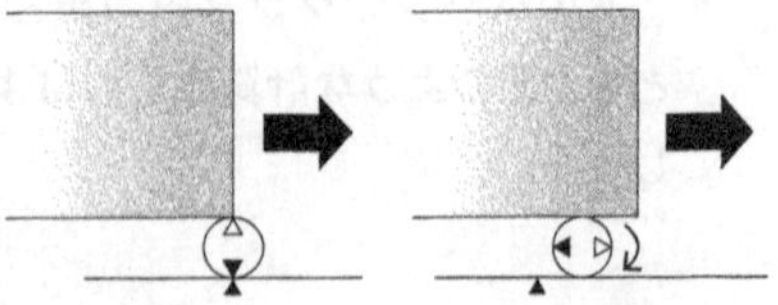

先　　生　そのとおりです。

二郎さん　箱と「コロ」が動く距離《きょり》は違《ちが》うんですね。

先　　生　箱が動く距離の半分しか「コロ」は動かないので，進む先にも次々と「コロ」を並べておかなければなりません。これを「待ちゴロ」といいます（**図５**，**図６**）。「待ちゴロ」が箱の下の「コロ」になったときの「コロ」と「コロ」の間かくが15㎝になるようにしましょう（**図７**）。

二郎さん　そうすると，「待ちゴロ」の間は何㎝空けておけばいいのかな。

華子さん　箱が移動すると，箱の下の「コロ」は「待ちゴロ」に近づくから「コロ」の動く距離を考えればいいのね。

先　　生　そうです。では㋔計算をして求めてみましょう。

図５

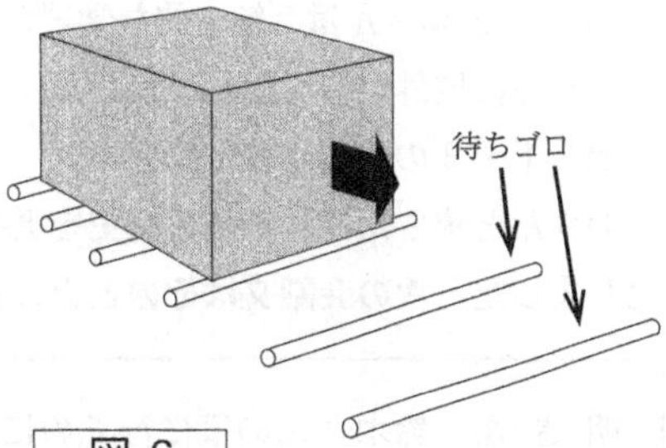

図６

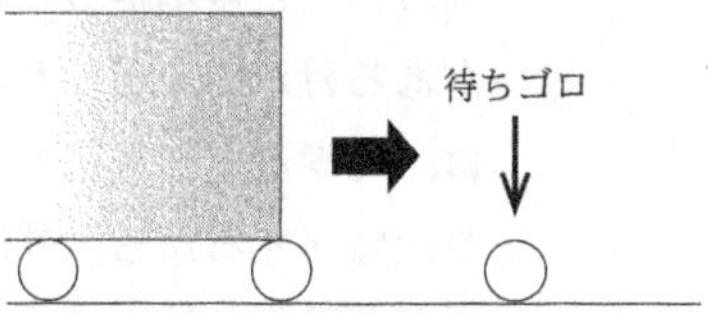

図７

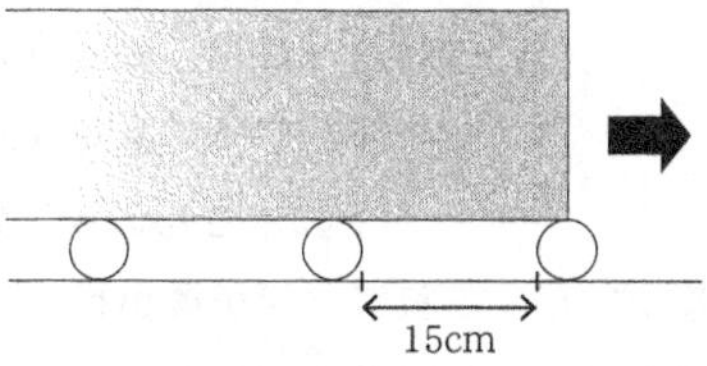

⑴　「㋔計算をして求めてみましょう」とありますが，**「待ちゴロ」の間を何㎝にすればよいか**，答えなさい。

⑵　**図６の状態から，箱の前面を７ｍ先まで動かしたいとき，「待ちゴロ」は少なくとも何本並べておく必要があるか**，答えなさい。

⑶　「コロ」の上に置いてあった箱は，段ボールでできていました。段ボールはボール紙とボール紙の間に波型の中芯《なかしん》がある，**図８**のような三層構造《さんそうこうぞう》をしています。段ボールには厚さが約４㎜のものと約５㎜のものがありますが，**厚さが約４㎜の段ボールの重さは，厚さが約５㎜の段ボールの重さに比べて，約何％軽くなるか，小数第２位を四捨五入《ししゃごにゅう》して**答えなさい。

　ただし，使われている中芯を伸ばした長さは**表**のとおりです。また，段ボールに使われているボール紙の重さと中芯の重さはそれぞれ１m^2あたり180ｇ，120ｇです。

図８　**段ボールの三層構造**

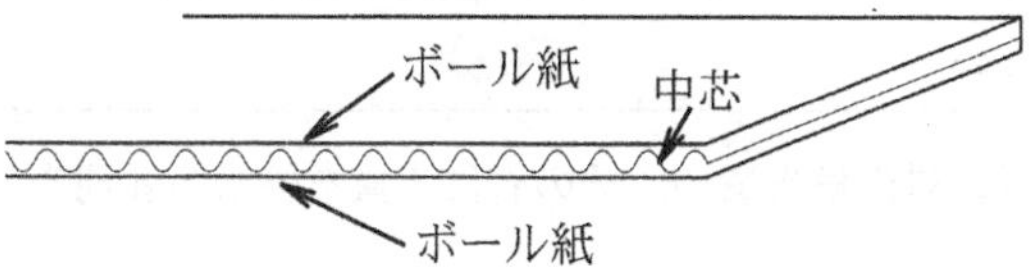

表

厚さ	段ボール１ｍに対して使われる中芯の長さ
約４mm	1.5m
約５mm	1.6m

＜宮城県古川黎明中学校＞

2 明《あきら》さんと黎《れい》さんは，総合的な学習の時間に「地域《ちいき》の歴史」について発表することになり，その調査のために校外学習へ出かけました。

次の１～３の問題に答えなさい。

1　明さんと黎さんは，地域の歴史を調べるために，古い資料をもっている鈴木《すずき》さんの家に行くことにしました。次の会話文はそのときのものです。あとの(1)～(3)の問題に答えなさい。

明 さ ん　鈴木さんの家に行くのに，白梅《しらうめ》公園の外周コースと遊歩道コースという２つの道があるけれど，どっちが近道かな。ぼくは，遊歩道コースはカーブが多くて遠回りな気がするから，外周コースの方が近道だと思うんだ。

図１

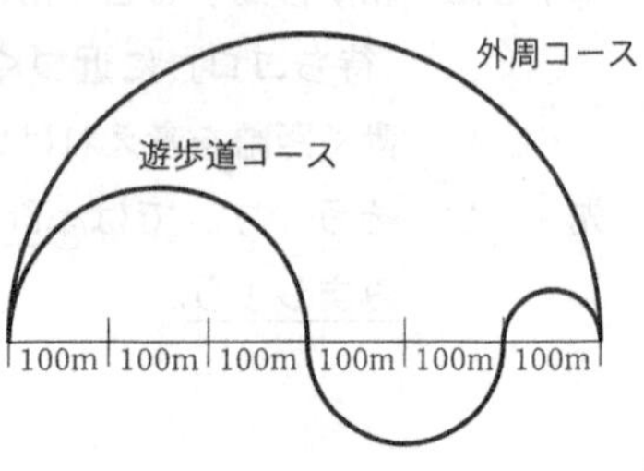

黎 さ ん　私は遊歩道コースの方が近道だと思う。外周コースは，鈴木さんの家とは違う方向に進んでいて遠回りのような気がするわ。㋐計算して確かめてみましょう。

－　鈴木さんの家に到着《とうちゃく》し，古い資料を見せてもらいました。　－

黎 さ ん　これには何が書かれているのですか。

鈴木さん　これは検地帳《けんちちょう》といって，江戸《えど》時代に行われた検地の結果が書いてあるんだよ。

明 さ ん　豊臣秀吉《とよとみひでよし》のことを授業で習ったときに検地についての話を聞きました。

鈴木さん　検地は㋑秀吉の行った代表的な政策《せいさく》のひとつとして知られているね。秀吉が行った検地は江戸時代にも受け継《つ》がれ，検地の結果をもとに百姓《ひゃくしょう》に年貢《ねんぐ》を納《おさ》めさせたんだ。この検地帳には，百姓に年貢を納めさせるためのいろいろな㋒情報が書かれているんだよ。

明 さ ん　そうなんですね。

(1)　「㋐計算して確かめてみましょう」とありますが，**下の □ のＡ～Ｃの中から正しいものを記号で１つ選び**，その理由を**図１**を利用して，**式と言葉**で答えなさい。

ただし，**図１**の外周コースは半円，遊歩道コースは半径の異《こと》なる３つの半円が並んだものとします。

Ａ　外周コースの方が近い	Ｂ　遊歩道の方が近い	Ｃ　どちらも同じ

(2)　「㋑秀吉の行った代表的な政策」とありますが，**資料**は秀吉のおもな政策をまとめたものです。**資料**の３つの政策に**共通するねらい**を答えなさい。

資料

・検地を行い，検地帳に登録した者の耕作権を認《みと》め，その者に年貢を納める義務を負わせた。
・百姓の一揆《いっき》を防ぐために，刀狩令《かたながりれい》を出して，百姓の武器を取り上げた。
・百姓が武士や町人《ちょうにん》になることを禁じた。

(3)「㋒情報」とありますが，年貢を納めさせるためには，どんな情報が必要だったと考えられますか，答えなさい。

2　明さんと黎さんは，鈴木さんの家から小学校へ帰る途中《とちゅう》で白梅公園を通りました。次の会話文は，そのときのものです。あとの(1)，(2)の問題に答えなさい。

黎さん　公園の中のまっすぐな道に1列に植えられている木は，町の職員の方とボランティアの方たちが植えたらしいわ。

明さん　知らなかったよ。長い道にきれいに並《なら》べて植えてあるね。

黎さん　そうなの。㋓等しい間隔《かんかく》で植えられているのよ。

明さん　そういえば，あそこに見える噴水《ふんすい》は，水の出方がおもしろいんだ。お父さんゾウとお母さんゾウと子どものゾウの3つの鼻からそれぞれ水が出るんだよ。この前調べてみたら，お父さんゾウは3秒間噴《ふ》き出した後に1秒間止まって，お母さんゾウは2秒間噴き出した後に1秒間止まって，子どものゾウは1秒間噴き出した後に1秒間止まるんだよ。同時に水が噴き出すこともあるんだ。ほら，今，3頭同時に噴き出したよ。

黎さん　本当ね。あっ，また3頭のゾウが同時に水を噴き出したわよ。

明さん　3頭のゾウが同時に水を噴き出すタイミングには，㋔規則性がありそうだね。

(1)「㋓等しい間隔」とありますが，**図2**のように，この道に1列に木を植えるには，端《はし》から端まで6mおきに植えるときと，9mおきに植えるときでは，必要な木の本数に20本の差が出ます。この道の端から端まで5mおきに1列に木を植えるとしたら，**何本の木が必要か**，答えなさい。

ただし，道の両端《りょうたん》にも木は植えるものとします。

図2

(2)「㋔規則性がありそうだね」とありますが，お父さんゾウとお母さんゾウと子どものゾウが同時に水を噴き出してから**1分間に，3頭のゾウが同時に水を噴き出している時間の合計は何秒か**，答えなさい。

3　明さんと黎さんは，校外活動の報告を先生にしたあと，科学部の活動に参加しました。次の会話文は，そのときのものです。あとの(1)～(3)の問題に答えなさい。

黎さん　先生，今日は何の実験をするんですか。

先　生　ここに異なる水溶液《すいようえき》の入っている，3つのビーカーがあります。この3つのビーカーには，「石灰水《せっかいすい》」，「食塩水」，「ミョウバンの水溶液」のどれかが入っています。どのビーカーに，何の水溶液が入っているか，見分ける方法について考えてみましょう。

明さん　どれがどれか見た目だけではわかりませんね。

黎さん　私は，㋕「石灰水」だけを見分ける方法を考えてみます。

明さん　では，ぼくは「食塩水」と「ミョウバンの水溶液」を見分ける方法を考えてみます。でも，どこから考えたらいいのかわかりません。

先　生　「食塩水」と「ミョウバンの水溶液」は20℃の水50mLに食塩やミョウバンを５ｇとかして，先生がつくったものです。それと，この表を見てください。これは，水50mLにとける，食塩とミョウバンの量と温度の関係を表したものです。

明さん　㋖先生のお話とこの表をヒントに考えてみます。

表　**水50mLにとかすことのできる，食塩とミョウバンの量と温度**

	0℃	20℃	40℃	60℃
食塩	17.8 g	17.9 g	18.2 g	18.5 g
ミョウバン	2.9 g	5.7 g	11.9 g	28.7 g

⑴　「㋕「石灰水」だけを見分ける方法を考えてみます」とありますが，「石灰水」，「食塩水」，「ミョウバンの水溶液」のうち，**「石灰水」だけを見分ける方法と，その結果からどのように見分けるのかを答えなさい。**

⑵　「㋖先生のお話とこの表をヒントに考えてみます」とありますが，**「食塩水」と「ミョウバンの水溶液」を見分ける方法**を答えなさい。

⑶　明さんは，60℃の水にミョウバン100ｇをとかそうと思いました。そのとき，**水は少なくとも何mL必要か，小数第１位を四捨五入《ししゃごにゅう》して答えなさい**。また，このときの**水の量の求め方**を説明しなさい。

平成29年度

仙台市立中等教育学校入試問題

【総合問題Ⅰ】（40分）　＜満点：60点＞

1　ゆうたさんは，社会科の授業で明治時代について学習しました。興味を持ったゆうたさんは，宮城県北部にある「みやぎの明治村」と呼ばれる登米《とめ》市に家族と行き，さまざまな建物などを見ながら，次のような会話をしました。

次の１，２の問題に答えなさい。

ゆうたさん　立派《りっぱ》な門のある建物だね。（**写真１**）

お父さん　ここは，明治初期の水沢県庁《みずさわけんちょう》庁舎で，登米市の文化財となっているんだ。明治時代には，宮城県北部にも県が置かれ，県令とよばれる，その土地を治める役人が派《は》けんされていたそうだ。

お母さん　それに，ア県令は，政府が任命していたみたいね。

ゆうたさん　こちらの建物も大きいね。外国の建物みたいだ。（**写真２**）

お父さん　ここは，旧登米高等尋常《じんじょう》小学校だ。社会全体が欧米諸国《おうべいしょこく》に追いつこうとした熱意を感じるね。イ世界遺産《せかいいさん》に登録された富岡製糸場ができたのは明治初期だよ。

お母さん　西洋風のものがよいという考え方は，生活や文化の面にも強くおよんでいたようね。

ゆうたさん　ウ「天は人の上に人を造らず」っていう言葉を，社会科の授業で勉強したよ。

お父さん　当時の人々にとって，新しい考え方がどんどん広がったようだね。

写真１　明治初期の水沢県庁庁舎

写真２　旧登米高等尋常小学校

（出典　登米市ホームページ）

1　下線部ア「県令は，政府が任命していた」とあります。その理由を説明しなさい。

2　下線部イ，ウと最も関係の深いものを，**Ａ群**，**Ｂ群**からそれぞれ１つずつ選び，記号で答えなさい。ただし，それぞれの記号は一度だけ使用することとします。

（**Ｂ群**は次のページにあります。）

Ａ群

① 殖産興業《しょくさんこうぎょう》　② 夏目漱石《なつめそうせき》　③ 廃藩置県《はいはんちけん》　④ 福沢諭吉《ふくざわゆきち》

B群

2 れいこさんは，仙台市に住む祖父母の家に家族で遊びに行き，さまざまな体験をしました。次の1～3の問題に答えなさい。

1　れいこさんは，祖父母の家に行くとちゅうでダムを見学しました。あとの(1)～(3)の問題に答えなさい。

(1)　ダムの上流で降った雨や雪が，私たちのもとへとどけられるまでの流れが紹介《しょうかい》されていました。図1のア～ウの組み合わせとして正しいものを1つ選び，①～⑤の番号で答えなさい。

図1

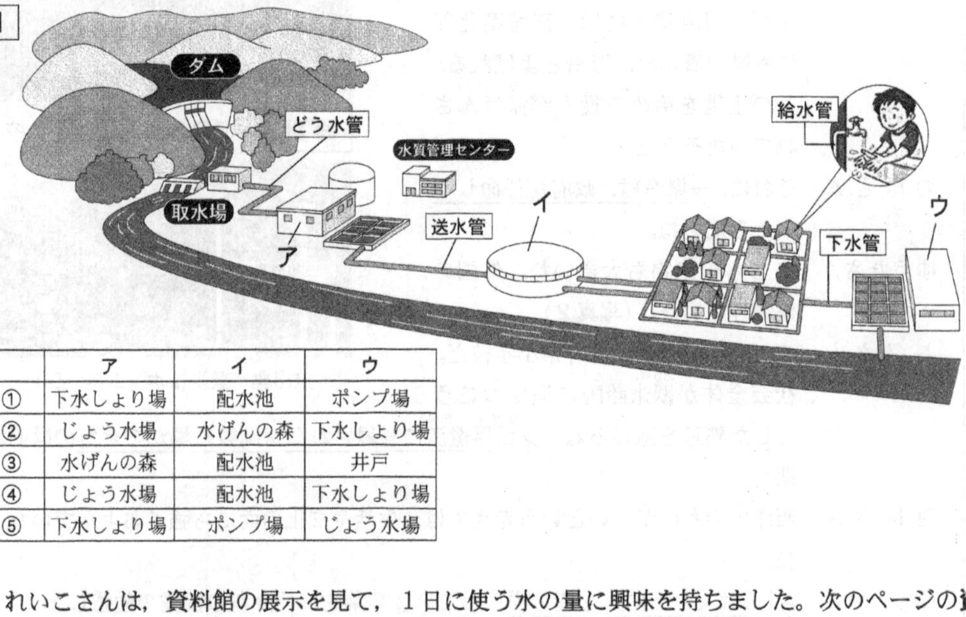

	ア	イ	ウ
①	下水しょり場	配水池	ポンプ場
②	じょう水場	水げんの森	下水しょり場
③	水げんの森	配水池	井戸
④	じょう水場	配水池	下水しょり場
⑤	下水しょり場	ポンプ場	じょう水場

(2)　れいこさんは，資料館の展示を見て，1日に使う水の量に興味を持ちました。次のページの**資料1**，**資料2**を見て，あとの①，②の問題に答えなさい。

①　平成27年度に，仙台市民一人が「家庭用」として1日に使った水の量は，約何Lになりますか。四捨五入《ししゃごにゅう》して上から2けたのがい数で求めなさい。

ただし，「家庭用」の水はすべて仙台市民が使ったものとし，その時の仙台市の人口は108万人とします。

②　れいこさんは1日に使われる水の量を知り，節水の大切さを考えました。**資料1**，**資料2**からわかることにふれながら，あなたができる工夫を具体的に答えなさい。

資料1　**仙台市で使われた水の量と使いみち（平成27年度）**

仙台市で１日に使う水の量は30万m³で，学校の25mプールでは約1200はい分になります。

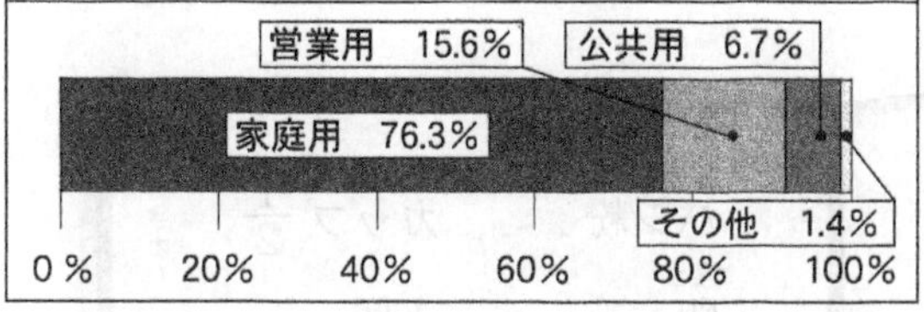

（出典　仙台市水道局）

資料2　**１日の水の使われ方の変化**

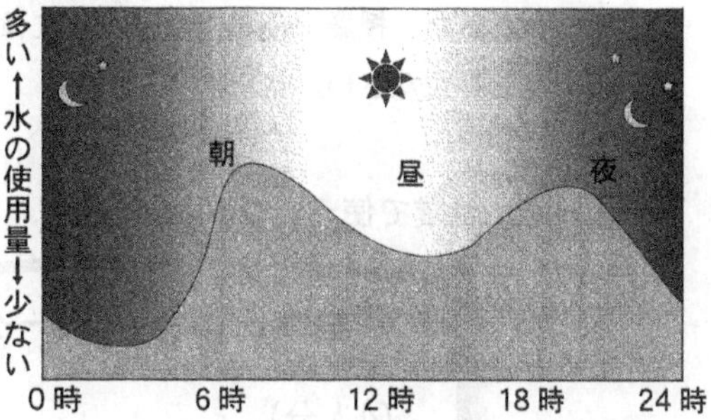

（出典　仙台市水道局）

(3)　資料館の実験コーナーでは，**図2**のようなふん水の実験をしていました。

資料館の係の人が，水を入れたフラスコに，ガラス管を通したゴムせんでふたをし，お湯の入った箱の底に着くように入れました。しばらくすると，フラスコの中の水がガラス管を通って，ふん水のように飛び出しました。

その実験を見ながら，れいこさんはお父さんと次のような会話をしました。会話の下線部に「最初の実験より水の勢いが強くなる方法はどれかな？」とあります。その方法としてふさわしいものを，**図3**から１つ選び，①～③の番号で答えなさい。また，その理由も説明しなさい。

れいこさん	確かにふん水のように，ガラス管から水が出てきたわよ。でも，ちょっと勢いが足りないわね。
お父さん	もっと勢いよく水を出す方法があるのだけど，わかるかな。
れいこさん	お湯の温度を高くすれば勢いが強くなると思うわ。
お父さん	確かにそうだね。でも，水の量を変えるだけで強くなるよ。たとえば，**図3**の中で，<u>最初の実験より水の勢いが強くなる方法はどれかな？</u>

図2

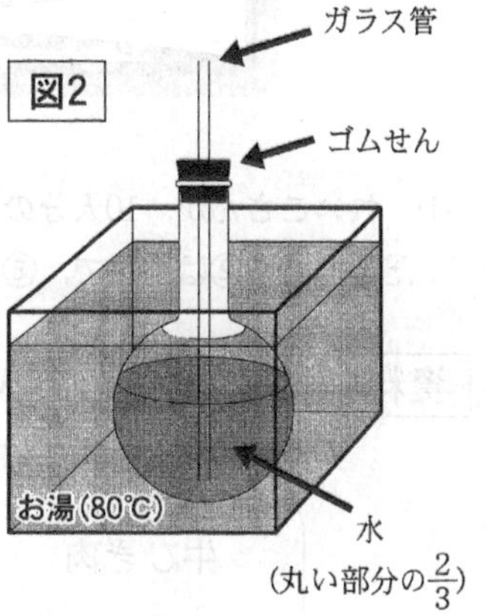

図3

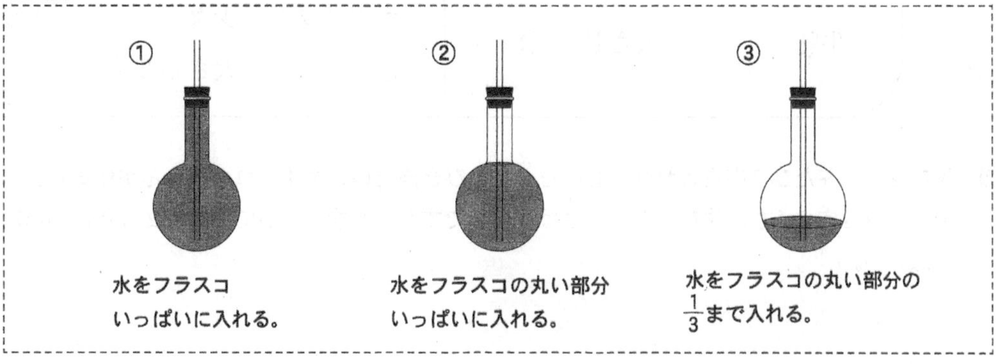

2　れいこさんは，家庭科の授業で作り方を習ったハンバーグを，祖父母の家でみんなのために作ることにしました。授業で使ったプリントには**資料3**のように分量が書かれていました。あとの(1)，(2)の問題に答えなさい。

資料3　授業で使ったプリント

おいしいハンバーグ

(4人分)

牛ひき肉	240 g
ぶたひき肉	100 g
たまねぎ	1個(200 g)
バター	20 g
牛乳《にゅう》	大さじ2
パン粉	カップ $\frac{1}{2}$
卵《たまご》	1個
塩	少々
こしょう	少々
ナツメグ	少々
油	大さじ1

(作り方)

………………

………………

(1)　れいこさんが，10人分のハンバーグを作るとします。**資料4**の材料メモを完成させなさい。ただし，①，②は整数で，③は分数で答えなさい。

資料4　**【ハンバーグ10人分の材料メモ】**

牛ひき肉	(①)g
ぶたひき肉	250 g
たまねぎ	$2\frac{1}{2}$個
バター	50 g
牛乳	大さじ(②)
パン粉	カップ(③)
卵	$2\frac{1}{2}$個
塩	少々
こしょう	少々
ナツメグ	少々
油	大さじ$2\frac{1}{2}$

(2)　牛ひき肉とぶたひき肉を合わせたものを，合いびき肉といいます。れいこさんが作るハンバーグの合いびき肉のうち，牛ひき肉の割合《わりあい》は約何%ですか。四捨五入して上から2けたのがい数で答えなさい。

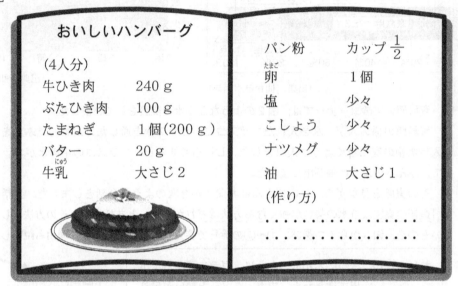

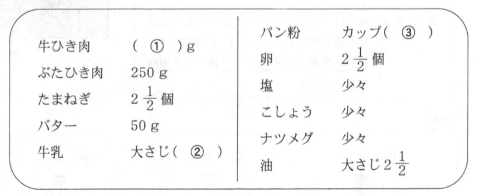

3　祖父母の家の台所にはってあった「ワケアップ！仙台」と書かれた**チラシ**が気になったれいこさんは，部屋にもどったあと，仙台市の「ごみ減量作戦」についておばあさんと次のような会話をしました。あとの⑴～⑶の問題に答えなさい。

チラシ　「ワケアップ！仙台」

（出典　仙台市ホームページ）

れいこさん　仙台市で１年間に出る家庭ごみの量はどれくらいなの？
おばあさん　資料を見ると，平成26年度は19.1万トンのようね。
れいこさん　平成23年度に家庭ごみが増えたのは，東日本大震災《ひがしにほんだいしんさい》があったからだね。
おばあさん　そうね。では，ア平成22年度と平成26年度の家庭ごみの量と人口の増え方を比べるとどんなことがわかるかな？
れいこさん　[　1　]
おばあさん　そうね。それでも，仙台市は「ごみ減量作戦」に取り組んでいるのよ。イおばあちゃんも，いろいろと工夫をしているのよ。
れいこさん　そうなの？どんな工夫をしているの？
おばあさん　たとえば，買い物に行く前には，[　2　]。もちろん，スーパーへ買い物に行く時は，[　3　]。それに，調理の後の片付けが大切なのよ。
家庭ごみを減らすためには，[　4　]。
れいこさん　そうなのね。わたしでもできることがありそうね。
おばあさん　こっちの資料を見て。私たちが「ごみ減量作戦」に取り組んでいくためには，仙台市と同じ100万人の人が住んでいたと言われている江戸のまちが参考になりそうね。ウ江戸に住む人々には，生活の工夫がたくさんあったそうよ。
れいこさん　仙台市が世界一美しいまちと言われるようになるといいね。私も家に帰ったら「ごみ減量作戦」に積極的に取り組んでいきたいな。

⑴　**下線部ア**に「平成22年度と平成26年度の家庭ごみの量と人口の増え方を比べるとどんなことがわかるかな？」とあります。[1] には，その質問に対するれいこさんの答えが入ります。次のページの**資料５**を見てその内容を答えなさい。

⑵　**下線部イ**に「おばあちゃんも，いろいろと工夫をしているのよ」とあります。[2] ～ [4] には，次の**あ**～**え**が入りますが，その組み合わせとして正しいものを１つ選び，①～④の番号で答えなさい。

あ　エコバッグを利用するわ
い　生ごみの水をしっかり切ってからしまつすることも大切なのよ
う　食事が楽しめるように，話すことや食べ方に気をつけているわ
え　むだなものを買わないように，家にある食品を確認しておくわ

	2	3	4
①	あ	う	え
②	え	あ	い
③	う	い	あ
④	え	い	う

(3) **下線部ウ**に「江戸に住む人々には，生活の工夫がたくさんあったそうよ」とあります。どのような工夫か，**資料6**，**資料7**を見て答えなさい。

資料5 仙台市の人口と家庭ごみの量

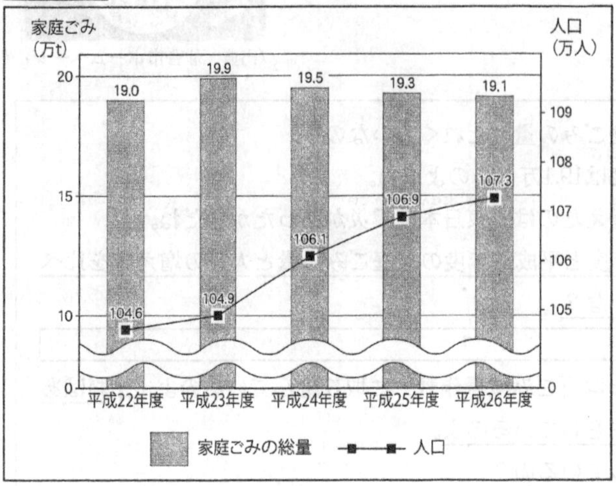

（出典　仙台市環境局）

資料6 ごみ減量のための3R《スリーアール》

○リデュース（Reduce）
ごみを減らすこと，出さないように工夫すること。
○リユース（Reuse）
物をくり返し使うこと。
○リサイクル（Recycle）
紙類など使いおわった物を再生資源《げん》として再び利用すること。

資料7 江戸時代にあった仕事

こわれた茶わんをつなぎ合わせるなどする職人

こわれたかさを買い取る職人

（出典　国立国会図書館　デジタルコレクション）

【総合問題Ⅱ】（40分）　＜満点：60点＞

1　仙台市に住むゆずるさんの家に，いとこのだいすけさんが連休を利用して一人で遊びに来ることになりました。初めて仙台に来るだいすけさんのために，仙台までの交通手段《しゅだん》について，家族で次のような会話をしました。次の１，２の問題に答えなさい。

ゆずるさん	連休中だから電車は混むかもしれないね。せっかくだから座《すわ》ることができるといいんだけど。電車以外の方法はないの？
お父さん	だいすけさんの家から一番近いＡ駅から発車する高速バスもあるから，時刻《じこく》表で調べてみよう。
お母さん	昼食は12時にお店を予約してあるから，その時刻に間に合うように仙台駅に着く方法を選んであげてね。
お父さん	電車は15分おきに，高速バスは25分おきに発車しているようだな。ア７時ちょうどに，電車も高速バスも同時に発車しているね。
ゆずるさん	早起きは大変だから，朝はゆっくり出発できたほうがいいよね。
お母さん	イ昼食の20分ぐらい前にとう着すると，時間に余ゆうができていいんだけど。
ゆずるさん	みんなで食べるお昼ごはんも楽しみだね。

１　下線部アに「７時ちょうどに，電車も高速バスも同時に発車しているね」とあります。この次に，電車と高速バスが同時に発車する時刻を答えなさい。

２　Ａ駅から仙台駅までの道のりは，電車でも高速バスでも160kmとし，電車は時速100km，高速バスは時速80kmで進むこととします。あとの⑴，⑵の問題に答えなさい。

⑴　７時ちょうどに発車した電車と高速バスが，それぞれ仙台駅にとう着する時刻を答えなさい。（ただし，とちゅうの駅に停車する時間や，信号で止まる時間などは考えないこととします。）

⑵　下線部イに「昼食の20分ぐらい前にとう着すると，時間に余ゆうができていいんだけど」とあります。11時40分に一番近い時刻で仙台駅にとう着するのは電車と高速バスのどちらですか。また，そのときの発車時刻を答えなさい。（とう着時刻は，11時40分を過ぎないこととします。）

2　テレビの気象情報を見ていたよしこさんは，夏の晴れた日の日中，図１のように海から陸の方へ弱い風がふきやすいことを知りました。よしこさんは，そのことについて，夏休みに友達と次のような話し合いをしました。あとの１～４の問題に答えなさい。

よしこさん	晴れた日には日光がよく当たるから，風向きには太陽が関係していると思うよ。
みつるさん	でも，海と陸のどちらにも日光が当たっているよ。
たかしさん	海と陸のあたたまり方が関係しているのかなあ。
よしこさん	じゃあ，海と陸のあたたまり方のちがいを調べてみようよ。

図１

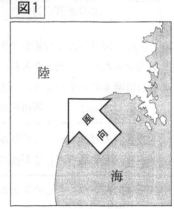

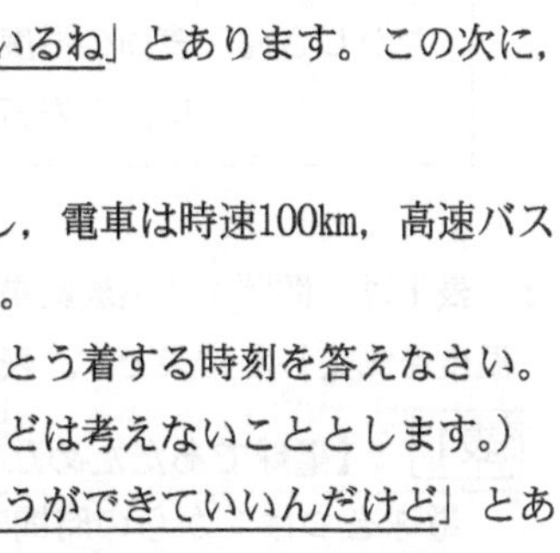

1　風のない実験室で，**図2**のように，岩石と水にそれぞれ同じ明るさの電球（白熱電球）の光を真上から当て，６分おきに表面の温度を測定しました。あとの(1)，(2)の問題に答えなさい。
〈注〉白熱電球とは，豆電球と同じ仕組みで光る照明用の電球のこと。

図2

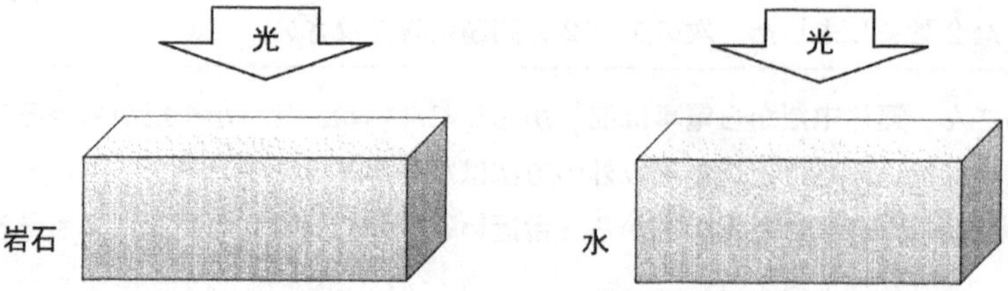

(1)　この実験で，岩石と水を，それぞれ何に見立てていますか。

(2)　３人は，岩石の表面と水の表面のあたたまり方を比べるための条件を話し合いました。だれの考えが正しいでしょうか，名前で答えなさい。

よしこさん	電球の光が真上から当たれば，岩石や水までのきょりはちがってもいいと思うわ。
みつるさん	水は光を通すから，電球から岩石の表面までのきょりと，電球から水の底までのきょりが同じじゃないとだめだよ。
たかしさん	表面の温度を測るのだから，同じきょりにするのは，電球から水面までと，電球から岩石の表面までだよね。

2　**表1**は，問題1の実験結果です。また，**表2**は，24分後に同時に電球を消し，６分おきに表面の温度を測定した結果です。**表1**，**表2**から，岩石のあたたまり方，冷め方を水と比べて答えなさい。

表1　【電球であたためたときの岩石と水の表面の温度変化】

電球をつけてからの時間（分）	0	6	12	18	24
岩石の温度（℃）	19.9	28.8	30.4	32.1	33.4
水の温度（℃）	20.0	24.3	25.3	25.7	26.3

表2　【電球を消してからの岩石と水の表面の温度の変化】

電球を消してからの時間（分）	0	6	12	18	24
岩石の温度（℃）	33.4	29.0	28.2	27.6	26.8
水の温度（℃）	26.3	26.2	26.0	25.8	25.4

3　次に，**図3**のような装置《そうち》で実験を行いました。ふたのついた水そうを仕切りで区切り，左側にはお湯を入れたビーカーを入れ，右側は線こうのけむりで満たします。仕切りを静かに上げると，けむりは**図4**の矢印のように動きました。（**図3**，**図4**は次のページにあります。）

たかしさんは，この理由を次のように考えました。

左側のビーカーから湯気が上っていたよ。湯気が上に移動する力が周りの空気を押し上げたから，右側からけむりが流れてきたんだ。

下線部のたかしさんの考えが正しいかどうか，同じ実験装置と手順で確かめます。装置に１つだ

け工夫を加えるとしたら，どんな工夫が必要ですか。また，その理由も答えなさい。

図3

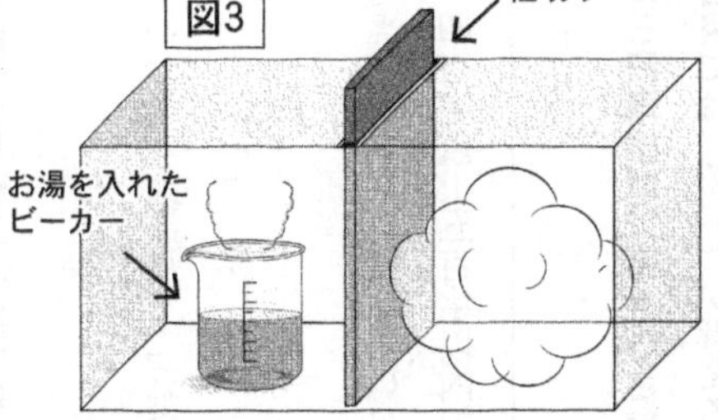

図4

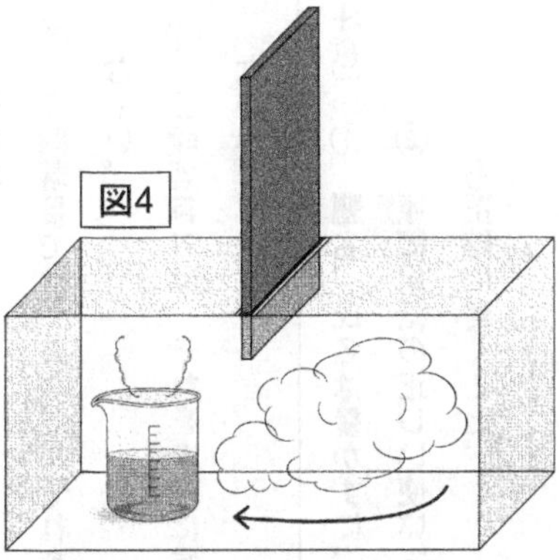

4　よしこさんたちが行った実験の結果をもとに，夏のよく晴れた日の夜には，風はどのような向きにふきやすくなるのか，理由とともに答えなさい。

3　太郎さんの兄は，数学が好きな仙台青陵中等教育学校の３年生です。その兄が，小学生の妹に，ひもを使いながら分数の表し方を教えていました。そのようすを見ていた太郎さんにも，兄から次の問題が出されました。

次の１，２の問題に答えなさい。

1　**図1**のように，長さが１mである１本のひもに，そのひもを３等分する点と４等分する点に印を付けると，全部で５個の印が付けられました。その印を左側から１番目，２番目，…，５番目と数えることとします。あとの(1)～(3)の問題に答えなさい。

図1

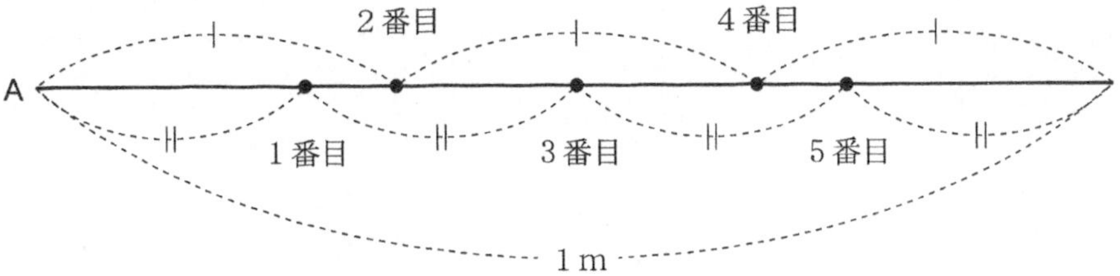

(1)　４番目の印から５番目の印までの長さは何mですか。

(2)　ひもの左はしAからの長さがちょうど$\frac{5}{12}$mの点は，何番目と何番目の印の間にありますか。

(3)　このひもを３等分する点で折り曲げ，ひものはしをつなぎ合わせて，**図2**のような正三角形をつくります。４等分する点とひものはしAを結んでできる四角形の面積は，全体の正三角形の面積の何倍ですか。

図2

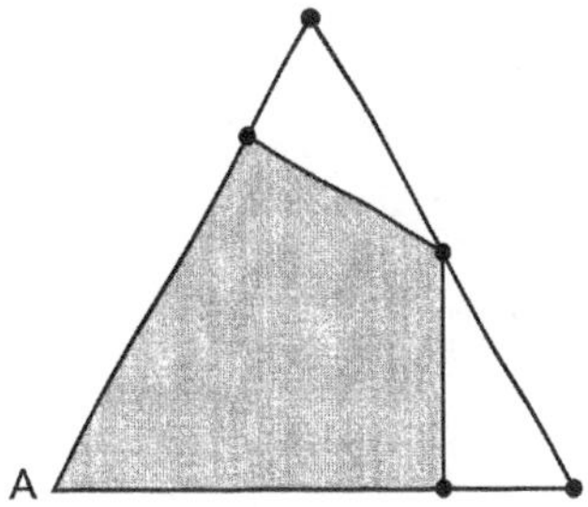

2　印が付いていない１本のひもに，そのひもを８等分，12等分，18等分する点をとりました。これらの点に印をつけたとき，印は全部で何個ありますか。ただし，印が重なったときは１個と数えることとします。

平成二九年度

宮城県仙台二華中学校入試問題

【作　文】〈四〇分〉〈満点：二五点〉

問題

あなたが考える「未来に残したい日本の良さ」とは何か、次の条件にしたがい、四百字以上五百字以内で書きなさい。

【条件】

① 作文は三段落構成で書きなさい。

② 一段落目では、あなたが考える「未来に残したい日本の良さ」を挙げなさい。

③ 二段落目では、あなたがそれを残したいと考えた理由を書きなさい。

④ 三段落目では、それを未来に残すために必要な手立てを書きなさい。

〔注意〕

① 題名、氏名は書かずに、一行目から書き始めること。

② 原稿《げんこう》用紙の正しい使い方にしたがい、文字やかなづかいも正確に書くこと。

平成二九年度

宮城県古川黎明中学校入試問題

【作　文】〈四〇分〉　〈満点：二五点〉

問題

「得意なことを伸《の》ばす」ことと「苦手なことを克服《こくふく》する」ことはどちらも大切です。どちらか一つを選び、あなたが体験の中で感じたり学んだりしたことをもとに、その大切さについて、四百字以上五百字以内で書きなさい。

〔注意〕

① **題名、氏名は書かずに、一行目から書き始めること。**

② **原稿《げんこう》用紙の正しい使い方にしたがい、文字やかなづかいも正確に書くこと。**

飼っている鳥の名前だった、ということもあるでしょう。「私」の家族のなかでは「美鈴」が鳥であることは常識ですが、他の人にとってはそうではありません。

　文章を書くときは、読み手には文字になって表れた情報しか伝わらないのだ、ということを常に意識することが必要です。

（岩波ジュニア新書『伝えるための教科書』川井龍介　著より）

〈注〉日常茶飯事……いつものことで、特に取り上げるまでもないこと。

平成二九年度 仙台市立中等教育学校入試問題

【作　文】（四〇分）〈満点：三〇点〉

問題

◎次の文章は、川井龍介《かわいりゅうすけ》さんの「伝えるための教科書」の一節です。この文章で、筆者は文章を書く時に注意すべきことは何だといっていますか。また、あなたは、書いたり話したりして人に何かを伝える時、どんなことを大事にしていますか。あなたの体験を交えながら書きなさい。ただし、文章は四百字以上五百字以内で、三段落《だんらく》構成で書くこととします。

文字にならないこと

みなさんは、新聞や雑誌の記事がどのようにつくられるか知っていますか。時間的に順を追っていくと、まず、記者が取材やインタビューをして記事を書きます。記者が書いた原稿《げんこう》はデスクといわれる役職にある人がチェックします。デスクは、読んでわかりにくいところはないか、不足している情報はないかを確認《かくにん》します。

記者は文章を書くプロですが、それでも何も直されずに一発でOKになることはまずありません。明らかに間違《まちが》っていたり、わかりにくかったりする箇所《かしょ》はデスクが直します。ただし、記事を読んだだけでは直せないことがあります。その場合は、書いた記者本人に「ここは、……というふうに書いてあるけど、どういう意味？」とか「ここの部分は何かが足りないんじゃないか」などと尋《たず》ねます。

この質問に対して、書いた記者は「この文章は、……という意味で書いたんです」とか、「言いたいことはこういうことなんですが、詳《くわ》しく書くと長くなるので省略しました」などと、自分の書いた記事について説明や言い訳《わけ》をすることになります。それを聞いたデスクが、修正したり、記事に欠けていた必要な情報を補《おぎな》ったりして記事を完成させます。

おそらく、記者は記事を書くとき、十分なことを伝えたつもりだったのですが、それが文章に的確に表れていなかったのでしょう。言い方を換《か》えると、自分のなかでは了解《りょうかい》されていた情報が、すべて文章として表せていなかったということです。

記事を書くプロでも、こうしたことが**〈注〉**日常茶飯事《にちじょうさはんじ》なのですから、ふつうの人が同じような問題にぶつかるのは当然です。

書き手は情報をたくさんもっている

どうしてこういうことが起こるのでしょうか。基本的に、書き手は読み手よりも多くの情報を持っています。例えば、あなたの家族のことを人に紹介《しょうかい》するとしましょう。「私の家族はみんな早起きです。父は毎朝五時に起きますが、母は四時に起きます。美鈴《みすず》はそれよりも早起きです」と言ったとき、読み手は「美鈴」というのは「私」の姉妹かしら、と想像したりしますが、実際は

MEMO

大切なことはメモしておこうネ！

平　成　29　年　度

解　答　と　解　説

《配点は解答欄に掲載してあります。》

＜宮城県立中学校　総合問題解答例＞

[1]　1　(1)　世界各国から訪《おとず》れるオリンピックに参加する選手たちが，選手村などへより短い時間で移動できるようにするため。

(2)　ア　1955年と1985年を比較すると，舗装道路の長さがのび，自動車の貨物輸送量が増えている。また，線路の長さはのびているが，鉄道の貨物輸送量は減っている。

イ　貨物を工場やお店などに輸送するとき，鉄道では，直接輸送できないが，自動車は，直接輸送できるという利点がある。

2　(1)　①

(2)　ア　太陽と月の位置関係が毎日少しずつ変わるので，太陽の光が当たって明るく見える部分が，少しずつ変わる。

イ　④

3　(1)　全部：　11　通り　　㋕のしき方：　4　通り

(2)　20

(3)　127　枚

求め方：それぞれの周でしきつめるのに使った工芸品の枚数《まいすう》は，1周目のときは6枚，2周目のときは12枚，3周目のときは18枚，…のようになっていて，□周目のときは□×6枚を使っていることになる。

だから，最初に置いた工芸品をふくめた，しきつめたすべての工芸品の枚数は，

$1+(1\times6)+(2\times6)+(3\times6)+(4\times6)+(5\times6)+(6\times6)=127$枚

《宮城県仙台二華中学校》

[2]　1　(1)　郵便局

(2)　ア

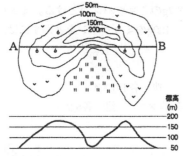

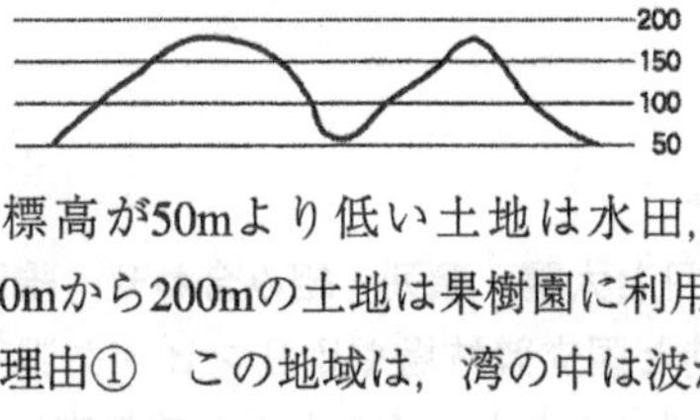

イ　標高が50mより低い土地は水田，標高が50mから100mの土地は畑，標高が100mから200mの土地は果樹園に利用されている。

(3)　ア　理由①　この地域は，湾の中は波が静かであるため，いかだなどを利用した養

殖に向いているから。

理由②　川の上流には森林があり，そこから流れ出た養分をふくんだ水が，川によって湾に運ばれることでカキなどが育ちやすいから。

イ　20900÷(116700＋20900＋16800＋29700)×360

(4)　方位磁針の針の色の付いた部分はN極であり，この部分の先が北を指すので，地球の北の方はS極となっていることがわかる。

(5)　1000円札　1　枚，　100円硬貨　1　枚，　50円硬貨　1　枚，　10円硬貨　0　枚，1円硬貨　3　枚

2　(1)　35　cm

(2)　17　本

(3)　約　2.2　%軽くなる。

○推定配点○

1　1(1)・(2)，2(2)　各6点×4　　3(3)　10点　　他　各4点×4

2　1(1)・(3)イ，2　各4点×5　　他　各6点×5

《宮城県古川黎明中学校》

2　1　(1)　記号：　C

理由：　円周率を3.14とすると，外周コースの長さは，(600×3.14)÷2＝942(m)

遊歩道コースの長さは，(300＋200＋100)×3.14÷2＝942(m)

よって，外周コースの長さと遊歩道コースの長さは同じだから。

(2)　身分の仕組みをつくり，百姓を農業などに専念させることで，年貢による収入を安定させる。

(3)　田畑の広さやそこから収穫《しゅうかく》される米などの生産高，耕作している人物についての情報が必要である。

2　(1)　73　本　　(2)　20　秒

3　(1)　3つのビーカーの水溶液に，ストローで息をふきこみ，水溶液が白くにごったものが石灰水である。

(2)　「食塩水」と「ミョウバンの水溶液」の入ったビーカーを同時に冷やしていき，とけていたものが先にでてきた方が「ミョウバンの水溶液」である。

(3)　水の量：　174　mL

説明：　60℃の水50mLには，28.7gのミョウバンがとける。ミョウバンのとける量は水の量に比例するので，100gのミョウバンをとかすには，50mL×(100g÷28.7g)の水が必要となる。

○推定配点○

1　1(1)・(2)，2(2)　各6点×4　　3(3)　10点　　他　各4点×4

2　1(1)，3(2)・(3)　各8点×3　　2(1)・(2)　各4点×2　　他　各6点×3

＜宮城県立中学校　総合問題解説＞

重要　1　（社会，理科，算数：日本の経済・産業，月と太陽，順列・組み合わせ，規則性をつかむ）

1　(1)　地図の首都高速道路は東京国際空港と国立競技場やオリンピック選手村を結んでいること，また首都高速道路を使うと早く移動できるということから首都高速道路が建設された理

由を考える。

(2) ア　鉄道と自動車の貨物輸送量などの変化がはっきりと読みとれるように1955年と1985年の数値を比べてみるとよい。

イ　自動車による貨物輸送の代表として，具体的に宅配便などの例を考えてみるとよい。

2 (1) ゆうこさんが8月10日午後7時30分に見た半月（上げんの月）は，正午ごろに東から出て，午後6時ごろ南の空の高いところに見え，真夜中に西にしずむ。したがって，午後7時30分では，南南西の方向の空の高いところに見えることになるので，月は8月6日午後7時30分に見た月に位置に比べて，①の方向に移動したことがわかる。

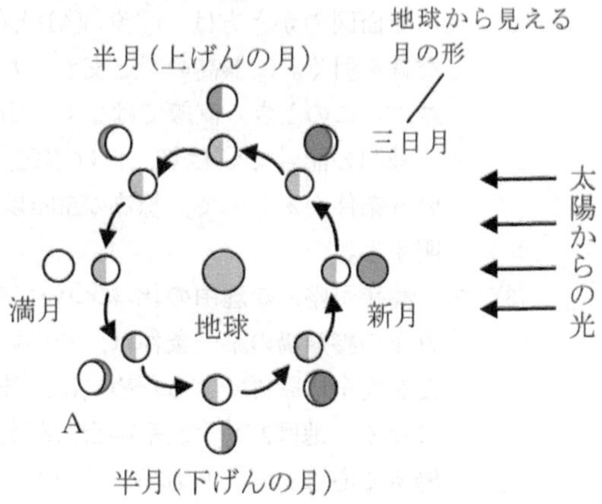

(2) ア　月は，地球の周りを1周している。そのため，地球から見ると，月と太陽の位置関係が毎日変化するため，月の形が変わっているように見える。つまり，月の位置によって，太陽の光が当たって明るく見える部分が変わるので，月の形が変わっているように見えるのである。下線部をまとめるとよい。

イ　月は，新月→三日月→半月（上げんの月）→満月→半月（下げんの月）→新月と形が変わって見える。おじいさんの言うように，月はおよそ1か月で地球の周りを1周するので，新月から新月までおよそ1か月かかる。新月から半月（上げんの月）までは，およそ7.5日，満月までおよそ15日，半月（下げんの月）までは，およそ22.5日かかる。したがって，8月10日の半月（上げんの月）から10日後では，図のAの月だと考えられる。したがって，④が正解である。

3 (1) 図6の3通りのしき方を，左からABCとする。図5の板6枚を用いて6畳の部屋へのしき方は，AA，AB，AC，BA，CA，BB，BC，CC，CBの9通りである。
さらに，図Ⓐのようなしき方もあるので，全部で11通りになる。また，㋕のようなしき方は，図Ⓐ以外にBCとCBのしき方があるので，全部で4通りになる。

図Ⓐ

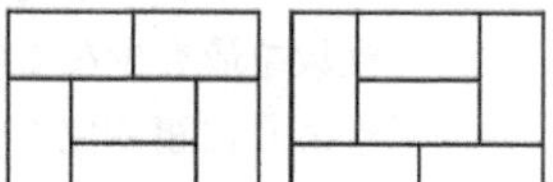

(2) 図Ⓑのような切り方をすると，最大で20の部分に分けることができる。「縦や横の辺と平行な直線にそって切る切り方」に注意する。

図Ⓑ

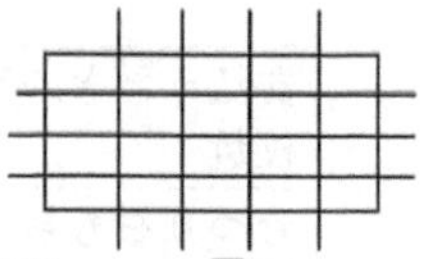

(3) 枚数の求め方のポイントは，図Ⓒのように，3周目まで正六角形をしきつめていく。そして，1周目（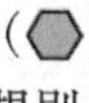），2周目（），3周目（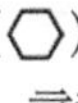）の数を数えて，増え方の規則をみつけることである。言葉と式を適切に使いながら説明していくことが大切である。

図Ⓒ

《宮城県仙台二華中学校》

やや難 **2** （社会，算数，理科：日本の地理，地域の経済・産業，磁石，割合など）

1 (1) 地図1は下の方向が南であり，右の方向が東であること，また，100mは縮尺では1cmであることに注意して，①～④の道順で進んでいく。地図記号も覚えておく。

(2) ア 断面図のかき方は，①直線ABと等高線が交わった点から，その標高の地点まで垂直な線を引く。②標高の線と交わったところに○印を付ける。③○印を付けた点をすべて結ぶ。このとき，直線ではなく，山や谷をイメージした曲線でかくように注意する。

イ 地図の記号で∨は畑，||は水田，ó は果樹園を表している。「標高に関連づけて」という条件があるので，標高が50m以下は水田というように，標高の数字を示しながら説明する。

(3) ア 養殖が盛んな理由の1つについて考えると，カキの成長にはカキいかだが必要である。カキの養殖場の第一条件は，そのいかだが安全に設置できる場所であること。カキいかだを安全に設置できるためには，波が静かでいかだが壊れにくく適度な潮の流れが必要になる。地図2の○で囲んだ地域は，気仙沼《けせんぬま》湾の中で，カキいかだが安全に設置できる場所であると考えられる。もう1つの理由については，地図2の河川の上流に着目する。上流には針葉樹や広葉樹の森がある。森でつちかわれた養分をふくんだ水が川から湾に流れこみ，カキを育てているのである。この2つの理由をわかりやすくまとめる。

イ Ⓐの全体に対する割合を求めると，その角度がわかる。式で答えるので，答えは出さなくてよい。全体の水揚げ量は，116700＋20900＋16800＋29700…①，Ⓐの割合は，20900÷①…②，この値の円に対する割合は，②×360…③。①，②，③を一つの式にまとめるとよい。

(4) 磁石の性質とは，2つの磁石を近づけたとき，同じ極どうしはしりぞけ合い，ちがう極どうしは引き合うという性質である。このことから，地球の北の方の極についてわかることを説明する。

(5) 「おつりは最も少ない枚数でもらう」ということに着目し，おつりを500円硬貨や5円硬貨でもらうような支払い方を考えるとよい。さらに，おつりをもらった後の財布の中の硬貨の枚数を最も少なくできるようにするために，支払い方は枚数の多い100円硬貨や1円硬貨を使うように組み立てる。すると，1153円で支払うと，おつりは505円になる。表にまとめると次のようになる。

	1000円札	500円硬貨	100円硬貨	50円硬貨	10円硬貨	5円硬貨	1円硬貨
支払うときの残りの枚数	0枚	0枚	1枚	0枚	1枚	0枚	0枚
おつりをもらった後の財布の中の枚数	0枚	1枚	1枚	0枚	1枚	1枚	0枚

表より，おつりをもらった後の財布の中の硬貨の枚数は4枚となるので，これが最も少ない枚数と考えられる。

2 (1) 図にかいて考えてみよう。

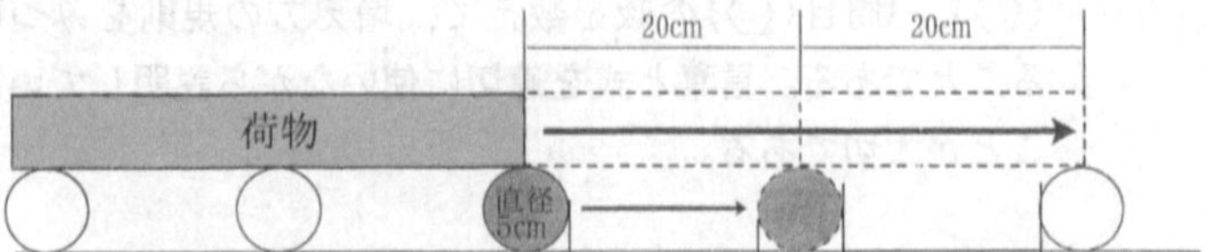

「箱が動く距離の半分しか『コロ』は動かない」と言う先生の言葉に着目する。図のコロAがコロⒶの位置に移動するまで

に動く距離は，「コロ」と「コロ」の間かくは15cmなので，コロの中心から20cmである。また，箱の動く距離は40cmである。そして，図のコロAがコロⒶの位置に移動したときに，「待ちゴロ」が箱の下のコロになっている。したがって,「待ちゴロ」の間は，15＋5＋15＝35(cm)にすればよいことになる。

(2)「待ちゴロ」の間は，(1)より35cmである。箱の前面を図6の状態から7m先まで動かしたいのだから，間の長さを35＋5＝40(cm)とする。7m＝700cmで700÷40＝17.5となる。したがって，並べる本数は少なくとも17本必要である。

(3) 厚さが約4mmの段ボールも厚さが約5mmの段ボールも1m^{2}をもとにして考える。厚さが約4mmの段ボールの中芯の面積は1.5m^2。重さは，1.5×120＝180(g)。上下のボール紙の重さは180×2＝360(g)。合わせて，540gである…①。また，厚さが約5mmの段ボールの中芯の面積は1.6m^2。重さは，1.6×120＝192(g)。上下のボール紙の重さは180×2＝360(g)。合わせて，552gである…②。　②－①＝12(g)。この12gの重さの割合は，12÷552×100＝2.17…(%)で，小数第2位を四捨五入して，2.2%軽くなる。

《宮城県古川黎明中学校》

重要 **2**（算数，社会，理科：平面図形，植木算，日本の文化・歴史，もののとけ方など）

1 (1) 外周コースの長さも遊歩道コースの長さも，直径×3.14÷2で求めて，その長さを比べるとよい。

(2) 資料の3つの政策に共通するねらいは，2つある。1つは，支配であり，武士と農民の身分をはっきり区別させ，武士を支配者とする身分の仕組みをつくること。もう1つは，安定であり，百姓が一揆などを起こして反抗するのを防ぎ，農業に専念させ，確実に年貢を取りたてることである。この2つをまとめる。

(3) 年貢を納めさせるために必要な情報は，田畑に関する情報とその田畑を耕作している人物の情報である。それぞれの情報を具体的に説明する。

2 (1) まず，6mおきに植える場合の本数と9mおきに植える場合の本数の差からこの道の長さを求める。この道の長さを□mとすると，端から端まで木を植えるので，$\left(\frac{□}{6}+1\right)-\left(\frac{□}{9}+1\right)=20$という式が成り立つ。これを解くと，$\frac{□}{6}-\frac{□}{9}=20$　$\frac{□}{18}=20$　□＝360となる。この道の長さは360mなので，5mおきに木を植える場合に必要な本数は，端から端まで木を植えるので，360÷5＋1＝73(本)となる。

(2) 図のように表して考えてみる。▬の部分が，3頭のゾウが同時に水を噴き出す部分である。12秒までは，合計4秒あることがわかる。12秒よりあとは，同じことのくり返しなので，1分間では，60÷12×4＝20(秒)となる。

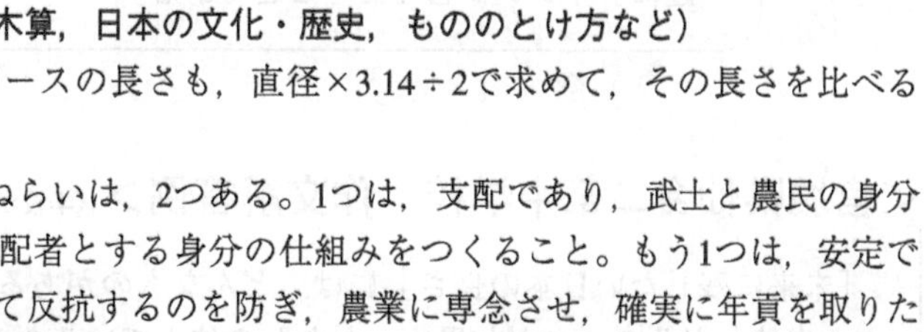

3 (1) 石灰水に二酸化炭素を通すと白くにごるという性質を利用する。解答例以外では，「石灰水だけはアルカリ性なので，3つのビーカーの水溶液に，赤色リトマス紙を入れて青色に変化したものが石灰水である。」という答えもある。

(2)「先生のお話とこの表をヒントに」ということなので，リトマス紙を使うのではなく，温度によるとけ方に着目して考える。とけているものが何であるかを知るためには，水溶液を冷やす方法と水をじょう発させる方法がある。水溶液を冷やす場合は，水の温度によってとけ方が大きく変わるミョウバンのほうが食塩より早くとけているものが出でくるので，「ミョウバンの水溶液」だとわかる。水溶液を熱する場合は，水だけがじょう発して，とけていたものがとけきれなくなって出てくるが，「食塩水」の場合は，とう明な立方体，「ミョウバンの水溶液」の場合は，とう明な正八面体の形をしているので区別できる。

(3)　表より，60℃の水50mLにとかすことのできるミョウバンの量は28.7gであることと，ミョウバンがとける量は，水の量に比例することにポイントに置いて説明する。式も利用する。

★ワンポイントアドバイス★

社会，算数，理科とさまざまな範囲から問題が出されている。文章で考えや答えの求め方を説明する問題が多い。また，算数の問題は，一つずつ計算していく作業型の問題も目立ち，集中力が必要である。しかし，しっかりした基そ力があれば解ける問題なので，落ち着いてのぞめるように，基そ力をつけ，いろいろな問題にチャレンジしておくことである。

＜宮城県仙台二華中学校　作文解答例＞《学校から解答例の発表はありません。》

「未来に残したい日本の良さ」には，どんなものがあるだろうか。わたしは，「四季のある豊かな自然」がその一つだと思う。わたしの住んでいるところは，山や野原があり，きれいな川も流れていて，風景はとても美しい。その美しい風景は，春夏秋冬いろいろな変化を見せる。日本のあちこちに残っている，こうした美しい風景は，日本の宝だ。

わたしが，こうした日本の豊かな自然を残したいと考えるのは，自然は一度消えてしまったら簡単には元にもどらない，大切なものだからだ。学校で教わったが，自然を支えているのは，生き物のつながりだという。そして今，その生き物のつながりが消えかけていて，それが自然破かいにつながっている。もしこのまま自然破かいが進んでしまったら，日本は大切な宝をなくしてしまうことになる。

自然を未来に残すためには，わたしたち一人一人が「自然を守ろう。」という気持ちを持つことが大切だ。山や川をよごさないよう，気をつけなければいけない。たとえば，「ごみをむやみに捨てない。」や「空きかんのリサイクルをする。」というような気持ちを持つことが大切だ。こうした身近なことが，自然を守り，未来に残すことにつながるはずだ。

○配点○

25点

＜宮城県仙台二華中学校　作文解説＞

(国語：テーマ型　意見文を書く)

提示された問題について指定の段落構成にしたがい，自分の意見を述べる問題。自分の意見を，指定された構成に沿ってまとめ，論理的に書く力が求められる。

「未来に残したい日本の良さ」というテーマについて，指定された「条件」にしたがって書く。「条件」の①～④は，全て段落に関する指定である。第一段落には「未来に残したい日本の良さ」，第二段落には「それを残したいと考えた理由」，第三段落には「それを未来に残すために必要な手立て」を書くよう指定されているので，そこからずれないよう注意して書くこと。このように文章の構成があらかじめ指定されている場合，自分で構成を考える苦労はないが，指定からはずれた構成となってしまうと評価が下がるので十分に注意したい。単に段落の数だけではなく，それぞれの段落に書く内容もきちんと守ること。また，各段落の分量が大きく偏らないよう注意する。

第二段落では「それを残したいと考えた理由」を書くが，理由を述べる述べ方として「なぜなら～からだ。」という型があることは，意識しておきたい。解答例では，この型を少し変えた述べ方となっている。ただし，必ずしも「～から」という言葉を使う必要はない。

第三段落の「それを未来に残すために必要な手立て」については，ある程度具体的に書くほうが望ましい。解答例では，はじめに「わたしたち一人一人が『自然を守ろう。』という気持ちを持つことが大切だ。」と原則を述べた上で，それを説明して「ごみをむやみに捨てない。」「空きかんのリサイクルをする。」といったより具体的な記述を行っている。

★ワンポイントアドバイス★

むずかしい漢字を無理に使う必要はない。小学校で習っていない漢字は，ひらがなで書いてかまわない。

＜宮城県古川黎明中学校　作文解答例＞《学校から解答例の発表はありません。》

わたしは小学校三年生のころまで，年上の人と話をすることが苦手だった。近所の人に会ったときも，あいさつはできるが，話しかけられても上手な受け答えができなかった。でも，四年生のとき，校長先生のされた「いろいろな人と会話をすることが，はば広い人格を作るのに役立つ。」というお話を聞いてから，「このままではいけない。」と，強く思うようになった。それからは，年上の人とお話をする機会があれば，できるだけ積極的に自分から話しかけるよう，自分なりに努力した。その結果，今ではかなり自然に会話ができるようになったと思う。

わたしがこの経験から学んだことは，人は努力すれば変わることができる，ということだ。もちろん，どんなことでもできるというわけではない。けれども，努力を積み重ねることで，少しずつでも自分を良い方向に変えることができる。「わたしはこれが苦手だ。」と思いこんだまま何もしないと，成長はない。成長は，「苦手なことを克服しよう。」という気持ちから始まるのだ。

だから，「苦手なことを克服する」ことは，とても大切だ。それは，自分をよい方向に変える，一つのきっかけだからだ。

○配点○

25点

＜宮城県古川黎明中学校　作文解説＞

（国語：テーマ型　意見文を書く）

問題で示された二つのテーマのうちから一つを選び，それについて，体験をふまえて意見文を書く問題。問題で問われていることを把握し，テーマに沿って論理的に文章を書く力が問われる。

まず，問題で要請されていることをきちんと把握する必要がある。この問題では「『得意なことを伸ばす』ことと『苦手なことを克服する』こと」という二つのテーマのうち「どちらか一つ」を選んだ上で，自分の体験から「感じたり学んだりしたこと」をもとに「その大切さ」について述べるよう，要請されている。二つのテーマのうち，どちらを選んで書いてもかまわない。ただし，両者のうちどちらがより大切か，という点について述べるものではない点に注意が必要。問題では「どちらも大切」と書かれているので，たとえば「得意なことを伸ばすことの方が，苦手なことを克服することよりも大切だ」といった，両者を比較して片方を重視するような文章は求められていない。

段落に関する指定はないが，この程度の字数の場合，二段落から四段落程度で構成するのが望ましい。解答例は，「①体験・②自分の意見・③まとめ」という三段落構成となっているが，必ずしもこのようである必要はない。たとえば「①自分の意見・②体験・③体験から学んだこと・④まとめ」のような構成で書いていてもよい。体験を書いた部分と自分の意見を書いた部分の分量のバランスをとるようにする。ほぼ全てが体験の説明に終始していて自分の意見が一文で終わる，あるいはその逆，といった極端な構成は，望ましいとは言えない。

★ワンポイントアドバイス★

「原稿用紙の正しい使い方」を守って書くこと。特に，段落を新しくするとき，一マス下げるのを忘れないようにする。

＜仙台市立中等教育学校　適性検査Ⅰ解答例＞

1　1　政治の方針を日本中に確実に広げるため。

2　イ

A群	①
B群	い

ウ

A群	④
B群	あ

2　1　(1)　④

(2)　①　約　210　L

②　家庭用として使われる水の量が最も多く，また，一日の中でも朝や夜の使用量が多いことから，洗面や入浴の時に水を出しっぱなしにしないようにする。

(3)　方法　③

理由　フラスコ内の空気の量を増やすと，その分あたためられた空気の体積変化が大きくなり，水を押す力が強くなるから。

2　(1)　①　600　g　②　5　③　$1\frac{1}{4}$

(2)　約　71　%

3　(1)　家庭ゴミが増えた割合よりも人口が増えた割合の方が高いので，市民1人が出すごみの量は減っていることがわかる。

(2) ②

(3) 資源として使えるものを再利用したり，壊れたものを修理するなどして，ごみを出さないようにしていた。

〇配点〇

1 1 5点 他 各2点×4

2 1(1)，2(1)②，3(2) 各3点×3 2(1)①・③ 各4点×2 他 各5点×6 計60点

＜仙台市立中等教育学校 適性検査Ⅰ解説＞

重要 1 （社会：日本の文化・歴史）

1 明治の新しい政府は，県令を任命することで，方針を日本中に広め，全国の土地や人民を支配しようとしたのである。解答例と同じ内容であれば正解である。

2 イ 殖産興業とは，明治政府の近代産業の育成をすすめる政策のこと。その一環として，民間に近代産業を広めるために政府が経営する工場をつくったのである。富岡製糸場は，その代表的なもので，フランスの新しい技術を取り入れた。B群の「い」は，その内部の様子である。働く女性は，強制的に集められ，安い賃金，そまつな寄宿舎の食事で働かされたが，初期のころは，労働環境は良かった。

ウ 「天は人の上に人を造らず」という言葉は，福沢諭吉が著した「学問のすすめ」の中の一節。この本は，個人の自主独立と実際に役立つ学問の尊重をとなえている。

やや難 2 （社会，算数，理科：くらしと水，環境問題・ごみ，割合の計算，空気の性質など）

1 (1) 図1では，「ア」の上部にダムがあり，取水場があるので，「ア」はじょうすい場である。「イ」には送水管がつながり，各家庭にもつながっているので，配水池である。「ウ」には下水管がつながっているので下水しょり場である。よって，④が正解。確実なところから先に決めていくのもよい。

(2) ① 家庭用で使われた水の量を求めると，300000×76.3÷100＝228900(m^3)となる。仙台市民一人が1日に使った水の量は，228900÷1080000＝0.211…→0.210(m^3)。1L＝0.001m^3なので，0.210÷0.001＝210(L)となる。

② 資料1からわかることは，家庭用に使われる水が最も多いこと，資料2からわかることは，1日の中では，朝や夜に使用量が多いことである。こうしたことにふれながら，節水の工夫を具体的に答える。ほかの工夫としては，洗たくにはふろの残り湯を使う，食器を洗うときは洗ざいを使いすぎない，などもある。

(3) 空気は，あたためられると体積が大きくなるという性質をもっている。そのため，とじこめられた空気はおす力が大きくなっていく。

2 (1) 「授業で使ったプリント」での分量は4人分なので，10人分用に計算する。① 240×2＋120(g) ② 2×2＋1＝5 ③ $\frac{1}{2}\times 2+\frac{1}{4}=1$と$\frac{1}{4}$ となる。

(2) 合いびき肉は，600＋250＝850(g)あるので，そのうち牛ひき肉の割合は，600÷850×100＝70.58…→71(%)となる。

3 (1) 1 の後のおばあさんの「そうね。それでも，…『ごみ減量作戦』に取り組んでいるのよ」という言葉につながるような内容を考える。資料5の平成22年度と平成26年度のごみの

量を比べるとわずかに平成26年度は増えているが，人口は平成26年度のほうが約3万人も増えている。つまり，人口の増える割合に比べてごみの増える割合は低いことがわかる。そこで，解答例のように，市民1人が出すごみの量は減っていることがわかるとまとめれば，次のおばあさんの言葉につながる。

(2) [2] の直前の「買い物に行く前には」という言葉から，「え」が入る。[3] 直前の「買い物に行く時は」という言葉から，「あ」が入る。[2] と [3] を混同しないように。[4] の直前の「家庭ごみを減らすためには」という言葉から，「い」が入る。よって，②が正解である。

(3) 資料7の左の絵の「こわれた茶わんをつなぎ合わせるなどする職人」から，修理して使えるようにして，ごみを出さないように工夫していることがわかる。また，右の絵の「こわれたかさを買い取る職人」から，修理して使えるようにしたり，材料を再生資源として再び利用するなどしてごみを減らす工夫していることがわかる。この内容を簡潔にまとめる。

★ワンポイントアドバイス★

算数，理科，社会のさまざまな範囲から出されている。算数，理科は基そ問題ばかりだが，社会は知識がないと解けない。4年からの授業の総復習が必要だ。

＜仙台市立中等教育学校　適性検査Ⅱ解答例＞

[1] 1　8時15分

2 (1) 電車　8時36分　　高速バス　9時

(2) どちらか　電車　　発車時刻　10時

[2] 1 (1) 岩石　陸　　水　海

(2) たかし　さん

2 岩石は，水よりあたたまりやすく，冷めやすい。（岩石は，水より冷めやすく，あたたまりやすい。）

3 工夫　ビーカーにふたをする。

理由　湯気が上に移動しないようにするため。

4 風の向き　陸から海に向かって，風がふく。

理由　夜は日光が当たらないので，冷めにくい海の方が陸よりも温度が高くなるから。

[3] 1 (1) $\frac{1}{12}$ m

(2) 2　番目と　3　番目の印の間

(3) $\frac{3}{4}$ 倍

2 27　個

○配点○

[1] 1 4点　　他　各5点×3

[2] 1　各3点×2　　他　各5点×3

[3] 各5点×4　　計60点

＜仙台市立中等教育学校　適性検査Ⅱ解説＞

重要 [1] （算数：整数の性質，単位量の計算）

1　15と25の最小公倍数を求めると75になる。7時から75分後だから，8時15分になる。

2 (1)　電車の時速は100kmなので，かかる時間は160÷100＝1.6となり1時間36分かかる。したがって，とう着時刻は，8時36分。高速バスの時速は80kmなので，かかる時間は160÷80＝2となり2時間かかる。したがってとう着時刻は，9時。

(2)　電車は，15分おきに発車しているので，15×12＝180(分)で，(1)の8時36分の3時間後の11時36分に仙台駅にとう着する電車があることがわかる。また，高速バスは，25分おきに発車しているので，25×6＝150(分)で，(1)の9時の2時間30分後の11時30分にとう着する高速バスがあることがわかる。電車も高速バスもこの時間が11時40分を過ぎずに一番近い時間になる。したがって，電車の方が条件に適している。発車時刻は，(1)より11時36分より1時間36分前になり，10時となる。

[2] （理科：雲・天気の変化）

1 (1)　海と陸のあたたまり方の実験をしていることから判断できる。

(2)　岩石と水の表面のあたたまり方を比べるのだから，電球からそれぞれの表面までのきょりは同じにしなければならない。

2　表1より，岩石は1日で13.5°も温度が上がっているのに対して，水は6.3°しか上がっていない。また，表2より，岩石は1日で6.6°ほど温度が下がっているのに対して，水は0.9°しか下がっていない。このことからわかることをまとめる。

3　湯気が上に移動することが原因と考えているので，そのことが起こらないようにする方法を考える。

4　陸地は海水よりも冷めやすいので，夜は陸の気温が海水よりも低くなって陸の気圧が高くなり(図4の右側の状態)，陸から海に向かって風(陸風《りくふう》)がふくのである。「冷めにくい」，「冷めやすい」という言葉を使い，風はどちらの方向に向かってふくかを説明する。なお，昼間は，逆に海から陸に向かって風(陸風)がふく。昼間は，陸の気温が海の気温より高くなって，陸の気圧が低くなるからである。

やや難 [3] （算数：整数，分数，平面図形）

1 (1)　4番目は右から$\frac{1}{3}$，5番目は右から$\frac{1}{4}$の位置なので，長さは，$\frac{1}{3}-\frac{1}{4}=\frac{1}{12}$(m)となる。

(2)　1番目の点はAからの長さが全体の$\frac{3}{12}$m，2番目の点は$\frac{4}{12}$m，3番目の点は$\frac{6}{12}$mなので，$\frac{5}{12}$mの点は，2番目と3番目の印の間にあることになる。

(3)　右の図の三角形㋐(全体の正三角形の半分)と㋑の面積を求めてその大きさを比べる。AからCまでの長さは$\frac{4}{12}$m，BからCまでの長さは$\frac{1}{12}$m，BからDまでの長さは$\frac{3}{12}$mである。Bの角度は90度である。㋐の面積は，$\frac{4}{12}\times\frac{3}{12}\times\frac{1}{2}=\frac{1}{24}$($m^2$)。㋑の面積は$\left(\frac{4}{12}-\frac{1}{12}\right)\times\frac{3}{12}\times\frac{1}{2}=\frac{1}{32}$($m^2$)となる。したがって，四角形の面積は，全体の正三角形の面積の$\frac{1}{32}\div\frac{1}{24}=\frac{3}{4}$(倍)になる。

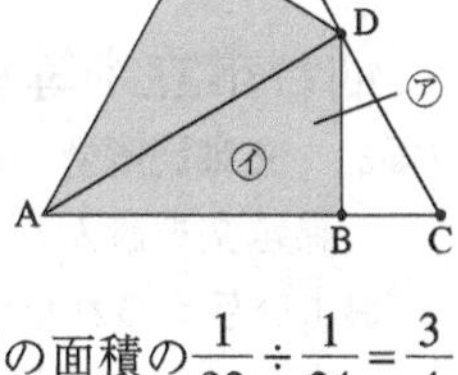

2　8，12，18の最小公倍数は72である。全体に対するひもの左はしからの長さは下のようになる。この中で，○の付いた数字は印が重なったものなので数えない。

8等分	9	18	27	36	45	54	63										
12等分	6	12	○18	24	30	○36	42	48	○54	60	66						
18等分	4	8	○12	16	20	○24	28	32	○36	40	44	○48	52	56	○60	64	68

印の数を数えると，7＋8＋12＝27(個)となる。

★ワンポイントアドバイス★

算数と理科で構成されている。算数は短時間で問題を解く集中力が必要だが，基そ知識がしっかりついていればだいじょうぶだ。

＜仙台市立中等教育学校　作文解答例＞(学校からの解答例に発表はありません。)

　この文章の筆者は，「文章を書く時に注意すべきこと」として，「読み手には文字になって表れた情報しか伝わらないのだ，ということを常に意識すること」を挙げている。言いかえると，「あることを文章で伝えるときには，必要な情報をもらさないようにすることが大切だ。」ということだ。

　同じことは，会話についても言えるだろう。この間，妹とテストについて会話したとき，なかなか話が通じなくて，こまったことがあった。わたしはじゅくのテストの話をしていたのに，妹は学校のテストだと思いこんでいたのだ。つまり，「聞き手には言葉になって表れた情報しか伝わらない。」ということを，わたしが忘れていたために，妹がかんちがいしてしまったのだ。これは，「必要な情報」を伝えていなかったために起きた失敗だ。

　このことがあってからは，わたしは，「話したり書いたりするとき相手の立場を考えること」を大事にするよう心がけている。この文章にもあるように，自分が常識と思っていることを相手は知らないかもしれない。それで，おたがいがかんちがいをしてしまうのだ。それを防ぐには，書いたり話したりする前に，一度相手の立場になってみることが大切だ。

○配点○

　30点

＜仙台市立中等教育学校　作文解説＞

(国語：文章読解型　意見文を書く)

　課題文を読んだうえで，体験をふまえた意見文を書く問題。課題文の筆者の主張を捉える力，および与えられたテーマに関する自分の意見を，体験をふまえて論理的に書く力が求められる。

　まず，文の筆者の考えを端的にまとめ，次に「書いたり話したりして人に何かを伝える時，どんなことを大事にしているか」というテーマについて，体験を交えて自分の考えを述べる。字数指定は必ず守ること。また，「三段落構成」で書くようにとの指定をきちんと守って書くことが大切である。その際，単に形式的に段落を作るのではなく，それぞれの段落にあるまとまった内容を盛り込むよう，文章を意識して組み立てるようにする。解答例では，「①筆者の考え・②自分の体験・③自分の考え」という構成になっているが，「①筆者の考え・②自分の体験と考え・③まとめ」や「①筆者の考え・②自分の考え・③自分の体験とまとめ」など，別の構成にしてもかまわない。ただし，問題の問い方を考えると，最初の段落で「筆者の考え」をまとめるのが自然である。

また，各段落の分量が極端に偏らないよう，注意したい。たとえば，「筆者の考え」を述べるのにほとんどの字数を使ってしまったり，「自分の体験」の部分があまりにも長くて，その割には「自分の考え」の内容が乏しかったりするのは，望ましいとは言えない。

なお，解答例では「筆者の考え」と「自分の考え」が内容的に関連しているが，「読み手や聞き手に合った言葉遣いをする」のような，「筆者の考え」とは別の「自分の考え」を展開してもよい。

★ワンポイントアドバイス★

「体験を交えながら書きなさい」といったタイプの問題では，その体験と自分の意見が論理的につながるように書くことが大切。

MEMO

大切なことはメモしておこうネ！

収録から外れてしまった年度の
解答解説・解答用紙を弊社ホームページで公開しております。
巻頭ページ＜収録内容＞下方のQRコードからアクセス可。

※都合によりホームページでの公開ができない問題については，
次ページ以降に収録しております。

平成28年度

宮城県立中学校入試問題

【総合問題】 (60分)　＜満点：100点＞

1　太郎さんと花子さんと学さんの学年では，個人ごとにテーマを決めて，自主学習に取り組みました。

次の１～３の問題に答えなさい。

1　太郎さんは「作物の育て方」をテーマに，自主学習に取り組むことにしました。次の会話文は，太郎さんが親せきの農家のおじさんと，作物の育て方について話したときのものです。あとの(1)～(3)の問題に答えなさい。

太郎さん	おじさん，この畑には何を植えたの。
おじさん	トウモロコシだよ。
太郎さん	トウモロコシの植え方と育て方には，何か，こつはあるの。
おじさん	㋐トウモロコシは，種子と種子の間を近づけて植える方が，たくさんの実ができるんだよ。それから，いろいろな作物にも言えることなんだけど，㋑種子が発芽したら，周りに生えてきた雑草をこまめに取り除《のぞ》かなければならないんだよ。
太郎さん	そうなんだ。ぼくもトウモロコシを育ててみたいな。
おじさん	トウモロコシの種子がまだあるから，これを植えてみなさい。
太郎さん	ありがとう。あれ，おじさん，欠けている種子があるけど，これを植えても，ちゃんと育つのかなあ。
おじさん	ちょっと見せて。おや，ずいぶん大きく欠けている種子だね。しめらせただっし綿の上に置いて，育つようすを観察してみるといいよ。
太郎さん	ありがとう。試《ため》してみるね。

(1)「㋐トウモロコシは，種子と種子の間を近づけて植える方が，たくさんの実ができるんだよ。」とありますが，**その理由**を答えなさい。

(2)「㋑種子が発芽したら，周りに生えてきた雑草をこまめに取り除かなければならないんだよ。」とありますが，**その理由を２つ**答えなさい。

(3)　太郎さんは，欠けている種子と欠けていない種子を，しめらせただっし綿の上に置き，光と温度の条件を同じにして，育つようすを観察しました。だっし綿は，かわかないように注意しました。次のページの**資料１**は，太郎さんが，観察した記録と種子について調べたことをまとめたものです。**欠けている種子は，欠けていない種子に比べ，なえの大きさが途中《とちゅう》から変化しなくなりましたが，その理由**を答えなさい。

資料 1

月日	欠けている種子	欠けていない種子
5/10	観察開始	
5/11	発芽した。	
5/13	なえの大きさ　3mm	発芽した。
5/15	なえの大きさ　34mm	なえの大きさ　12mm
5/17	なえの大きさ　36mm	なえの大きさ　43mm
5/19	なえの大きさ　36mm	なえの大きさ　54mm
5/21	なえの大きさ　36mm	なえの大きさ　60mm

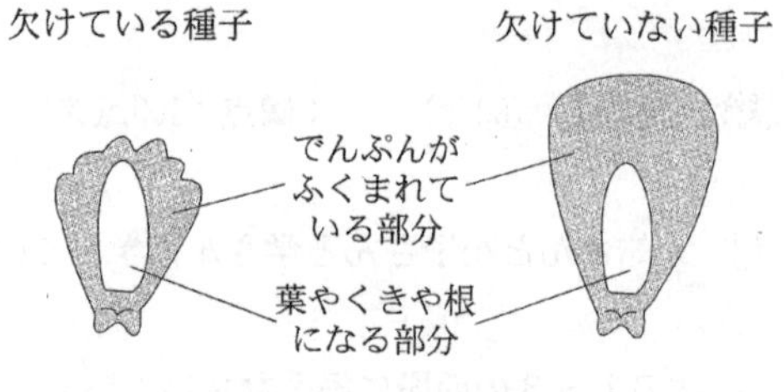

2　花子さんは，「日本の漁業」をテーマに，自主学習に取り組むことにしました。次の会話文は，花子さんが，インターネットで見つけた**グラフ**をもとに，お父さんと話をしたときのものです。あとの(1)～(3)の問題に答えなさい。

お父さん　何を見ているんだい。

花子さん　漁業生産量全体に対する各漁業生産量の割合《わりあい》のグラフを見ているの。30年の間に，ずいぶん変化しているわ。遠洋漁業の割合は，減っているのね。

お父さん　そうだね。㋒遠洋漁業は，この30年で生産量が大きく減ったことで，漁業生産量全体に対する割合が低下したんだね。

花子さん　何か理由があったんだろうから，調べてみるわ。

お父さん　そうするといいよ。それから，逆に，㋓養しょく業のように，生産量の割合を増やしている漁業があるから，そのことも調べてみたらどうかな。

花子さん　わかったわ。それから，㋔お客さんに買ってもらうためのくふうについても，考えてみようと思うの。生産者の立場《たちば》になれば，魚をとってきても，買って食べてもらわないことには，生活が成り立たないものね。

グラフ

漁業生産量全体に対する各漁業生産量の割合

※川や湖での漁業を除く。割合は四捨五入した値のため，合計が100にならない年がある。（　　）内は生産量。

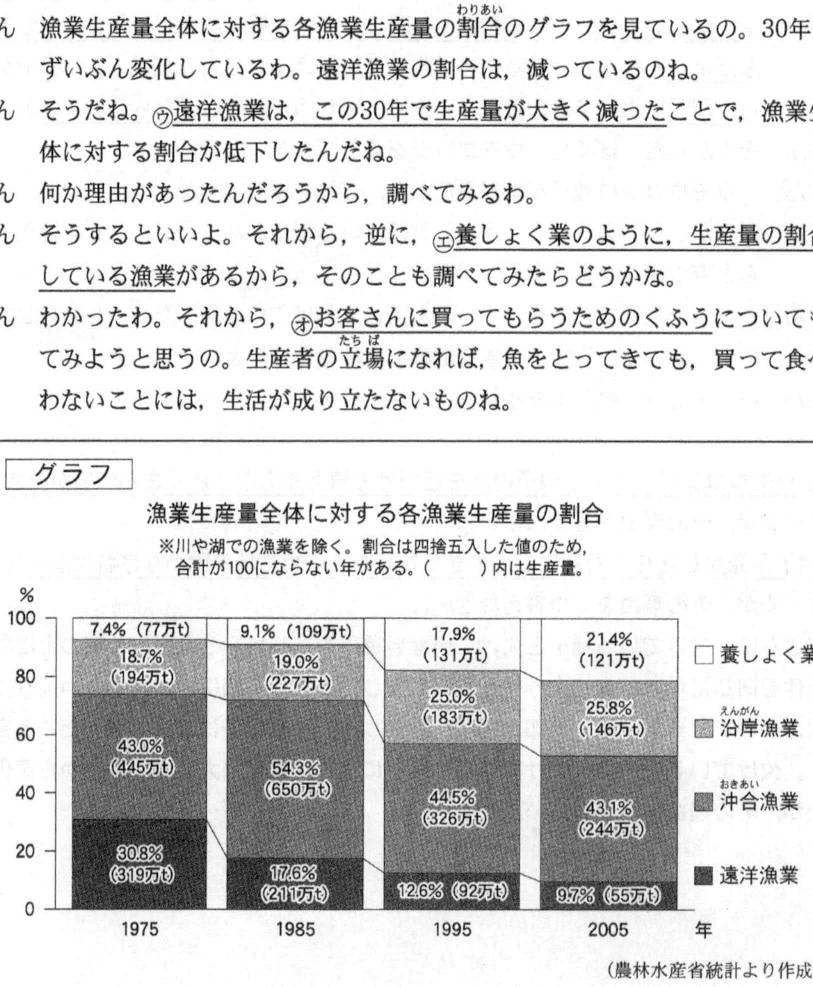

（農林水産省統計より作成）

(1)「㋒遠洋漁業は，この30年で生産量が大きく減った」とありますが，**その理由**を答えなさい。

(2)「㋓養しょく業のように，生産量の割合を増やしている漁業」とありますが，花子さんは，養しょく業が割合を増やしているのは，安定した漁業生産につながっているからではないかと考えました。**養しょく業のどのような特徴《とくちょう》が，安定した漁業生産につながると考えられるか**，答えなさい。

(3)「㋔お客さんに買ってもらうためのくふう」とありますが，花子さんは，商品のパックについていた**資料2**のようなラベルを見つけ，ここに書かれたパック番号によって，商品の産地や生産者などを調べられることを知りました。**生産者がこのしくみを取り入れているねらいは何か**，答えなさい。

資料2

消費期限　15. 05. 05
加工日　15. 05. 02
内容量　135グラム
http://www.miyagi.○○○○/
パック番号 00-1234567890

3　学さんは，自主学習に取り組むため，科学館へ行きました。次の会話文は，学さんが，科学館の係員さんと話したときのものです。また，**図**は，係員さんが学さんに説明してくれたアニメーションの画面です。あとの(1)，(2)の問題に答えなさい。

学さん　今日は，歩行ロボットについて調べるために来ました。

係員さん　歩行ロボットの研究は，長い間続けられてきて，今では２本足で歩くロボットもできていますよ。

学さん　こちらの画面に表示されているのは，何ですか。

係員さん　これは，ベルトコンベアの上を安定して歩くことができるようなロボットのようすを，わかりやすくお伝えするためのものです。まず，ベルトコンベアの動く向きを選び，① と ② の所には好きな数を入れて，スタートボタンを押《お》すと，ロボットが歩くようすを，アニメーションで見てもらうことができるんですよ。やってみてください。

図

◇　ロボットは，Aを出発し，Bに向かって歩きます。ロボットの１歩の幅《はば》は，20cmです。
◇　ベルトコンベアは，一定の速さで動きます。AからBまでの長さは８mです。

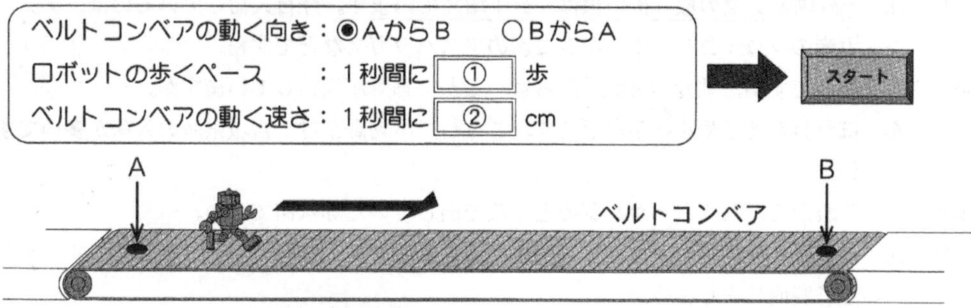

(1)　学さんは，ベルトコンベアの動く向きとして，「AからB」を選びました。
次の**ア**～**ウ**の問題に答えなさい。

ア　①に2，②に0を入れて，スタートボタンを押すと，**Aを出発したロボットは，何秒でBに着くか**，答えなさい。

イ　①に2，②に10を入れて，スタートボタンを押すと，**Aを出発したロボットは，何秒でBに着くか**，答えなさい。

ウ　①に1を入れたとき，**Aを出発したロボットが，25秒でBに着くようにするためには，②に入れる数はいくつにしたらよいか**，答えなさい。

(2)　学さんは，ベルトコンベアの動く向きとして，「BからA」を選びました。次に，①と②に数を入れ，スタートボタンを押したところ，ロボットは，歩いているのにAの位置からずっと動かないように見えました。ロボットが，Aの位置からずっと動かないように見えた**理由**を答えなさい。また，学さんが**②に入れた数を80とするとき，①に入れた数**を答えなさい。

＜宮城県仙台二華中学校＞

2　華子《はなこ》さんと二郎さんの小学校では，7月に職場見学を行いました。
次の1，2の問題に答えなさい。

1　華子さんは，スーパーマーケットに行きました。次の会話は，華子さんが，見学の後，店長さんから話を聞いたときのものです。あとの(1)～(4)の問題に答えなさい。

図1

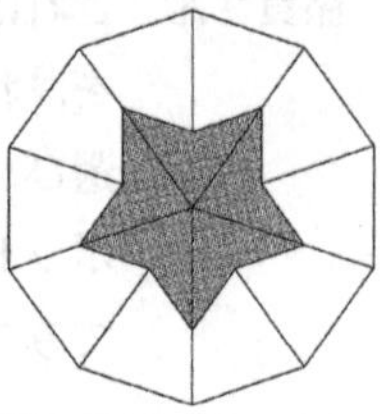

華子さん　今日は，どうもありがとうございました。店内が広くてずいぶん歩きましたが，㋐冷房《れいぼう》がきいていたので，助かりました。

店長さん　今日はとても暑くてじめじめしていたので，冷房を強めにしていたんです。まずは飲み物でもどうぞ。

華子さん　ごちそうになります。このコースター，㋑すてきなデザインですね。

店長さん　ありがとうございます。このデザインは，店のシンボルマークなんですよ。ところで，店内を回ってみて，いかがでしたか。

華子さん　野菜コーナーを見て，外国産のものが多いことにおどろきました。

店長さん　㋒外国産野菜の取り扱《あつか》い量は，近年増えています。今日入荷《にゅうか》しているのは，アメリカ産のブロッコリーやメキシコ産のアスパラガスなどですね。

華子さん　そうですか。地元の宮城県からは，どんな野菜が入荷していますか。

店長さん　ほうれんそうや小松菜《こまつな》などです。こうした葉物《はもの》野菜は，宮城県産の入荷が多いですね。

華子さん　それから，お客さんがレジのところで出していた券は何ですか。

店長さん　あれは，お客様に，また来ていただくために発行している㋓サービス券です。くわしく説明しましょうか。

華子さん　はい。お願いします。

(1) 「㋐冷房がきいていた」とありますが，華子さんが，見学の途中《とちゅう》，ようすを見に来た先生を見送るために店の外に出たとき，華子さんがかけていためがねが，一瞬《いっしゅん》で白くくもってしまいました。**めがねが白くくもってしまった理由**を説明しなさい。

(2) 「㋑すてきなデザイン」とありますが，コースターは**図1**のようなデザインで，これは，**図2**のような２種類の四角形を，重ならないように組み合わせたものでした。**角㋐と角㋑**の大きさを答えなさい。

図２

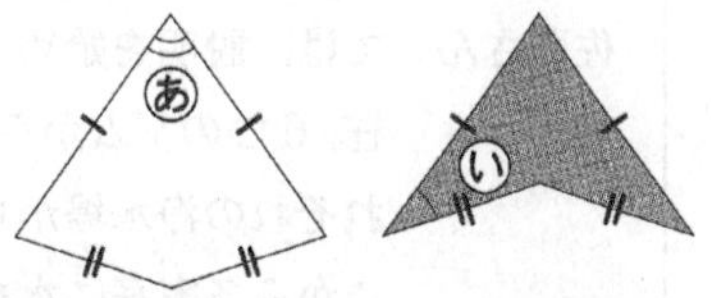

(3) 華子さんは，見学したスーパーマーケットで，いろいろな産地の野菜が取り扱われていることに興味をもち，宮城県以外の地域《ちいき》ではどうなのかと考えて，東京都と福岡市にある２つの市場について，ほうれんそうの入荷量を調べ，**表**にまとめました。あとの**ア**，**イ**の問題に答えなさい。

表 **各市場へのほうれんそう入荷量の多い県** （平成25年１月から平成25年12月まで）

市場 ＼ 順位	1位	2位	3位	4位	5位
東京都中央卸売《おろしうり》市場	群馬 5148t	茨城 3361t	埼玉 1846t	千葉 1794t	栃木 1548t
福岡市中央卸売市場	福岡 909t	熊本 157t	長崎 84t	佐賀 72t	大分 27t

（独立行政法人農畜産業振興《のうちくさんぎょうしんこう》機構野菜情報総合把握《はあく》システムより作成）

ア 華子さんは，**表**の２つの市場へのほうれんそう入荷量の多い県は，ほとんどがその市場の地元や，その市場からのきょりが近い県であることに気づきました。**市場とのきょりが近い県からの入荷量が多いのはなぜか**，答えなさい。

イ 「㋒外国産野菜の取り扱い量は，近年増えています。」とありますが，**外国などの遠い産地からも野菜が入荷できるようになったのはなぜか**，答えなさい。

(4) 「㋓サービス券」とありますが，華子さんは，店長さんから説明を聞き，サービス券のしくみについて次のようにまとめました。あとの**ア**，**イ**の問題に答えなさい。

> ①100円の買い物をすると，１点のサービス券が１枚《まい》もらえる。
> ②１点のサービス券10枚を，10点のサービス券２枚に交換《こうかん》できる。
> ③10点のサービス券10枚を，100点のサービス券２枚に交換できる。
> ④100点より点数の大きいサービス券はない。
> ⑤サービス券は，１点１円として，次回以降《いこう》の買い物で利用できる。

ア この店で2800円の買い物をし，もらったサービス券を交換すると，**点数の合計は最大でいくらになるか**，答えなさい。

イ 華子さんは後日，この店でお母さんと一緒《いっしょ》に買い物を２回しました。１回目と２回目では，買い物の合計金額の差は100円でしたが，もらったサービス券を交換すると，点数の合計には大きな差が出ました。買い物の合計金額の差が100円のとき，もらったサービス券を交換すると，**点数の合計には最大でどれだけの差が出るか**，答えなさい。また，その**求め方**を答えなさい。

2　二郎さんは，水道局に行きました。次の会話は，二郎さんが，職員の佐藤さんから話を聞いたときのものです。あとの(1)～(4)の問題に答えなさい。

二郎さん	こんにちは。今日はよろしくお願いします。
佐藤さん	では，説明を始めましょう。この水道局は大正の終わり頃《ころ》に給水を始めました。現在，6つのダムから水を引いて，5つの浄水場《じょうすいじょう》で飲み水にしています。そのあと，それぞれの浄水場から，一時的に水を貯《た》めておく㋔配水池《はいすいち》という施設《しせつ》に水を送り，そこから各家庭に水を届《とど》けます。
二郎さん	浄水場からは，毎日どれくらいの水を送っているのですか。
佐藤さん	昨年は，5つの浄水場を合わせて，1日平均346500m^3の水を送りました。
二郎さん	どれくらいの量なのか，ちょっとイメージしづらいですね。
佐藤さん	㋕学校のプール何杯《なんばい》分に当たるか，と考えてみるといいですよ。
二郎さん	私の家には2か月に1回，水道料金の請求《せいきゅう》が来ます。㋖料金はどのようにして計算されているのですか。
佐藤さん	水道料金は，基本料金と従量《じゅうりょう》料金を合計した額になります。基本料金とは，使った水の量に関係なく，水道メーターの口径《こうけい》*によって決まるものです。従量料金とは，使った水の量に応じて決まるものですが，使った水の量が多くなると，段階《だんかい》的に割《わり》高《だか》になります。
二郎さん	浄水場では消毒薬を使っていると聞いたことがありますが，本当ですか。
佐藤さん	殺菌《さっきん》のため，水には㋗1Lあたり0.001gの消毒薬を入れています。

＊「水道メーターの口径」：水道メーターにつながっている水道管の断面の直径のこと。

(1)　「㋔配水池」とありますが，二郎さんが調べたところ，この水道局では，どの配水池にも複数の浄水場から水を送っていることがわかりました。このように，**1つの配水池に複数の浄水場から水を送るしくみにしている理由**を説明しなさい。

(2)　「㋕学校のプール何杯分に当たるか」とありますが，このことを考えてみようと思った二郎さんは，プールの大きさを先生に聞き，次のように教えてもらいました。

先生	「学校のプールは，たてが25m，横が11m，深さは1mですよ。」

この水道局が，昨年，5つの浄水場から送った**1日平均の水の量は，二郎さんの学校のプールの何杯分に当たるか，先生の話をもとにして**答えなさい。

(3)　「㋖料金はどのようにして計算されているのですか。」とありますが，二郎さんが自宅《じたく》に届いた請求書を確認すると，二郎さんの家の水道メーターの口径は20㎜で，この2か月分の水道料金は，消費税を除《のぞ》くと10695円であると書いてありました。また，請求書の裏《うら》の面には，料金を計算するための，次のページの資料が付いていました。**二郎さんの家でこの2か月に使用した水の量は何m^3か，資料をもとに**答えなさい。

資料

◎水道料金表（２か月につき）

＜基本料金＞

水道メーターの口径	金額
13mm	1150円
20mm	2600円
25mm	3700円
30mm	5500円

＜従量料金＞

<table>
<tr><th>種別
区分</th><th>水道メーターの口径
25mm以下の金額</th><th>水道メーターの口径
30mm以上の金額</th></tr>
<tr><td>1～ 20m³</td><td>90円</td><td rowspan="3">215円</td></tr>
<tr><td>21～ 40m³</td><td>175円</td></tr>
<tr><td>41～100m³</td><td>215円</td></tr>
<tr><td>101～200m³</td><td>250円</td><td>250円</td></tr>
</table>

〇水道メーターの口径が13mmで，使った水の量が25m³の場合の料金の計算のしかた

1150（基本料金） ＋ 90×20＋175×5（従量料金） ＝ 3825　よって，料金は3825円になります。

(4)「㋗１Ｌあたり0.001ｇの消毒薬」とありますが，この水道局は，昨年，５つの浄水場から送った水全体の中に，**1日平均何kgの消毒薬を入れていたことになるか**，答えなさい。

＜宮城県古川黎明中学校＞

2　明さんと黎《れい》さんは，夏休みに家族で２泊《はく》３日のキャンプに行きました。

次の１～３の問題に答えなさい。

1　次の会話文は，明さんたちがキャンプ１日目に夕食の準備をしていたときのものです。あとの(1)，(2)の問題に答えなさい。

明さん　なかなかうまく燃えないなあ。

お父さん　ただまきをのせればいいってわけじゃないよ。どれ，かしてみなさい。

お母さん　じゃあ，火はお父さんにおこしてもらうことにして，あなたたちは㋐買ってきた野菜をあらうのを手伝ってちょうだい。

黎さん　私は，じゃがいもをあらうわね。

明さん　じゃあ，ぼくは，にんじんをあらうよ。あれ，お父さん，火をおこすのがじょうずだね。㋑もう，まきに火がついているよ。ぼくのやり方とどこがちがうんだろう。

(1)「㋐買ってきた野菜」とありますが，お母さんは，じゃがいもを１個70円，にんじんを１本75円，たまねぎを１個64円で買いました。

次の**ア**，**イ**の問題に答えなさい。

ただし，消費税は考えないこととします。

ア　にんじんの代金は，１本で75円，２本で150円，というようになり，一の位は，「０」か「５」のいずれかになります。同じようにたまねぎの代金について考えたとき，**一の位にあてはまる数を，すべて答えなさい。**

イ　どの野菜も１個以上買い，お金は合計で889円払《はら》いました。お母さんは，**野菜をそれぞれ何個ずつ買ったか**，答えなさい。

(2)「㋑もう，まきに火がついているよ。」とありますが，明さんは，次のページの図１のＡのよう

にまきを組みました。そのあと，お父さんは，**図１**の**B**のようにまきを組み，火をおこしました。**なぜ，Bの組み方の方がAの組み方よりはやくまきに火がついたのか，その理由を答えなさい。**
ただし，固形燃料の量とまきの本数等の条件は，同じだったとします。

図１

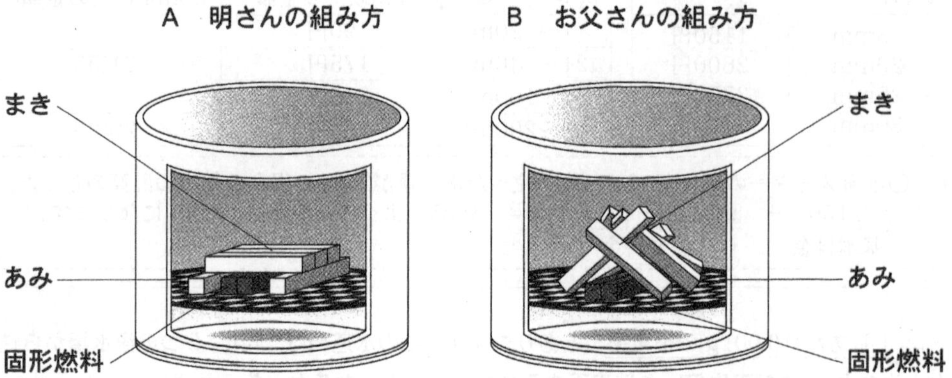

2　明さんと黎さんは，キャンプ２日目に，近くにある歴史資料館を見学しました。
次の⑴，⑵の問題に答えなさい。

⑴　歴史資料館には，縄文《じょうもん》時代の展示《てんじ》コーナーがありました。次の会話文は，黎さんが，縄文時代の人々の生活について，**写真**や次のページの**図２**のような展示物を見ながら，ガイドさんから説明を聞いたときのものです。あとの**ア**，**イ**の問題に答えなさい。

写真

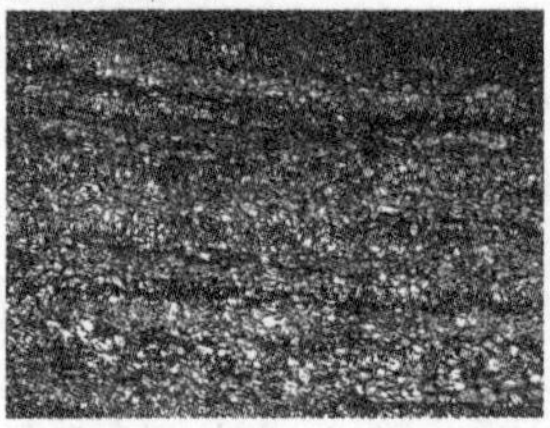

黎　さん　これは，この資料館の近くで見つかった縄文時代の貝塚《かいづか》の写真だそうですが，貝塚というのは，どういうものですか。

ガイドさん　昔の人が，生活の中で出たごみなどを捨《す》てていた場所のことです。大量の貝がらなどが発掘《はっくつ》されるので，「貝塚」とよびます。

黎　さん　写真の貝塚では，貝がら以外に，何が見つかっていますか。

ガイドさん　動物や魚の骨《ほね》，土器のかけらや石器などが見つかっていますよ。

黎　さん　縄文時代の人々のくらしは，このような道具を使うことで，どのように変わったのでしょう。

ガイドさん　例えば，土器がつくられるようになったので，［　①　］など，食生活にも変化が生まれていたと考えられています。

黎　さん　縄文時代の人々の食生活は，豊かなものだったのですね。

ガイドさん　そうですね。でも，狩《か》りや採集によって食べ物を手に入れていたので，季節によっては，十分な量の食べ物が手に入りにくいことがあったようです。縄文時代の人々は，㋐自然の恵みをじょうずに利用して，食料不足への備えもしながら，くらしていたようです。貝塚から発掘されたものをもとに，当時の人々の

1年の生活を，こちらの「縄文人四季の仕事カレンダー」にまとめています。ごらんになってください。

図2

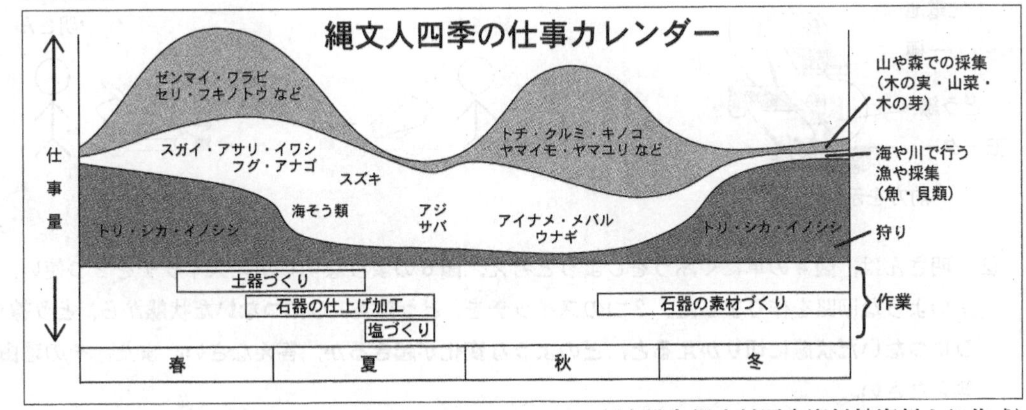

(奥松島縄文村歴史資料館資料より作成)

ア ① **にあてはまる言葉**を答えなさい。

イ 「㋒自然の恵みをじょうずに利用して，食料不足への備えもしながら，くらしていた」とありますが，それはどのようなことか，**図2をもと**に答えなさい。

(2) 明さんと黎さんは，歴史資料館の体験コーナーで，弥生《やよい》時代などの人たちが身に付けていた，「まが玉」作りに挑戦《ちょうせん》しました。

次の**ア**，**イ**の問題に答えなさい。

ア 明さんは，まが玉を作るため，方眼紙に，**図3**のような，**半円を組み合わせた**下書きをかきました。**色のついた部分の面積**を答えなさい。

ただし，円周率は，3.14とします。

図3

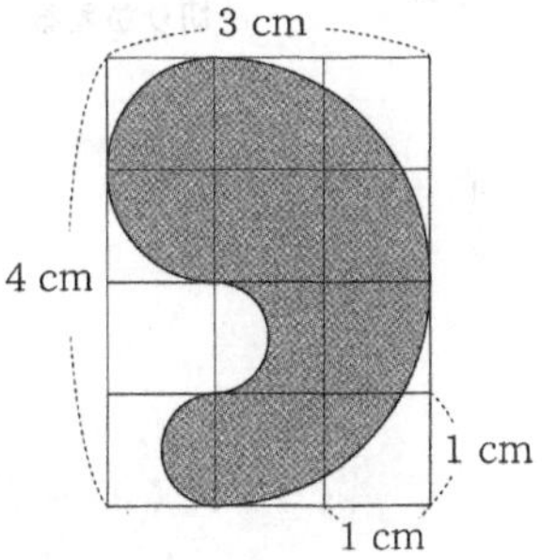

イ 明さんは，黎さん，Aさん，Bさん，Cさんと一緒《いっしょ》に，午後2時にまが玉作りを始めました。黎さん以外の4人のまが玉が完成した時刻《じこく》は，**表**のようになりました。**明さんがまが玉を作るのにかかった時間が，5人のかかった時間の平均より短かかったとすると，黎さんがまが玉を完成させた時刻は，何時何分より後であったことになるか**，答えなさい。また，**求め方を式と言葉**で答えなさい。

表

	まが玉が完成した時刻
明さん	午後2時57分
Aさん	午後2時43分
Bさん	午後3時 5分
Cさん	午後2時40分

3　キャンプの3日目に，明さんは，帰りの車の中から見えた太陽光パネルに興味をもち，夏休みに，次のページの**図4**のような，光電池の電気自動車を作りました。

次の(1)，(2)の問題に答えなさい。

(1) 明さんと黎さんは，ある晴れた日の正午ごろ，学校の校庭で，次のページの**図5**のように南北方向に向かい合って立ち，**図4**の車をお互《たが》いに向けて順番に走らせてみました。すると，黎さんが走らせたときと比べ，明さんが走らせたときには，あまり速く走りませんでした。**なぜ，走る速さにちがいがでたのか，理由**を答えなさい。

図4

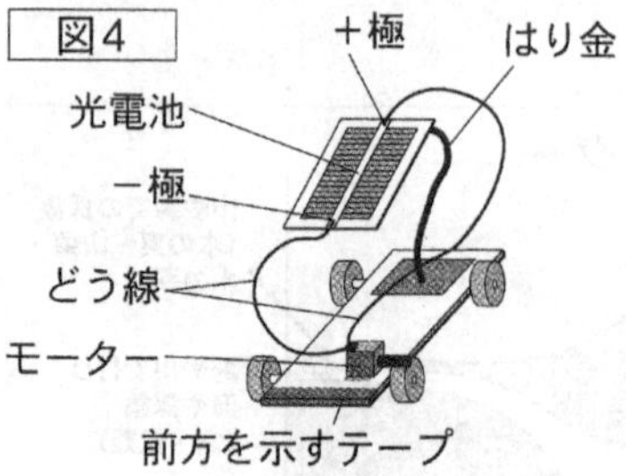

図5

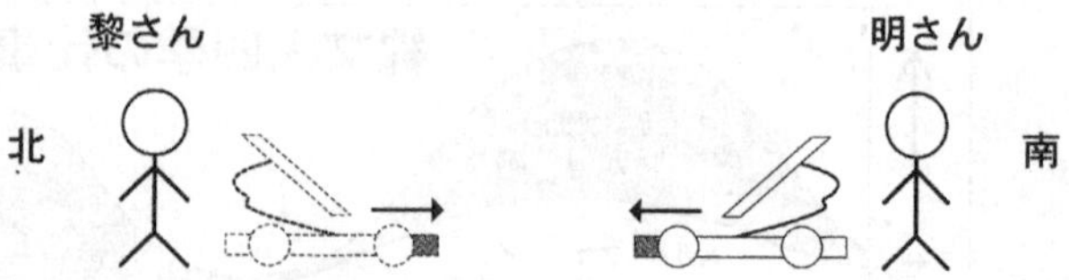

⑵　明さんは，**図4**の車にくふうをしようと考え，**図6**のような切りかえスイッチを２つ使い，**図7**のような回路を作りました。**2つのスイッチを，どう線A，Cにつないだ状態から，どう線B，Dにつないだ状態に切りかえると，どのような変化が起きるか**，答えなさい。また，その**理由**も答えなさい。

図6

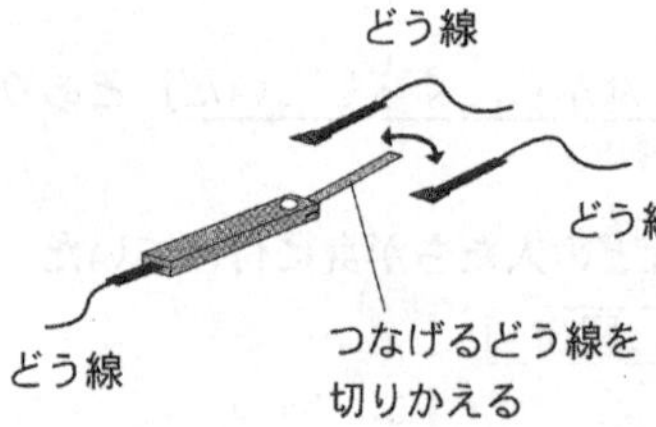

図7

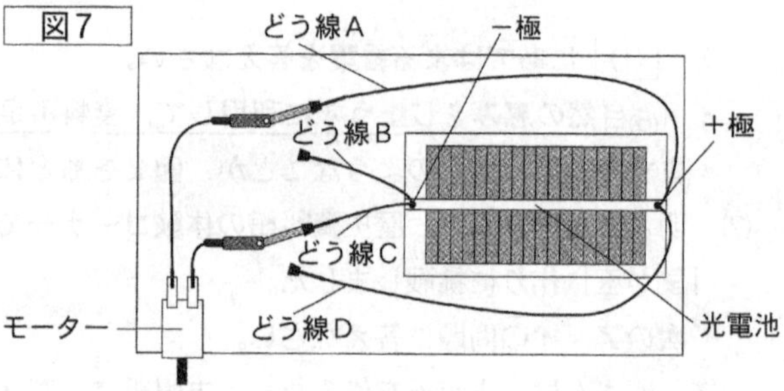

平成28年度

仙台市立中等教育学校入試問題

【総合問題】（60分）　＜満点：100点＞

1　たろうさんのクラスでは，町探《たん》検をして分かったことをもとに問題をつくり，みんなで解き合いました。次の**1**～**3**の問題に答えなさい。

1　たろうさんのグループは，博物館で見学した展《てん》示をもとに，「遺跡《いせき》と古代人の生活」の問題をつくりました。あとの(1)～(4)の問題に答えなさい。

資料1　**写真**

A

B

C

資料2　**地図上の位置**

資料3　**それぞれの遺跡と同じ時代に出土したもの**

①木製のくわ

②銅たく

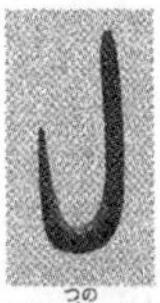

③シカの角《つの》のつり針

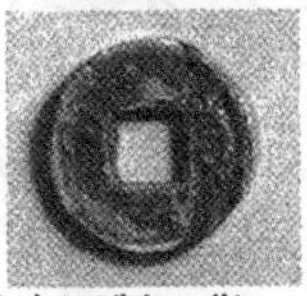

④中国製の貨へい

⑤土器

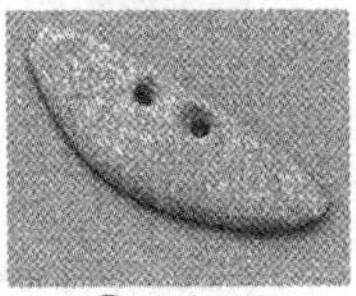

⑥石包丁

(1)　下の表の（　）にあてはまるものを，上の**資料1**，**資料2**からそれぞれ一つ選んで，記号で答えなさい。

表

	三内丸山《さんないまるやま》遺跡(縄文《じょうもん》時代)	吉野ヶ里《よしのがり》遺跡(弥生《やよい》時代)
資料1	（　）	（　）
資料2	（　）	（　）

(2)　三内丸山遺跡と同じ時代から出土したものを，**資料3**の①～⑥の中から，二つ選んで番号で答えなさい。

(3)　三内丸山遺跡の時代から吉野ヶ里遺跡の時代になって大きく変化したことが二つあります。**資料3**の遺跡から出土したものにふれながら，「大きな変化」を二つ答えなさい。

(4)　見学を終えて売店に行くと，かわいらしい古代人の人形を買う人が20人並んでいました。この店のレジは1分間で3人の会計を行うことができます。レジに並ぶ人が1分ごとに2人ずつ増えていく場合，12分後には何人並ぶことになりますか。

2　けんたさんのグループは，科学学習センターで実験したことをもとに，磁石《じしゃく》に関する問題をつくりました。あとの(1)～(3)の問題に答えなさい。

(1)　科学学習センターで見つけた磁石の性質を使ったワニのおもちゃは，図のようにいつも口を開けていて，棒《ぼう》磁石を近づけると口を閉じます。このようなおもちゃをつくるとき，二つの丸型磁石の極と，棒磁石の極の組み合わせは全部で何通りありますか。また，考えられる組み合わせの一つを選んで，図中の①～⑥の極を全て書きなさい。

図

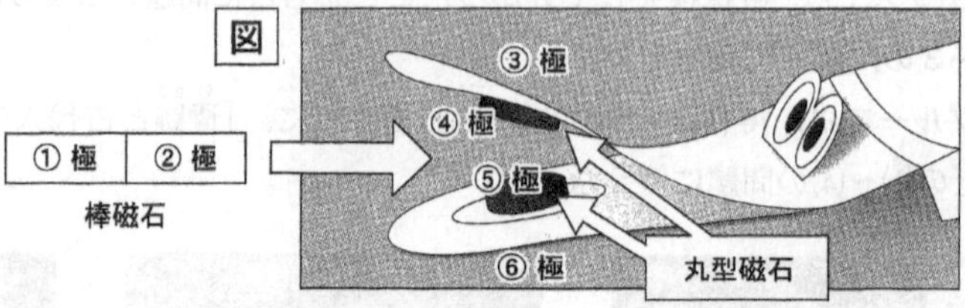

(2)　次に見学した「電磁石をつくろうコーナー」では，下の**材料**を自由に組み合わせて，電磁石をつくることができました。

材料

じゅう電式電池

200回巻きコイル
長さ　7m

100回巻きコイル
長さ　7m

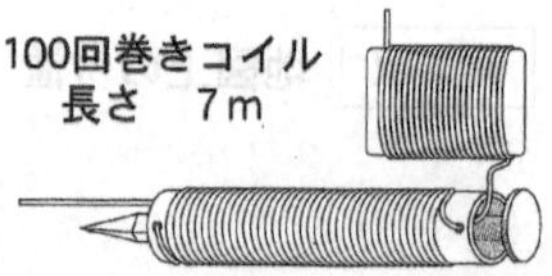

棒磁石の代わりにできるだけ強い電磁石をワニのおもちゃに近づけようと考えました。そこで，上の**材料**を組み合わせた電磁石**ア**～**オ**をつくり，下の**表１**と**表２**を作成しました。**表２**のA，B，Cに当てはまる電磁石を，**表１**の**ア**～**オ**から全て選びなさい。ただし，100回巻きと200回巻きの導線は同じ太さの物を使用し，検流計で回路に流れる電流の強さを測ることとします。

表1　＜電磁石の種類と回路に流れる電流の強さ＞

電磁石	電池の数（つなぎ方）	コイルの巻き数（長さは全て７m）	回路に流れる電流の強さ
ア	１本	100 回巻き	1.0A
イ	１本	200 回巻き	
ウ	２本(直列)	200 回巻き	D
エ	２本(へい列)	100 回巻き	E
オ	２本(へい列)	200 回巻き	F

表2　＜電磁石の強さランキング＞

順位	電磁石の強さ
1位	A
2位	B
3位	C

〈注〉A，B，Cには電磁石**ア**～**オ**の全てが入ります。

(3)　**表１の回路に流れる電流の強さ**D，E，Fはどうなりますか。下の①～⑤の中から最も近いものをそれぞれ一つ選び，番号で答えなさい。

①0.3A　②0.5A　③0.7A　④1.0A　⑤2.0A

3　ともこさんのグループは，古くから営業しているせんべい屋で教えられた工夫をもとに問題をつくりました。あとの(1)，(2)の問題に答えなさい。

(1)　せんべい屋では，生地《きじ》を円の形に型ぬきし，型ぬきで余った生地は，再びのばして型をぬきます。これをくり返し，むだなく生地を使

図1

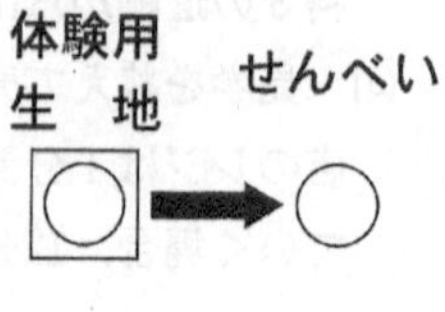

う工夫をしています。

体験用の生地は前のページの図1のように正方形で，そこからせんべい1枚分の円形を型ぬきします。型ぬきで余った生地を4個集めると，体験用の生地を1個つくることができます。

体験用の生地10個で最大何枚のせんべいをつくることができますか。また，その理由を説明しなさい。ただし，生地の厚さは全て同じとします。

(2) できあがったせんべいをふくろに入れてリボンで結ぶことにしました。リボンは1mのものを3等分して使います。計算で求めようとすると，1÷3＝0.333 …となり，割り切れません。ともこさんは，図2のようなかべの模様《もよう》を見て，簡単《かんたん》に3等分する方法に気づきました。

図2

＜かべの模様＞

下のともこさんとしゅんさんの会話の（①）にあてはまる言葉を答えなさい。また，（②）については，解答用紙の図にリボンを線でかき，3等分に切る場所に●を付けなさい。ただし，かべの模様の上下のはばは全て同じです。また，そのはばは30㎝よりせまいものとします。

ともこさん	あっ，簡単に3等分できる。
しゅんさん	えっ，どうやるの？
ともこさん	並《なら》び方が（　①　）な直線が同じはばで何本もあるでしょ。これを使って，リボンをぴんと張って切れば1mを簡単に3等分することができるよ。
しゅんさん	なるほど，分かった。こうだね。（　②　図をかく　）

2 みつおさん，りょうこさん，ゆうじさんの3人は，それぞれ夏休みの自由研究に取り組みました。次の1～3の問題に答えなさい。

1　みつおさんは博物館の特別展《てん》示に行き，下のレポートを作成しました。あとの(1)，(2)の問題に答えなさい。

みつおさんのレポート

「江戸文化にえいきょうを与えた人」

杉田玄白について

杉田玄白《すぎたげんぱく》は西洋の医学書を翻訳《ほんやく》し「解体新書《かいたいしんしょ》」を出版した。当時の西洋の学問は蘭学《らんがく》と呼《よ》ばれ，進んだ学問が日本にも入ってきた。

歌川広重について

歌川広重《うたがわひろしげ》は浮世絵《うきよえ》の絵師である。浮世絵は江戸時代に人々の間で流行し，歌舞伎《かぶき》役者や風景などをえがいたものがある。江戸時代には，大阪や江戸の町人を中心とした文化が発達した。

(1) みつおさんのレポートの下線部分について，西洋の学問はなぜ蘭学と呼ばれたのか。当時の日本の社会のようすにふれながら説明しなさい。

⑵　江戸時代の後半になると，**資料１**の他に，**資料２**のような浮世絵が増えました。その理由の一つとして，「当時の人々の好みが浮世絵にえいきょうしていた」と博物館の方から聞きました。当時の人々の間では，どのようなことが好まれ流行していたと考えられますか，説明しなさい。

資料1

資料2

2　りょうこさんは，右のような紙テープを一つ買いました。その紙テープを３回折り曲げ，紙テープで囲まれる図形が正三角形になるように端《はし》をつなぎ合わせました。そこで，りょうこさんは，紙テープで囲まれた正三角形の１辺の長さと紙テープの長さの関係を調べようと考えました。

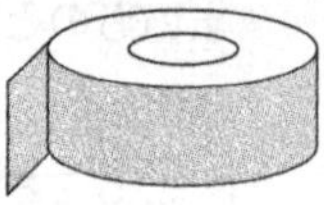

図１は，紙テープで囲まれた正三角形ABCと，紙テープが重なる三角形ADEが合同になるように折り曲げたものです。**図２**は，紙テープで囲まれた正三角形の１辺の長さを，**図１**の正三角形ABCの１辺の長さの２倍にして折り曲げたものです。

図１の**ア**，**図２**の**イ**の線は，紙テープのつなぎ目です。どちらも最後にぴったりとつなぎ合わせたので，紙のテープののりしろは考えないものとします。あとの⑴～⑶の問題に答えなさい。

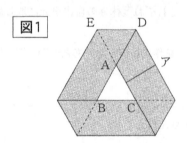

図1

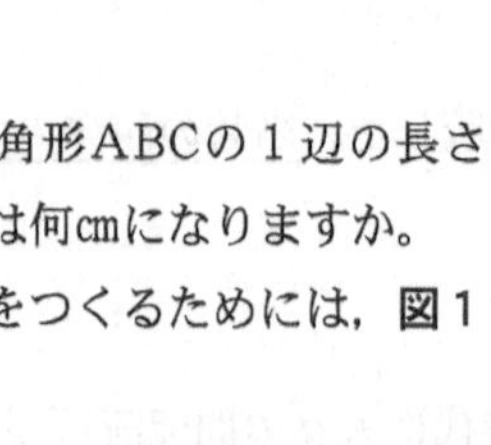

図2

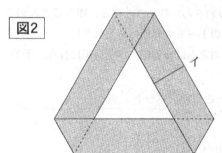

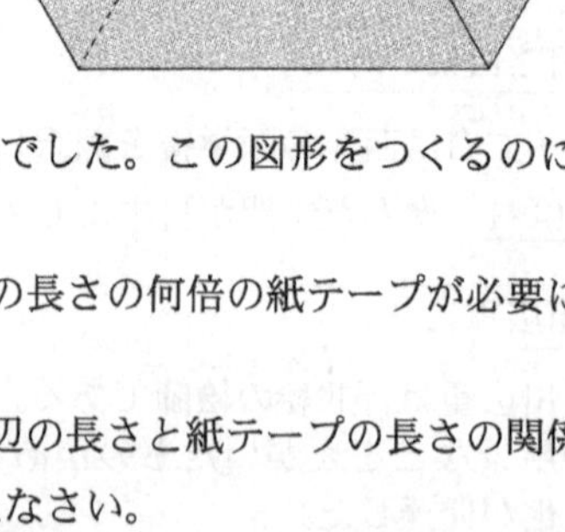

⑴　**図１**の正三角形ABCの１辺の長さはちょうど２cmでした。この図形をつくるのに必要な紙テープの長さは何cmになりますか。

⑵　**図２**の図形をつくるためには，**図１**で使う紙テープの長さの何倍の紙テープが必要になりますか。

⑶　りょうこさんは，紙テープで囲まれた正三角形の１辺の長さと紙テープの長さの関係から，次のことに気がつきました。□にあてはまる値《あたい》を答えなさい。

紙テープの長さが少なくとも□cmより長くないと，紙テープで囲まれる正三角形はつくれない。

3　ゆうじさんは，下のレポートを書きました。あとの(1)～(3)の問題に答えなさい。

ゆうじさんのレポート

この夏の過ごし方の工夫

A 緑のカーテンを育てる
・窓《まど》や壁《かべ》の前で育てるとよい
・緑のカーテンはヘチマやアサガオ，ツルレイシ（ゴーヤー）が向いている

B エアコンの設定温度は 28℃くらいにする
・設定温度を低くすると，電気の使用量が増えてしまう

C 室内ではエアコンと送風機を同時に使うと部屋全体の温度が早く下がる
・［　　　　　　］

資料3　ある年の8月13日の室内の温度変化

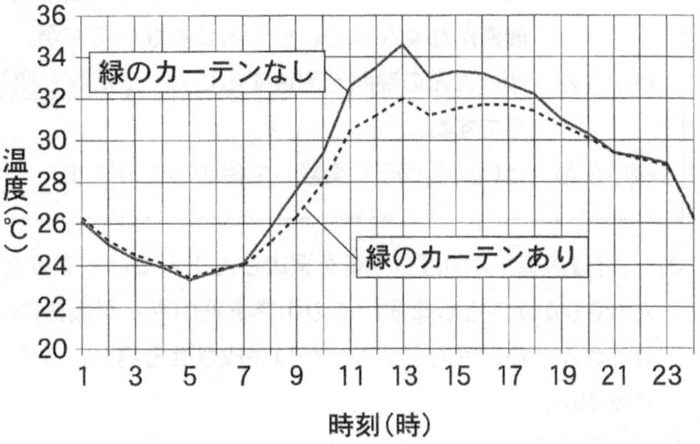

〈注〉この日の天気は晴れで，温度はエアコンや送風機を使用しないで測定した。

埼玉県ふじみ野市「花と緑の部会」より作成

(1)　緑のカーテンによる効果を調べていたゆうじさんは，**資料3**のグラフを見つけました。グラフから緑のカーテンにはどのような効果があるといえますか。また，そのようになる理由を答えなさい。

(2)　自宅の緑のカーテンの効果を確かめるために，ゆうじさんは8月の電気の使用量を比かくしました。昨年8月の電気の使用量は，一昨年の8月に比べて10％増えていました。今年8月の電気の使用量は，昨年8月と比べて10％減っていました。今年8月の電気の使用量は，一昨年8月と比べて何％増えましたか，または減りましたか。

(3)　ゆうじさんのレポートの［　　］にあてはまる，エアコンと送風機を同時に使うと早く下がる理由を答えなさい。

3　りくさんのクラスでは，総合的な学習の時間に日本の産業について，講師の方からお話を聞きました。次の1～2の問題に答えなさい。

1　りくさんとゆいさんは，青陵《せいりょう》中等教育学校のしき地内にある「青陵の森」で，講師の葉山《はやま》さんから林業に関するお話を聞きました。下の会話文を読んで，あとの(1)～(3)の問題に答えなさい。

りくさん　林業では森や緑を守るためにどのような工夫をしていますか。

葉山さん　はい。いろいろありますが，その中の一つに，ある程度まで成長した木を切って，ア残りの木をより良く成長させるために行われる「間ばつ」という作業があります。

りくさん　えっ，せっかく育った木を切ってしまうのですか。

葉山さん　はい。成長した木を切るのはたしかにおしい気もしますが，森林の保護・管理のためには欠かせないことなんですよ。

りくさん　間ばつは植物が成長するしくみと関係がありそうですね。

ゆいさん　私は，増えすぎた空気中の二酸化炭素を森や緑が減らしてくれるという話を聞いた

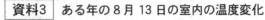

ことがあります。

葉山さん　でも，植物も私たちと同じように呼吸《こきゅう》をして二酸化炭素を出しているんですよ。

ゆいさん　えっ，そうなんですか。そうなると二酸化炭素がどんどん増えて，いつか空気中の酸素がなくなってしまうんじゃないですか。

葉山さん　ゆいさんの疑問を解決するには，イ植物と空気とのかかわりを調べる必要がありそうですね。

ゆいさん　はい。さっそく実験して確かめてみます。

(1)「青陵の森」の間ばつ作業を葉山さん１人だけですると240分，りくさんとゆいさん２人ですると360分かかるとします。この作業を葉山さんが最初に60分したあと，残った作業を葉山さん，りくさん，ゆいさんの３人で行い完成させる場合，りくさんとゆいさんは何分作業することになりますか。

(2) 下線部アの，「間ばつ」によって木がより良く成長する理由を，植物の葉のはたらきにふれながら答えなさい。

(3) ゆいさんは，さっそく下線部イを調べる実験をしてみました。下の(A)～(E)は実験の手順です。あとの①，②の問題に答えなさい。

(A) 図のように植物にポリエチレンのふくろをかぶせて，ストローで息をふきこんだり吸《す》いこんだりを何度かくり返す。
その後，ふくろをふくらませた状態であなをふさぐ。

(B) 気体検知管を使ってふくろの中の空気を調べる。

(C) ふくろをかぶせた植物を１時間ぐらい（　　　　　　）。

(D) 気体検知管を使ってもう一度ふくろの中の空気を調べる。

(E) 気体検知管を使って調べた１回目(B)と２回目(D)の結果を比べる。

図

① 手順(C)の（　　）にあてはまる言葉を，10字以内で答えなさい。

② この実験の結果からどんなことが分かりますか。下の文の空らんにあてはまる言葉を，25字以内で答えなさい。

植物は（　　　　　　　　　　　　　　　　　　　　　　　　　　　）

2　あおいさんは，自動車工場で働く横田《よこた》さんに製造業のお話を聞き，自動車産業について調べました。あとの(1)～(3)の問題に答えなさい。

(1) 次のページの**資料**１のグラフをもとに，自動車の生産額がもっとも多い工業地帯または工業地域の場所を，次のページの**資料**２の地図から一つ選んで番号で答えなさい。また，その工業地帯または工業地域の名前を答えなさい。

資料1　自動車（二輪自動車をふくむ）の生産額（2012年，単位：億円）

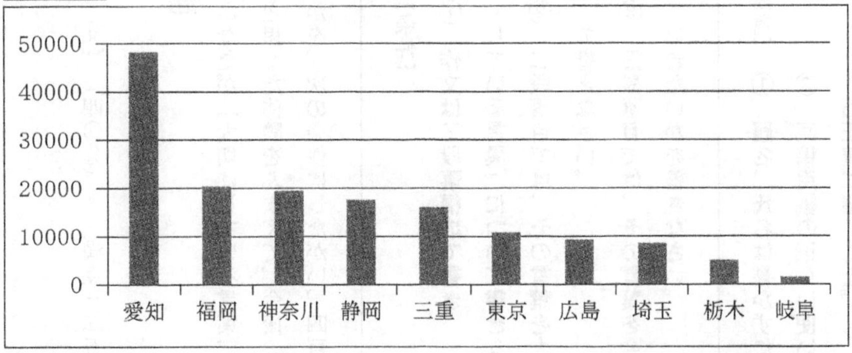

帝国書院統計資料より作成

資料2　日本の主な工業地帯・工業地域

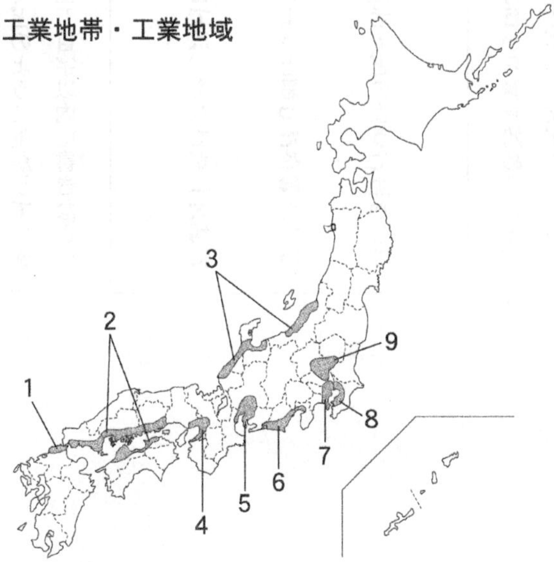

(2)　横田さんの工場では，目的に応じた自動車づくりが行われています。かん境を守ることを主な目的とした自動車づくりにあてはまるものを，下の**ア**～**オ**から二つ選んで記号で答えなさい。

ア　解体しやすい車

イ　ぬれた道路でもすべりにくい車

ウ　足を使わず手だけで運転できる車

エ　燃料電池で動く車

オ　自動でブレーキがきく機能を備えている車

(3)　ああいさんの家では，燃料のむだづかいを減らすために，自動車で走ったきょりを下の**表**のように記録しています。4月から9月までの走ったきょりの平均は985kmでした。8月は6月の2倍走ったとすると，8月の走ったきょりは何kmになるか答えなさい。

表

4月	660 km	5月	1250 km	6月	km
7月	970 km	8月	km	9月	1110 km

平成二八年度　宮城県仙台二華中学校入試問題

【作　文】（四〇分）〈満点：二五点〉

問題

あなたが「大切にしている言葉」について、その言葉を大切にしようと思った体験をふまえて、今後の生活でどのように生かしていきたいかを、次の条件にしたがい、四百字以上五百字以内で書きなさい。

【条件】

①　作文は三段落構成で書き、一段落目では、あなたが「大切にしている言葉」について書きなさい。

②　二段落目では、その言葉を大切にしようと思った体験について書きなさい。

③　三段落目では、その言葉を今後の生活でどのように生かしていきたいかを書きなさい。

〔注意〕

①　題名、氏名は書かずに、一行目から書き始めること。

②　原稿《げんこう》用紙の正しい使い方にしたがい、文字やかなづかいも正確に書くこと。

平成二八年度
宮城県古川黎明中学校入試問題

【作　文】（四〇分）〈満点：二五点〉

問題

　あなたが今の世の中や日常の出来事《できごと》の中で、「よりよくしたいと思うこと」はどのようなことですか。あなたが見たり聞いたり、体験したりしたことを振《ふ》り返って、「よりよくしたいと思うこと」を一つあげ、その理由を、四百字以上五百字以内で書きなさい。

〔注意〕
① 題名、氏名は書かずに、一行目から書き始めること。
② 原稿《げんこう》用紙の正しい使い方にしたがい、文字やかなづかいも正確に書くこと。

平成二八年度

仙台市立中等教育学校入試問題

【作　文】（四〇分）〈満点：一二五点〉

問題

◎次の文章は、ブラジルから日本に来て七年になる、初鹿野《はつかの》プリシラ・カレンさんが、インタビューに答えたものです。カレンさんが考える「日本人らしい共同作業」とはどんなものですか。また、そのことについて、あなたはどのように考えますか。体験したことを交えながら四百字以上五百字以内で書きなさい。ただし、文章は三段《だん》落構成にしなさい。

現在私が住んでいる東京に、大雪が降《ふ》ったときのことです。雪が珍《めずら》しくて嬉《うれ》しい私ですが、ラッキーだなんて喜んでいる場合ではなかったのです。道路はすっかり雪に埋《う》まり、一歩踏《ふ》み出すと足が雪に沈《しず》み、動きが取れません。外出を諦《あきら》めてお茶を飲んでいると、ザザザーッと聞き慣れない音が外から聞こえてきたのです。何の音かと気になっていると、あちらこちらからも聞こえてくる。外に出ると、道路の雪かきをしているのだとわかりました。皆《みな》が手にしていたのは、先がプラスチックのシャベルでした。それをうまく使って、雪をすくいます。歩けるように何とかしなければ、という気持ちが伝わってきました。私もプラスチックトレーを持ってきて参加です。雪は軽そうに見えて、意外と重かった。若い男の人が車を出し、「雪、車で潰《つぶ》しますね」と言い、ゆっくりとタイヤの跡《あと》をつけていきました。タイヤでペシャンコにされた雪は、とてもすくいやすくて助かります。彼は近所を二周してもどると、再び雪をかき始めました。体が汗《あせ》ばむ頃《ころ》、狭《せま》いけれど歩くには充《じゅう》分な道が、やっと先の方まで伸《の》びたのです。

日本人らしい、そして私にとっては初めての共同作業の体験でした。誰《だれ》かが声をかけなくても、一人の人がやるべきだと実行し始めると、それが合図のように他の人への誘《さそ》いとなり、自然と共同作業の形になっていく。そして言葉少なに黙々《もくもく》と続くのです。終わり方もただひと言、「お疲《つか》れさま」と言って一人去り、また一人去る、という自然さで、ゆっくりと共同作業は終わりました。

私の手や足先は、冷え切っていました。でも身体は温まり、心はもっとぽかぽかと温くなっていました。

〝日本人らしさ〟がわかったような気がしました。そしてそこに自分が加わることができた嬉しさが、じんわりと湧《わ》き上っていたのです。

（インタヴュアー・古川祥子）

（文藝春秋　刊『日本人のここがカッコイイ！』加藤恭子　編）から

文章は作品のまま引用しています。

〔注意〕

①　題名、氏名は書かずに、一行目から書き始めること。

②　原稿《げんこう》用紙の正しい使い方にしたがい、文字やかなづかいも正確に書くこと。

平成27年度

宮城県立中学校入試問題

【総合問題】（60分）　＜満点：100点＞

1　太郎さんと花子さんの学年では，１泊２日の自然体験学習で山に行き，１日目にはハイキングと星の観察，２日目には木工製作をしました。

次の１～４の問題に答えなさい。

１　次の会話文は，太郎さんが先生とハイキングをしながら，虫の観察をしたときのものです。あとの⑴，⑵の問題に答えなさい。

太郎さん	セミがないていますね。
先　　生	アブラゼミですね。枝に㋐アブラゼミのぬけがらがありますね。この枝でアブラゼミの幼虫《ようちゅう》は成虫になったんですね。
太郎さん	アブラゼミのぬけがらは茶色なんですね。
先　　生	アブラゼミは成虫のはねの色も茶色ですよ。
太郎さん	草むらにいたショウリョウバッタは，はねやからだの色が緑色でした。
先　　生	㋑住んでいる場所と似たような色をしていますね。

写真１

⑴　「㋐アブラゼミのぬけがら」とありますが，**写真１**のようなアブラゼミのぬけがらをみつけました。その近くに，クモが巣を張っていました。太郎さんは，アブラゼミのぬけがらとクモを見ているうちに，アブラゼミの幼虫とクモではからだのつくりが違《ちが》っていることに気がつきました。**アブラゼミの幼虫のからだのつくりが，クモのからだのつくりと違っている点**を答えなさい。

⑵　「㋑住んでいる場所と似たような色をしていますね。」とありますが，このことは**こん虫が生きていくうえで，どのように都合がよいか**，答えなさい。

２　花子さんが歩いたハイキングコースでは，スギの人工林*が多く見られました。次の文章は，花子さんが体験学習後に，日本の森林についてまとめたものの一部です。これを読み，あとの⑴，⑵の問題に答えなさい。

> 昔の日本では，木材が製品の材料や生活，産業の燃料として大量に使用されたため，㋒山などの木が多く切られました。第二次世界大戦後の復興に木材が大量に必要とされたため，成長の早いスギなどが多く植えられましたが，国産の木材の利用が減ったり，人手が不足したりして，手入れが行き届かない人工林も見られます。
>
> 木には，世界で問題になっている地球温暖《おんだん》化《か》の原因の１つにあげられている二酸化炭素を吸収《きゅうしゅう》する力があります。そこで，私は，㋓スギなどの人工林の育て方を工夫することで，地球温暖化の防止にも役立つのではないかと思いました。

＊人工林：人の手で植林してつくった森林

(1) 「㋒山などの木が多く切られました。」とありますが，**写真２**は，木を切り，新たに植林しなかったため，木がほとんどなくなった山の様子を，昭和時代の前半に撮影《さつえい》したものです。**このような山で起こりやすいと考えられる自然災害にはどのようなものがあるか**，答えなさい。

写真２

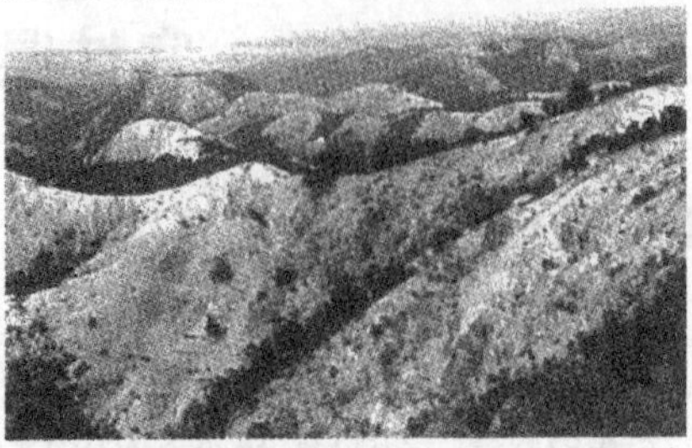

（大阪府環境農林水産部ホームページより）

(2) 「㋓スギなどの人工林の育て方を工夫することで，地球温暖化の防止にも役立つのではないか」と考えた花子さんは，インターネットを使って，国内におけるスギ人工林の林れい＊ごとの面積と１ha当たりの年間の二酸化炭素吸収量についての**グラフ**を作成しました。**地球温暖化がこれ以上進まないようにするには，どのように人工林を育てていくのが効果的か，グラフをもとに**答えなさい。

グラフ

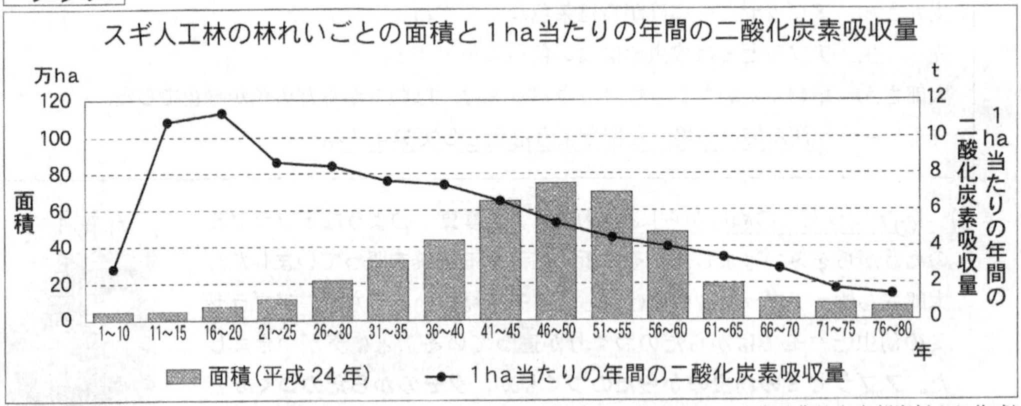

＊林れい：植林してからの年数　（林野庁「森林・林業白書」，千葉県農林水産部資料より作成）

3　花子さんは，夕食後の星の観察で，星座《せいざ》早見を使って星座の見え方を説明しました。次の発表原稿を読んで，あとの(1)，(2)の問題に答えなさい。

> 星座早見の月日と時刻《じこく》の目もりを合わせると，その時刻に見える星座がわかります。今はさそり座が南の空にあります。さそり座は，猟師《りょうし》のオリオンを殺したサソリが星座になったものという神話があり，星座早見を回すと，㋔オリオン座はさそり座がしずんだ後にのぼることが分かります。

(1) 「㋔オリオン座はさそり座がしずんだ後にのぼる」とありますが，次のページの**図１**は，花子さんが使った星座早見を示したもので，**図２**は，その一部を拡大《かくだい》したものです。**オリオン座がかくれている位置を，図１のア～ウから１つ選び，記号**で答えなさい。

図1

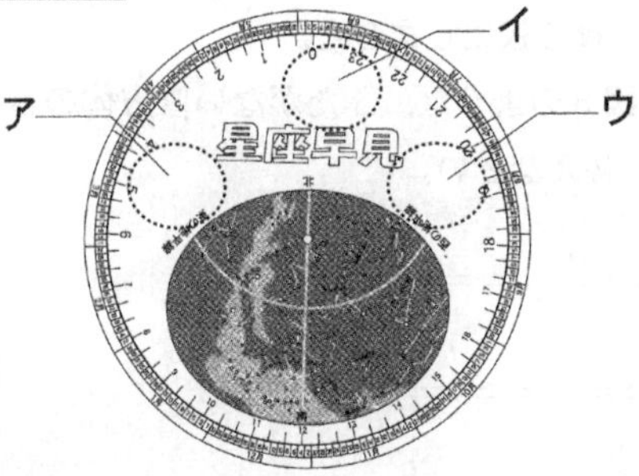

図2

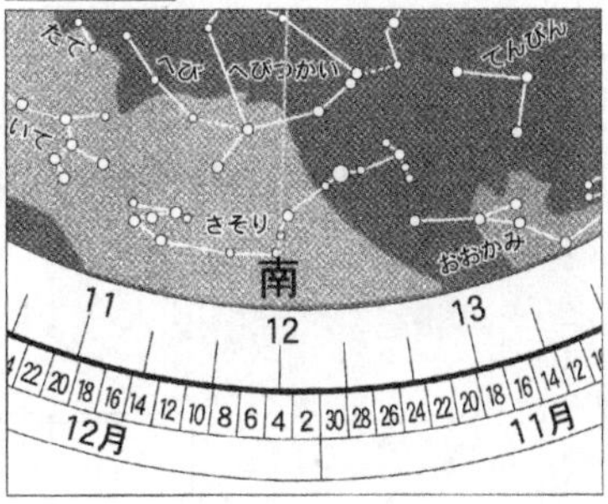

(2) **図3**は，自然体験学習の日の，花子さんが説明した時刻における，さそり座の位置を記録したものです。南の方位にはAの星があります。**この日の6日前の同じ時刻に，南の方位に来ていた星**を，**図2**を参考にして，**図3のア～エ**から1つ選び，**記号**で答えなさい。

図3

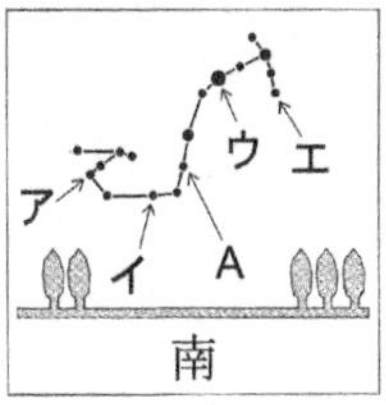

4　太郎さんは，木工製作で**図4**のような2枚《まい》の平らな板あ，いを使って直方体の整理箱を作ることにしました。どちらの板も厚さは1cmで，形は長方形ですが，板あは，たて30cm，横60cm，板いは，たて30cm，横70cmです。下の会話文は，太郎さんが板を切り分けようとして先生に相談したときのものです。**図4**を参考にして，あとの(1)，(2)の問題に答えなさい。

図4

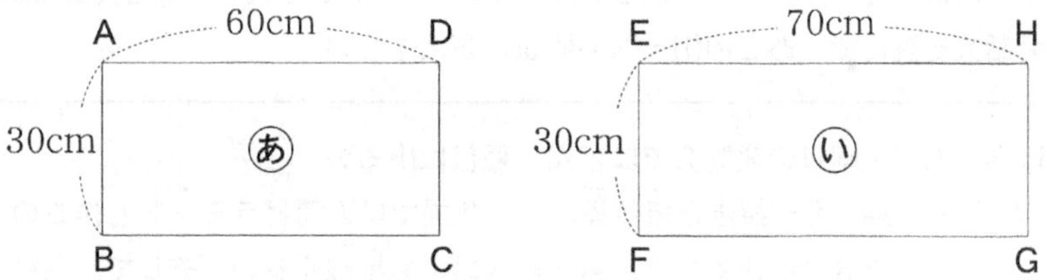

太郎さん　板あを2等分，板いは3枚に分け，全部で5枚の板にしようと思います。

先　　生　板あは，どのようにすると2等分できますか。

太郎さん　㋕辺ADの点Aから30cmのところに三角定規の直角をあてて，辺ADに垂直《すいちょく》な線を辺BCまで引くと，同じ大きさの正方形が2つできます。

先　　生　そうですね。では，板いはどう分けるとよいですか。

太郎さん　3枚の板を同じ大きさにすると，うまく作ることができません。

先　　生　板の厚さの分も考えなければなりませんね。辺EHを24cm，24cm，22cmの3つに分けてみたらどうでしょう。

(1) 「㋕辺ADの点Aから30cmのところに三角定規の直角をあてて，辺ADに垂直な線を辺BCまで引く」とありますが，このようにすると**同じ大きさの正方形が2つできる理由**を答えなさい。

(2) 太郎さんは，先生と相談したとおりに，板Ⓐを２等分して２枚の板にしました。また，板Ⓘは，辺EHを24cm，24cm，22cmの３つに分け，３枚の板にしました。

太郎さんは，これらの５枚の板を使って，**図５**のような，ふたがない直方体の整理箱を作りました。**この整理箱の容積は何cm³になるか**，答えなさい。

図５

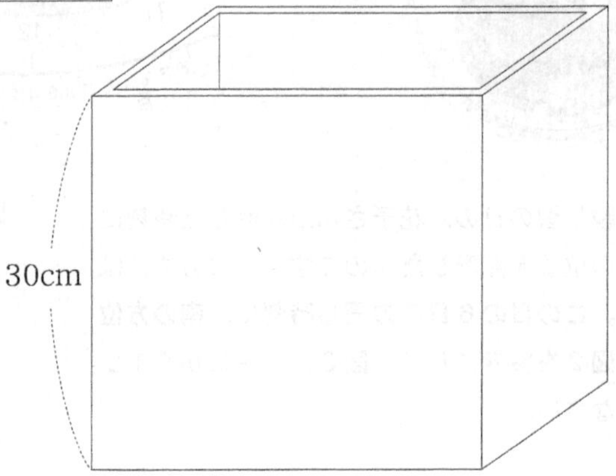

＜宮城県仙台二華中学校＞

2 華子《はなこ》さんと二郎さんの小学校では，今度の土曜日に運動会が行われます。次の**１**，**２**の問題に答えなさい。

１ 華子さんは，土曜日に行われる運動会について，おばあさん，お姉さんの２人と話をしました。次の会話文を読んで，あとの(1)～(5)の問題に答えなさい。

おばあさん　土曜日の運動会ではどんな種目に出るの。

華子さん　㋐ムカデ競走と組体操《くみたいそう》よ。組体操では人間ピラミッドも作るのよ。女子は２段《だん》と３段を作るけど，男子は４段にも挑戦《ちょうせん》するの。そして，最後の種目には親子で踊《おど》るフォークダンスもあるのよ。そう言えば，お姉さんの中学校の運動会，先週だったわよね。どんな種目があったの。

お姉さん　全員リレーや障害物《しょうがいぶつ》競走があったわ。障害物競走ではクイズがあって，「五里《ごり》霧中《むちゅう》」の「五里」とは何kmか，という問題があったのよ。

おばあさん　「里」は長さの単位だね。他には「寸《すん》」というのもあるのよ。今ではあまり使わなくなったけれど，㋑一寸は１ｍの33分の１の長さを言ったんだよ。日本でメートルが使われるようになったのは明治時代からなのよ。政治や経済，生活など，㋒明治時代の初めはいろいろなことが大きく変わったんだよ。

お姉さん　ところで，土曜日は暑くなりそうだから，㋓飲み物を多めに持って行くのよ。

おばあさん　そうね。まだ暑いから熱中症《ねっちゅうしょう》にならないように水分をしっかり補給《ほきゅう》するのよ。もし，熱中症になったら，すずしい場所で横になり，頭の他に㋔動脈が通っているわきの下や足の付け根なども冷やしたり，霧《きり》吹《ふ》きなどで体全体に水を吹きかけたりするのも体を冷やすのに効果的だよ。でも，熱中症になった場合は，すぐに先生に知らせるのよ。
華子さん　うん，わかった。

(1)「㋐ムカデ競走」とありますが，**図1**のように，ムカデ競走は，8人組の一番後ろの人がゴールラインをこえたところでゴールとするルールで行います。今日の1回目の練習では35mの直線コースをゴールするのに30秒かかりました。2回目は115mの直線コースに挑戦し，ゴールするのに94秒かかりました。**8人でつくるムカデの長さは何mか，**答えなさい。

ただし，ムカデは一定の速さで進み，その長さは変わらないものとします。また，練習したときの速さは，2回とも同じであったものとします。

図1

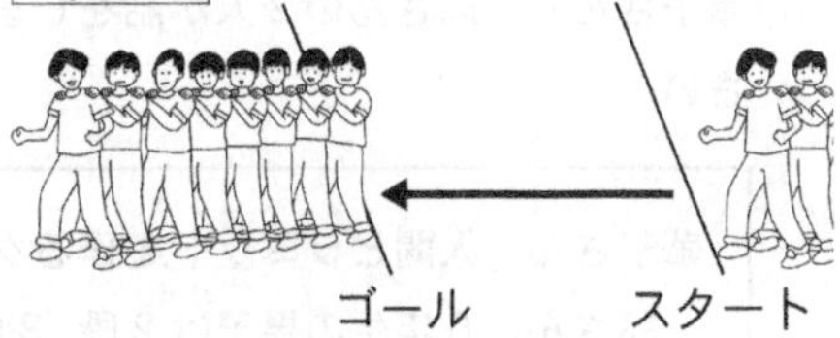

(2)「㋑一寸は1mの33分の1の長さ」とありますが，このことと華子さんがまとめた右の**資料をもとに，「五里」は何㎞かを求めたとき，下の A にあてはまる式を**答えなさい。

A を計算すると，五里はおよそ19.6㎞になります。

資料　「昔の単位表」

1尺(しゃく)	＝	10寸
1間(けん)	＝	6尺
1町(ちょう)	＝	60間
1里(り)	＝	36町

(3)「㋒明治時代の初めはいろいろなことが大きく変わった」とありますが，華子さんは社会科の時間に，明治政府が新しい国づくりのために行った代表的な政策《せいさく》を**図2**のようにノートにまとめました。

図2の「地租改正《ちそかいせい》」は，富国強兵を進める上でどのように役立ったか，説明しなさい。

図2

富国強兵

富国

○　工業をさかんにし，国を豊かにする。

・　欧米《おうべい》の技術を用いる新しい工場を各地につくった。

強兵

○　世界の強国に負けない強い軍隊をつくる。

・　徴兵令《ちょうへいれい》を出したり，兵器工場をつくったりして，欧米を手本にした国民中心の新しい軍隊を整備した。

＜富国強兵を支えた政策＞

【地租改正】

・　土地に対する税のしくみを改め，収穫高《しゅうかくだか》に応じて米で納める年貢《ねんぐ》をやめ，政府が土地の価格を定め，その3％を現金で納《おさ》めるようにした。

(4)「㋓飲み物」とありますが，後日，華子さんは総合的な学習の時間に，地球環境《かんきょう》保護のために「ペットボトルの軽量化」に取り組んでいる会社について調べました。その会社では，10年前に1.5Lのペットボトルの重さの17.6％を軽くすることに成功し，今年は10年前に軽量化した

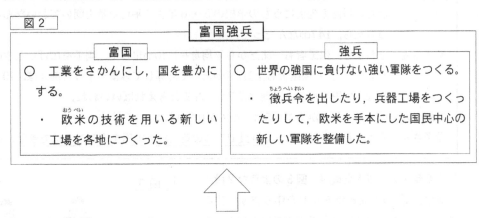

ペットボトルの重さの9.5%をさらに軽くすることにも成功して，38ｇになったことを知りました。**10年前に軽量化する前の1.5Ｌのペットボトルの重さはおよそ何ｇか，上から２けたのがい数**で答えなさい。

(5)「㋔動脈が通っているわきの下や足の付け根なども冷やし」とありますが，**体を冷やすときに動脈が通っているわきの下や足の付け根などを冷やすことが効果的な理由**を答えなさい。

2　組体操で作る予定の人間ピラミッドと種目の最後に行う高学年親子フォークダンスについて，華子さんと二郎さんの２人が話をしました。次の会話文を読んで，あとの(1)～(4)の問題に答えなさい。

華子さん	人間ピラミッドを作るグループ決めはどうするの。
二郎さん	６年生の男子は２段，３段，４段のピラミッドを作るんだけど，作るピラミッドの合計の数はできるだけ少なくしたいんだ。
華子さん	６年生の男子は全員で47人いるから，２段を [B] つ，３段を [C] つ，４段を [D] つ作ることになるわね。
二郎さん	そうなんだよ。今，㋕先生に人の配置をどうするか相談してきたんだ。
華子さん	それなら，人間ピラミッドのほうはもう大丈《だいじょう》夫《ぶ》ね。ところで，最後にやる高学年親子フォークダンスの参加者は５・６年生と保護者を合わせて384人よね。全員で手をつないで，校庭いっぱいに大きな輪になって，円を作ろうと思うんだけど，できるのかな。
二郎さん	人が両手を広げた長さは，その人の身長に近い長さになるって聞いたことがあるよね。保健の先生にうちの学校の５・６年生の平均身長を聞いておいたんだ。そうしたら，147㎝なんだって。
華子さん	それなら，保護者も一緒だから平均身長に10㎝足して，両手を広げたときの長さを５・６年生も保護者も全員157㎝として計算してみましょう。例えば，10人で輪になって円を作ると円周は15.7ｍになると考えればいいわね。
二郎さん	校庭は，たしか横が125ｍ，たてが100ｍだよ。
華子さん	そうなんだ。じゃあ，㋖全員で１つの輪になって円を作ることはできないわね。

(1)　６年生男子47人全員が，**図３**のような２段，３段，4段の人間ピラミッドを作ります。作るピラミッドの合計の数をできるだけ少なくした場合，会話文の [B]，[C]，[D] **にあてはまるピラミッドの数**を答えなさい。

図３

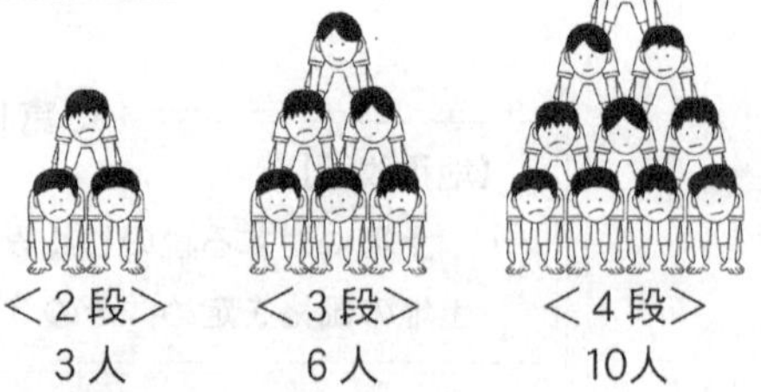

(2)「㋕先生に人の配置をどうするか相談してきた」とありますが，先生は次のページのような人間ピラミッドの人の配置案を教えてくれました。

① 一番下の人たちの平均体重をもとにすると
- 下から２段目の人たちの平均体重は，一番下の人たちより３kg軽い。
- 下から３段目の人たちの平均体重は，一番下の人たちより８kg軽い。
- 下から４段目の人たちの平均体重は，一番下の人たちより12kg軽い。

② 47人全員の合計体重は1888kgになる。

(1)で求めた個数の人間ピラミッドを作ったとき，**４段の人間ピラミッドの一番上の人たちの平均体重は何kgか**，答えなさい。

(3) 「㋖全員で１つの輪になって円を作ることはできないわね。」とありますが，華子さんは，**なぜ全員で１つの輪になって円を作ることができないと言ったのか，式と言葉**で説明しなさい。

(4) １つの輪にできないと考えた華子さんと二郎さんは，三重の輪にすることにしました。輪と輪の間隔《かんかく》を10mにしたとき，華子さんと二郎さんの考え方では，**三重の輪の一番外側の輪は何人で作ることになるか**，答えなさい。

ただし，三重の輪はすべて円であるものとし，円周率は3.14とします。

＜宮城県古川黎明中学校＞

2 明さんと黎《れい》さんのクラスでは，総合的な学習の時間に米づくりの体験学習をしました。次の１～３の問題に答えなさい。

１ 次の会話は，明さんたちが，田植えの体験の時間に，農業指導員の鈴木さんから大崎《おおさき》地方の米づくりについての話を聞いたときのものです。あとの(1)～(4)の問題に答えなさい。

鈴木さん　みなさんが住んでいる大崎地方は全国でも有数の米どころで，「ひとめぼれ」や「ササニシキ」などの品種は有名ですね。おいしいお米をたくさんつくるためには，広い平野と栄養豊かな土，そして豊富な水が必要です。

明さん　はい。それに加えて，年間の㋐気温と降水《こうすい》量，日照時間の長さも大切だと，授業で習いました。

黎さん　そうね。特に水は大切で，㋑東北地方では，春から夏に稲《いね》の生長に必要な水が十分に確保できるとも習ったわ。

鈴木さん　これからみなさんには，㋒手作業で苗《なえ》を植えてもらいますが，みなさんが植えた稲が，お天気にめぐまれて，すくすく育つといいですね。

(1) 「㋐気温と降水量」とありますが，明さんは，大崎市古川における，月ごとの平均気温と平均降水量を調べて，**表１**と**グラフ１**にまとめました。**表１をもとに**，解答用紙に**折れ線を記入**し，**グラフ２を完成**させなさい。

表１　大崎市古川の月ごとの平均気温

月	1	2	3	4	5	6	7	8	9	10	11	12
平均気温(℃)	−0.1	0.5	3.5	9.4	14.6	18.5	22.0	23.7	19.7	13.6	7.5	2.7

（気象庁の統計資料より作成）

グラフ１

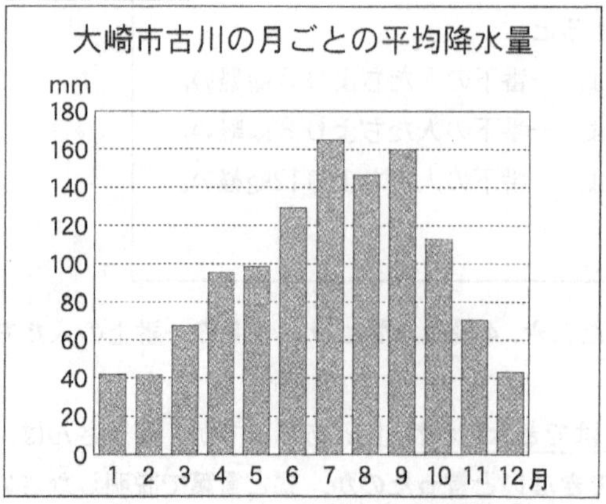

（気象庁の統計資料より作成）

グラフ２

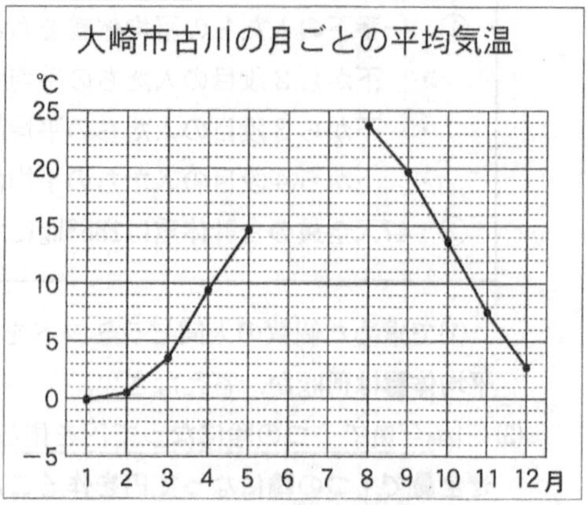

（気象庁の統計資料より作成）

(2) **グラフ１から，月ごとの平均降水量が最も多い月の量は最も少ない月の量のおよそ何倍か，整数で**答えなさい。

(3) 「㋑東北地方では，春から夏に稲の生長に必要な水が十分に確保できる」とありますが，**雨水の他に，水を十分に確保できる理由**を答えなさい。

(4) 「㋒手作業で苗を植えてもらいます」とありますが，明さんたちは横の長さが18mの田で，田植えをしました。**図１のように30cm間隔《かんかく》で苗を植えたとき，何列植えることができたか**，答えなさい。

図１

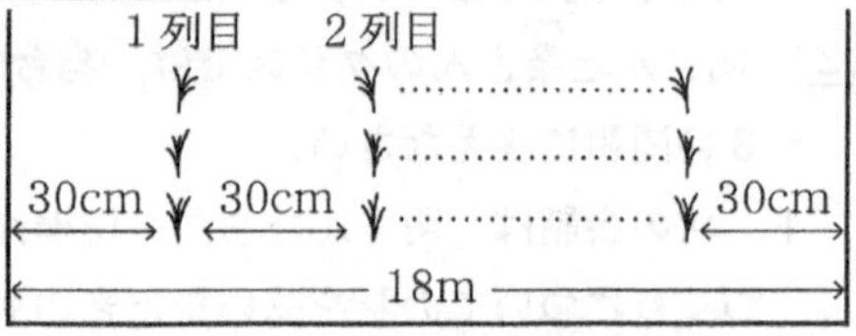

2 次の会話文は，明さんと黎さんが，鈴木さんの田で，**写真**のような機械を使って，稲かりをする様子を見学させてもらったときのものです。あとの(1)〜(3)の問題に答えなさい。

明さん　ずいぶん大きな機械ですね。何という機械ですか。

鈴木さん　これはコンバインと言います。コンバインは，田の中でも車のタイヤに当たる部分が，㋓自由に動き回れるつくりになっています。

黎さん　この機械を使えば，短い時間で稲かりの作業をすることができますね。

鈴木さん　そうですね。現在では，農業の機械化によってコンバインを使うことが普通になり，稲のかり取りとだっこく*，選別まで一度に行うことができるようになりました。㋔昔は農具を使って人の手で作業をしていたので，米づくりは，時間や労力のかかる大変な仕事でした。

写真

＊だっこく：稲の穂《ほ》からもみのつぶをはずすこと

⑴　「㋓自由に動き回れるつくり」とありますが，ベルトが回転することでコンバインが進むことに興味を持った明さんは，前の車輪の中心と後ろの車輪の中心の距離《きょり》や，車輪の大きさを測り，**図２**のようにまとめました。

図２のベルトの長さは何ｍか，答えなさい。

ただし，前と後ろの車輪は同じ大きさの円と考え，円周率は3.14とします。また，ベルトの厚さや，たるみは考えないものとします。

図２

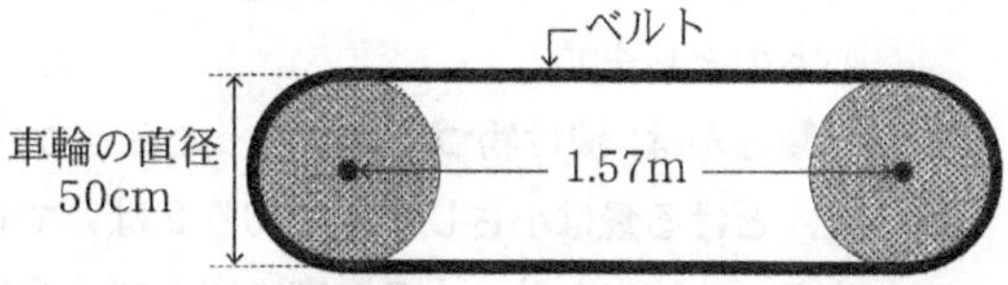

⑵　明さんと黎さんは，手作業で稲をかり取る体験をすることになりました。先に明さんが１人で稲をかり取っていましたが，明さんがかり取り始めて７分後から，遅れてきた黎さんも参加しました。体験用の稲をかり終えたのは，黎さんが参加してから33分後でした。明さんがかり取り始めてから７分後までにかり取った稲の量が，体験用の稲全体のちょうど１割に当たるとき，この体験で**明さんがかり取った全ての稲の量は，黎さんがかり取った稲の量の何倍か，分数で答えなさい。**

ただし，明さんが稲を１分間当たりにかり取った量は，一定であるとします。

⑶　「㋔昔は農具を使って人の手で作業をしていた」とありますが，明さんと黎さんは，**図３**のような，昔の農具を使って実のつまったもみの選別作業を体験しました。明さんがハンドルを回して羽根車を回転させ，黎さんが投入口からだっこくしたあとのもみや細かいくき，葉などがまざった状態のものを入れました。すると実のつまったもみが**出口１**から，それ以外のものが**出口２**から出てきました。

明さんは，体験したことを学級で発表するために，農具の部品である羽根車のつくりと選別のしくみについて，**図４**のようにまとめました。**実のつまったもみとそれ以外のものが選別される理由を，図３と図４をもとに，**説明しなさい。

図３

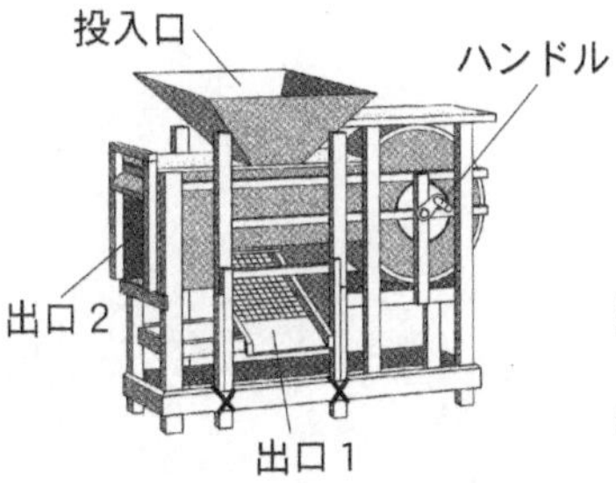

図４

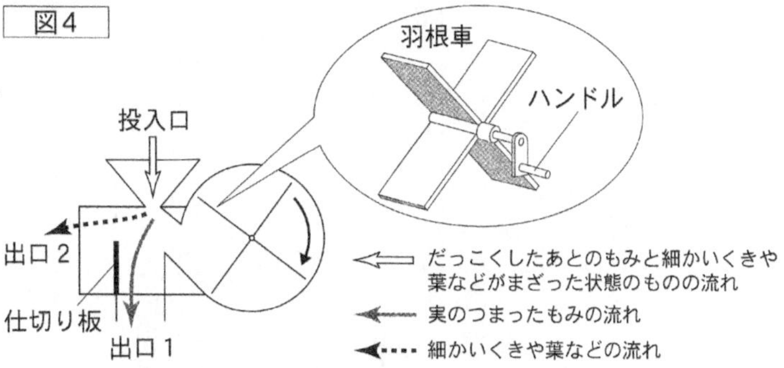

３　収穫《しゅうかく》したお米を学校で食べることになり，黎さんは家でおばあさんとなすの漬《つ》け物《もの》を作り，持って行くことにしました。おばあさんが作る漬け物は，水に食塩とミョウバンをとかした液になすを漬けこみます。この漬け物の液に食塩とミョウバンのとけ残りはありません。以前，物のとけ方について学習したことを思いだし，おばあさんが作った漬け物の液にとけている食塩の量を確かめることにしました。

次の(1)，(2)の問題に答えなさい。

(1) おばあさんが作った漬け物の液100mLにとけている食塩の量は小さじでおよそすり切り何はいか，**水を蒸発《じょうはつ》させずに調べる方法**を説明しなさい。

　ただし，漬け物の液の温度は20℃とし，20℃の水100mLにとける食塩の量は小さじですり切り12はいでした。また，食塩とミョウバンがとけている水でも，食塩のとける量は変わらないものとします。

(2) 黎さんは，漬け物づくりで残ったミョウバンを，20℃の水100mLにとかしてみました。すると，とける量は小さじですり切り２はいでした。食塩にくらべてとける量が少ないことに興味をもった黎さんは，水の温度を変えて，食塩とミョウバンがそれぞれとける量を調べることにしました。２つのコップに40℃の水100mLを入れ，食塩とミョウバンをそれぞれとけ残りが出るまで加えました。60℃の水の場合も同じ方法で調べ，その結果を**表２**にまとめました。

　60℃の水で調べた２つのコップをそのまま台所に置いておき，次の朝，コップの中の様子をみると，食塩にくらべてミョウバンの方が，つぶが多く出ていました。**表２をもとにその理由**を答えなさい。

表２

水の温度	20℃	40℃	60℃
食塩	すり切り 12はい	すり切り 12はい	すり切り 12はい
ミョウバン	すり切り ２はい	すり切り 4はい	すり切り ８はい

平成27年度

仙台市立中等教育学校入試問題

【総合問題】 (60分)　＜満点：100点＞

1　仙台青陵中等教育学校では，毎年各分野の専《せん》門家による「進路講演会」を開いています。次の１～３の問題に答えなさい。

1　国土交通省の人から「地図からみた日本」というお話がありました。「日本は四方を海に囲まれた島国ですが，海に面していない県もあります」という話に興味を持ったゆうたさんは，海に面していない県について調べることにしました。下の**表**はゆうたさんが調べたことをまとめたものの一部です。**A群**にあてはまる県名を，漢字またはひらがなで答えなさい。また，**B～D群**にあてはまる県の様子を表していることがらを，それぞれの群から一つずつ選び，数字を書き入れなさい。

表

A　群	長野県	(　　　　)県	(　　　　)県	(　　　　)県
B　群		②		
C　群			③	
D　群				④

［B群］　①　室町幕府をたおした武将《しょう》が天下統一のきょ点として建てた城があった。
　　　　②　８世紀の初め，当時の中国の都市にならった都がおかれた。
　　　　③　16世紀のおわりに「天下分け目」といわれた大きな戦いがあった。
　　　　④　日本で二度目の冬季オリンピックが開さいされた。

［C群］　①　北アルプスや中央アルプスなどの高い山々が連なっている。
　　　　②　日本最大の湖がある。
　　　　③　県南部に三つの川とそのてい防に囲まれた低い土地がある。
　　　　④　日本最大の半島のまん中に位置する。

［D群］　①　国内産の有名なブランドである「吉野杉《よしのすぎ》」の産地がある。
　　　　②　世界無形文化遺産《いさん》に認《にん》定された「美濃和紙《みのわし》」が有名である。
　　　　③　りんごやももなどの果物《くだもの》の生産がさかんである。
　　　　④　伝統工芸の「信楽焼《しがらきやき》」が有名である。

2　大学で数学を研究している先生から，身近な数字の一つであるカレンダーを題材にしたお話がありました。ゆいさんは先生の出す問題を真けんに考えました。あとの(1)～(4)の問題に答えなさい。

(1)　**資料１**のカレンダーの日付の数にある素数の個数を答えなさい。

(2)　数の中で，その数自身を除く約数の和が，その数

資料1

11月

日	月	火	水	木	金	土
			1	2	3	4
5	6	7	8	9	10	11
12	13	14	15	16	17	18
19	20	21	22	23	24	25
26	27	28	29	30		

自身と等しくなる数のことを「完全数」といいます。**資料１**のカレンダーには完全数が二つあります。一つは，「６」ですが，残りの一つを見つけ，下の例にならって答えなさい。

〈例〉「６」の場合の答え方　→１＋２＋３＝６

(3)　ある月のある週の月曜日から金曜日までの日付の数の和が「70」でした。この月の前月の最後の日は何曜日ですか。理由もあげて答えなさい。

(4)　講演を聞いて，身近な数字に関心を持ったゆいさんは，**資料２**がのった新聞記事を見つけました。次の①，②の問題に答えなさい。

①　平成26年４月１日から消費税の税率が変わり，そのことが売上高の変化にあらわれたと新聞にのっていました。３月に消費税を加えた値だんが5880円だった品物は，4月にはいくらになりますか。消費税を加えた値だんを答えなさい。

②　**資料２**を見て，消費税の税率が変わったことによる影きょうが最も大きかった品目と，最も小さかった品目を一つずつあげ，それぞれの理由について答えなさい。

資料２　**東北の百貨店の売上高（消費税をのぞく）と前年同月との比かく**

品目	平成 26 年 ３月売上高 （百万円）	平成 25 年３月と 比べた割合	平成 26 年 ４月売上高 （百万円）	平成 25 年４月と 比べた割合
衣料品	7,788	9.7％増	5,063	13.6％減
身の回り品〈注〉	2,886	30.9％増	1,587	16.2％減
雑貨〈注〉	3,689	68.5％増	1,299	34.5％減
家庭用品〈注〉	1,162	19.6％増	579	18.7％減
食料品	4,943	6.2％増	3,653	4.3％減

〈注〉「身の回り品」とは，くつ・カバン・旅行用品・かわ小物・アクセサリーなどをいう。
「雑貨」とは，美術・宝石類・貴金属（金，銀など）・けしょう品などをいう。
「家庭用品」とは，家具・家電・食器などをいう。

「日本百貨店協会ホームページ」より作成

３　太陽熱温水器を製造している会社の方から，太陽の熱を利用して水を温めるそう置のしくみについてお話を聞きました。

お話を聞いたたかしさんは，小学校の理科の時間に，ものの温まり方について次のような実験をしたことを思い出しました。あとの(1)，(2)の問題に答えなさい。

【小学校のときに行った実験】

図のように，試験管に示温テープをはったプラスチックの板と水を入れ，アルコールランプで試験管の真ん中あたりを温め，その様子を観察する。ただし，示温テープは，40℃で色が変わるテープを使用し，ふっとうし始めたら火を止める。

図

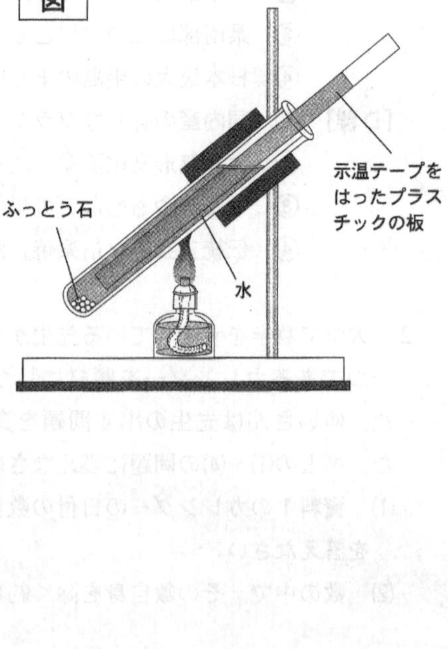

(1) 実験を始める前，たかしさんは水も金属と同じように温まると予想しました。たかしさんは，示温テープがどのように変化すると予想したか答えなさい。

(2) 実験の結果は，たかしさんの予想とはちがいました。示温テープはどのように変化したか答えなさい。また，その理由を説明しなさい。

2 仙台青陵中等教育学校では，入学してすぐに，蔵王《ざおう》方面へオリエンテーション合宿に行っています。

次の１～３の問題に答えなさい。

1 蔵王のキャンプ場にはブランコがあったので，みんなで乗って遊びました。さとみさんは，ブランコの動きとふりこには関係があることに気付き，学校にもどって理科室で実験をしてみました。あとの(1)，(2)の問題に答えなさい。

(1) **表１**は，おもりの重さ10ｇ，ふりこの長さを80㎝，ふれ幅を60°にしてふりこの５往復する時間をストップウォッチで７回測定した結果です。このふりこの１往復する平均時間（秒）を答えなさい。

表1

	1回目	2回目	3回目	4回目	5回目	6回目	7回目
５往復した時間（秒）	9.6	9.7	9.3	9.4	9.4	9.6	9.5

(2) おもりの重さを１個30ｇ，ふりこの長さを40㎝，ふれ幅を30°にして実験したときの，ふりこの１往復する平均時間は1.4秒でした。さとみさんは，条件を変えてくり返し実験したところ，ふりこの１往復する時間は約１秒になりました。何をどのように変えて，ふりこの１往復する時間を１秒に近づけることができたか，必要な条件を書きなさい。

2 合宿２日目の朝に外に出ると，草花にしも（氷）がおりているのに気付きました。きよしさんは，しものでき方を調べるために，学校にもどって理科室で，金属のコップに氷と食塩を入れて実験をしました。すると，10分後に**写真**のようにコップのまわりにしもができました。

あとの(1)，(2)の問題に答えなさい。

写真

しも（氷）

(1) コップのまわりにしもができた理由を答えなさい。

(2) さらに，きよしさんは水を冷やしたときの温度がどのように変化するかについて知りたくなり，300mLビーカーに氷200ｇ，食塩50ｇを入れて，６mLの水が入った試験管を冷やしました。はじめ，試験管の中の水の温度は20℃で，15分後には，－20℃になりました。**表２**の実験結果の記録をもとに，15分後までの水の温度変化の様子を表すグラフを書きなさい。

表2　実験結果

水がこおり始めた	実験開始から４分後
水がすべてこおった	実験開始から７分後

3　蔵王の合宿所に，毎年１月に開かれる円田《えんだ》地区の「親子たこあげ大会」のポスターがはってありました。つばささんは，ポスターの中にのっていた『たこ』という詩に興味を持ちました。あとの(1)～(3)の問題に答えなさい。

たこ
北原　宗積《むねかず》

手にさげていたときは
おとなしかったが
たこよ
空にのぼるにつれて
えらくいばるじゃないか

ぼくを　みおろし
町を　みおろし
もう　おりたくない、と
ふんぞりかえる

北風に　あおられて
目をさましたのか
このまま　空のたびにでるんだ、と
しきりに
ぼくの手をひっぱる

『教科書の詩をよみかえす』
（川崎洋　著、筑摩書房）から

(1)　詩の――線部分は，たこのどのような様子をたとえていますか。たこの様子を，詩の中の言葉を使わずに25字以内で説明しなさい。

(2)　つばささんは，この詩の中のたこの様子をことわざにあてはめることができると思いました。最も ふさわしいものを，次の**ア**～**オ**から一つ選んで，記号で答えなさい。

ア　どんぐりの背くらべ　　**イ**　水を得た魚　　**ウ**　水と油

エ　天高く馬こゆる　　**オ**　つるの一声

(3)　つばささんはたこあげがしたくなり，休日に広場に出かけました。

下の図は，つばささんがたこをあげている図です。たこからつばささんの手までのたこ糸の長さが32m50cmのとき，地面からたこまでの高さを答えなさい。ただし，糸はピンと張っていてたるみがないものとし，つばささんの手の位置から地面までは１m25cmとします。

図

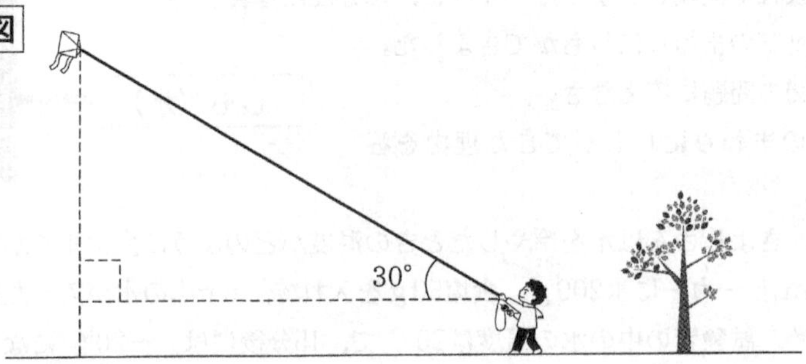

3 仙台青陵中等教育学校では，５年生の時にニュージーランドへ海外研修旅行に行っています。次の**１**～**３**の問題に答えなさい。

1 春子さんは昨年海外研修旅行に行ったお姉さんから研修のしおりを見せてもらいました。学校から千葉県の成田国際空港まではバスで移動し，**図１**のように仙台宮城インターチェンジから東北自動車道などを利用したようです。あとの⑴～⑶の問題に答えなさい。

図1

⑴ 途中で休けいをした栃木県の佐野サービスエリアから，世界遺産《いさん》に登録された富士山がきれいに見えたそうです。佐野サービスエリアは群馬県に入る数km手前にあります。富士山はどの方角に見えましたか。八方位で答えなさい。

⑵ 成田国際空港がある千葉県やとなりの茨城県は様々な種類の野菜を生産し，野菜の生産額は国内トップクラスです。千葉県や茨城県で野菜作りがさかんな理由が主に三つあります。そのうちの二つは，気候が温暖《おんだん》なこと，関東平野は水はけがよい平地が多いことですが，もう一つの理由を簡単《かんたん》に説明しなさい。

⑶ 春子さんは，江戸時代，大名が自分の領地と江戸の間を１年ごとに往復する参勤《さんきん》交代があったことを思い出しました。仙台藩《はん》の参勤交代は，通常は７泊８日で移動し，仙台から江戸までの道のりはおよそ360kmだったそうです。出発は毎朝午前８時30分，宿に到着するのは毎日午後８時，また，昼食や休けいの時間を合わせて毎日２時間30分とり，最終日に江戸に着いたのが午後４時だとします。この場合，仙台から江戸までの移動する速さはどのくらいですか。平均時速を小数第２位を四捨五入《ししゃごにゅう》して答えなさい。

2 秋子さんのお兄さんがニュージーランドに向けて出発する前日の夕方，秋子さんの家からは**図２**のように太陽と月が見えました。このとき見えていた月はどのような形をしていたでしょうか。下の**ア**～**ク**から一つ選び記号を書きなさい。また，そのような形に見える理由を書きなさい。

図2

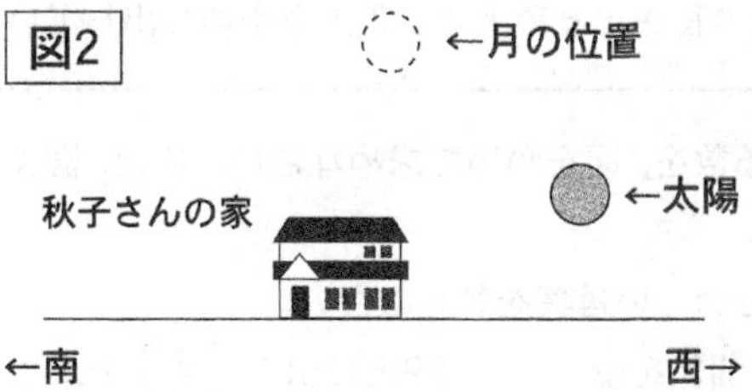

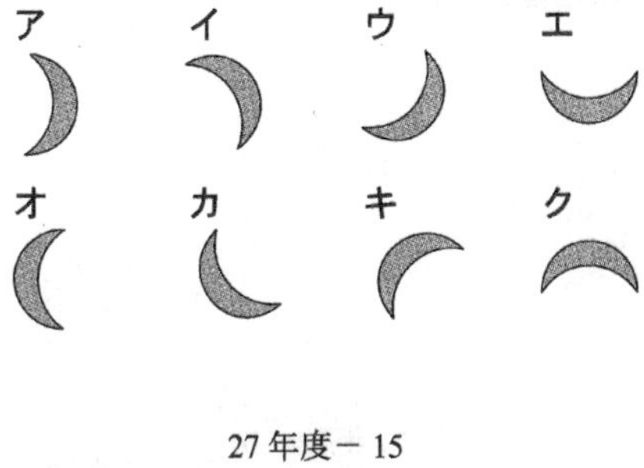

3 夏夫さんのお兄さんは，ホームステイ先でコミュニケーションをとるきっかけに折り紙を持っていくことにしました。お兄さんが「もし，足りなくなったら長方形の紙から切り出せばいいかな」と言ったので，夏夫さんは１枚の紙からどのくらいの大きさの正方形を何枚切り出せるのかに興味を持ち，近くにあった，縦《たて》21㎝，横28㎝の紙で試してみることにしました。あとの(1)～(3)の問題に答えなさい。

夏夫さん　縦21㎝，横28㎝の長方形からは，１辺21㎝の正方形１枚と，１辺７㎝の正方形を３枚切り出せたよ。（**図３**，**図４**）

長方形の紙　　**図3**　　**図4**

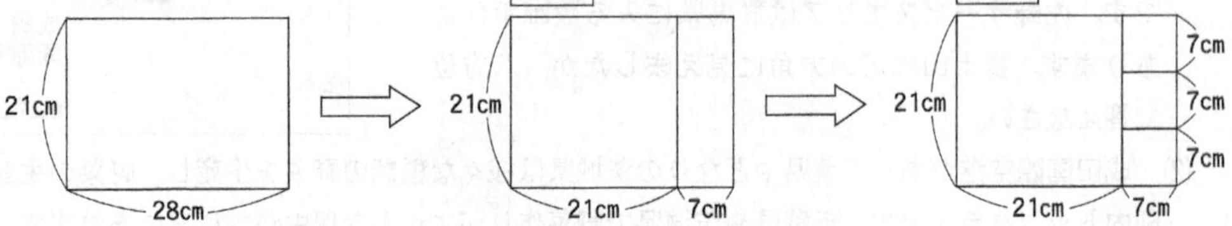

お兄さん　縦30㎝，横42㎝ではどうだい。

夏夫さん　１辺30㎝の正方形 ① 枚，１辺12㎝の正方形 ② 枚，1辺 ③ ㎝の正方形２枚になったよ。

お兄さん　その一番小さい正方形の１辺の長さと，もとの長方形の縦と横の長さの関係がわかるかな。

夏夫さん　長方形の縦と横が，21㎝と28㎝のときは，一番小さい正方形の１辺は７㎝だよ。30㎝と42㎝のときは， ③ ㎝だね。

お兄さん　28㎝と36㎝のときは，４㎝になるよ。18㎝と26㎝のときは，２㎝になるよ。

夏夫さん　なるほど。長方形の縦と横の長さの ④ が，一番小さい正方形の１辺の長さになるんだね。

お兄さん　そのとおり。よく気づいたね。

夏夫さん　それなら，629と1961のような大きな数字の ④ も，この二つの数字が長方形の縦と横の長さだと考えて，正方形を切り出していくことで求められるね。

(1) ① ～ ③ に入る数を，図をかいて求めなさい。また，**図４**のように長さも書きこみなさい。

(2) ④ に入る最もふさわしい言葉を答えなさい。

(3) 夏夫さんが気づいた関係を使って，629と1961の ④ を求めなさい。ただし，求める手順を式と文章で説明し，答えも書きなさい。

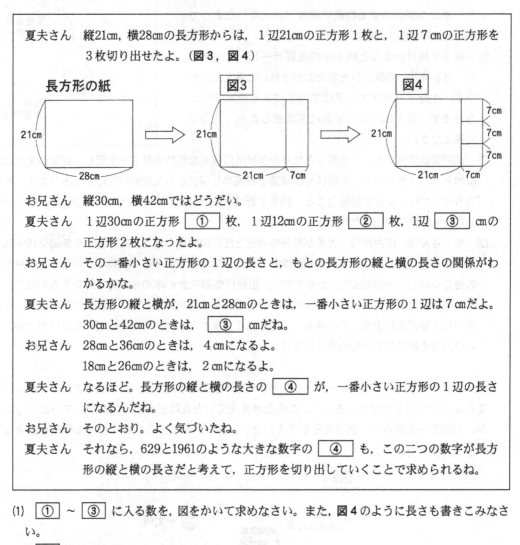

平成二七年度
宮城県仙台二華中学校入試問題

【作　文】〈四〇分〉〈満点：二五点〉

問題

私たちは、様々な「体験」を通して多くのことを学び、成長しています。これまでの生活の中で、あなたが印象に残っている体験について、そこから学んだことや、それをその後の生活でどのように生かしているかを、次の条件にしたがい四百字以上五百字以内で書きなさい。

【条件】

① 作文は三段落構成で書き、一段落目には、印象に残っている体験について書きなさい。

② 二段落目には、その体験から学んだことについて書きなさい。

③ 三段落目には、体験による学びをその後の生活でどのように生かしているかを書きなさい。

〔注意〕

① 題名、氏名は書かずに、一行目から書き始めること。

② 原稿《げんこう》用紙の正しい使い方にしたがい、文字やかなづかいも正確に書くこと。

平成二七年度

宮城県古川黎明中学校入試問題

【作　文】（四〇分）〈満点：二五点〉

問題

　学校生活には、「たくさんの人と協力して一つのことをする」機会があります。あなたのこれまでの体験をもとにして、今後学校生活の中で「たくさんの人と協力して一つのことをする」ときに心がけたいと思うことを、その理由を示しながら、四百字以上五百字以内で書きなさい。

〔注意〕　① **題名、氏名は書かずに、一行目から書き始めること。**

② **原稿《げんこう》用紙の正しい使い方にしたがい、文字やかなづかいも正確に書くこと。**

平成二十七年度
仙台市立中等教育学校入試問題

【作　文】〈四〇分〉〈満点：一二五点〉

問題

◎次の文章は、佐藤文隆《さとうふみたか》さんが書いた『10代のための古典名句名言』の一節です。筆者は「科学の花を咲《さ》かせること」についてどのように考えていますか。また、そのことについて、あなたはどのように考えますか、体験を交えながら書きなさい。ただし、文章は、四百字以上五百字以内で、三段落で書くこととします。

問題に使用された作品の著作権者が二次使用の許可を出していないため、文章を掲載しておりません。

『10代のための古典名句名言』（佐藤文隆・高橋義人著、岩波ジュニア新書）から

〔注意〕
① 題名、氏名は書かずに、一行目から書き始めること。
② 原稿《げんこう》用紙の正しい使い方にしたがい、文字やかなづかいも正確に書くこと。

平成26年度

宮城県立中学校入試問題

【総合問題】　(50分)　　＜満点：100点＞

1　太郎さんは，朝食のときに家族と次のような会話をしました。あとの１～３の問題に答えなさい。

お母さん　今日のみそしるは，㋐太郎がとなりのおばあさんといっしょに作ったみそを使ったのよ。
お父さん　だから，いつもと違《ちが》う味がしたんだ。このみそはおいしいよ。
太　　郎　みそを作るのに使った大豆も，おばあさんが育てたものを使ったんだ。学校の東側におばあさんの大豆畑があるんだよ。
お母さん　㋑そこは，昔は田んぼだったのよ。
お父さん　畑のほかに住宅地《じゅうたくち》やあき地になった田んぼも多いね。㋒お父さんが，子供《こども》のころは，この辺りも農家が多かったな。

1　「㋐太郎がとなりのおばあさんといっしょに作った」とありますが，次の(1)，(2)の問題に答えなさい。

(1)　太郎さんは，おばあさんに教えられ，みそを作る準備として，大豆の入っているボールに水を加え，**図**のように，水面が大豆よりも上になるようにしました。そのとき，おばあさんが，「こうすると大豆が芽を出しにくくなるんだよ。」と言いました。**図**のようにすると，**大豆が芽を出しにくくなるのはなぜか，その理由**を答えなさい。

図

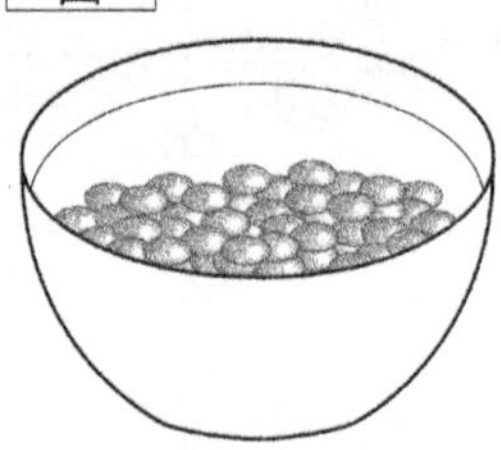

(2)　みそを作るときには，ゆでた大豆にこうじと食塩を加え，よく混ぜ合わせ，その固さを整えるために大豆のにじるを加えます。**表**は，太郎さんが，みそを作るために使った材料とその分量をそれぞれ示したものです。このうち食塩の分量は，材料全体のちょうど１割でした。**表**の①**にあてはまる数**を答えなさい。

表

材　料	分量(g)
ゆでた大豆	2300
こうじ	1600
食塩	①
大豆のにじる	150

2　「㋑そこは，昔は田んぼだったのよ。」とありますが，お母さんの言葉が気になった太郎さんは，大豆と米の作付面積について調べることにしました。

次の(1)，(2)の問題に答えなさい。

(1)　太郎さんは，大豆の作付面積の変化を調べたところ，次のページの**グラフ１**を見つけました。**2010年の宮城県の大豆の作付面積は，1995年のおよそ何倍**ですか。**四捨五入して小数第一位までのがい数**で答えなさい。

グラフ1

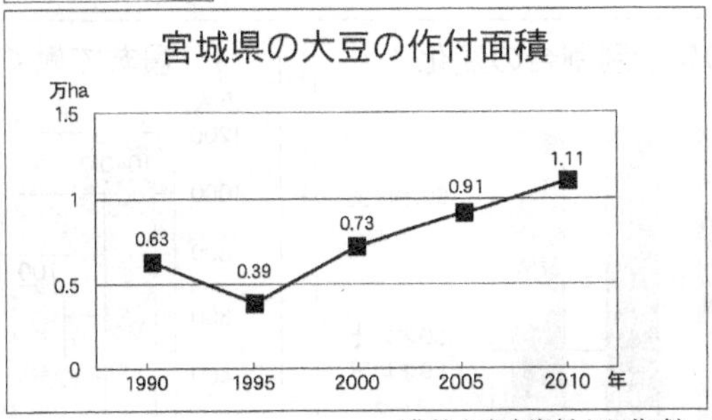

（農林水産省資料より作成）

(2)　太郎さんは，米の作付面積の変化を調べたところ，**グラフ２**を見つけました。

1969年に，国が政策《せいさく》として全国の米の作付面積を減らし始めた理由をグラフ２をもとに，「米の生産量」，「米の消費量」という言葉を使って答えなさい。

グラフ2

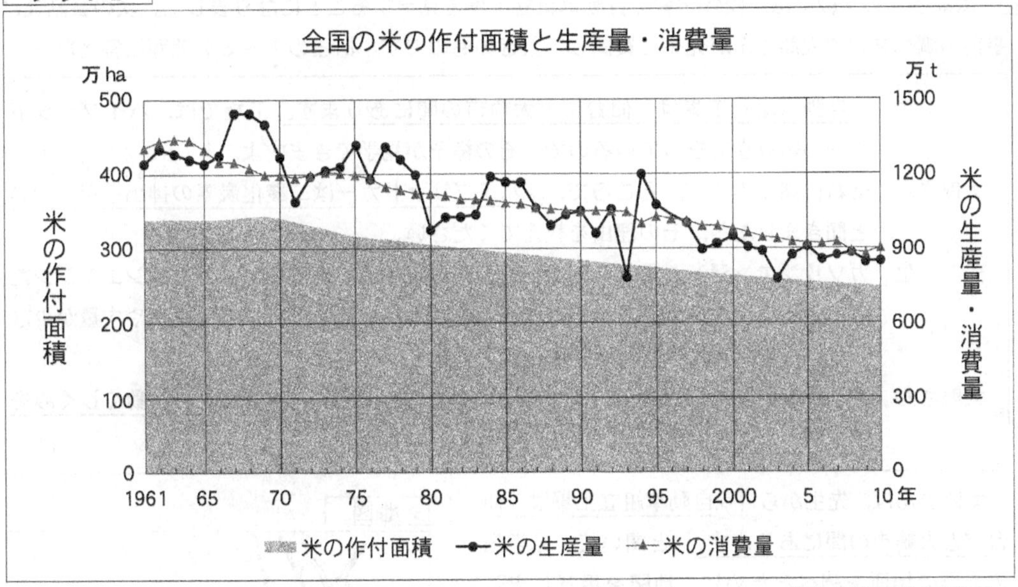

（農林水産省資料より作成）

3「㋒お父さんが，子供のころは，この辺りも農家が多かったな。」とありますが，太郎さんは，農業で働く人について興味を持ち，調べたところ，**グラフ３**と**グラフ４**を見つけました。あとの(1)，(2)の問題に答えなさい。（**グラフ3**，**グラフ４**は次のページにあります。）

(1)　太郎さんは，60才以上の農業で働く人の人数が1970年から年々増えていると考えました。**太郎さんの考えは正しいでしょうか，正しくないでしょうか。また，その理由**も答えなさい。

(2)　**グラフ３とグラフ４**から考えられる**現在の日本における農業の課題**を答えなさい。

グラフ3

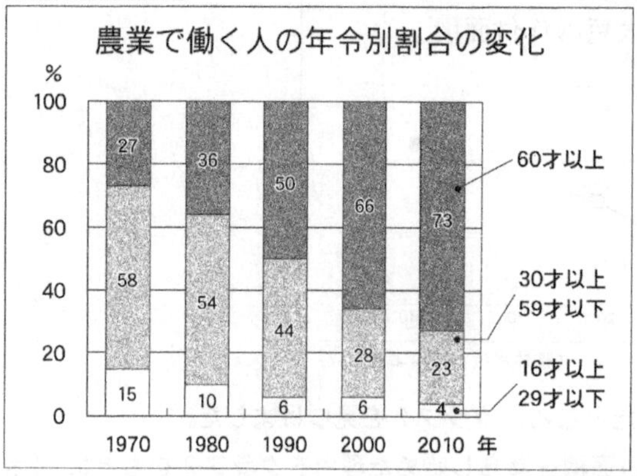

（農林水産省資料より作成）

グラフ4

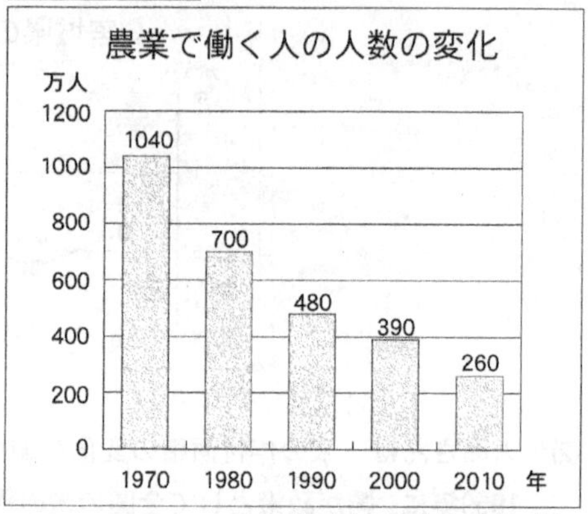

（農林水産省資料より作成）

2 太郎さんの学級では，校外学習で自動車組立工場を見学することになりました。次の会話文は，事前の調べ学習で太郎さんが先生に質問したときのものです。あとの１～３の問題に答えなさい。

先　　生	㋐自動車組立工場は，仙台市と大崎市の間にあります。工場では，ハイブリッドカーの組み立てをしているので，その様子が見学できますよ。
太郎さん	それは楽しみです。ところで，㋑ハイブリッドカーは二酸化炭素の排出《はいしゅつ》量が少ないと聞きましたが，その理由を教えてください。
先　　生	ガソリンエンジンと電気のモーターの両方を使って走るので，ガソリンエンジンだけで走る車よりもガソリンの消費量が少ないからです。ガソリンを燃やす量が少ない分，排気《はいき》ガスに含まれる二酸化炭素の量も少なくなるんです。
太郎さん	エンジンのはたらきをモーターが助けているんですね。㋒モーターが動くしくみを調べてみたくなりました。

1　太郎さんは，先生から「㋐自動車組立工場は，仙台市と大崎市の間にあります。」と聞いて，見学先の工場の場所を調べるために，**地図**を用意しました。

この工場の場所が，組み立てた自動車を，**一度に遠方の都市へ，大量輸送することに適している理由を，地図をもとに答えなさい。**

地図

2　「㋑ハイブリッドカーは二酸化炭素の排出量が少ない」とありますが，太郎さんは，お父さんに手伝ってもらって，太郎さんの家にあるハイブリッドカーとガソリン車が，それぞれ一般《いっぱん》道路*と高速道路を走行するときに排出する二酸化炭素の量を求め，次のページの**表**にまとめました。**表をも**

とに，あとの(1)，(2)の問題に答えなさい。

表　１km 走行するたびに，排出される二酸化炭素の量

	ハイブリッドカー	ガソリン車
一般道路	0.13kg	0.21kg
高速道路	0.08kg	0.12kg

＊一般道路：高速道路以外の道路

(1)　ハイブリッドカーで一般道路を100km走行するとき，**排出される二酸化炭素の量は何kgになるか**，答えなさい。

(2)　ある目的地まで，一般道路を30km，高速道路を90km，合計で120kmをハイブリッドカーとガソリン車でそれぞれ走行します。このとき，ハイブリッドカーが排出する二酸化炭素の量は，ガソリン車が排出する二酸化炭素の量と比べて**何kg少なくなるか**，答えなさい。また，**求め方を式と言葉**で答えなさい。

3　「㋒モーターが動くしくみを調べてみたくなりました。」とありますが，太郎さんは，クリップとエナメル線と磁石《じしゃく》を用いたモーターを作ることにしました。はじめに，クリップにエナメル線を20回巻《ま》き，エナメル線の両はしのエナメルを上半分だけはがして，**図１**のようなコイルを作りました。

図１

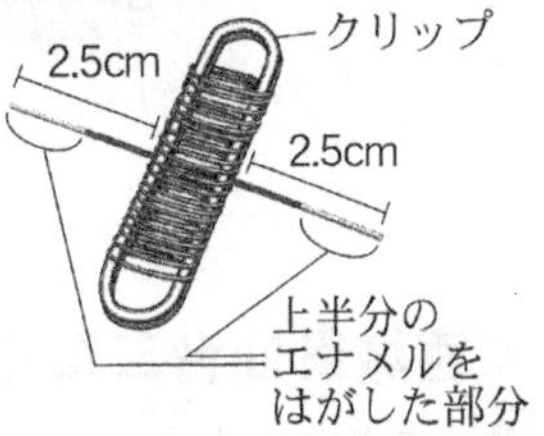

次の(1)，(2)の問題に答えなさい。

(1)　太郎さんは，コイルの先に方位磁《じ》針《しん》をおき，コイルに乾《かん》電池をつなぎました。すると，**図２**のように方位磁針の針《はり》の向きが変わり，コイルが電磁石になったことが分かりました。

図２

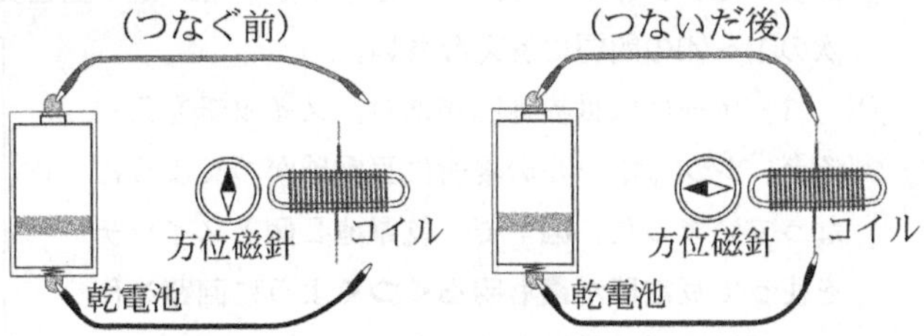

乾電池をつないだまま，コイルのもう一方の先に別の方位磁針をおきます。このときの**方位磁針の針の向き**を，次の**ア**～**エ**から１つ選び，**記号**で答えなさい。

ア

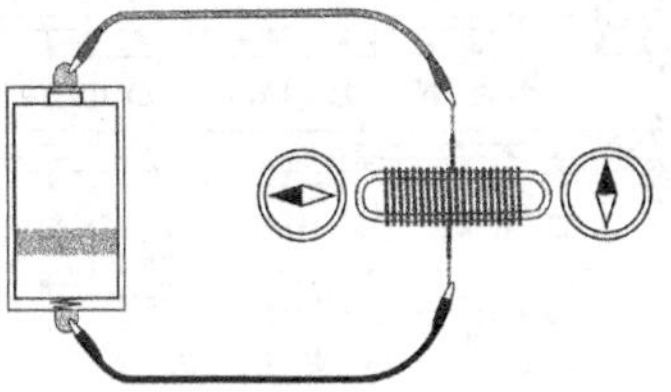

イ

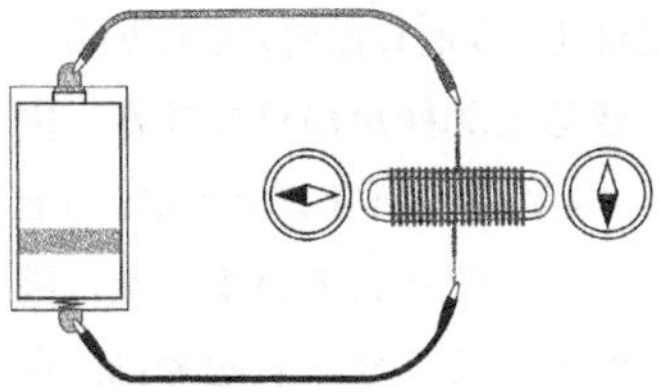

ウ

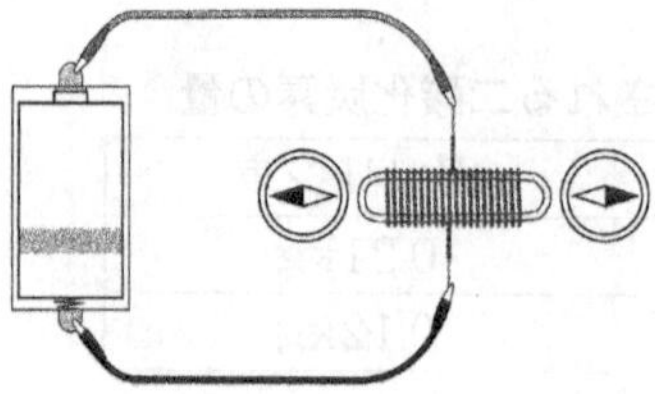

エ

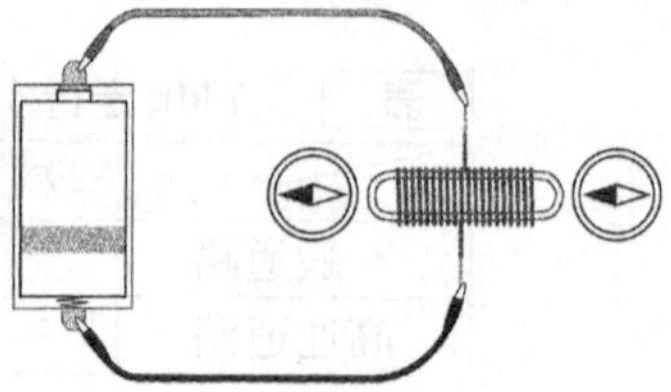

(2) 太郎さんは，**図3**のように，面の両側に極がある磁石の上で，曲げたクリップを使って，**図1**のコイルに乾電池をつなぎました。すると，コイルがくるくる回り出しました。次に，磁石を裏《うら》返すと，コイルの回る向きが逆になりました。

磁石を裏返して上下を変えるとコイルの回る向きが変わる理由を答えなさい。

図３

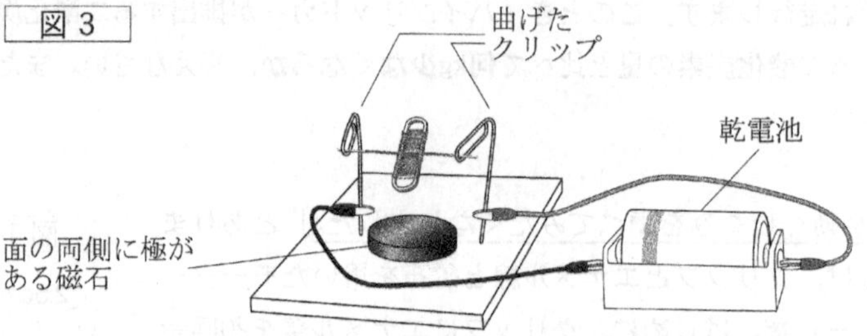
曲げた
クリップ
乾電池
面の両側に極が
ある磁石

＜宮城県仙台二華中学校＞

3 二郎さんと華子《はなこ》さんは，華子さんのお兄さんが通う高校の文化祭に行きました。次の１，２の問題に答えなさい。

1 高校にはシンガポールからの留学生がいて，留学生と交流するコーナーがありました。次の(1)～(4)の問題に答えなさい。

(1) コーナーには世界地図があり，スイッチを入れると，シンガポールの場所に豆電球がつくようになっていました。**図１**で，乾《かん》電池２個とスイッチを使って豆電球が**最も明るくつく**ように回路を作り，**解答用紙の図に導線を書きなさい。**

図１

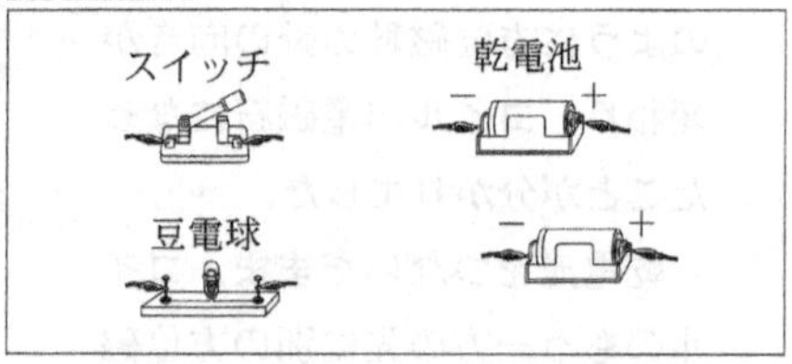
スイッチ
乾電池
－
＋
豆電球
－
＋

(2) コーナーでは，日本の歌「ふるさと」が紹《しょう》介《かい》されていました。「ふるさと」は，リピート記号（くり返し記号）を用いないで１番を歌いきると36秒かかりますが，**図２**の楽譜《がくふ》では，54秒で歌いきるように，リピート記号を使って編曲されていました。**図２の楽譜にぬけているリピート記号は，何小節の始めに記入すればよいか答えなさい。**

ただし，歌いきる時間とは，はじめの「う」を歌い始めてから，最後の休符《きゅうふ》までをふくめた時間とします。

図2

ふるさと
♩=80
うさぎ おいし かのやま
こぶな つりし かのかわ
ゆ-めは い-まも め-ぐ - り-て
わすれ が たき ふるさ と

⑶　**図２**の歌詞《かし》にある「かのやま」「かのかわ」という言葉に関連して，二郎さんは，シンガポールには山や大きな川が少ないことを留学生から教えてもらいました。そこで，日本はシンガポールに比べて国土にしめる森林の割合が大きいことを教えると，留学生から，森林が多い利点を聞かれました。**森林のはたらきの１つを，「緑のダム」という言葉を使って**説明しなさい。

⑷　華子さんは，シンガポールの国土の面積がとても小さいことを留学生から教えてもらいました。華子さんが調べたところ，日本の面積は，宮城県のおよそ51.89倍であり，シンガポールのおよそ532.4倍であることが分かりました。**シンガポールの面積は，宮城県の面積のおよそ何％**ですか。**四捨五入して，上から３けたのがい数**で答えなさい。

２　二郎さんと華子さんは，「工夫《くふう》して計算しよう」というテーマの体験授業に参加し，**チャレンジ問題**を工夫して計算することを学びました。

次の⑴～⑶の問題に答えなさい。

チャレンジ問題

次の計算をしなさい。

$\frac{1}{3}+\frac{1}{15}+\frac{1}{35}+\frac{1}{63}+\frac{1}{99}$

⑴　次の**図３**は，華子さんが体験授業を受けたときのノートの一部です。ノートを読んで，あとの**イ～ハ**の問題に答えなさい。

図３

次のヒント問題を計算しよう。

『ヒント問題』

$\frac{2}{3}+\frac{2}{15}+\frac{2}{35}+\frac{2}{63}+\frac{2}{99}$

ヒント問題の分母を次のように，続いた２つの奇数のかけ算で表そう。

$\frac{2}{1\times3}+\frac{2}{3\times5}+\frac{2}{5\times7}+$ ① ＋ ②

ここで，次のことを利用しよう。

$\frac{1}{1}-\frac{1}{3}=\frac{2}{1\times3}$

$\frac{1}{1}-\frac{1}{3}$ を通分して計算すると，$\frac{2}{1\times3}$ となる

同じように考えて，次のようになる。

$\frac{1}{3}-\frac{1}{5}=\frac{2}{3\times5}$，$\frac{1}{5}-\frac{1}{7}=\frac{2}{5\times7}$

このことを利用すると

$\frac{2}{3}+\frac{2}{15}+\frac{2}{35}=\frac{2}{1\times3}+\frac{2}{3\times5}+\frac{2}{5\times7}$

$=\frac{1}{1}-\frac{1}{3}+\frac{1}{3}-\frac{1}{5}+\frac{1}{5}-\frac{1}{7}$

$=\left(\frac{1}{1}-\frac{1}{3}\right)+\frac{1}{3}-\frac{1}{5}+\frac{1}{5}-\frac{1}{7}$

$\frac{2}{3}+\frac{1}{3}$

$=\left(1-\frac{1}{5}\right)+\frac{1}{5}-\frac{1}{7}$

$=1-\frac{1}{7}$

『要点のまとめ』

$\frac{1}{1}-\frac{1}{3}+\frac{1}{3}-\frac{1}{5}+\frac{1}{5}-\frac{1}{7}=1-\frac{1}{7}$

ここを計算すると１になる

イ　① ，② **にあてはまる式を書きなさい。**

ロ　「**ヒント問題を計算しよう。**」とありますが，**ヒント問題を，ノートの考え方を利用して計算しなさい。**ただし，**途中《とちゅう》の計算**も書きなさい。

ハ　**チャレンジ問題**に答えなさい。

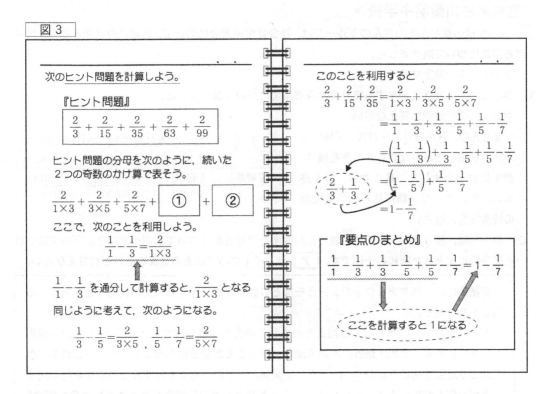

(2) 華子さんは，体験授業で学んだことを用いて，**力だめし問題１**を作りました。二郎さんは，**力だめし問題１**を**チャレンジ問題**の答えを利用して求めました。

力だめし問題１に答えなさい。ただし，**チャレンジ問題の答えをどのように利用したのかが分かるように途中の計算**も書きなさい。

力だめし問題1

次の計算をしなさい。

$$\frac{4}{3}+\frac{16}{15}+\frac{36}{35}+\frac{64}{63}+\frac{100}{99}$$

(3) 二郎さんは，**図３**のノートに書かれてある考え方を利用して，**力だめし問題２**を作りました。華子さんは，**分母の６が１×２×３，24が２×３×４，60が３×４×５となっている**ことに気づきました。**華子さんが気づいたことを利用して，力だめし問題２**に答えなさい。ただし，**途中の計算**も書きなさい。

力だめし問題2

次の計算をしなさい。

$$\frac{1}{6}+\frac{1}{24}+\frac{1}{60}+\frac{1}{120}+\frac{1}{210}+\frac{1}{336}$$

＜宮城県古川黎明中学校＞

3 Ａ小学校の黎《れい》さんと明《あきら》さんのグループは，社会見学発表会に向けて，宮城県の自然とその環境《かんきょう》を守る活動について調べました。

次の１～４の問題に答えなさい。

1　黎さんは，宮城県に飛来する渡《わた》り鳥と自然環境について調べました。

次の(1)，(2)の問題に答えなさい。

(1) 黎さんは，秋から冬にかけて，宮城県と全国に飛来したおもな渡り鳥の数を調べ，**表１**にまとめました。**表１から，**渡り鳥の数について，**ガン類に見られる宮城県の特徴《とくちょう》**を答えなさい。

表１　おもな渡り鳥の数（2012年度）

	ハクチョウ類	ガン類	カモ類
宮城県	14000	150000	52000
全　国	68000	168000	1469000

（環境省統計より作成）

(2) 黎さんは，渡り鳥が飛来する沼《ぬま》地の自然環境を守る活動についても調べました。下の文はそれを発表用にまとめた原稿《げんこう》の一部です。 ア と イ に**あてはまる言葉**をそれぞれ答えなさい。

宮城県には，ハクチョウやガン，カモなどの渡り鳥が，冬をこすためにたくさん飛来する沼地があります。

ボランティアの人たちは，沼地とそのまわりの自然環境を保つため， ア などの活動を行っています。また，最近，人が外国から持ちこんだ生き物が増えたせいで，これまで保たれてきた生き物どうしの イ という関係がくずれ，もともとすんでいる生き物が減ることが心配されています。そのため，ブラックバスなどの外国から持ちこまれた魚を駆除《くじょ》*する活動も行っています。

豊かな自然をわたしたちの手で守っていくことが大切です。

＊駆除《くじょ》：害をあたえるものを追いはらい取りのぞくこと。

2　急流の川が多いわが国では，梅雨《つゆ》や台風の季節などに自然災害が多く発生します。明さんは，宮城県の対策《たいさく》の１つに砂防《さぼう》ダムがあることを知りました。**写真**のような砂防ダムによって，**どんなことを防ごうとしているか，**次の**３つの語句を使って**答えなさい。

大雨	**しん食**	**運ぱん**

写真

新編　楽しい理科　5年（信州教育出版社）より

3　明さんは，雪の結晶《けっしょう》について調べ，**図１**のマッチ棒《ぼう》を，**図２**のように台紙にはって雪の結晶の模《も》型《けい》を作り，社会見学発表会で展示《てんじ》することにしました。**図２**の正六角形の台紙を作るために，長方形の厚紙に，**図３**のように下書きをしました。この厚紙の４つの角を切り取って，模型の台紙を作ります。

次の(1)～(3)の問題に答えなさい。

(1)　**図２**の模型を作るために，マッチ棒は**何本必要か**，答えなさい。

(2)　**図２の正六角形の台紙の面積は，図３の㋐の正三角形の面積の何個分か**，答えなさい。

(3)　**図２の正六角形の台紙の面積は，図３の長方形の厚紙の面積の何％か**，答えなさい。

図１

図２

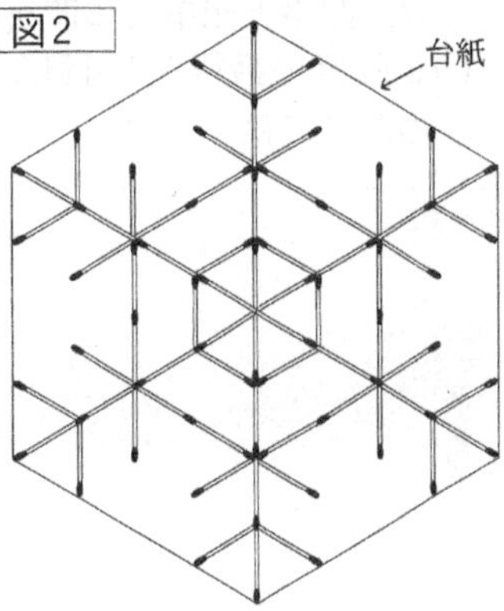

図３

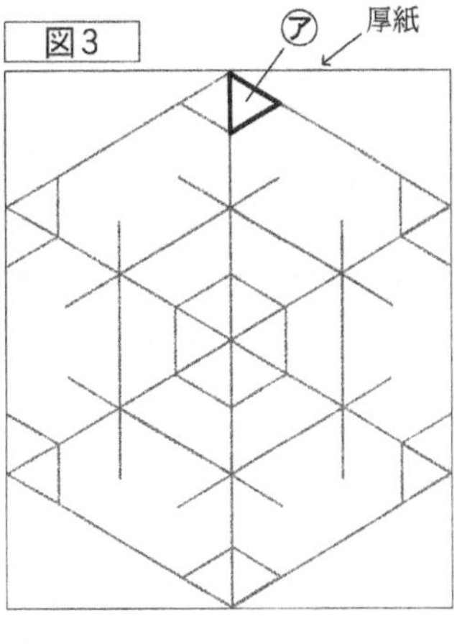

4　各グループで模造紙１枚に，社会見学発表会で使う**図４**のような新聞を作ります。**表２**のように**先生からの指示**がありました。

この模造紙には，**最大いくつの記事**を書くことができますか。また，その**理由を言葉と式を使って**答えなさい。

表２　先生からの指示

○模造紙は３段《だん》にして使い，１つの段は50行とすること。
○１段目の最初の５行は，新聞の名前を書くためだけに使うこと。
○それぞれの記事は，見出しや写真も含めて10行以上とすること。
○それぞれの記事は，書き始めた段だけで書き終えること。
○１つの段に２つ以上の記事を書くときは，記事と記事との間を３行あけること。
○３段目の最後の15行は，感想を書くためだけに使うこと。

図４

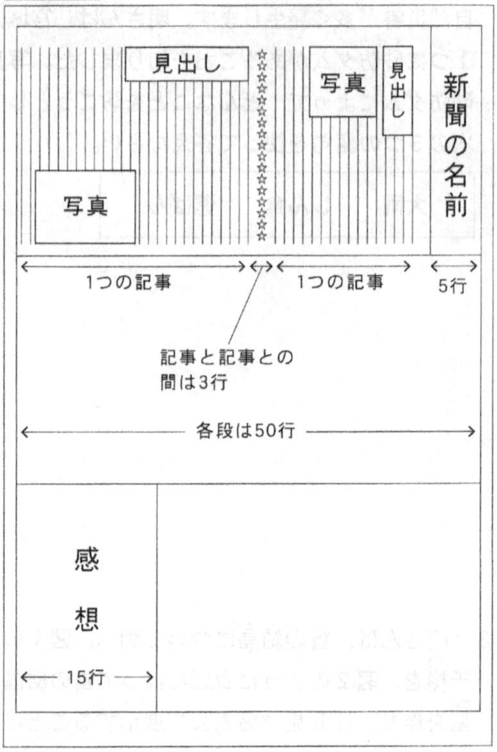

平成26年度

仙台市立中等教育学校入試問題

【総合問題】　(60分)　　＜満点：100点＞

1　仙台青陵中等教育学校の文化祭である「青陵祭《せいりょうさい》」は夏休み明けに行われます。
次の１～３の問題に答えなさい。

1　美保さんのクラスでは，チャリティーのために次のような**出店計画書**を作り，ランチボックスをはん売しました。あとの(1)～(3)の問題に答えなさい。

> **出店計画書**
>
> 【チャリティーの内容】
> ランチボックス300箱をはん売し，利益を「食事が十分でない国の子どもたち」の給食費として寄付する。
>
> 【ランチボックス１箱の内容】
> ・サンドウィッチ　１セット
> ・デザート　　　　１個
>
> 【はん売計画】
> ・材料費は，１箱あたり420円で，それ以外はすべて利益とする。
> ・ランチボックスは，１箱500円ではん売する。

(1)　サンドウィッチは，12セット作るのに６人で４分かかります。
サンドウィッチ担当《たんとう》の10人で300セット作ると何分かかるか答えなさい。

(2)　デザートは，30個作るのに３人で15分かかります。
デザート担当の人たちで作っていたら，30分間で全体の40％しかできませんでした。そこで，サンドウィッチと同じ時間で作り終えるために，15分後にサンドウィッチ担当以外の人に手伝ってもらうことにしました。
デザート担当を何人増やしたらよいか答えなさい。

(3)　材料を仕入れる時に，チャリティーのことを仕入れ先の店の人に話すと，「１箱あたりの材料費420円を１割５分値引《ねび》きし，その分を寄付しよう。それから，君たちがランチボックスを売った金額の３％分を店から寄付しよう。」と協力を申し出てくれました。
300箱のランチボックスはすべて売れました。そのほかに，このチャリティーの話を聞いたお客さんたちからの寄付が2700円集まりました。
このお店のチャリティーで集まった寄付の合計はいくらになるか答えなさい。

2　太一さんたちは，科学部の展示《てんじ》を見に行きました。そこでは，「水の不思議《ふしぎ》」というテーマで実験を行っていました。あとの(1)，(2)の問題に答えなさい。

(1)　**ア**，**イ**の丸底フラスコに次のページの**図１**のように20℃の水と，80℃の水をそれぞれ500mL入れてゴムせんをしました。その後，**ア**と**イ**の丸底フラスコの重さをそれぞれ調べたところ，重さが違っていることがわかりました。
アと**イ**の丸底フラスコでは，どちらが重いか記号で答えなさい。また，はかりを使わずに重さの違いを確かめる方法を答えなさい。

図1

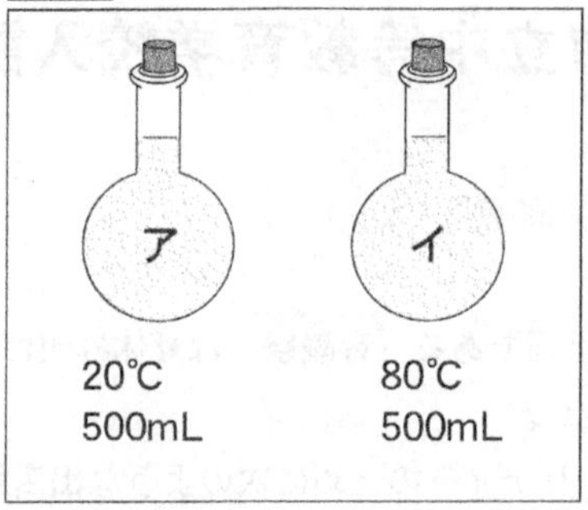

⑵　**ア**には青色の絵の具をとかし，**イ**には黄色の絵の具をとかしました。さらに，赤色の絵の具をとかした50℃の水500mLを**ウ**の丸底フラスコに入れました。

次に，**図2**のように２Ｌ入る水そうに２つの仕切りを入れて３つの場所をつくり，左側には**ア**の丸底フラスコの水，右側には**イ**の丸底フラスコの水，真ん中には**ウ**の丸底フラスコの水を全部入れました。その後，同時に仕切りを外して数分間ようすを見ていると，色の違いがわかる状態になりました。その状態を図に書き表しなさい。ただし，色の違いは文字で書きなさい。

図2

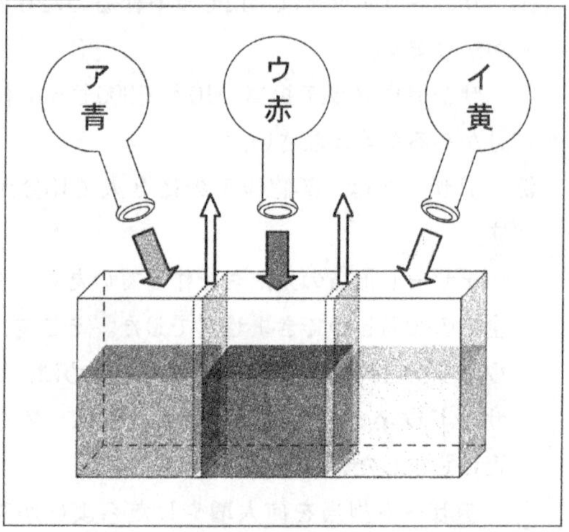

3　真由さんたちは，ユニバーサルデザインに関する展示を見に行きました。そこには，地下鉄勾当《こうとう》台《だい》公園駅の中にある階段《かいだん》の手すり（**写真１**）と勾当台公園の中にある階段の手すり（**写真２**）の写真が展示してありました。

手すりには，からだの動きや移動を補助《ほじょ》する働きがあります。

２つの階段の手すりは，それぞれどのように使いやすく，そのためにどのような点が工夫《くふう》されているか説明しなさい。

〈**注**〉「ユニバーサルデザイン」とは，障がいのある方やお年寄りなど，できるだけ多くの人が使いやすいようなデザインのことをいう

写真１

写真２

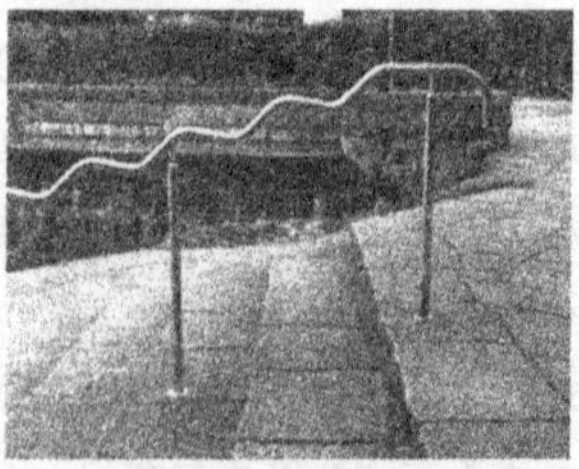

2 仙台青陵中等教育学校では，10月に泉ヶ岳《いずみがたけ》スプリングバレースキー場から学校までの23.1㎞を歩く「秋に鍛《きた》えよう（歩こう会）」を行っています。

次の１～５の問題に答えなさい。

1 のり子さんは，事前学習で泉ヶ岳のふもとの根白石《ねのしろいし》地区で炭作りが盛《さか》んだったことを知りました。炭とは木を酸素の少ない状態の中で焼いて作るものです。木は炭になると，燃やす前の状態のときより軽くなり，においや水のよごれが吸着《きゅうちゃく》しやすくなります。軽くなる理由と吸着しやすくなる理由を，植物のつくりにふれながら説明しなさい。

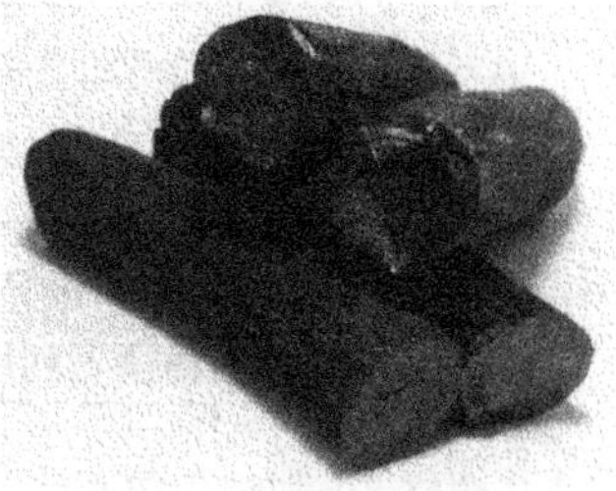

2 達也さんはスタート前の準備運動で深呼吸《しんこきゅう》をした時，空気がおいしいと感じました。翌日《よくじつ》，理科室をたずねて，先生と泉ヶ岳の空気のおいしさについて話していると，空気の成分の話になりました。次の会話文を読んで，あとの**問題**に答えなさい。

先生	空気の主な成分は知ってるよね。
達也さん	はい。酸素，ちっ素，二酸化炭素です。
先生	そうだね。じゃあ，その成分の見分け方についてはどうだろう。
達也さん	はい。気体検知器を使うことで見分けられます。
先生	よくわかったね。じゃあ，気体検知器を使わない見分け方はわかるかな。 ここに４つの集気びんがあるとするよ。それぞれに酸素，ちっ素，二酸化炭素，空気を１種類ずつ入れました。まったく同じように見えるこれら４つの気体を，気体検知器を使わないで区別する方法を，手順をふくめて説明できるかな。

問題　４つの気体を，気体検知器を使わないで区別する方法を，手順をふくめて説明しなさい。

3 直樹さんは９時20分にスキー場を出発し，休けい所まで40秒で54m進む速さで歩きました。

休けい所に着いた直樹さんは，昼食をとりながら30分間休みました。その後は30秒で35m進む速さで歩き，学校に着いたのは14時58分でした。あとの⑴，⑵の問題に答えなさい。

⑴ 直樹さんが休けい所まで歩いた速さは分速何mになるか答えなさい。

⑵ 直樹さんが休けい所に着いたのは何時何分だったか答えなさい。

4 冬美さん，春子さん，夏彦さん，秋男さんの４人は，スキー場をスタートして休けい所に着くまでの間，落ちているおかしのふくろやペットボトルなどのごみを拾って歩くことにしました。１番多く拾ったのは冬美さん，２番目は春子さん，３番目は夏彦さん，４番目は秋男さんでした。

また，冬美さんと秋男さんの拾ったごみの数の合計は58個でした。夏彦さんと秋男さんが拾ったごみの数の合計は48個でした。冬美さんと春子さんが拾ったごみの数の合計は62個でした。春子さんが拾ったごみの数はいくつになるか答えなさい。

5 泉ヶ岳のふもとの根白石地区に入ると，七北田《ななきた》川の両側に水田と畑が広がっていました。それを見た陽子さんは，私たちが食べている農作物がどのような場所で作られているのか知りたくなり，家に帰ってから日本の農業について調べてみました。あとの(1), (2)の問題に答えなさい。

(1) 次の**資料**は，耕地の総面積と**利用目的別面積**について，都道府県別の上位５位をまとめたものです。**A～D**の欄《らん》は，耕地の中の**ア**水田，**イ**普通畑《ふつうばたけ》，**ウ**樹園地《じゅえんち》，**エ**牧草地のいずれかが入ります。**A～D**の欄のそれぞれにあてはまるものを**ア～エ**から１つ選び，記号で答えなさい。

〈注〉 ○「普通畑」とは，野菜を主に栽培《さいばい》する畑をいう

○「樹園地」とは，果物《くだもの》，茶などを栽培する畑をいう

資料 **耕地の総面積と利用目的別面積**

順位	耕地の総面積	耕地の利用目的別面積			
		A	B	C	D
1	北海道	北海道	北海道	北海道	静岡
2	茨城	鹿児島	岩手	新潟	青森
3	新潟	茨城	青森	秋田	愛媛
4	青森	千葉	熊本	宮城	和歌山
5	岩手	群馬	宮城	福島	熊本

（農林水産省「平成24年農林水産統計」から作成）

(2) 日本ではその地方の気候や地形などの特ちょうを生かした農業を行っています。

北海道や長野県，宮崎県や高知県では，野菜栽培で利益を上げるため，気候の特ちょうを生かしたどのような工夫《くふう》をしていますか。下の４つの語句をすべて使い，120字以内で説明しなさい。４つの語句は，どの順番で使ってもかまいません。

暖《あた》かい気候　　すずしい気候　　価格　　出荷量

3 仙台青陵中等教育学校では，4年生が東京の大学で研修する「大学訪問《ほうもん》」を行っています。次の**１～３**の問題に答えなさい。

1 明子さんは大学の体験ゼミで，小学生に「てこのはたらき」を理解してもらうための問題を作りました。あとの(1)～(3)の問題に答えなさい。

(1) **図１**の道具の中で，作用点ではたらく力が加えた力より大きくなるのはどれですか。すべて選び，記号で答えなさい。

図1

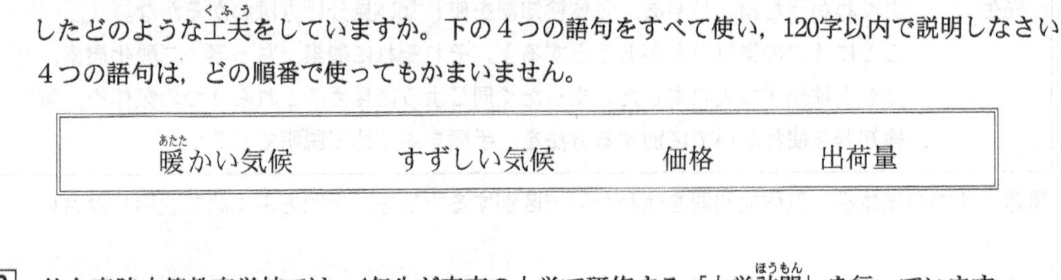

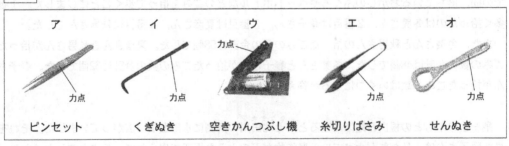

(2) (1)のように，作用点ではたらく力が加えた力より大きくなるのは，作用点，力点，支点の関係がどのようになっているときですか。「作用点」，「力点」，「支点」の３つの言葉を使い，説明しなさい。

(3) てこが水平につり合うときのきまりを利用して，**図2**のようなモビールを作ります。Ａに９ｇのおもりをつけたとき，Ｂには何ｇのおもりをつけると，モビールは水平につり合うか答えなさい。ただし，棒《ぼう》や糸の重さは考えないものとします。

〈注〉「モビール」とは，紙やプラスチックなどの軽いものを糸や棒でつるし，バランスをとって安定するようにしたかざりのことをいう

図2

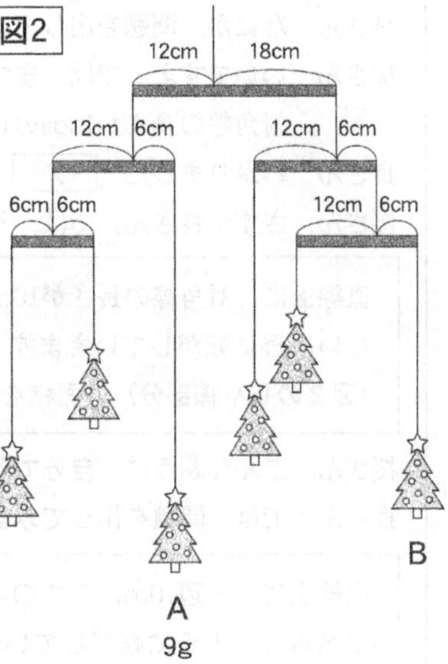

2　弘美さんは大学の体験ゼミで，次の**資料**を使って宿題について話し合いをすることになりました。

資料　学校の種類別，宿題をした人の平均時間と宿題をした人の割合

項　目	宿題をした人の平均時間			宿題をした人の割合		
学　校	小学(10 歳以上)	中　学	高　校	小学(10 歳以上)	中　学	高　校
時間・割合	1 時間 06 分	1 時間 33 分	2 時間 56 分	83.6(%)	71.1(%)	56.0(%)

(総務省「平成 23 年社会生活基本調査」から作成)

大学生から「資料の２つの項目をグラフに表すと関係がよりはっきりしますよ。」と言われたので，アドバイスにしたがってグラフを作成することにしました。あとの(1)，(2)の問題に答えなさい。

(1) 次の①～④のアドバイスにしたがい，できるだけ見やすくなるように工夫して，グラフを作成しなさい。

〈アドバイス〉　①「宿題をした人の平均時間」は，たての棒グラフにする
②「宿題をした人の割合」は，折れ線グラフにする
③ たてじくに時間と割合をとり，横じくに学校の種類をとる
④ グラフに必要な目もりや単位を書く

(2) **資料**や作成したグラフから，読み取れることを書きなさい。

3　良さんは，大学生の勉強法などについて事前学習をするなかで，子どものころからパズルをしていた人が多くいるということに興味を持ちました。そこで，そのことについて，大学生の桜さんにたずねてみました。あとの(1)～(3)の問題に答えなさい。

良さん　子どものころにパズルをしていた人が多くいると聞いたのですが本当ですか。
桜さん　本当よ。私もパズルを解くのも，パズルを作るのも好きでしたよ。

良さん　なにか，問題を出してくれませんか。

桜さん　いいですよ。では，まずこんな問題はどうですか。
　　　　対角線の長さが10cmの正方形の面積は何cm²になりますか。

良さん　わかりました。［ア］ですね。

桜さん　さすが良さん。では，それを応用したこんな問題はどうですか。

> 直線上に，対角線の長さが10cmの**正方形ＡＢＣＤ**があります。これを**図１**のようにすべらないように転がしていきます。頂点《ちょうてん》Ｂの通ったあとの線と，もとの直線に囲まれた図形**（図２のしゃ線部分）**の面積を求めなさい。

桜さん　こんなふうに，自分で問題を作ってみるのも，いい勉強になりますよ。

良さん　では，問題を作ってみます。こんな問題はどうですか。

> 直線上に，一辺10cm，１つの角が45°の**ひし形ＥＦＧＨ**があります。これを**図３**のようにすべらないように転がしていくと，**図４**のような図形ができます。この図形全体の面積は，**正方形ＡＢＣＤ**の何倍になりますか。

桜さん　なかなかうまくできているわね。いい頭の体そうになりましたね。

⑴　［ア］にあてはまる数を答えなさい。

⑵　**図２**のしゃ線部分の面積を答えなさい。また，その求め方も書きなさい。ただし，円周率は3.14とします。

⑶　**図４**のしゃ線部分の面積は，**正方形ＡＢＣＤ**の面積の何倍になるか答えなさい。また，その求め方も書きなさい。図を使って説明してもかまいません。

図1

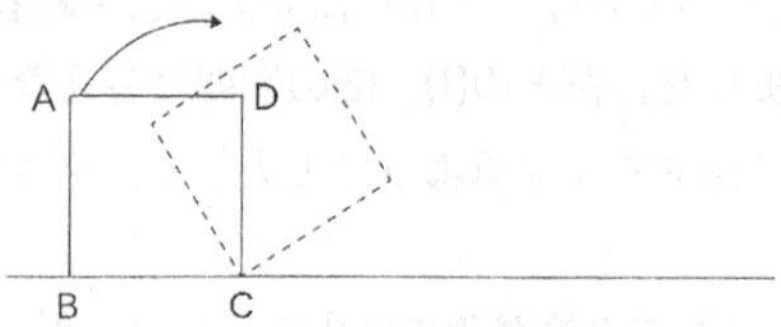

図2

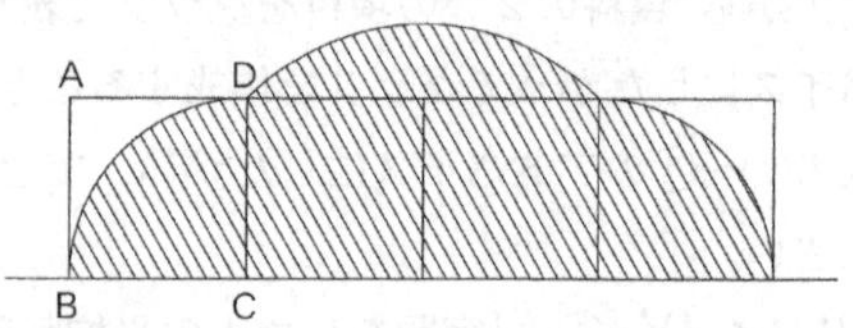

図3

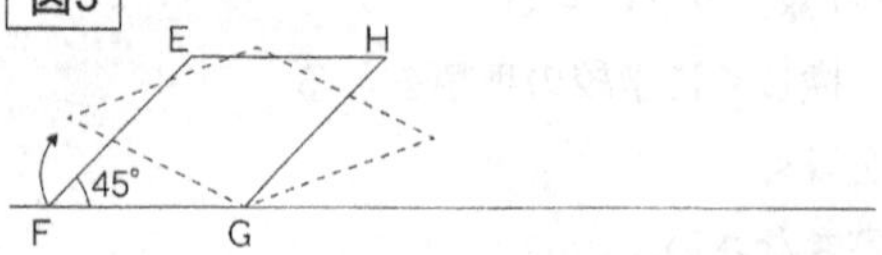

図4

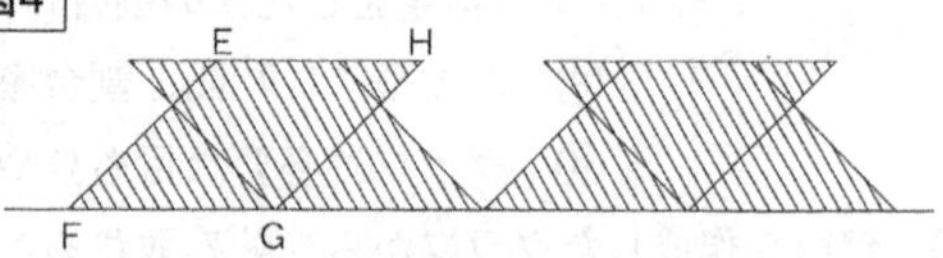

平成二六年度

宮城県仙台二華中学校入試問題

【作　文】（四〇分）〈満点：二五点〉

問題

よい習慣は、みなさんの生活を豊かにしてくれます。あなたが身につけたよい習慣について、身につけたきっかけや、それによって自分がどう変わったかをふくめて、次の**条件**にしたがい、四百字以上五百字以内で書きなさい。

【条件】

① 作文は三段落構成で書き、一段落目にはあなたが身につけたよい習慣について書きなさい。

② 二段落目には、その習慣を身につけたきっかけについて書きなさい。

③ 三段落目には、その習慣を身につけたことによって自分がどう変わったかを書きなさい。

〔注意〕① 題名、氏名は書かずに、一行目から書き始めること。

② 原稿《げんこう》用紙の正しい使い方にしたがい、文字やかなづかいも正確に書くこと。

平成二六年度

宮城県古川黎明中学校入試問題

【作　文】（四〇分）〈満点：二五点〉

問題

「人の役に立つ」とはどういうことなのか、あなたの考えを、見たり聞いたり体験したりしたことから、四百字以上五百字以内で書きなさい。

〔注意〕①　題名、氏名は書かずに、一行目から書き始めること。

②　原稿《げんこう》用紙の正しい使い方にしたがい、文字やかなづかいも正確に書くこと。

思っていました。

（『星の王子さま』（サン＝テグジュペリ　作、
内藤濯　訳《やく》、岩波少年文庫）から）

〔注意〕
① 題名、氏名は書かずに、一行目から書き始めること。
② 原稿《げんこう》用紙の正しい使い方にしたがい、文字やかなづかいも正確に書くこと。

平成二六年度
仙台市立中等教育学校入試問題

【作　文】〈四〇分〉〈満点：二五点〉

問題

◎次の文章は、サン＝テグジュペリ　作「星の王子さま」のある場面です。この文章を読んで、「一ばんたいせつなものは、目に見えないのだ」という言葉について、体験を交えながらあなたの考えを書きなさい。ただし、文章は四百字以上五百字以内で、三段落か四段落で書くこととします。

王子さまはくたびれていました。腰《こし》をおろしました。ぼくはそのそばに腰をおろしました。すると、王子さまは、しばらくだまっていたあとで、また、こういいました。

「星があんなに美しいのも、目に見えない花が一つあるからなんだよ……」

ぼくは、〈そりゃあ、そうだ〉と答えました。それから、なんにもいわずに、でこぼこの砂《すな》が、月の光を浴《あ》びているのをながめていました。

「砂漠《さばく》は美しいな……」と、王子さまはつづいていいました。

まったくそのとおりでした。ぼくは、いつも砂漠がすきでした。砂山《すなやま》の上に腰をおろす。なんにも見えません。なんにもきこえません。だけれど、なにかが、ひっそりと光っているのです……

「砂漠が美しいのは、どこかに井戸《いど》をかくしているからだよ……」と、王子さまがいいました。

とつぜん、ぼくは、砂がそんなふうに、ふしぎに光るわけがわかっておどろきました。ほんの子どもだったころ、ぼくは、ある古い家《うち》に住んでいたのですが、その家には、なにか宝《たから》が埋《う》められているという、いいつたえがありました。もちろん、だれもまだ、その宝を発見したこともありませんし、それをさがそうとした人もないようです。でも、家じゅうが、その宝で、美しい魔法《まほう》にかかっているようでした。ぼくの家は、そのおくに、一つの秘密《ひみつ》をかくしていたのです……

「そうだよ、家でも星でも砂漠でも、その美しいところは、目に見えないのさ」と、ぼくは王子さまにいいました。

「うれしいな、きみが、ぼくのキツネとおんなじことをいうんだから」と、王子さまがいいました。

王子さまが眠《ねむ》りかけたので、ぼくは両腕《りょううで》でかかえて歩きだしました。ぼくは心をゆすぶられていました。まるで、こわれやすい宝を、手に持っているようでした。地球の上に、これよりこわれやすいものは、なにもないようにさえ、感じられるのでした。ぼくは、月の光で、王子さまの青白い顔を見ていました。ふさいでいる目を見ていました。ふさふさした髪《かみ》の毛が、風にふるえているのを見ていました。そして、いま、こうして目の前に見ているのは、人間の外がわだけだ、一ばんたいせつなものは、目に見えないのだ……と

平成25年度

宮城県立中学校入試問題

【総合問題】（50分）　＜満点：100点＞

1　太郎さんは５月の連休に，仙台から飛行機で北海道のおじさんの家に出かけました。
次の１～４の問題に答えなさい。

1　太郎さんは，空港からおじさんの家に向かう途中《とちゅう》，水田で大きな農業機械を使って作業するようすを何度も見たことから，北海道の米づくりに興味をもち調べたところ，**グラフ１**，**グラフ２**を見つけました。

北海道の米づくりで，農業機械が広まっているのはなぜか，グラフ１，グラフ２をもとにその理由を答えなさい。

グラフ1

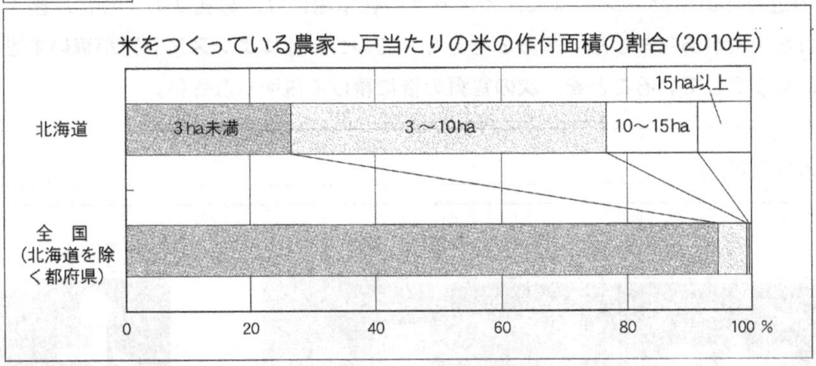

（2010年世界農林業センサスより作成）

グラフ2

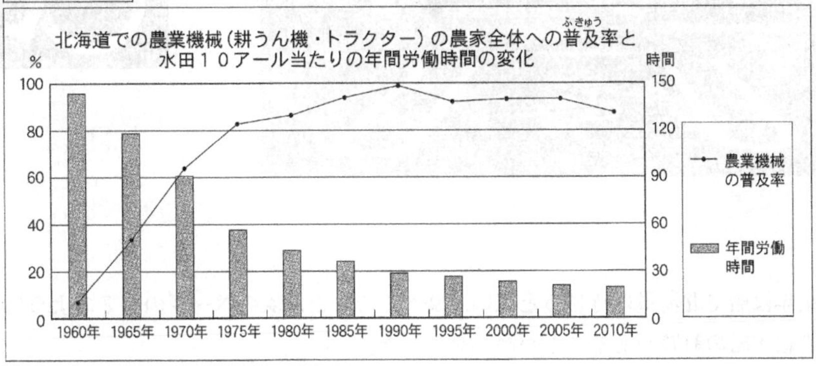

（2010年世界農林業センサスなどより作成）

2　おじさんの家では，みんなでピンポン（卓球《たっきゅう》）をして遊びました。遊んでいるとき，ピンポン玉をふんでしまい，**写真１**のように少しつぶれてしまいました。おじさんがこのピンポン玉をお湯であたためて，**写真２**のように，ほぼ元の形にもどしてくれました。少しつぶれたピンポン玉**がお湯であたためられるとほぼ元の形にもどる理由**を答えなさい。

写真１

写真２

3　おじさんの家の近くにあったコンビニエンスストアの駐車場《ちゅうしゃじょう》には，**写真３**のように，**図１**のマークがつけられた場所がありました。**写真３**を見て，この**コンビニエンスストアが車いすを使う人などのためにくふうしていることを，次の言葉の後に続けて**説明しなさい。

車いすを使う人などが，［　　　　　　　　　　　　　　　］

写真３

図１

4　太郎さんは，来年は船で北海道に行こうと思い，調べてみると，次のページの**図２**のように仙台港と苫小牧《とまこまい》港を結ぶ船の航路があることがわかりました。

　そこで太郎さんは，40kmが１cmに表されている地図を使い，仙台港から苫小牧港までの船の航路の長さをはかると14.4cmでした。また，仙台港から苫小牧港まで向かう船の速さは20ノットで，１ノットは時速1852mであることもわかりました。

　仙台港を５月３日午後７時30分に出港した船が，**苫小牧港に到着《とうちゃく》するおよその時刻《じこく》**をあとの**ア～エ**から１つ選び，**記号**で答えなさい。また，**なぜその時刻となるのか，式と言葉を使って**説明しなさい。

ア　5月4日　午前7時ごろ
イ　5月4日　午前11時ごろ
ウ　5月4日　午後7時ごろ
エ　5月4日　午後11時ごろ

図2

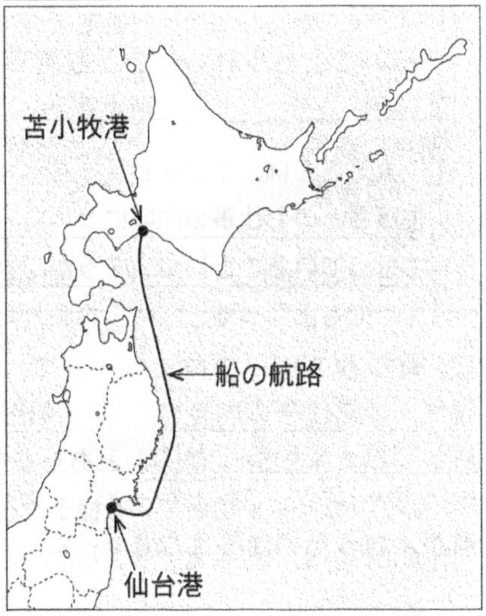

2　太郎さんの学級では，働いている人にインタビュー取材をして，その結果をレポートにまとめることになりました。次の会話文は，家族といっしょに動物園に行った太郎さんが，飼育員の佐藤さんにインタビュー取材をしたときの一部です。あとの**1**～**5**の問題に答えなさい。

太郎さん　こんにちは。どうぞよろしくお願いします。
　　　　　㋐今日はまず，佐藤さんのお仕事の内容についてうかがいたいと思います。そのあとで，佐藤さんが仕事に対して思っていることについてうかがいたいと思います。
佐藤さん　はい，どうぞ何でも聞いてください。
太郎さん　佐藤さんは，毎日どのような仕事をしていますか。
佐藤さん　私は，アフリカエリアの草食動物を担当していて，そうじをしたり，㋑えさをあたえたりしています。それからイベントを計画することもあります。
太郎さん　イベントというと，具体的にどんなことをするのですか。
佐藤さん　たとえば，動物とのふれ合い体験，㋒えさやり体験などです。
太郎さん　そうですか，面白《おもしろ》そうなイベントですね。では次に，佐藤さんが仕事に対して思っていることについてうかがいます。佐藤さんが飼育員になりたいと思った理由を教えてください。
佐藤さん　一番の理由は，動物が好きだったということです。
　　　　　（中略）
太郎さん　飼育員をしていてつらいと感じるのはどんなときですか。
佐藤さん　愛情をかけて世話をしてきた動物が病気になったときや死んでしまったときですね。でも，動物を見たり，動物とふれ合ったりしている子どもたちの笑顔を見たときはとてもうれしいですし，それが私のやりがいになっています。
太郎さん　つらいこともうれしいこともあるんですね。最後にもうひとつお聞きします。
　　　　　㋓［　①　］と思いますか。

佐藤さん　動物に愛情をもって接することができる人だと思います。それから，けっこう重労働なので体力がある人。あとは，よごれることを気にしない人ですね。
太郎さん　よくわかりました。どうもありがとうございました。

1　太郎さんは，インタビューを終えたあとで，そばで聞いていたお母さんから，「㋐今日はまず，佐藤さんのお仕事の内容についてうかがいたいと思います。そのあとで，佐藤さんが仕事に対して思っていることについてうかがいたいと思います。」と話したのが，インタビューの始め方としてとてもよかったとほめられました。**インタビューの始め方としてどのような点がよかったのか**答えなさい。

2　「㋑えさをあたえたり」とありますが，太郎さんはインタビュー取材のあとで，佐藤さんがえさのジャガイモを切っている様子を見学しました。しばらくすると，ジャガイモを切った包丁の表面に白いものが見えてきました。この白いものが，**でんぷんであるかどうか調べる方法**を答えなさい。

3　「㋑えさやり体験」とありますが，体験コーナーでは，えさとしてリンゴ，ナシ，オレンジ，バナナが売られていました。それらの値段《ねだん》の関係は次のとおりです。あとの(1)，(2)の問題に答えなさい。

リンゴ１個の値段は，オレンジ１個とバナナ１本を合わせた値段と同じです。
ナシ１個の値段は，リンゴ１個とバナナ１本を合わせた値段と同じです。
オレンジ３個の値段は，ナシ２個の値段と同じです。

(1)　リンゴ，ナシ，オレンジ，バナナを**値段の安い方から順**にならべなさい。
(2)　**リンゴ１個の値段は，バナナ１本の値段の何倍か**，答えなさい。

4　太郎さんの「㋓ ① と思いますか。」という質問の ① **にあてはまる言葉**を，前後のつながりから考えて答えなさい。

5　太郎さんは，取材したことを学級で発表するために，次のような原稿《げんこう》を作りました。あとの(1)，(2)の問題に答えなさい。

私は動物園に行き，飼育員の佐藤さんにインタビュー取材をしてきました。飼育員の仕事内容についてうかがったところ，飼育員の仕事には，動物の世話のほかに イ ということがわかりました。また，佐藤さんが仕事に対して思っていることについてもうかがいました。

私は将来《しょうらい》，動物とふれ合える仕事をしたいと思っていますが，どのような仕事につくにしても，私も佐藤さんのように， ロ ような仕事につきたいと思いました。

インタビュー取材をとおしてわかったことと私が感じたことをレポートにまとめたので，

見てください。

(1) イ にあてはまる言葉を答えなさい。

(2) ロ にあてはまる言葉を佐藤さんの話を手がかりにして答えなさい。

＜宮城県仙台二華中学校＞

3 二郎さんと華子《はなこ》さんが通う小学校の６年生の夏休みの自由研究のテーマは「くらべる」です。二郎さんと華子さんは，夏休みの体験をもとに研究を始めました。

次の１，２の問題に答えなさい。

1 二郎さんは，夏休みに仙台市から山形市へ家族旅行に出かけた体験をもとに，下の**表１**の手順で研究を始めました。あとの(1)〜(3)の問題に答えなさい。

表１ 研究の手順

ア 本州を中心とした日本地図で，ほぼ同じ緯度《いど》にある県庁所在地《けんちょうしょざいち》を探《さが》し，それぞれA，B，Cの３つのグループに分けて図に示す。（図１）

イ それぞれのグループから２つずつ都市を選び，１月と８月の平均気温と平均降水量《こうすいりょう》を調べ，図２と図３を作る。

ウ 図１，図２，図３から読みとれることや気づいたことをまとめ，その理由や人々の暮らしとのかかわりについて調べる。

図１

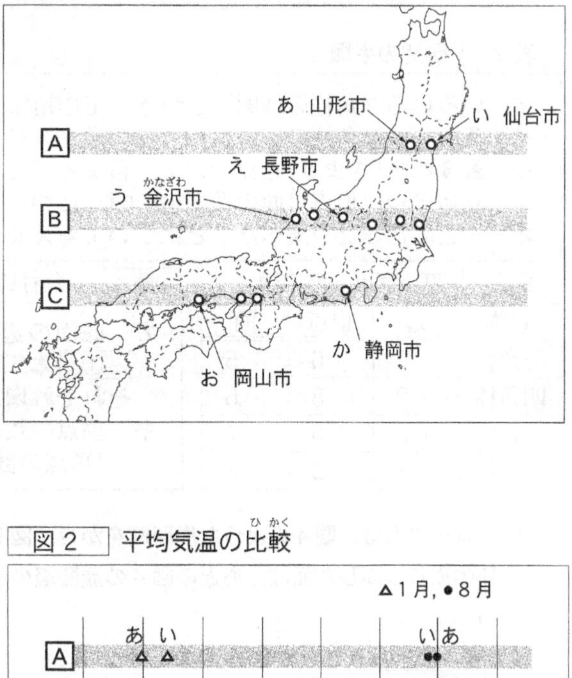

(1) 二郎さんは各地の気候の特徴を確かめています。**山形市**の気候を同じＡグループの**仙台市**の気候とくらべると，**どのような違《ちが》いがあるか，図２からわかること**を答えなさい。

(2) 二郎さんは調べた都市の気候と人々の暮らしとのかかわりについて図１〜図３を用いて説明することにしました。次のページの説明に**あてはまる都市を図１のあ〜かから１つ選び記号**で答えなさい。

図２ 平均気温の比較《ひかく》

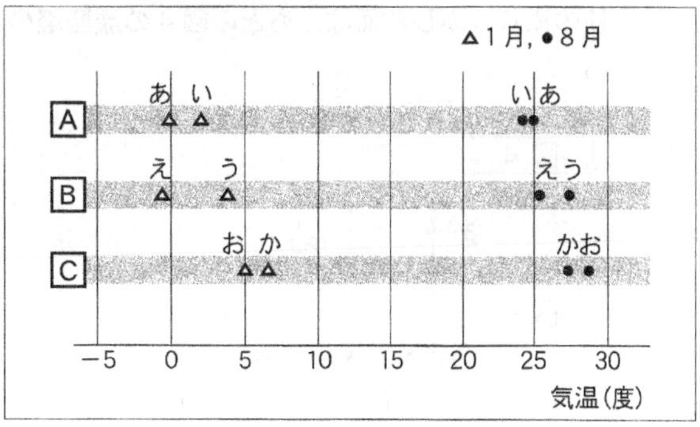

調べた都市の中では，冬でも温《おん》暖《だん》で，１月と８月のどちらも降水量が少ない気候を生かした果物の生産をしている県の県庁所在地です。

図３　平均降水量の比較

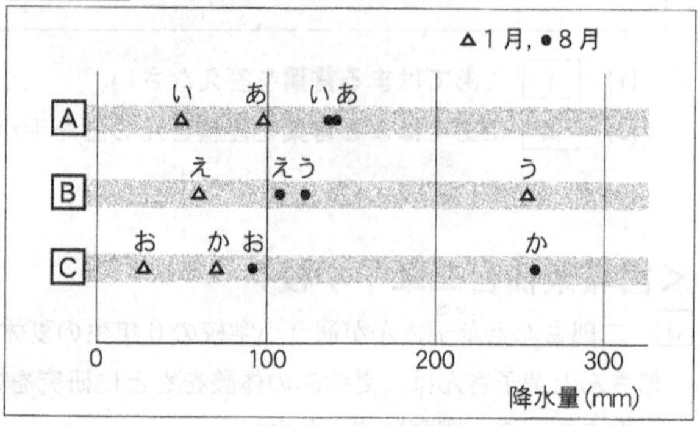

(3)　二郎さんは，**図３**から１月の**金沢市**と８月の**静岡市**の平均降水量が特に多いことに気づきました。**金沢市では１月，静岡市では８月に降水量が多いのはなぜか**，説明しなさい。

2　華子さんは，算数の時間に学習した角柱の辺，頂点《ちょうてん》，面の数をくらべて「きまり」を見つけようと，下の**表２**の手順で研究を始めました。あとの(1)～(4)の問題に答えなさい。

表２　研究の手順

ア　いろいろな角柱の展開図《てんかいず》をかき，工作用紙で角柱をつくる。
イ　それぞれの角柱の辺，頂点，面の数を表にまとめる。（**表３**）
ウ　**表３**から「きまり」を見つけて，言葉と式で表す。（**表４**）
エ　立体の辺，頂点，面の数の「きまり」について図書館の本で調べる。
オ　まとめたことや調べたことについて考える。

表３　辺，頂点，面の数

立体	辺	頂点	面
三角柱	9	6	5
四角柱	１２	8	6
五角柱	１５	１０	7
六角柱	１８	１２	8

表４　角柱の「きまり」として見つけたこと

カ　底面の辺の数が１本増えると，立体の辺の数は［①］本，頂点の数は［②］個，面の数は［③］個，それぞれ増える。
キ　頂点の数と面の数の合計と辺の数の関係は，
（頂点の数）＋（面の数）－（辺の数）＝２となる。

(1)　華子さんは，**図４**のような展開図をかき，**図５**のような四角柱をつくりました。**図５**の四角柱のぬりつぶした面は，**もとの図４の展開図のどの面か**，**あ**～**か**から**２つ選び記号**で答えなさい。

図４

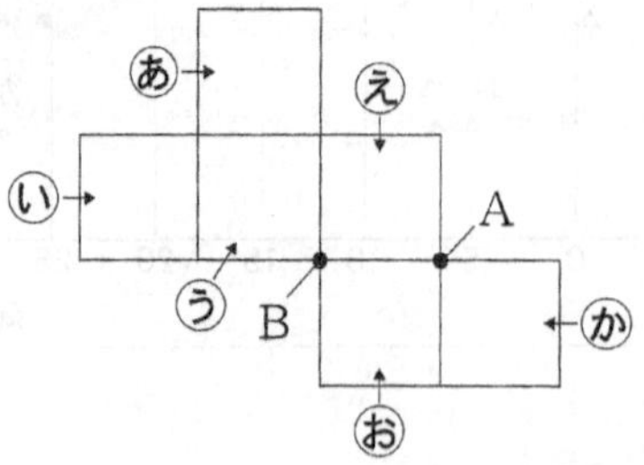

図５

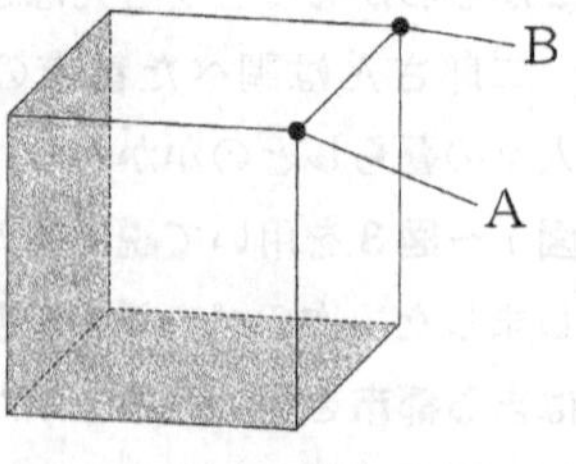

(2)　**表４**の①～③**にあてはまる数**を答えなさい。

(3) 華子さんが図書館の本で調べてみると，角柱以外にも，**図６**のような，正五角形が12個と正六角形が20個の合計32個の面で囲まれており，１つの頂点には正五角形１個と正六角形２個の面が集まっている立体があることがわかりました。また，**表４のキ**の「きまり」はこの立体にもあてはまることがわかりました。

この立体の**辺の数，頂点の数**をそれぞれ答え，**それらの求め方を式と言葉**で答えなさい。

図６

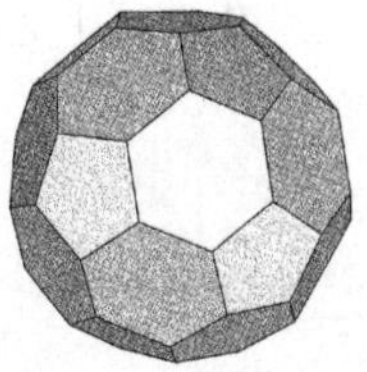

(4) 華子さんは，正三角形と正方形の面だけで囲まれている立体もあることがわかりました。この立体には次のような特徴《とくちょう》があります。

○**表４のキ**の「きまり」はこの立体にもあてはまります。
○１つの頂点には正三角形２個と正方形２個の面が集まっています。
○正三角形と正方形の面は必ずとなり合っています。

図７はその立体の展開図の一部ですが，まだ完成していません。**この立体の正三角形と正方形の面の数**をそれぞれ答え，**解答用紙の展開図の一部に正三角形と正方形をかきたして，展開図を完成させなさい。**

図７

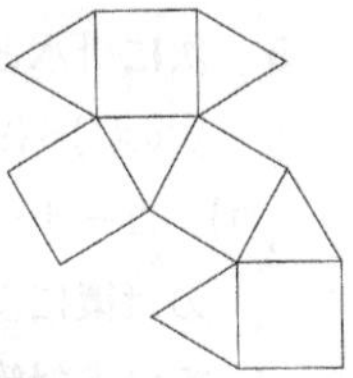

＜宮城県古川黎明中学校＞

3　Ａ小学校の黎《れい》さんと明子さんは，Ｂ中学校の科学発表会を見学に行きました。
次の１～４の問題に答えなさい。

１　会場には５つの発表コーナーが設けられていました。黎さんと明子さんは，時間内に５つのコーナーすべてを見学することにしました。２人が見学できる時間は，はじめのコーナーを見始めてから５つのコーナーを見学し終えるまでの，50分間とし，コーナーから他のコーナーに移動する時間は，30秒間とします。**１つのコーナーを見学できる時間は平均何分何秒間になるか**答えなさい。

２　黎さんと明子さんは，はじめに「月」のコーナーに行きました。
次の(1)，(2)の問題に答えなさい。

(1) 黎さんは，日食について**図１**を使った説明を受けました。下の［　　］の中の文章は，その説明の一部です。［①］**にあてはまる記号を図１のア～ク**から１つ選び，**記号**で答えなさい。

図１

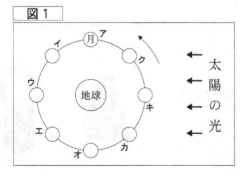

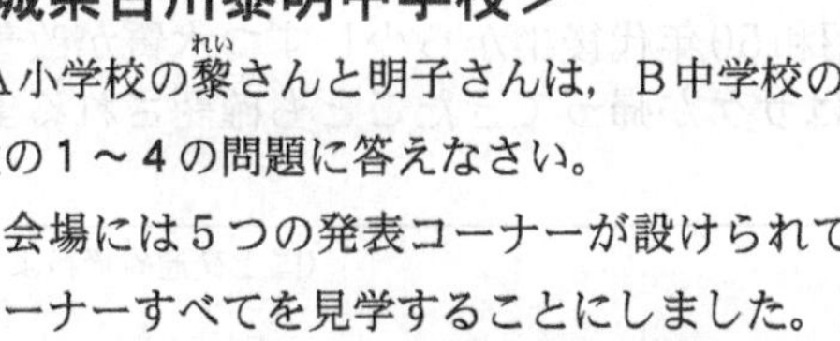

図１で月が新月の位置にきたとき日食がおきました。新月の位置は図の［①］のところです。

⑵　黎さんは，「太陽が真西にしずんだとき，**図２**の**ケ**の位置に見える月はどのような形をしていますか。」という問題を出されました。**どのような形をしているか，およその形を書きなさい。**

図２

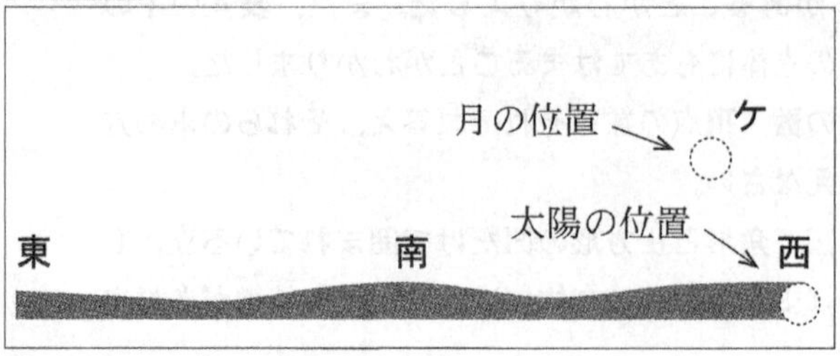

3　次に「水と生き物」のコーナーに行きました。

次の⑴～⑶の問題に答えなさい。

⑴　コーナーには，水と生き物についてのいろいろな資料が展示《てんじ》されていました。下の**資料**は市の対策《たいさく》によって水質が改善《かいぜん》された例です。**各都道府県や市町村が，水質を改善するために行っている対策にはどのようなものがあるか，２つ答えなさい。**

資料

よみがえったサケと城下町の清流

昭和40年代に入り，人口の増加に伴って，秋田市内中心部を流れる旭川《あさひかわ》が年々汚れていきましたが，秋田市の対策によって，昭和50年代後半から少しずつ水質が改善されてきました。その結果，平成10年ごろにはサケが帰ってきたことも確認《かくにん》されるようになりました。

（国土交通省資料より作成）

⑵　コーナーには，すいそうがあり，その中にはメダカがいました。そこで「この水は池の水なんだよ。池の水を使っているおかげで，メダカは元気だし，あまりえさをあたえなくてもいいんだよ。」と説明を受けました。**なぜ，このすいそうのメダカにはあまりえさをあたえなくてもよいのか，理由**を答えなさい。

⑶　Ｂ中学校では，毎年，近くの池のメダカの数を調べています。今年のメダカの数は昨年と比べて，昨年のメダカの数の４％に当たる50匹《ぴき》増えたという説明を受けました。**今年のメダカの数は何匹になるか**答えなさい。

4　最後に，「ふりこ」のコーナーに行きました。

次の⑴，⑵の問題に答えなさい。

⑴　コーナーには，ふりこを利用したものとして，**写真**のような，メトロノームとふりこ時計が展示されていました。**この２つにはふりこのどのような性質が利用されているか**，答えなさい。

写真

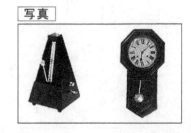

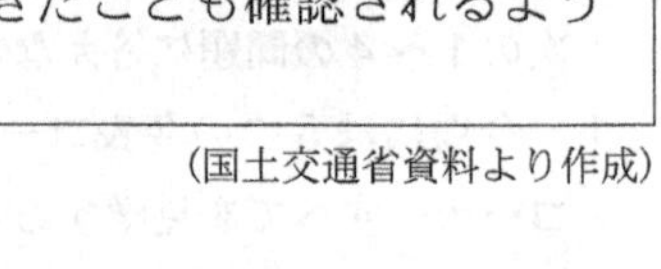

(2) コーナーには，**図3**のようなふりこの動きを調べる実験装置《そうち》があり，黎さんは，**図4**のように，スタンドの途中《とちゅう》にぼうを取り付けて実験をしてみました。途中にぼうを取り付けなかったときは，**図5**のように，**ア**からスタートしたおもりが，**イ**を通って**ウ**まで行き，ふたたび**ア**まで戻ってきました。途中にぼうを取り付けたときは，**図6**のように，**エ**からスタートしたおもりが，**オ**を通って**カ**まで行き，ふたたび**エ**まで戻ってきました。ただし，**ア**と**エ**，**イ**と**オ**はそれぞれ同じ位置を表しています。**途中にぼうを取り付けたときは，途中にぼうを取り付けなかったときと比べて，1往復する時間はどうなるか**答えなさい。また，**そのように考えた理由**を答えなさい。

図3

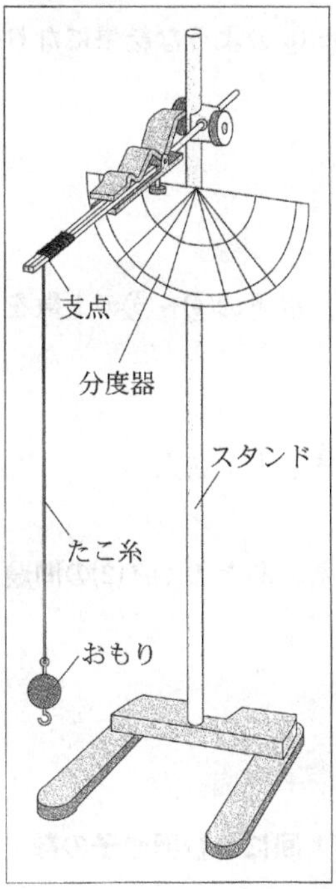

図4

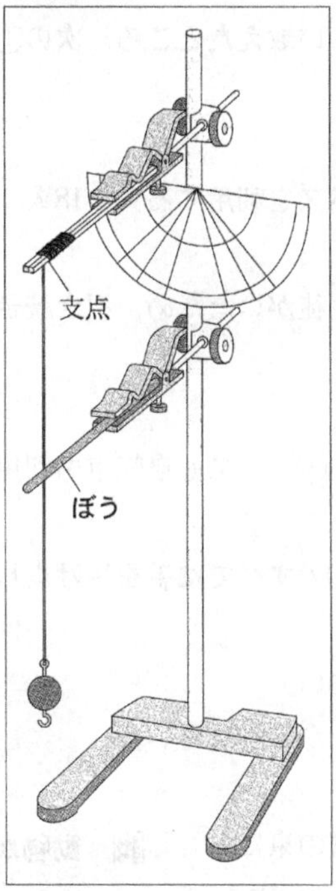

図5

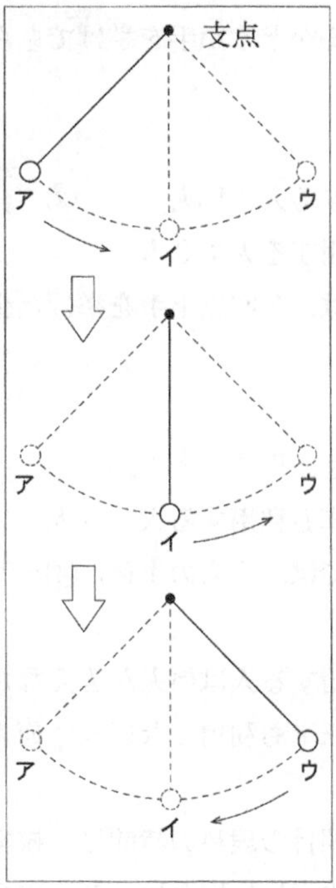

図6

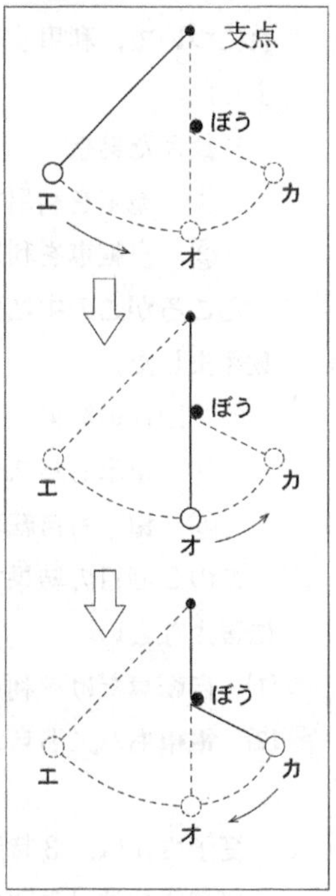

平成25年度

仙台市立中等教育学校入試問題

【総合問題】（50分）　＜満点：100点＞

1　仙台青陵中等教育学校の生徒は，仙台市内の広い地域から通学しており，特色ある学習に取り組んでいます。

次の１～４の問題に答えなさい。

1　４年生のあるクラスで，生徒35人の通学方法の調査を行いました。電車，バス，自転車それぞれについて，利用するかどうか手を挙げてもらい数えたところ，次の①～③のような結果になりました。

＜数えた結果＞

①　電車を利用する人：16人　　②　バスを利用する人：18人

③　自転車を利用する人：９人

ところがこの中には，２回以上手を挙げた生徒がいたため，引き続き，以下の④～⑥の人数を数えました。

＜２回目の結果＞

④　電車もバスも利用する人：10人　　⑤　バスも自転車も利用する人：２人

⑥　電車も自転車も利用する人：５人

この２回目の結果では，２人の生徒が④～⑥のすべてに手を挙げました。あとの(1)，(2)の問題に答えなさい。

(1)　自転車だけを利用する人は何人か答えなさい。

(2)　電車もバスも自転車も利用しない人は何人か答えなさい。

2　夏子さんは，３時間目の理科の時間に，校庭の東にある自然観察林「青陵の森」に出かけ，こん虫を食べている小鳥を見つけました。その鳥はセグロセキレイで，１回に４～６個の卵《たまご》をうむことを先生に教えてもらいました。夏子さんは動物がうむ卵や子の数に興味《きょうみ》を持ち，帰《き》宅《たく》してからほかの動物について調べると，右の**表**のようなことがわかりました。

表　**動物が１回にうむ卵や子の数**

この表については，著作権法上の問題から非公表のため，掲載しておりません。

このように動物の種類によって，卵や子をうむ数にちがいがあるのはなぜか，その理由について考えられることを答えなさい。

3　１年生は総合的な学習の時間に「仙台について知ろう」というテーマで調べ学習をしています。美香さんは青葉区の定義《じょうぎ》地区に平氏《へいし》の落人《おちうど》（戦いに負けてにげて行く人）伝説があることを知りました。そこで，なぜそのような伝説が生まれたのかを知るために，平氏と，平氏に関係が深かった源氏《げんじ》について調べてみることにしました。次の**パネル１～４**は平氏と源氏との関係をまとめるために作ったものです。あとの(1)，(2)の問題に答えなさい。

パネル１	パネル２	パネル３	パネル４
源頼朝《みなもとのよりとも》は武士のかしらとして朝廷《ちょうてい》から征《せい》夷《い》大将軍《たいしょうぐん》に任じられ，鎌倉《かまくら》(神奈川《かながわ》県)に幕《ばく》府《ふ》を開いた。	源氏と平氏の勢力争いに朝廷や貴族《きぞく》の争いがからんで戦いがおき，その結果，平《たいらの》清盛《きよもり》が強い力をもった。	源義経《みなもとのよしつね》に率いられた源氏と平氏が西国《さいごく》の一ノ谷《いちのたに》(兵庫《ひょうご》県)や屋《や》島《しま》(香川《かがわ》県)，壇ノ浦《だんのうら》(山口《やまぐち》県)で戦った。	源氏と平氏は，朝廷や貴族の政治の実権《じっけん》をめぐる争いに巻《ま》きこまれ，たがいに入り乱《みだ》れて戦った。

(1)　**パネル１～４**に書かれているできごとを起こった年代順に並《なら》べかえ，それをパネルの番号で答えなさい。

(2)　**パネル１～４**に書かれている時期に，政治のあり方がどのように変わっていったかを30字以内で説明しなさい。

4　２年生と３年生には，多様な見方や考え方を養う「数楽《すうがく》タイム」という授業があります。その授業中に先生と愛さんが話し合っています。次の会話文を読んで，あとの(1)，(2)の問題に答えなさい。

先　生　**図１**のように，１辺の長さが10cm の正方形の折り紙を，OAを折り目として折り返すことを考えよう。

愛さん　P′は，折り紙の頂点Pが移動してきた点と考えるのですね。

先　生　そうです。さて，折り目の線OAの点Aを，**図１**の**（ア）**から**（イ）**のように，だんだんとCの方へ移動させて折っていくとき，P′が通ったあとはどんな線になるかわかるかな。

愛さん　はい。［　①　］になると思います。

先　生　そうですね。では次に，**図２**のように，OA，OBの２通りの折り目で折った場合に［網かけ］の部分の面積に着目してみよう。AとBの間の長さを長くしていくと，その部分の面積はどうなるかな。

愛さん　長くすればするほど，面積は大きくなると思います。

先　生　そうだね。［網かけ］の部分の面積はABの長さに関係があるといえそうだね。それでは，<u>その関係</u>を表す式をつくってみよう。

愛さん　はい。

図1

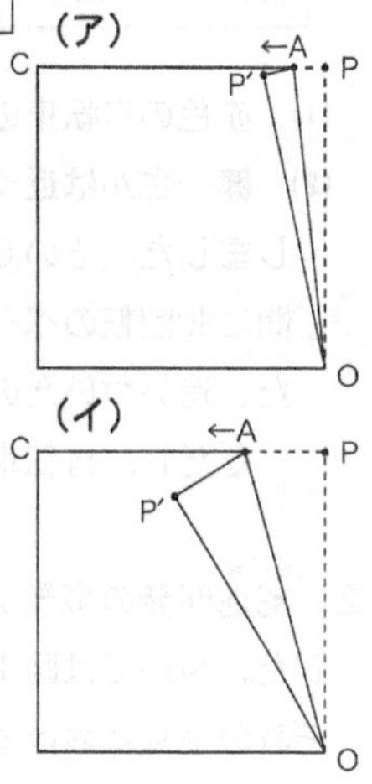

図2

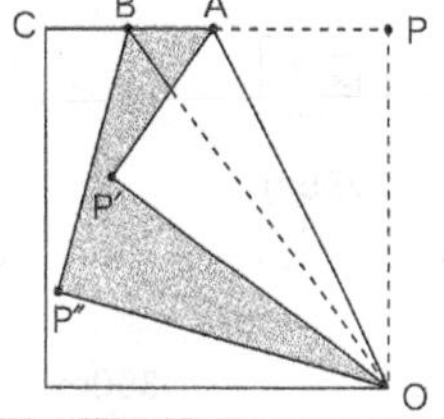

(1)　［　①　］にあてはまることばを答え，そう考えた理由を書きなさい。

(2)　下線部の「その関係」がわかるように，ABの長さを a cm として，［網かけ］の部分の面積を a を使った式で表しなさい。

2 仙台青陵中等教育学校の２年生は，５日間の職場体験学習に取り組んでいます。次の１～３の問題に答えなさい。

1　健一さんと章子さんは自転車店で職場体験をしています。二人はいろいろな自転車を見ているうちに，ペダルを１回転させたときの進むきょりが自転車によってちがうことに気がつきました。

そのことを店長さんに話すと，「おもしろいことに気がついたね。自転車は，ペダル側とタイヤ側についているそれぞれの歯車の歯の数とタイヤの大きさで，ペダルが１回転するときに進むきょりが決まるんだよ。」と教えてくれました。

図

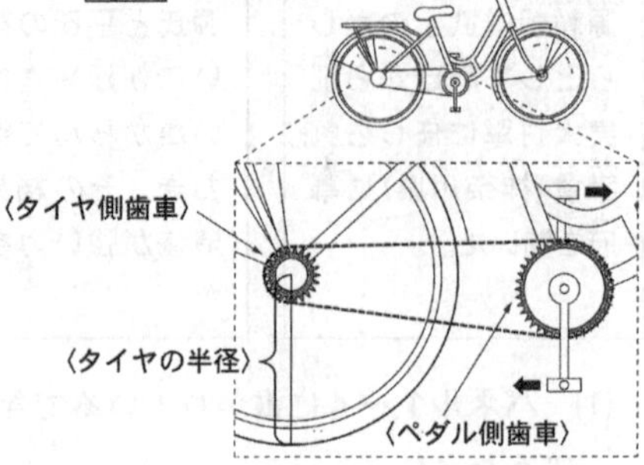

そこで，店にあった赤色と青色の２台の自転車の歯車の歯の数とタイヤの大きさを調べ，下の表のようにまとめました。あとの⑴，⑵の問題に答えなさい。

表

	ペダル側歯車の歯の数	タイヤ側歯車の歯の数	タイヤの半径(cm)
赤色の自転車	30	12	30
青色の自転車	42	14	40

⑴　赤色の自転車のペダルが１回転するとき，タイヤは何回転するか答えなさい。

⑵　健一さんは近くにある組立工場を見学するため，午前11時に赤色の自転車に乗って店を出発しました。その６分後に，章子さんも青色の自転車で同じ道を走り出しました。二人とも１分間に40回転のペースでペダルをこぎ続けたところ，途中《とちゅう》で章子さんは健一さんに追いつきました。追いついたのは何時何分か答えなさい。

ただし，自転車の速さは途中で変わらないものとします。

2　宅地《たくち》開発の事業所で職場体験をしている雪さんは，山を宅地にするための現地調査に同行しました。現地では**図１**にある**Ａ～Ｄ**の４地点でボーリング調査を行っており，その試料〈注〉からそれぞれの地点における地下の地層《ちそう》が**図２**のようになっていることがわかりました。

あとの⑴，⑵の問題に答えなさい。　〈注〉試料…検査や分析《ぶんせき》などに使われる材料のこと

図1

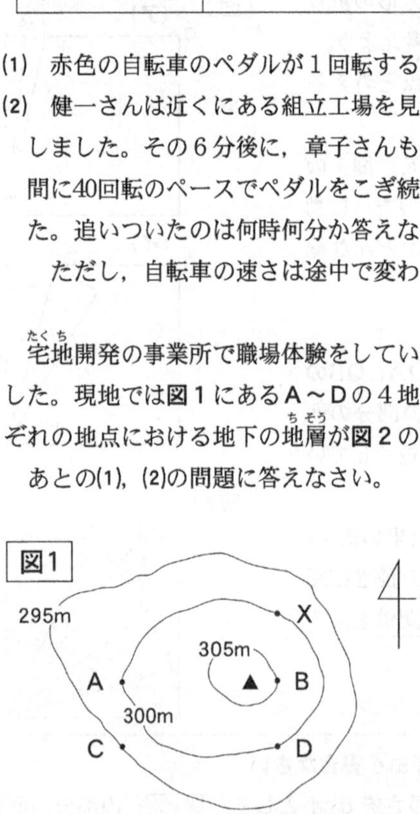

図2

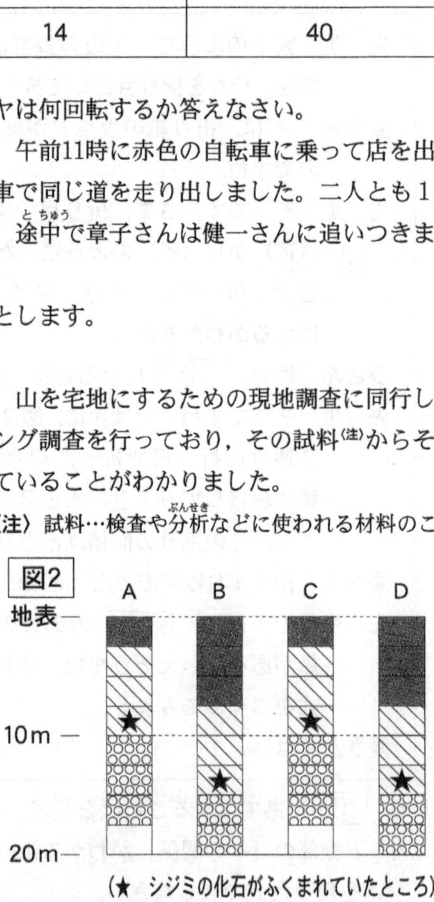

(★ シジミの化石がふくまれていたところ)

(1) **図1**のA～Dの地層の一部にシジミの化石がふくまれていました。この化石をふくむ地層ができたころ，このあたりはどのような地形であったか，考えられることを答えなさい。

(2) **図1**のX地点（標高300m）でボーリング調査をすると，地下の地層はどのようになっていると考えられるか，**図2**を参考にして作図しなさい。

ただし，それぞれの地層は同じ厚さで，途中《とちゅう》でずれたりせずに同じように広がっているものとします。また，AとC，XとB，BとDの間は，地図上では同じ間隔《かんかく》であり，CはAの，BとDはXの南に位置し，DはCの東に位置します。

3 景子さんは職場体験先の仙台市民図書館で資料の整理をしているときに，３年生の研修旅行で行く長崎県についてのグラフ（**資料１**）を見つけました。興味を持って見ると，世帯(注)数が年々増加していました。なぜ増加しているのかを図書館の係員さんにたずねたところ，長崎県についてのグラフ（**資料２**と**資料３**）を見せられ，自分でその理由を考えてみなさいと言われました。あとの(1)，(2)の問題に答えなさい。

〈注〉世帯…同じ家で生計（生活費など）を共にして暮《く》らす人々の集まり

(1) あなたが景子さんだったとしたら，どのように答えますか，**資料２**と**資料３**から読みとれることにふれながら，世帯数が増加してきている理由を説明しなさい。

(2) **資料３**に表れている，４人以上の世帯数が年々減っている傾向《けいこう》は，長崎県だけではなく全国的なものです。このような傾向になっている理由について，考えられることを２つ答えなさい。

資料１

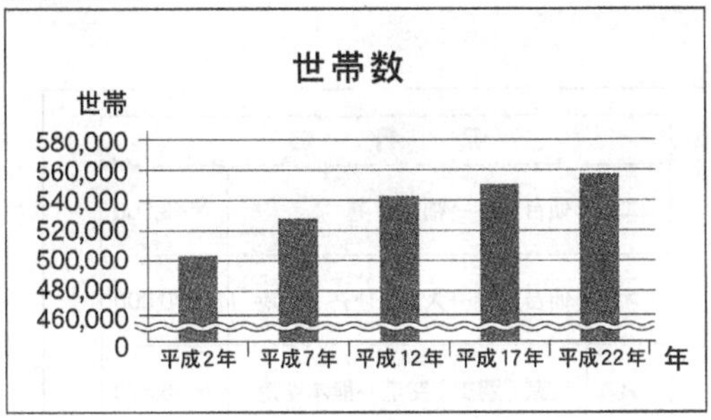

資料２

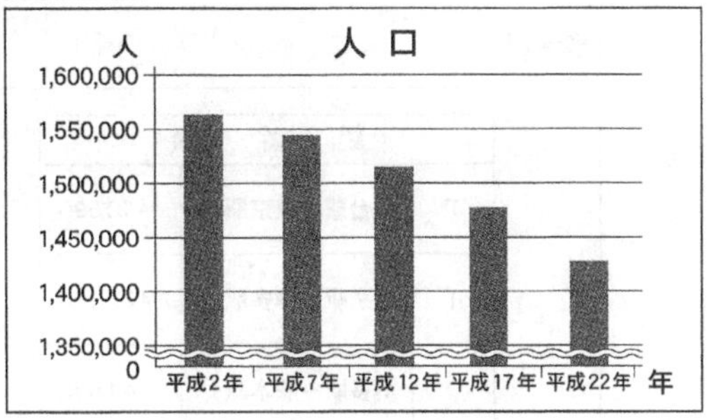

資料３

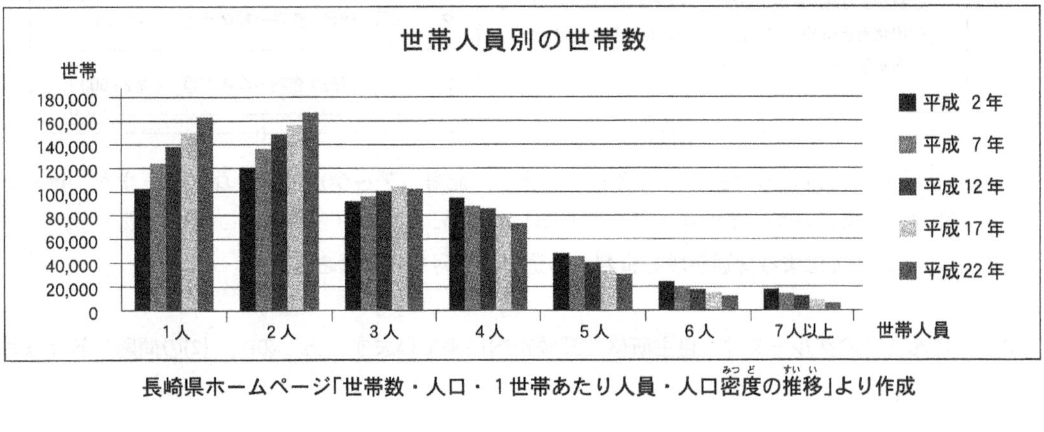

長崎県ホームページ「世帯数・人口・１世帯あたり人員・人口密度《みつど》の推移《すいい》」より作成

3 仙台青陵中等教育学校の３年生は，九州地方へ３泊４日の研修旅行に行っています。次の**１**～**３**の問題に答えなさい。

1 九州地方へ行く交通手段について，先生と治さんと良さんの３人が話し合っています。次の会話文を読んで，あとの**(1)**，**(2)**の問題に答えなさい。

治さん　今回の九州地方への研修旅行はどのような方法で行くのですか。

先　生　今回は，仙台駅から東京駅まで新幹線，東京（羽田《はねだ》）空港から熊本《くまもと》空港まで飛行機で行きます。つまり，**資料**の**ア**と**カ**を利用することになりますね。それでは，もし皆さんが熊本まで旅行に行くとしたら，これ以外にどのような方法があるか，**資料**から考えてみましょう。

良さん　［①］を利用する方法はどうですか。

先　生　この方法ならば交通費が一番安く，かつおの水あげがさかんなA県と，のりやみかんの生産がさかんで吉野ヶ里《よしのがり》遺跡《いせき》があるB県を通ることができますね。

治さん　［②］を利用する方法はどうですか。

先　生　その方法ならば３番目に安い交通費で行くことができますね。

資料

新幹線		
ア	仙台駅→東京駅	￥10,590
イ	東京駅→博多《はかた》駅	￥22,120
ウ	博多駅→熊本駅	￥4,990

＜注＞
○博多は福岡県福岡市にある駅名
○駅から空港，空港から駅までの交通費は考えない
○出発地点は仙台駅か仙台空港とし，到着《とうちゃく》地点は熊本駅か熊本空港とする

飛行機		
エ	仙台空港→福岡空港	￥43,500
オ	仙台空港→大阪（伊丹《いたみ》）空港	￥30,800
カ	東京（羽田）空港→熊本空港	￥36,870
キ	東京（羽田）空港→福岡空港	￥36,870
ク	大阪（伊丹）空港→福岡空港	￥21,900
ケ	大阪（伊丹）空港→熊本空港	￥23,500

(1) ［①］にあてはまる交通手段を**資料**から選び，記号（**ア～ケ**）で答えなさい。また，選んだ理由を，A県とB県の県名をふくめて説明しなさい。

(2) ［②］にあてはまる交通手段を**資料**から選び，記号で答えなさい。

2 明さんたちのグループは，自主研修で長崎市内に来ています。あとの**(1)**，**(2)**の問題に答えなさい。

(1) 明さんは自主研修の途中《とちゅう》で家族へのおみやげを買うために，事前に決めていた店へ，**図１**のようなサービス券を２枚持って向かいました。店に着くと今日は特売日で，入口には**図２**のようなポスターがはってありました。

明さんは，大・中・小のカステラをそれぞれ２個ずつ，合計６個買うことにしました。カステラの通常の値段《ねだん》は，大が1,000円，中が800円，小が600円です。サービス券と特売日の割引を上《じょう》手《ず》に使って，一番安い値段になるような買い方をすると，代金はいくらになるか答えなさい。

図１

２割引サービス券

・この券は，１個の商品につき１枚使用できます。
・この券は，セット割引などを受けた商品には使用できません。

図２

本日はカステラ特売日

◇　大・中・小のセットで買うと2,400円が2,100円になります。
◇　大を２個セットで買うと，15％引になります。

(2) 明さんたちは，買い物が終わったので，休けい所でお茶をいただくことにしました。そこには右の**写真**のようなエアーポットが置いてありました。このポットの湯が出る仕組みについて，空気と水の性質にふれながら，解答用紙のエアーポットの図に→（矢印）や空気，湯などの言葉を書き込んで説明しなさい。

写真

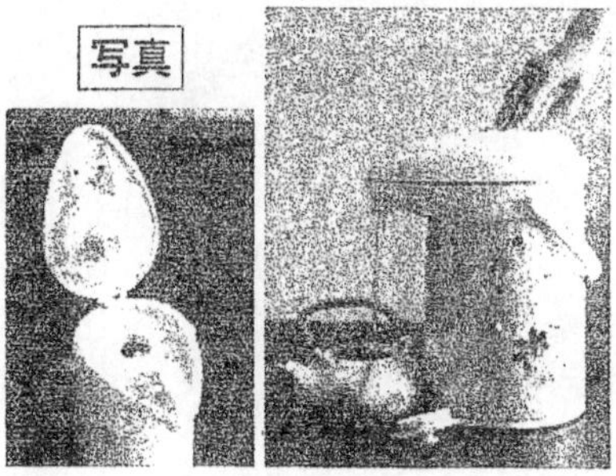

3　和子さんは，自主研修後，ホテルで翌日《よくじつ》の天気をインターネットで調べていたところ，**地図１**のような■C上空における風向きの予報を見つけました。家にもどってから，■Cと同じような特ちょうのある地形について，九州地方の中で調べてみると，**地図２**のように分布していることがわかりました。しかし，■C以外では，風向きの予報はしていませんでした。

■Cの上空で風向きを毎日予報しているのはなぜか，■Cの地名とその地形の特ちょうにふれながら説明しなさい。

地図１

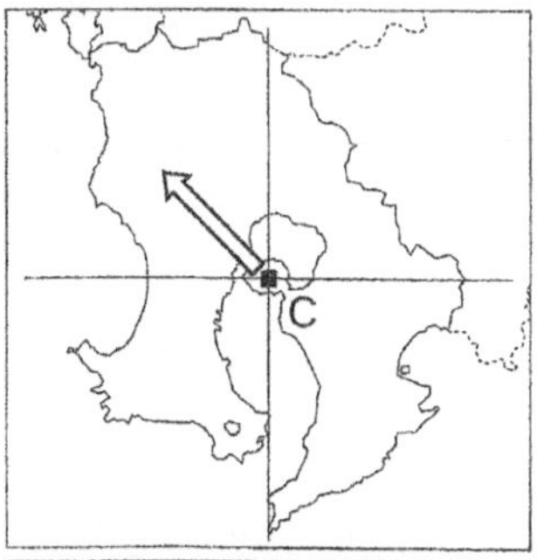

⇨ 午前９時予想の風速７m

地図２

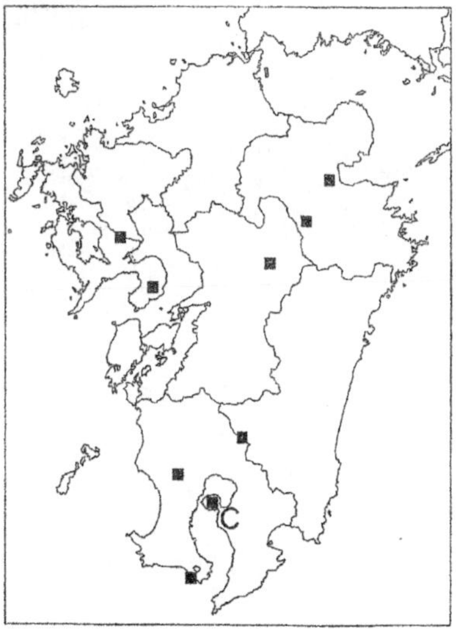

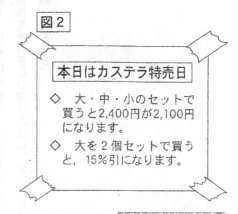

平成二五年度

宮城県仙台二華中学校入試問題

【作文】（四〇分）〈満点：二五点〉

問題

私たちの周りにはたくさんの本があります。その本の中には「これからのために読んでおかなければならない本」もあるでしょう。「これからのために読んでおかなければならない本」とは、あなたにとってどんな本であるかをまとめた上で、読書についてのあなたの考えを四百字以上五百字以内で書きなさい。

〔注意〕①題名、氏名は書かずに、一行目から書き始めること。
②原稿《げんこう》用紙の正しい使い方にしたがい、文字やかなづかいも正確に書くこと。

平成二五年度
宮城県古川黎明中学校入試問題

【作　文】（四〇分）〈満点：二五点〉

問題

　私たちは、さまざまな「発見」をとおして成長することがあります。あなたがこれまでの生活の中でどのような「発見」をし、それによりどのように行動するようになったか、理由とともに四百字以上五百字以内で書きなさい。

〔注意〕
①　題名、氏名は書かずに、一行目から書き始めること。
②　原稿《げんこう》用紙の正しい使い方にしたがい、文字やかなづかいも正確に書くこと。

平成二五年度
仙台市立中等教育学校入試問題

【作　文】（四〇分）〈満点：二五点〉

問題

◎次の文章は、宮沢賢治作『銀河鉄道の夜』の一節です。文章中の蠍《さそり》の生き方に対するあなたの考えを、体験したことや見聞したことのどちらかを交えながら四百字以上五百字以内で書きなさい。ただし、文章は三段落、または四段落構成にしなさい。

「あれは何の火だろう。あんな赤く光る火は何を燃やせばできるんだろう。」ジョバンニが云《い》いました。

「蠍《さそり》の火だな。」カムパネルラが又《また》地図と首っ引きして答えました。

「あら、蠍の火のことならあたし知ってるわ。」

「蠍の火って何だい。」ジョバンニがききました。

「蠍がやけて死んだのよ。その火がいまでも燃えてるってあたし何べんもお父さんから聴《き》いたわ。」

「蠍って、虫だろう。」

「ええ、蠍は虫よ。だけどいい虫だわ。」

「蠍いい虫じゃないよ。僕博物館でアルコールにつけてあるの見た。尾にこんなかぎがあってそれで螫《さ》されると死ぬって先生が云ったよ。」

「そうよ。だけどいい虫だわ、お父さん斯《こ》う云ったのよ。むかしのバルドラの野原に一ぴきの蠍がいて小さな虫やなんか殺してたべて生きていたんですって。するとある日いたちに見附《みつ》かって食べられそうになったんですって。さそりは一生けん命遁《に》げて遁げたけどとうとういたちに押《おさ》えられそうになったわ、そのときいきなり前に井戸があってその中に落ちてしまったわ、もうどうしてもあがられないでさそりは溺《おぼ》れはじめたのよ。そのときさそりは斯う云ってお祈《いの》りしたというの、

ああ、わたしはいままでいくつのものの命をとったかわからない、そしてその私がこんどいたちにとられようとしたときはあんなに一生けん命にげた。それでもとうとうこんなになってしまった。ああなんにもあてにならない。どうしてわたしはわたしのからだをだまっていたちに呉《く》れてやらなかったろう。そしたらいたちも一日生きのびたろうに。どうか神さま。私の心をごらん下さい。こんなにむなしく命をすてずどうかこの次にはまことのみんなの幸《さいわい》のために私のからだをおつかい下さい。って云ったというの。そしたらいつか蠍はじぶんのからだがまっ赤なうつくしい火になって燃えてよるのやみを照らしているのを見たって。いまでも燃えてるってお父さん仰《おっしゃ》ったわ。ほんとうにあの火それだわ。」

（新潮文庫『新編　銀河鉄道の夜』宮沢賢治作より）

〔注意〕
① 題名、氏名は書かずに、一行目から書き始めること。
② 原稿《げんこう》用紙の正しい使い方にしたがい、文字やかなづかいも正確に書くこと。

平成24年度

宮城県立中学校入試問題

【総合問題】（50分）　＜満点：100点＞

1　太郎君は自宅で家族と会話をしています。
次の**1**，**2**の問題に答えなさい。

1　次の家族の会話から，あとの(1)～(3)の問題に答えなさい。

お父さん	今年の夏は暑さのせいか，緑のカーテンを作っている家が多いな。
直子さん	うちも緑のカーテンのおかげで，気持ちよく過ごせているね。
太郎君	その上，朝や夕方に㋐打ち水もしているよ。
お母さん	工夫《くふう》して生活していると，㋑ルームエアコンを使う回数もぐんと減るわ。
お父さん	快適に過ごせるようになっても，やはり夏は好きとは言えないな。
お母さん	私は冬は好きではないわ。
太郎君	ぼくは，秋と冬は好きじゃないよ。
直子さん	あら，お父さんもこの間同じことを言っていたわ。そうよね，お父さん。
お父さん	うん。太郎の気持ちもよく分かるよ。

(1)「㋐打ち水もしている」とありますが，太郎君は打ち水をするとすずしくなる理由を調べ，次のようにまとめました。**①にあてはまる言葉**を答えなさい。

> 水をまくと，まかれた水は［①］し，その際，地面や空気から熱をうばって周囲の温度を下げます。そのため，打ち水によって暑さがやわらぐのです。

(2)「㋑ルームエアコン」とありますが，太郎君はルームエアコンがいつごろから普及《ふきゅう》したのかを調べたところ，下の**グラフ**を見つけました。次の**イ**，**ロ**の問題に答えなさい。

イ　ルームエアコンの普及率の変化と，その他の家庭電化製品や自動車の普及率の変化をくらべて，グラフから読み取れること3つを，ちがいが分かるように書きなさい。

ロ　1950年代後半から1970年ごろまで，中学校を卒業すると，地方から都会の工場などに就職《しゅうしょく》する若い人たちが数多くいました。**その理由をグラフを参考にして説明しなさい。**

グラフ

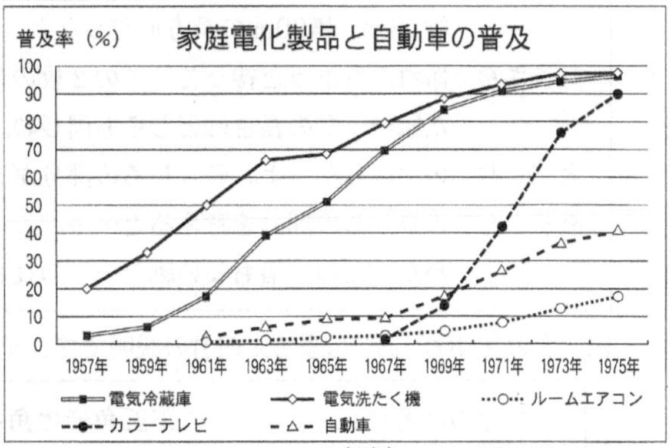

（内閣《ないかく》府消費者動向調査より作成）

(3)　お父さん，お母さん，太郎君，妹の直子さんにはそれぞれ最も好きな季節があり，それらはすべてちがっています。会話をもとにして，**お母さんと直子さんの最も好きな季節**を答えなさい。

2　次の**図1**，**図2**の和紙を使った妹の直子さんの宿題について，太郎君と直子さんが会話をしています。あとの(1)～(3)の問題に答えなさい。

図1

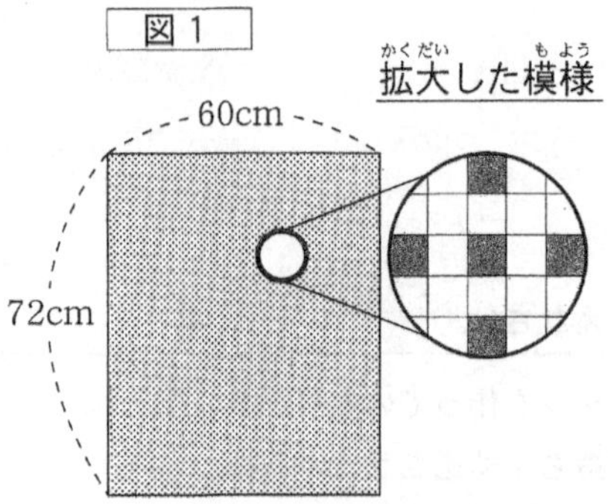

図2

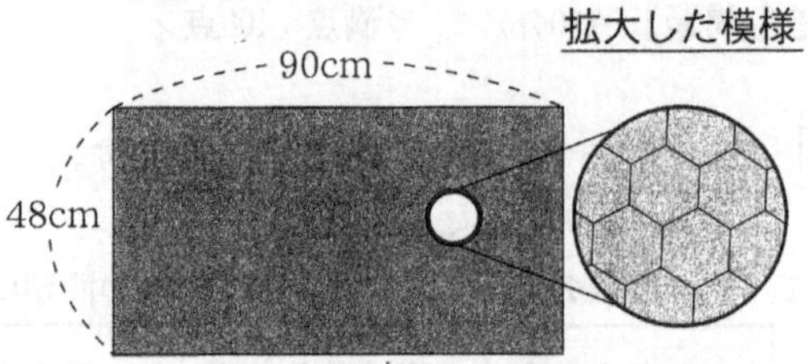

太郎君　この2枚の和紙は何に使うの。

直子さん　宿題の紙テープを作るのよ。学校の七夕《たなばた》かざりの吹《ふ》き流しに使うの。

太郎君　正方形と正六角形をしきつめた模様の和紙だね。

直子さん　お兄ちゃん，正五角形をしきつめた模様はないのかなぁ。

太郎君　うん，正五角形はないんだ。その理由は［②］からなんだよ。

直子さん　なるほど。

太郎君　ところで，どのような紙テープを作るのかな。

直子さん　幅《はば》6㎝の，できるだけ長いものをそれぞれの和紙から作るのが宿題なの。

太郎君　作り方はどうするの。

直子さん　まず，幅6㎝の長方形の紙テープを切り取るの。次に，同じ模様の和紙をつなぎ合わせるんだけど，そのときののりしろは5㎜にするの。

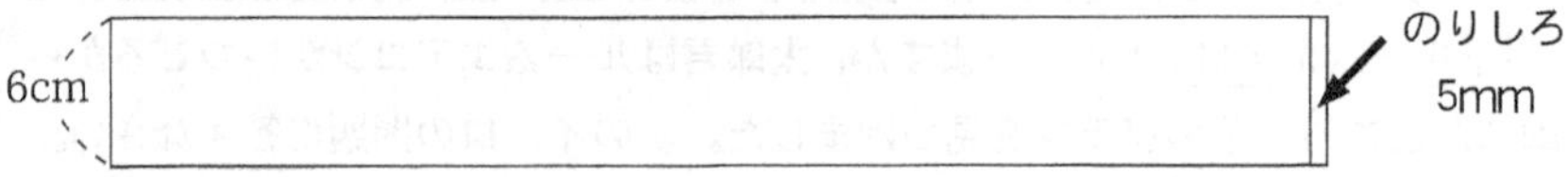

太郎君　和紙の縦《たて》と横の長さをはかってみたら，1枚は，縦72㎝，横60㎝で，もう1枚は，縦48㎝，横90㎝の長方形だったよ。

直子さん　あれ，ちょっと待って。この2枚の和紙は［③］が等しいので，つなぎ合わせた紙テープの長さはどちらも同じね。

太郎君　いや，ちがうよ。のりしろの部分があるので，同じにはならないよ。

直子さん　のりしろの部分を考えると……。
わかったわ。最も長い紙テープの長さは［④］mになるのよね。

(1)　次の文は②にあてはまる太郎君の説明です。**イ，ロ，ハにあてはまる数**をそれぞれ答えなさい。

しきつめるには，1つの点に正五角形の角をいくつか集めて合わせたときの角の和が［イ］度や［ロ］度になるのが条件なんだけれど，正五角形の1つの角の大きさは［ハ］度だから，角をいくつ集めて合わせても条件には合わない

⑵　**③にあてはまる言葉**を答えなさい。

⑶　**④にあてはまる数**を答えなさい。また，**その考え方を式と言葉**で答えなさい。

2　初夏のある日，太郎君は家族と一緒《いっしょ》に，ある町へキャンプに行きました。
次の１～４の問題に答えなさい。

1　キャンプ場の付近は下の地図のようになっています。
あとの⑴，⑵の問題に答えなさい。

地図

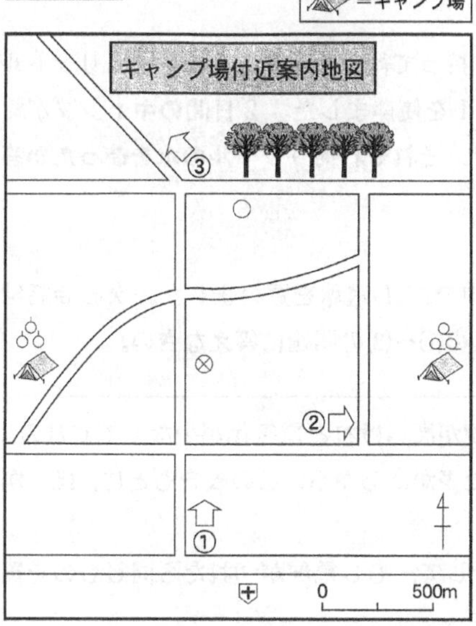

【方位磁針《じしん》の針《はり》の向き】

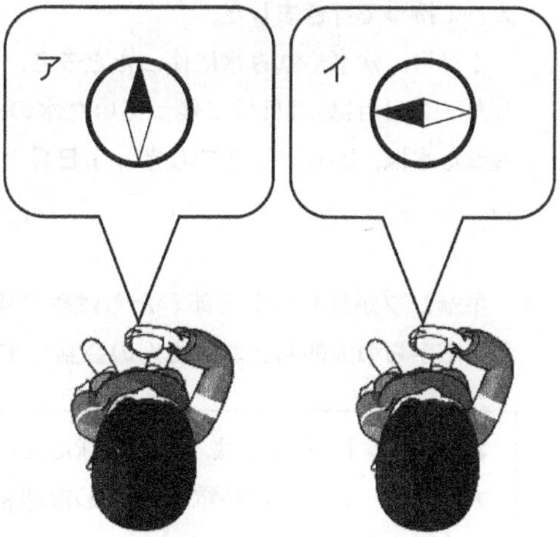

⑴　太郎君が①の場所で矢印の方向を見ると，方位磁針の針はア，②の場所ではイのように見えました。太郎君が**③の場所**で矢印の方向を見ると，太郎君には方位磁針の針はどのように見えますか。針の向きが分かるように**図**をかきなさい。

⑵　太郎君たちが使うキャンプ場の近くには，果樹園《かじゅえん》があります。**その**キャンプ場から見ると，**町役場はどの方位にあるかを八方位**で答えなさい。

2　太郎君は，キャンプ場付近を歩いているときに，ヘチマ棚《だな》のある場所の近くで，ミツバチが飛んでいるのを見つけました。次の⑴，⑵の問題に答えなさい。

⑴　太郎君は，**ミツバチが「たまご→幼虫→さなぎ→成虫」という順**に育つことを知っていました。**ミツバチと同じ順で育つ昆虫《こんちゅう》**を，次の昆虫の中から**２つ**選び，名前を書きなさい。

				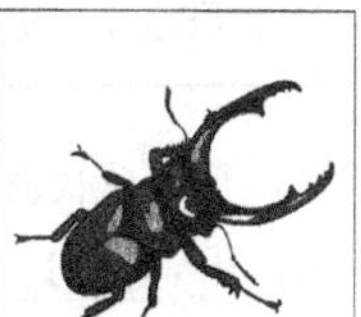
トノサマバッタ	シオカラトンボ	モンシロチョウ	オオカマキリ	ノコギリクワガタ

(2)　ミツバチを見ていると，ミツバチはヘチマの花から花へと移動していました。**ミツバチが花から花へと移動している理由**と，**それによって，ヘチマのめしべにはどのようなことが起こるのか**を，**下の3つの言葉をすべて使って**説明しなさい。3つの言葉は，何度使ってもかまいません。

おしべ　　みつ　　花粉《ふん》

3　太郎君たちは，2日間のキャンプで使う水を，同じ大きさの5つのタンクにそれぞれ同じ量を入れて持って行きました。

1日目，炊事《すいじ》や飲み水に使ったところ，水は，持って行ったタンク3つ分と6リットル残りました。2日目は，1日目に残っていた水の3分の1を使いました。2日間のキャンプが終わって残った水は，28リットルでした。**1日目と2日目，それぞれ何リットルの水を使ったか**答えなさい。

4　キャンプが終わった太郎君たちは家に帰る途中《とちゅう》でLED電球を買いました。次の会話は，家に着いてからの太郎君とお母さんの会話です。あとの(1)～(3)の問題に答えなさい。

お母さん	LED電球は，白熱電球に比べて値段《ねだん》が高いけれど電気代が少なくてすむのよ。
太郎君	ここに白熱電球とLED電球を比べた表があるから，この表をもとに，ぼくが計算してみるよ。
お母さん	電球は1日8時間点灯すること，そして，もし電球が切れたら同じものを買うことにして計算してね。
太郎君	1日分の電気代を計算したら，LED電球が白熱電球に比べて，［①］円安くなっているよ。
お母さん	だから1日あたり［①］円ずつ，電球を買ったときの値段の差が縮《ちぢ》まっていくのね。
太郎君	そうか，そうすると［②］日目でかかる費用が同じになるね。
お母さん	でも，［②］日間点灯するということは，その間に㋐もう1つ白熱電球を買う必要があるわね。
太郎君	えっ，どうして。
お母さん	［③］
太郎君	そうか，そうすると［④］日目でかかる費用が同じになるんだね。
お母さん	そうよ。だから，それより1日でも長く使うといいのよ。

(1)　①，②に**あてはまる数**を次のページの**表をもとにして**答えなさい。

(2)　「㋐もう1つ白熱電球を買う必要がある」とありますが，**③にあてはまるもう1つ白熱電球を買う必要がある理由を式と言葉**で書きなさい。

(3)　④に**あてはまる数**を答えなさい。

表

同じ明るさの白熱電球とＬＥＤ電球の比較《ひかく》			
電球の種類	電球の値段	電気代１０円で点灯できる時間	使い始めてから電球を点灯できる時間
白熱電球	３００円	１２時間	２０００時間
ＬＥＤ電球	３０００円	１２０時間	４００００時間

＜宮城県仙台二華中学校＞

3 宮城小学校に通う華子《はなこ》さんは，夏休みに，ある高校で行われた小学生対象の公開講座《こうざ》に参加しました。

次の１，２の問題に答えなさい。

１ 最初に参加したのは，「環境《かんきょう》とエネルギー」という講座でした。次は，華子さんと先生役の高校生の会話です。会話文を読んで，あとの(1)～(3)の問題に答えなさい。

高校生　環境にやさしいエネルギーとして，バイオエタノールに注目している人がいます。

華子さん　バイオエタノールとはどういうものですか。

高校生　植物から作ったアルコールの燃料のことで，ガソリンに混ぜ合わせて自動車の燃料などに使われるようになってきました。

華子さん　どのくらい混ざっているのですか。

高校生　１リットルの燃料のうち，0.03リットルがバイオエタノールであると聞きました。これを「３％燃料」と呼んでいます。

華子さん　バイオエタノールはどんな植物から作るのですか。

高校生　トウモロコシ，小麦，サトウキビなどから作ります。例えば，ある資料によると，$10000m^2$の畑からとれるサトウキビから5400リットルのバイオエタノールを作ることができるそうです。

華子さん　なんか，よく分かりません。

高校生　では，実際に考えてみましょう。１リットルの「３％燃料」で15km走行できる自動車があったとします。この自動車に，１辺が３ｍの正方形の畑からとれるサトウキビから作ったバイオエタノールをすべて混ぜ合わせて作った「３％燃料」を入れて，全部使い終わるまで走行するとしたら，何km走れるでしょうか。

華子さん　㋐では計算してみます。ところで，先ほどから気になっていたのですが，トウモロコシや小麦などは人の［ ① ］になるものですよね。

高校生　そのとおりですね。華子さんが気になった点を，バイオエタノールの問題点として指摘《してき》する人もいて，今は，トウモロコシや小麦など，人の ① になる植物以外の様々な植物から燃料を作る研究が進められているようです。

華子さん　もう１つ気になる点があります。バイオエタノールはどうして環境にやさしいエネルギーと言われるのですか。

高 校 生　バイオエタノールも燃料として燃やすと，主に， ② を排出《はいしゅつ》することはガソリンと同じです。

華子さん　 ② は地球温暖化《おんだんか》の原因と考えられていると聞いたことがあります。

高 校 生　そうですね。私たちの生活で ② の排出をなるべくおさえることが環境を守るために必要なことなのですが，バイオエタノールの原料が植物だということが環境にやさしいと言われる㋑大きな理由なのです。環境にやさしいエネルギーの研究は今後も進むと思いますから，将来《しょうらい》，くわしく学んでみてくださいね。

⑴　会話中の①に**あてはまる言葉**を答えなさい。

⑵「㋐では計算してみます。」とありますが，高校生の説明をもとにして，自動車は**何km走行できるか**答えなさい。

⑶「㋑大きな理由」とありますが，**原料が植物であると環境にやさしいと言われるのはなぜか，会話中の②にあてはまる言葉を使ってその理由を**説明しなさい。そのとき，②にあてはまる言葉には**下線**をつけなさい。

2　次に参加したのは，「不思議な整理番号」という講座でした。次は，華子さんと先生役の高校生の会話です。会話文を読んで，あとの⑴～⑶の問題に答えなさい。

高 校 生　数字には，「水が３リットル」の３のように「量」を表す場合と，図書館の本についている「０３１」のように「記号」を表す場合があります。

華子さん　考えたこともなかったです。

高 校 生　今日は，数字を「記号」として使って，公開講座の参加者につける整理番号を考えてみましょう。整理番号を作るときのきまりが，1つ目の黒板に書いてありますからよく読んでください。

１つ目の黒板

―整理番号を作るときのきまり―
・使う数字は「０」と「１」の２種類
・「０」からはじまる番号も考えてよい。
・「０」は，２個続けてはいけない。
・「１」は，何個続けてもよい。
（よい例）「０１０１１」「１０１１０１１」
（悪い例）「０１００１」「１１０１００」
×　×

華子さん　……。はい，分かりました。

高 校 生　それでは，２つ目の黒板を見てください。使う個数が３個のときの「例」のところを自分で考えて「何人分の整理番号が作れるか」の ③ ～ ⑤ に数字を入れてみてください。

2つ目の黒板

<table>
<tr><th>使う個数</th><th>例</th><th colspan="2">何人分の整理番号が作れるか</th></tr>
<tr><td>1個</td><td>「0」,「1」</td><td colspan="2">2人分</td></tr>
<tr><td>2個</td><td>「01」,「10」,「11」</td><td colspan="2">3人分</td></tr>
<tr><td rowspan="2">3個</td><td>左はしが「0」の場合
「010」, ………</td><td>（ ③ ）人分</td><td rowspan="2">（ ⑤ ）人分</td></tr>
<tr><td>左はしが「1」の場合
「101」, ………</td><td>（ ④ ）人分</td></tr>
</table>

華子さん　ちょっと難《むずか》しいです。……できました。

高 校 生　よくできましたね。では，5個の数字を使ったときは，何人分の整理番号が作れますか。

華子さん　3個の数字を使って整理番号を作ったときの考え方を利用すると……。 ⑥ 人分ですか。

高 校 生　そのとおりです。では，今度は377人分の整理番号を作るには，何個の数字が必要になるか，考えてみてください。

華子さん　う～ん……。 ⑦ 個です。

高 校 生　はい，そのとおりです。よくできました，がんばりましたね。

(1)　黒板の③～⑤に**あてはまる数**を答えなさい。

(2)　会話の中の⑥に**あてはまる数**を答えなさい。

(3)　⑦に**あてはまる数**を答え，**その求め方**を説明しなさい。

＜宮城県古川黎明中学校＞

3　小学校6年生の明子さんは，ある中学校の文化祭に出かけました。

次の1，2の問題に答えなさい。

1　明子さんは，社会科クラブの見学に行きました。そこで展示《てんじ》されている，江戸のまちの人々の暮《く》らしぶりについて調べたレポートを見ていたところ，次のページの図1のような絵を見つけました。次の明子さんと中学生の会話から，あとの(1)～(4)の問題に答えなさい。

明子さん　江戸のまちは，にぎやかですね。

中 学 生　これは江戸の「雛市《ひないち》」の絵です。この絵は「雛」という言葉からも分かるように， ① の季節の人々のにぎわいを表しています。

明子さん　通りでは，㋐大きな車輪の荷車《にぐるま》で荷物を運んでいる人がいますね。当時は，物を売り歩くような人たちもいましたか。

中 学 生　いましたよ。売り歩くだけでなく，売った品物の修理を行う人もいました。ま

	た，紙くずや鉄くずなどを買い取る人もいたんですよ。
明子さん	そうなんですか。前に，江戸のまちの人は物を最後まで使いきっていたと聞いたことがあります。
中 学 生	そのとおりです。たとえば，新品のゆかたは高価なので，安くて古い布を買ってきて自分で仕立てた人が多かったのです。そして，着られなくなったら，ぞうきんや赤ちゃんのおしめにし，そのあと燃料にしました。さらに，燃え残った灰は買い取られ，布を美しく染《そ》め上げるために染料《せんりょう》に混ぜるのに使われたんですよ。
明子さん	わたしたちも江戸のまちの人々のように，もっと㋑物を上手《じょうず》に使わないといけませんね。

図１

（『熙代勝覧《きだいしょうらん》』の一部）

(1)　会話の中の①に**あてはまる季節**を答えなさい。

(2)　「㋐大きな車輪の荷車」とありますが，車輪の直径を120cmとします。荷車の進んだ距離《きょり》が100mをこえるためには，車輪は少なくとも**何回転しなければならないか，整数**で答えなさい。ただし，円周率は3.14とします。

(3)　「㋑物を上手に使わないといけません」とありますが，会話の中で中学生が説明している例以外で，**現代において，使い終わった物を新たな物に再生して使っている具体的な例を１つ**答えなさい。

(4)　明子さんは，江戸時代に右の**図２**の『東海道五十《とうかいどうごじゅう》三次《さんつぎ》』のような浮世絵《うきよえ》が，人々に広まったことを中学生から教えてもらいました。

次の**イ**，**ロ**の問題に答えなさい。

イ　浮世絵が多くの人々に買い求められた理由の１つは，浮世絵の作り方にあります。浮世絵が多く

図２

（歌川広重《うたがわひろしげ》『東海道五十三次』）

の人々に買い求められた理由を，浮世絵の**作り方にふれながら**説明しなさい。

ロ　当時の浮世絵の値段を１枚16文《もん》とします。現在の値段にすると**１枚何円になるか**答えなさい。ただし，１両《りょう》＝97200円，１両＝銀60匁《もんめ》，銀１匁＝108文とします。

2　明子さんは，調理クラブの見学にも行き，調理実習を行いました。次の明子さんと中学生の会話から，あとの⑴，⑵の問題に答えなさい。

中学生　野菜の食べ方はいろいろあり，それぞれよい点があります。㋒なべでゆでたり，フライパンでいためたりした方がよい点は，２つあります。１つはやわらかく食べやすくなることで，もう１つは［②］ことです。そこで，今日は野菜いためを作ってみましょう。野菜いためを作ったことがありますか。

明子さん　一度だけあります。でも，くわしく作り方を教えてください。

――二人は野菜いためを作りました。――

中学生　実習が終わったので，今から後かたづけをしましょう。

明子さん　フライパンには油がついています。洗剤《せんざい》を借りますね。

中学生　㋓ちょっと待って。

⑴「㋒なべでゆでたり，フライパンでいためたり」とありますが，次のイ，ロの問題に答えなさい。

イ　**②にあてはまるよい点を**答えなさい。

ロ　なべの水があたたまるときとフライパンがあたたまるときでは，熱の伝わり方にちがいがあります。**どのようにちがうのか説明しなさい。**

⑵「㋓ちょっと待って。」とありますが，**環境《かんきょう》に与える影響《えいきょう》をできるだけ少なくするために，油のついたフライパンを洗う前にすることとその理由**を答えなさい。

平成24年度

仙台市立中等教育学校入試問題

【総合問題】（50分）　＜満点：100点＞

1　仙台青陵中等教育学校の１年生は，総合的な学習の時間に「わたしたちの郷土《きょうど》について調べよう」というテーマで調べ学習をしています。

次の１～３の問題に答えなさい。

1　仙台市の人口について調べていた進さんは，昼の人口（昼間人口）と夜の人口（夜間人口）について次のような資料を見つけました。あとの(1)，(2)の問題に答えなさい。

(1)　資料を見て，区ごとの昼と夜の人口のちがいについて読み取れることを答えなさい。

(2)　(1)で読み取ったことがなぜ起きるのか，その理由を考えて答えなさい。

資料

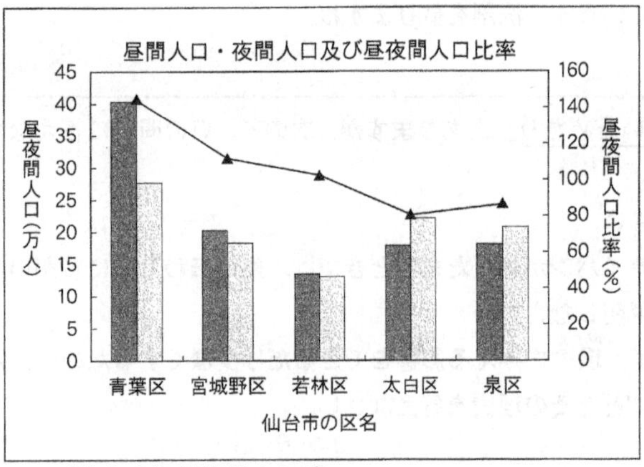

「仙台市統計情報せんだい
統計時報No.248　仙台市の昼間人口」より作成

＜注＞

○夜間人口はその地域に住んでいる人口をいいます。

○昼間人口は，夜間人口から，区外へ通勤・通学している人口を引いたものに，区外から通勤・通学してくる人口を加えたものをいいます。

○折れ線グラフは昼夜間人口比率を表します。

昼夜間人口比率＝昼間人口÷夜間人口×100

○棒グラフは昼間人口・夜間人口を表します。

2　七ツ森について調べることにした秋子さんは，撫倉《なでくら》山から松倉《まつくら》山を実際に歩いてみることにしました。あとの(1)，(2)の問題に答えなさい。

(1)　撫倉山から松倉山を地図で確認すると，図１のような等高線で表されていました。A地点とB地点を結ぶ直線を引いたとき，A地点からB地点までの断面図をかきなさい。

図1

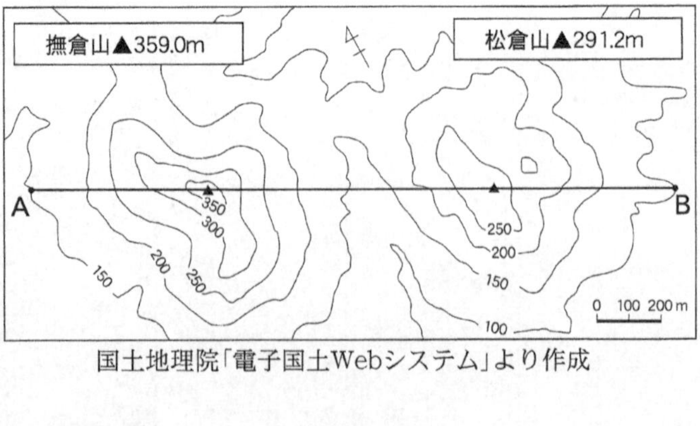

国土地理院「電子国土Webシステム」より作成

(2)　秋子さんは，透明《とうめい》なボトルに水を入れ，こおらせたものを持っていきました。こおった状態での氷の上面は，図２の線の位置でした。歩いている途中《とちゅう》でボトルを取り出したところ，氷はすっかりとけていました。それまでボトルの水を飲んでいないとすると，水面の位置は図２の線の位置からどのように変化したか，答えなさい。また，水面の位置が変化した理由も答えなさい。

図2

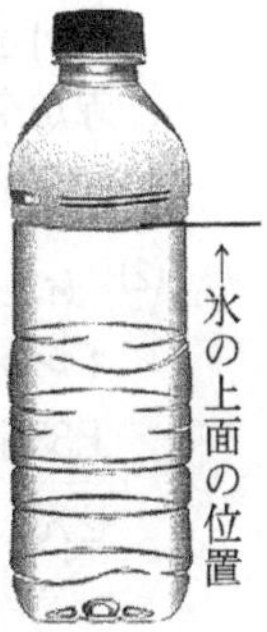

3　直子さんは，陸奥国分寺《むつこくぶんじ》について調べるための取材メモを作成しました。以下は直子さんと健二さんの会話です。あとの(1)，(2)の問題に答えなさい。

健二さん　直子さんは，仙台市若林区にあった陸奥国分寺を調べるんだね。
直子さん　メモ１には，奈良《なら》時代に建てられた国分寺の場所をかいてみたわ。
健二さん　(ア)各地に　国分寺がたくさん建てられているね。
直子さん　そうなの。陸奥国分寺の跡地《あとち》についても調べてみたわ。近くのお寺の方にもインタビューしてみようと思っているの。
健二さん　実際に現地に行ってインタビューすると説得力が出るよね。
直子さん　(イ)そうね。インタビューって，当日も大切だけど事前の準備も大切なのよ。上手《じょうず》にインタビューできるようにがんばるわ。

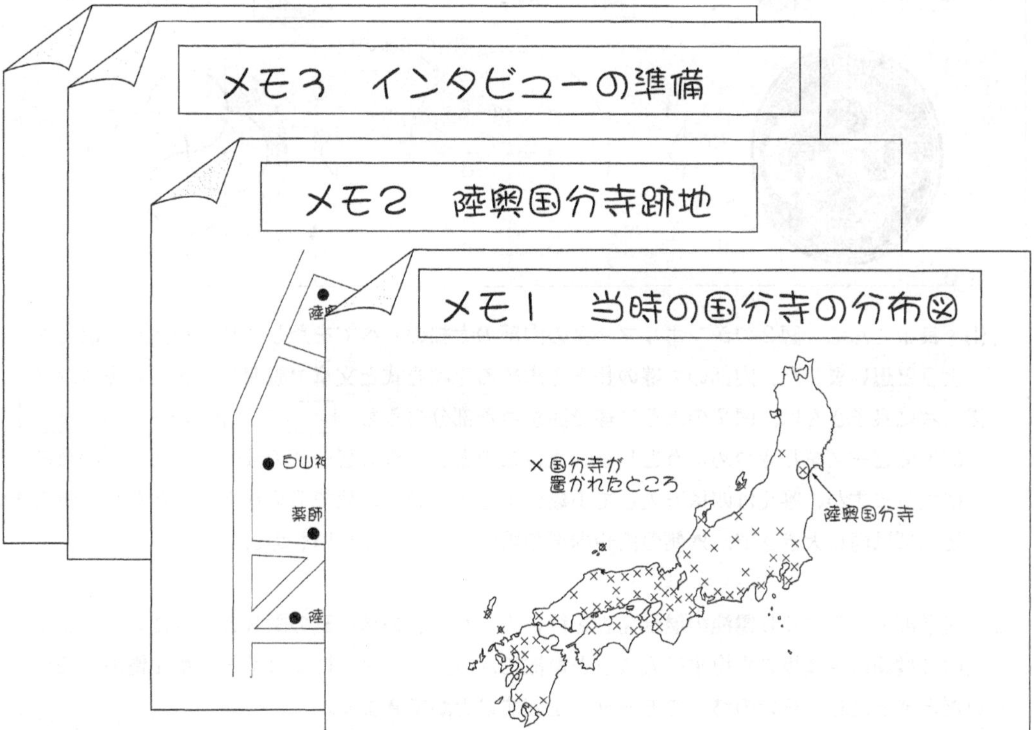

(1)　(ア)「各地に，国分寺がたくさん建てられているね。」とありますが，奈良時代，数多くの国分寺が全国各地に建てられた理由を，建てることを命じた人物の名前と当時の世の中のようすを入れて答えなさい。

(2)　(イ)「そうね。インタビューって，当日も大切だけど事前の準備も大切なのよ。」とありますが，インタビューをするときに事前の準備で大切なことを，次の３つの言葉をすべて使って30字以上35字以内で答えなさい。ただし，使用する３つの言葉はどのような順序で使ってもかまいません。なお，句読点《くとうてん》も１字とします。

質問　　下調べ　　目的

2　仙台青陵中等教育学校の文化祭である「青陵祭」は９月に行われ，青陵祭実行委員会を中心に準備や運営が進められます。

次の１～３の問題に答えなさい。

1　実行委員の良子さんは，校章をモデルにしたシンボルマークをかん板に入れようと考えました。シンボルマークをかくため，はじめに直角に交わる２つの直線をかき，その交点を中心とした半径25cmの円をかきました。さらに２つの直線の交点から10cmのところにａ～ｄの点を打ち，図１のような下絵ができました。その後，ａ～ｄのそれぞれの点を中心とした半径10cmの円を４つかき，そこから不要な点や線を消して，図２のようなシンボルマークを完成させました。あとの(1)，(2)の問題に答えなさい。ただし，円周率は3.14として計算するものとします。

モデルとなった校章

図1　下絵

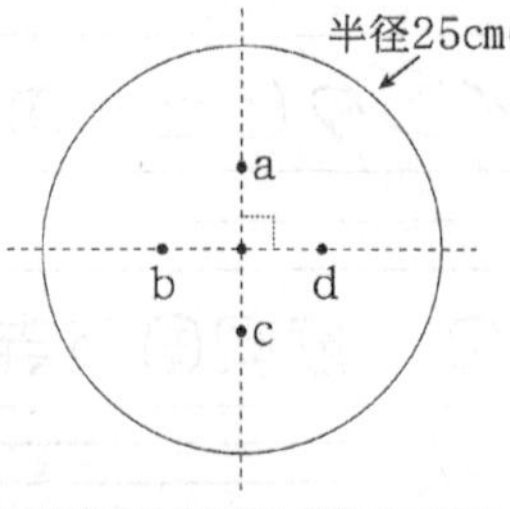

図2　シンボルマーク

(1)　良子さんは，図２のシンボルマークの内部の太線のすべてをたした長さが何cmになるか求めようと思いました。内部の太線の長さを求める手順を式と文章で説明し，答えも書きなさい。

(2)　次に良子さんは，図２のように線で囲まれた部分のうち，□ には青のビーズを，■ には黒のビーズをしきつめようとしました。このとき，青のビーズの数は黒のビーズの数の何倍になりますか。答えは四捨五入《ししゃごにゅう》して小数第１位までのがい数で答えなさい。ただし，青と黒のビーズは同じ大きさで，外側の円や内部の線の太さは考えないものとします。

2　科学部では手づくり電池の展示《てんじ》発表を行いました。次のページの図３のように銅とマグネシウムの２種類の金属板を食塩水に入れると電池になり，モーターにつなぐと，かん電池１個につないだときと同じくらいの勢いでモーターを回すことができます。

科学部の清二さんがこの手づくり電池について説明していると，見学者から「この手づくり電

図3

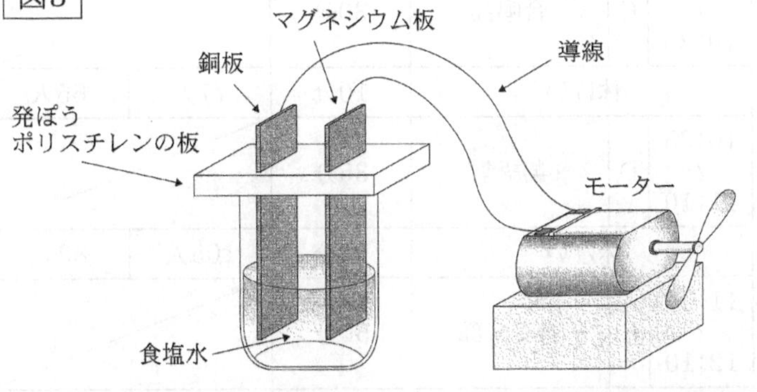

池の銅板とマグネシウム板のうち，どちらが＋《プラス》極ですか。」と質問を受けました。清二さんは「この回路に，かん電池１個と導線１本を追加してつないでみると，どちらの金属板が＋極かを調べることができます。」と答えました。清二さんは，どのようにして調べればよいと考えたのでしょうか。調べ方がわかるようにつなぎ方を図にかきこみ，文章で説明しなさい。

3　体育館ではステージ発表が行われました。あとの(1)，(2)の問題に答えなさい。

(1)　実行委員の良子さんは，会場の入場者数を調べる係でした。下の表はプログラムに入場者数と退場者数を記録したものです。出入りは休けい時間のみで，閉会《へいかい》行事後に退場した人数は306人でした。開会行事前に入場した人数は何人だったか答えなさい。

(2)　実行委員会の反省会では，来年度のステージ発表について，開会行事や閉会行事，休けいの時間はそのままとし，開会行事の始まりを９：00，閉会行事の終わりを12：30とした方がよいという意見が出されました。

今年度の発表時間の合計（A～Fの合計）をもとに，来年度のそれぞれの発表時間の割合を，今年度の割合と同じにした場合，Eの吹奏楽部《すいそうがくぶ》の来年度の発表時間は何分になりますか。答えは小数点以下を切り捨てて，整数で答えなさい。

表

プログラム				入場者数	退場者数
時刻	内容		時間		
8:30	開場			（　）人	
9:00 ～ 9:10	開会行事		10分		
9:10 ～ 9:20	A	英語暗唱 英語弁論《べんろん》	10分		
休けい			5分	24人	12人
9:25 ～ 9:50	B	放送部	25分		
休けい			5分	44人	48人

9:55 〜 10:25	C	合唱部	30分		
休けい			10分	77人	65人
10:35 〜 11:10	D	英語劇《げき》	35分		
休けい			10分	105人	83人
11:20 〜 12:10	E	吹奏楽部	50分		
休けい			15分	116人	122人
12:25 〜 13:15	F	演劇部	50分		
13:15 〜 13:20	閉会行事		5分		
13:20	終　　了				306人

3 あつ子さんの通う仙台青陵中等教育学校では，２年生が毎年５月に山形県で２泊３日の野外活動を行っています。

次の１～４の問題に答えなさい。

１　あつ子さんが事前学習で酒田市について調べると，次のようなことがわかりました。

・酒田甚句《じんく》という歌に「ほんまに」とか「おまへんか」など，関西の言葉が使われている。
・酒田には関西のえいきょうを受けた郷土《きょうど》料理や食文化がある。
・美術館や旧家《きゅうか》には京都で作られた古いひな人形が残っている。

江戸《えど》時代には，酒田に京都など関西のさまざまな文化がもたらされました。その理由として考えられることを，次の１～３の資料をすべて使用して説明しなさい。

資料１　西廻り航路と北前船

西廻《にしまわ》り航路とは，江戸時代から明治時代にかけて，日本海沿岸《えんがん》の港から関門《かんもん》海峡《かいきょう》を経て瀬戸内海の大阪に向かう航路であり，この航路を行きかう貨物船のことを北前船《きたまえぶね》とよんだ。

能登《のと》ポータルサイト「のとねっと」より作成

資料2　庄内《しょうない》平野の水田

山形県「すまいる山形写真館」

資料3　最上《もがみ》川

国土交通省東北地方整備局「わたしたちの最上川」

2　日的地に向かうバスの中から川を見ていたあつ子さんは，上流から下流に行くにしたがい，川原《かわら》の石にちがいがあることに気がつきました。次のア～ウの3枚の写真を，川の上流から順に並べ，川原の石にちがいがある理由を答えなさい。

ア

イ

ウ

3　体験活動に出かけると，スギの木から大量の花粉が飛んでいるのが見えました。あつ子さんは，どうしてこんなに花粉の量が多いのか気になり，帰宅《きたく》してから調べてみると，次のことがわかりました。

スギには花粉をつくるおばなと，実ができるめばながあり，それらが1本の木にさく。しかし，どちらにも花びらはなく，虫が花から花へ移動することによる受粉はない。

調べた結果をもとに，スギが大量の花粉をつくるのはなぜか，その理由について考えられることを答えなさい。

4　自主研修で酒田市の山居《さんきょ》倉庫に行きました。この倉庫は明治時代に米穀《べいこく》の保管用として建造され，1つの倉庫に米俵を1万個以上も収容《しゅうよう》できることを知りました。あつ子さんは米俵を次のページの図1のように積み重ねたり，図2や図3のように束《たば》ねたりすることを考えました。俵の直径を40cmとするとき，次の(1)，(2)の問題に答えなさい。

(1)　図1のように一定の規則で重ねた俵の周りにロープを巻《ま》き付けるとき，段が増えるごとにロープの長さは何cmずつ長くなるか答えなさい。

(2)　図1の3段のときの俵の個数は6個ですが，図2のように俵を束ねると，同じ長さのロープで7個の俵を束ねることができます。このことから，図3のように規則的に俵を束ねていくとき，次のア，イの問題に答えなさい。

ア　図１の17段のときのロープの長さと同じになるのは図３の何番目のときですか。

イ　そのときに束ねてある俵の個数は何個になりますか。

図1

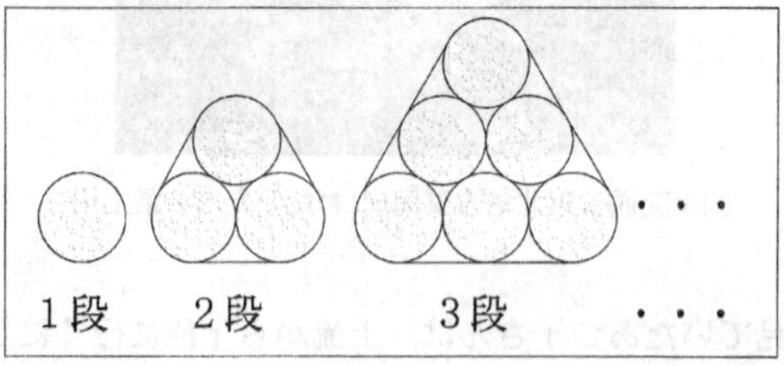

図2

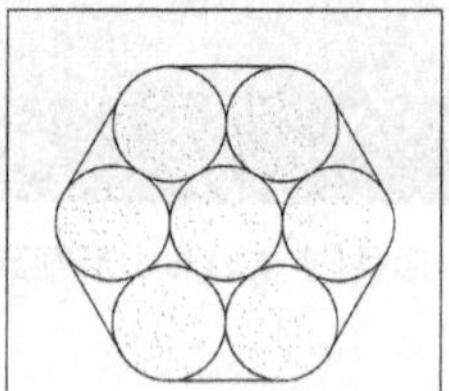

図3

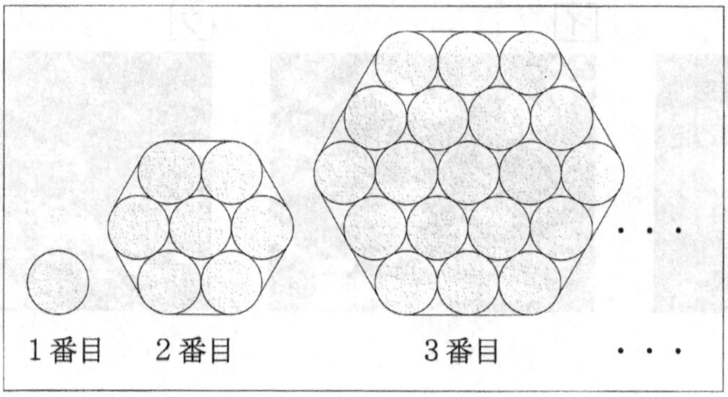

平成二四年度

宮城県仙台二華中学校入試問題

【作　文】（四〇分）〈満点：二五点〉

問題

太郎君と華子《はなこ》さんが通う学校では、「朝のあいさつ運動」が行われています。二人は、この日の活動が終わったあとに、次のような会話をしました。会話文を参考にして、あとのことについて書きなさい。

太　郎　君……「おはようございます」と声をかけて、にこにこと笑いながら言葉を返されるとうれしいな。

華子さん……そうよね。ときどき、下を向いたまま通り過ぎていく人もいるけどね。

太　郎　君……親しくない人から声をかけられると、どうしたらいいか分からなくなるときもあるからね。

華子さん……そう言えば、「おはようございます」と声をかけてもだまっていた人に、昼休みにばったり会ったら、「こんにちは」と声をかけられたわ。

太　郎　君……声を返されたり声をかけられたりするとうれしいけど、「おはようございます」とみんなに声をかけていると、ぼくの方もだんだんと明るい気持ちになっていく感じがするな。

華子さん……そういうことは、わたしにもあるわ。

あいさつは、ほかの人や自分自身に対してどのような働きをしますか。あいさつについてのあなたの考えをまとめ、四百字以上五百字以内で書きなさい。

〔注意〕

①　題名、氏名は書かずに、一行目から書き始めること。

②　原稿《げんこう》用紙の正しい使い方にしたがい、文字やかなづかいも正確に書くこと。

平成二四年度
宮城県古川黎明中学校入試問題

【作　文】（四〇分）〈満点：二五点〉

問題

あなたは学校生活の中で、みんなで立てた目標を達成するために努力したことがあると思います。その時の体験を一つあげ、そのことから感じたことや学んだことを、四百字以上五百字以内で書きなさい。

〔注意〕

①　題名、氏名は書かずに、一行目から書き始めること。

②　原稿《げんこう》用紙の正しい使い方にしたがい、文字やかなづかいも正確に書くこと。

平成二四年度

仙台市立中等教育学校入試問題

【作　文】（四〇分）〈満点：二五点〉

問題

※非公表のため掲載しておりません。

『モモ』（ミヒャエル・エンデ作、大島かおり　訳《やく》、岩波書店）より

◎これは、『モモ』の中に出てくる灰色の紳士《しんし》の言葉です。あなたはこの言葉に賛成ですか、反対ですか。賛成か、反対かの立場を明確にして、自分の知識や経験などと結び付けながら、四百字以上五百字以内で述べなさい。

〔注意〕

① 題名、氏名は書かずに、一行目から書き始めること。

② 原稿《げんこう》用紙の正しい使い方にしたがい、文字やかなづかいも正確に書くこと。

MEMO

大切なことはメモしておこうネ！

解答用紙集

○月×日 △曜日　天気（合格日和）

◆ご利用のみなさまへ

＊解答用紙の公表を行っていない学校につきましては、弊社の責任において、解答用紙を制作いたしました。

＊編集上の理由により一部縮小掲載した解答用紙がございます。

＊編集上の理由により一部実物と異なる形式の解答用紙がございます。

人間の最も偉大な力とは、その一番の弱点を克服したところから生まれてくるものである。 ――カール・ヒルティ――

東京学参株式会社

※ 103％に拡大していただくと，解答欄は実物大になります。

問題の番号				解答を記入する欄
1	1	No. 1		
		No. 2		
	2			
2	1	（1）		
		（2）		
		（3）		（　　　　　　）m^2
		（4）		
	2	（1）	ア	（　　　　　　）㎜
			イ	う（　　　　）　え（　　　　）
		（2）	ア	
			イ	

宮城県立仙台二華中学校　2024年度

◇総合問題◇

※ 103％に拡大していただくと，解答欄は実物大になります。

問題の番号			解答を記入する欄
3	1	(1)	
		(2)	(　　　　　) cm
		(3)	
		(4)	
		(5)	え (　――　) 倍
			お (　――　) 倍
	2	(1)	
		(2)	
	3	(1)	か (　　　　　) 部屋
			き (　　　　　) 部屋
			く (　　　　　) 番目
		(2)	先生の部屋番号 (　　　　　)
		(3)	部屋番号 (　　　　)
			部屋番号 (　　　　)
			部屋番号 (　　　　)

宮城県立古川黎明中学校　2024年度

◇総合問題◇

※ 103％に拡大していただくと，解答欄は実物大になります。

問題の番号				解答を記入する欄
3	1	（1）		銅像（　　　）→銅像（　　　）→銅像（　　　）
		（2）		（　　　）％
		（3）		（　　　）メートル
		（4）		（　　　）倍
		（5）	ア	（　　　）℃
			イ	
			ウ	
	2	（1）		
		（2）		
		（3）		

◇作文◇

宮城県立中学校　２０２４年度

※１４９％に拡大していただくと，解答欄は実物大になります。

〔注意〕
① 題名、氏名は書かずに、一行目から書き始めること。
② 原稿《げんこう》用紙の正しい使い方にしたがい、文字やかなづかいも正確に書くこと。

400字

500字

※ 110%に拡大していただくと，解答欄は実物大になります。

問題の番号				解答を記入する欄
1	1	No. 1		
		No. 2		
	2			
2	1	（1）		
		（2）		
		（3）		
	2	（1）	ア	（　　　　）℃
			イ	
		（2）		
		（3）	ア	測った温度が （ ）
			イ	

宮城県立仙台二華中学校　2023年度

◇総合問題◇

※ 110%に拡大していただくと，解答欄は実物大になります。

問題の番号				解答を記入する欄
3	1	(1)	ア	
			イ	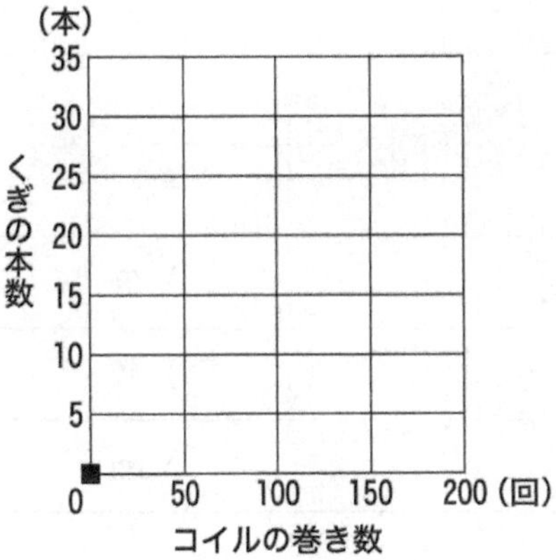
		(2)	ア	あ（　　　　　　）極
				い（　　　　　　）極
				う（　　　　　　）極
				え（　　　　　　）極
			イ	（　　　　　　）秒
	2	(1)		
		(2)		
	3	(1)		お（　　　　　　）m
				か（　　　　　　）m
				き（　　　　　　）秒
		(2)		（　　　　　　）通り
		(3)		（　　　　　　）人以上

※ 110%に拡大していただくと，解答欄は実物大になります。

問題の番号				解答を記入する欄
3	1	(1)		
		(2)		
		(3)	ア	(　　　　　　　　　　)倍
			イ	(　　　　　　　　　　)個
			ウ	(　　　　　　　　　　)cm^2
			エ	求め方
	2	(1)	ア	
			イ	
		(2)	ア	
			イ	

◇作文◇

宮城県立中学校　２０２３年度

※１５４％に拡大していただくと、解答欄は実物大になります。

〔注意〕　① 題名、氏名は書かずに、一行目から書き始めること。
② 原稿《げんこう》用紙の正しい使い方にしたがい、文字やかなづかいも正確に書くこと。

４００字

５００字

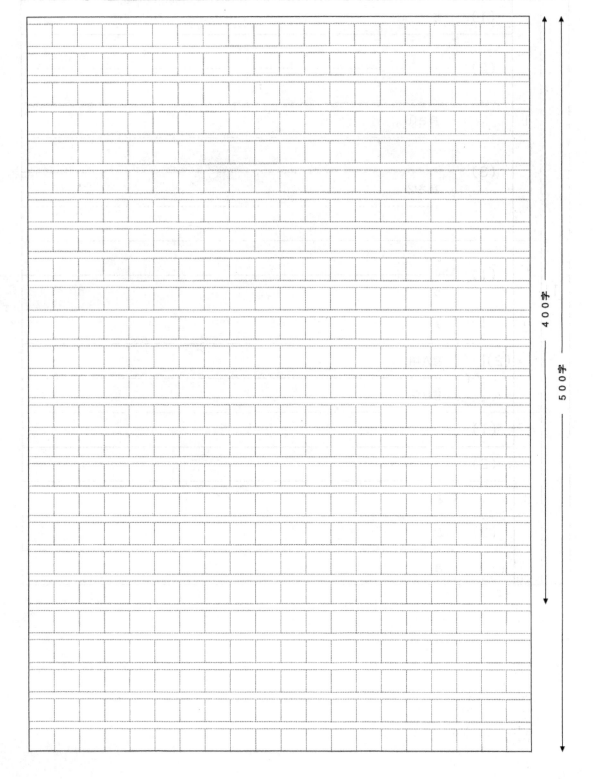

◇総合問題◇

※ 104%に拡大していただくと，解答欄は実物大になります。

問題の番号				解答を記入するらん
1	1	(1)		あ
		(2)		
		(3)		良さ①
				良さ②
	2	(1)		い
				う
		(2)	ア	え
			イ	窓A側
				窓B側
	3	(1)		
		(2)		
		(3)		お
				か
				き

※ 122%に拡大していただくと，解答欄は実物大になります。

問題の番号				解答を記入するらん
2	1	(1)		あ
				い
		(2)	ア	う（　　　　）km　え（　　　　）km
			イ	（　　　　）往復できることになる
	2	(1)		
		(2)		
	3	(1)	ア	（　　　　）円
			イ	お　　か
		(2)	ア	
			イ	図 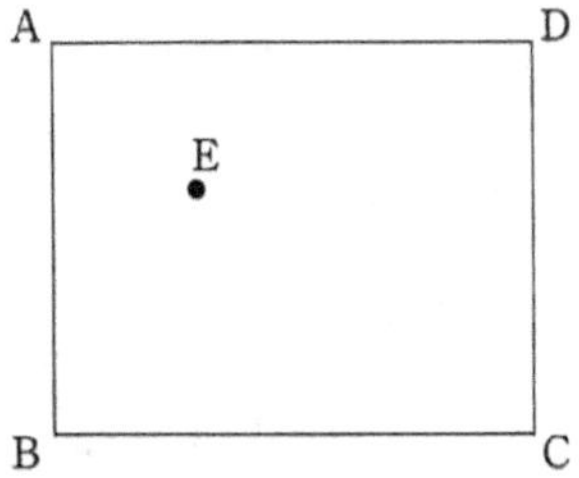
		(3)		（　　　　）倍

宮城県立古川黎明中学校　2022年度

◇総合問題◇

※ 112％に拡大していただくと，解答欄は実物大になります。

問題の番号			解 答 を 記 入 す る ら ん
2	1	（1）	
		（2）	あ
			い
		（3）	
	2	（1）	
		（2）	う
		（3）	え
			お
	3	（1）	
		（2）	
		（3）	

◇作文◇

宮城県立中学校　２０２２年度

※１５４％に拡大していただくと，解答欄は実物大になります。

〔注意〕
① 題名、氏名は書かずに、一行目から書き始めること。
② 原稿《げんこう》用紙の正しい使い方にしたがい、文字やかなづかいも正確に書くこと。

４００字

５００字

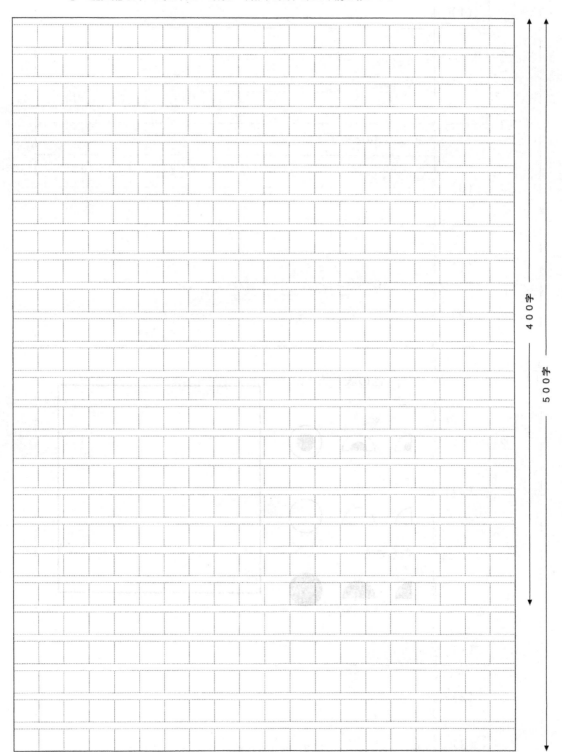

※ 113％に拡大していただくと，解答欄は実物大になります。

問題の番号			解答を記入する欄
1	1	(1)	
		(2)	
		(3)	選んだ写真の番号（　　　　）
	2	(1)	（　　　　）と（　　　　）
		(2)	
		(3)	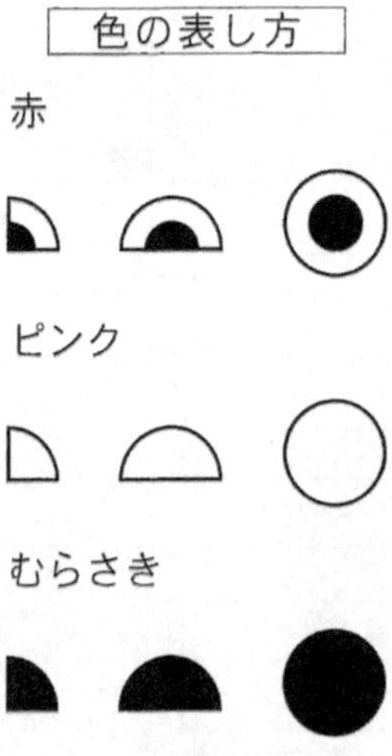
	3	(1)	
		(2)	
		(3)	（　　　　　　）g

宮城県立仙台二華中学校　2021年度

◇総合問題◇

※ 121％に拡大していただくと，解答欄は実物大になります。

問題の番号			解答を記入する欄
2	1	（1）	（　　　　　　　　）cm
		（2）	
		（3）	
	2	（1）	
		（2）	
	3	（1）	
		（2）	
		（3）	本物より軽い模型　　　枚　本物より重い模型　　　枚
	4	（1）	
		（2）	
		（3）	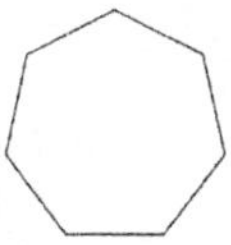

宮城県立古川黎明中学校　2021年度　◇総合問題◇

※ 121％に拡大していただくと，解答欄は実物大になります。

問題の番号				解答を記入する欄
2	1	（1）		
		（2）	ア	
			イ	
		（3）		記号（　　　　）
				役割
		（4）	ア	あ
				い
			イ	
	2	（1）	ア	（　　　　）cm^2
			イ	（　　　　）mm
		（2）		（　　　　）人
				求め方

◇作文◇

宮城県立中学校　２０２１年度

※１５３％に拡大していただくと，解答欄は実物大になります。

〔注意〕
① 題名、氏名は書かずに、一行目から書き始めること。
② 原稿《げんこう》用紙の正しい使い方にしたがい、文字やかなづかいも正確に書くこと。

４００字

５００字

※ 124％に拡大していただくと，解答欄は実物大になります。

問題の番号				解答を記入する欄
1	1	(1)		
		(2)	ア	
			イ	あ（　　　　　）　い（　　　　　）
	2	(1)		記号（　　　）
				理由
		(2)		
		(3)		
	3	(1)		
		(2)		午前（　　　）時（　　　）分
				求め方
		(3)		

宮城県仙台二華中学校　2020年度　　◇総合問題◇

※ 124％に拡大していただくと，解答欄は実物大になります。

問題の番号				解答を記入する欄
2	1			
	2			
	3	(1)		
		(2)		
	4	(1)		（　　　）の方が（　　　）秒速い
		(2)		選ぶもの（　　　）
				理由
	5	(1)		
		(2)	ア	
			イ	
		(3)		
		(4)		

※ 124％に拡大していただくと，解答欄は実物大になります。

問題の番号				解 答 を 記 入 す る 欄
2	1	（1）	あ	コイルの巻き数が
			い	コイルとくぎの距離が
			う	芯の材料が
		（2）		
	2	（1）		
				え　　　　　　　　お
		（2）		
	3	（1）		
		（2）		面積（　　　　　　　）cm^2　　角度（　　　　　　　）度
		（3）		面積（　　　　　　　）cm^2
				求め方
		（4）		F：G：H＝　　　　：　　　　：

◇作文◇

宮城県立中学校　２０２０年度

※１５６％に拡大していただくと、解答欄は実物大になります。

〔注意〕
① 題名、氏名は書かずに、一行目から書き始めること。
② 原稿《げんこう》用紙の正しい使い方にしたがい、文字やかなづかいも正確に書くこと。

４００字

５００字

※ この解答用紙は 137%に拡大していただくと，実物大になります。

問題の番号			解 答 を 記 入 す る 欄《らん》
1	1	(1)	
		(2)	あ（　　　）　い（　　　）
		(3)	う（　　　）　え（　　　）
	2	(1)	（　　　）g
		(2)	①（　　　）　③（　　　）
		(3)	記号（　　　）
			理由
	3	(1)	（　　　）分
		(2)	（　　　）ページ
		(3)	（　　　）番の（　　　）小節目
			求め方

宮城県仙台二華中学校　2019年度

◇総合問題◇

※ この解答用紙は 137％に拡大していただくと，実物大になります。

問題の番号			解答を記入する欄《らん》
2	1	（1）	ア（　　　　　）
			イ（　　　　　）
		（2）	ア
			イ
	2		記号（　　　　　）
			理由
	3	（1）	枠の中のヨシの本数を（　　　　　）倍すればよい
		（2）	ア（　　　　　）ha
			イ（　　　　　）年後
		（3）	記号（　　　　　）
	4	（1）	（　　　　　）回
		（2）	（　　　　　）回
		（3）	（　　　　　）回

／100

宮城県古川黎明中学校　2019年度

◇総合問題◇

※ この解答用紙は 137%に拡大していただくと，実物大になります。

問題の番号			解 答 を 記 入 す る 欄《らん》
2	1		(　　　　　　　)円
	2	(1)	(　　　　　　　) m^3
		(2)	あ
		(3)	い (　　　　　　　)　う (　　　　　　　)
		(4)	アイナメ (　　　　　　　)匹　イワシ (　　　　　　　)匹
	3	(1)	
		(2)	カツオ 動物プランクトン
	4	(1)	え
		(2)	
		(3)	ア イ

／100

◇作文◇

※この解答用紙は169%に拡大していただくと、実物大になります。

〔注意〕
① 題名、氏名は書かずに、一行目から書き始めること。
② 原稿《げんこう》用紙の正しい使い方にしたがい、文字やかなづかいも正確に書くこと。

400字

500字

25・25

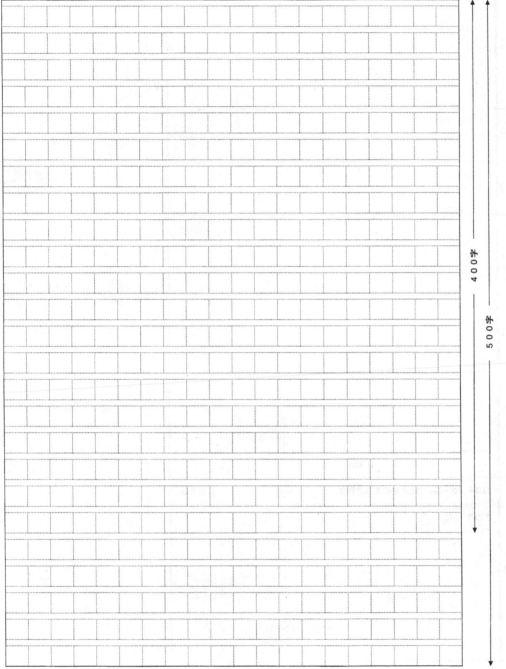

宮城県立中学校　平成30年度

◇総合問題◇

※ この解答用紙は 137％に拡大していただくと，実物大になります。

問題の番号			解答を記入する欄《らん》
1	1	(1)	
		(2)	
		(3)	
	2	(1)	
		(2)	
		(3)	
	3	(1)	(　　　　　　　　) kcal
		(2)	23.0メッツ・時にするための身体活動は，（　　　　　　　　）である。
			求め方：

宮城県仙台二華中学校　平成30年度

◇総合問題◇

※この解答用紙は137%に拡大していただくと，実物大になります。

問題の番号			解　答　を　記　入　す　る　欄《らん》
2	1	(1)	記号：（　　） 海洋の名前：（　　）
		(2)	記号：（　　） 国名：（　　）
		(3)	
		(4)	
	2		平均の速さ：時速（　　）km
			求め方：
	3	(1)	メニュー：（　　） 記号：（　　）
		(2)	
	4	(1)	①（　　） ②（　　） ③（　　）
		(2)	④（　　） ⑤（　　） ⑥（　　） ⑦（　　） ⑧（　　）
		(3)	⑨（　　） ⑩（　　）
		(4)	

／100

※この解答用紙は137％に拡大していただくと，実物大になります。

問題の番号			解答を記入する欄《らん》
2	1	(1)	直線ⓐの長さ：(　　　　　　　)m
			求め方：
		(2)	
	2	(1)	(　　　　　　　)kg
		(2)	カボチャ(　　　)g　小麦粉(　　　)g　砂糖(　　　)g
	3	(1)	
		(2)	
		(3)	
		(4)	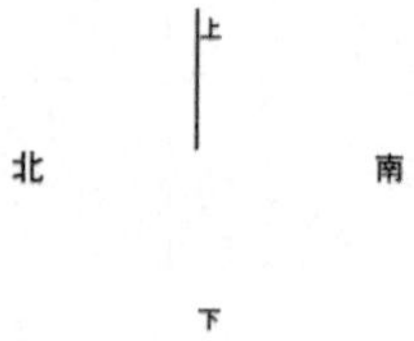
		(5)	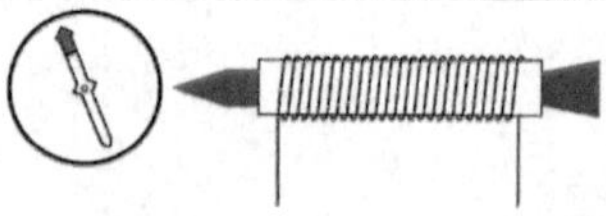

／100

◇作文◇

宮城県立中学校　平成30年度

※この解答用紙は169％に拡大していただくと、実物大になります。

〔注意〕
① 題名、氏名は書かずに、一行目から書き始めること。
② 原稿《げんこう》用紙の正しい使い方にしたがい、文字やかなづかいも正確に書くこと。

400字

500字

25・25

宮城県立中学校　平成29年度

◇総合問題◇

※この解答用紙は137％に拡大していただくと，実物大になります。

問題の番号			解　答　を　記　入　す　る　欄《らん》
1	1	(1)	
		(2)	ア
			イ
	2	(1)	
		(2)	ア
			イ
	3	(1)	全部：（　　　　　　）通り
			㋕ の「しき方」：（　　　　　　）通り
		(2)	
		(3)	（　　　　　　）枚《まい》
			求め方：

宮城県仙台二華中学校　　平成29年度

◇総合問題◇

※この解答用紙は137％に拡大していただくと，実物大になります。

問題の番号			解答を記入する欄《らん》
2	1	(1)	
		(2)	ア　図 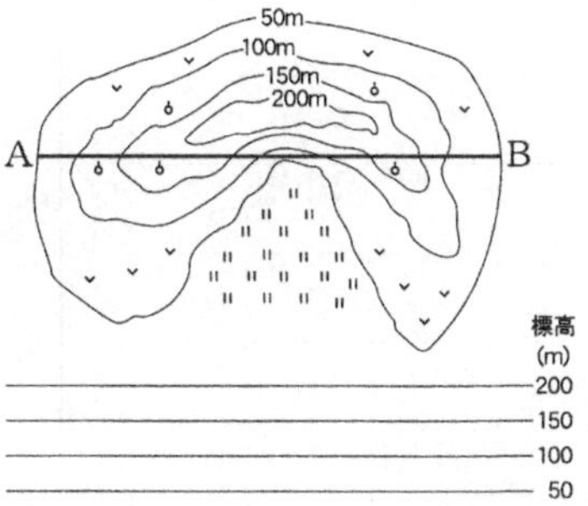
			イ
		(3)	ア　理由①：
			理由②：
			イ
		(4)	
		(5)	1000円札（　　　）枚，100円硬貨（　　　）枚 50円硬貨（　　　）枚，10円硬貨（　　　）枚 1円硬貨（　　　）枚，
	2	(1)	（　　　）cm
		(2)	（　　　）本
		(3)	約（　　　）％　軽くなる

/100

宮城県古川黎明中学校　平成29年度

◇総合問題◇

※この解答用紙は137％に拡大していただくと，実物大になります。

問題の番号			解答を記入する欄《らん》
2	1	(1)	記号：
			理由：
		(2)	
		(3)	
	2	(1)	（　　　　　　　）本
		(2)	（　　　　　　　）秒
	3	(1)	
		(2)	
		(3)	水の量：（　　　　　　　）mL
			説明：

100

◇総合問題Ⅰ◇

※この解答用紙は141％に拡大していただくと，実物大になります。

検査問題の番号				解 答 を 記 入 す る 欄《らん》	
1	1				
	2	イ	A群		
			B群		
		ウ	A群		
			B群		

2	1	(1)			
		(2)	①	約　　　L	
			②		
		(3)	方法		
			理由		

検査問題の番号				解答を記入する欄《らん》	
2	2	(1)	①	g	
			②		
			③		
		(2)	約	%	

2	3	(1)		
		(2)		
		(3)		

／60

仙台市立中等教育学校　平成29年度

◇総合問題Ⅱ◇

※この解答用紙は141％に拡大していただくと，実物大になります。

検査問題の番号			解答を記入する欄《らん》			
1	1					
	2	(1)	電車			
			高速バス			
		(2)	どちらか		発車時刻	

2	1	(1)	岩石		水	
		(2)	さん			
	2		岩石は			
	3	工夫				
		理由				
	4	風の向き				
		理由				

検査問題の番号			解 答 を 記 入 す る 欄《らん》	
3	1	(1)	m	
		(2)	(　　　　　　　)番目と(　　　　　　　)番目の印の間	
		(3)	倍	
	2		個	

/ 60

平成29年度 宮城県立中学校・仙台市立中等教育学校

※この解答用紙は169％に拡大していただくと、実物大になります。

◇作文◇

〔注意〕
① 題名、氏名は書かずに、一行目から書き始めること。
② 原稿《げんこう》用紙の正しい使い方にしたがい、文字やかなづかいも正確に書くこと。

400字

500字

25・30

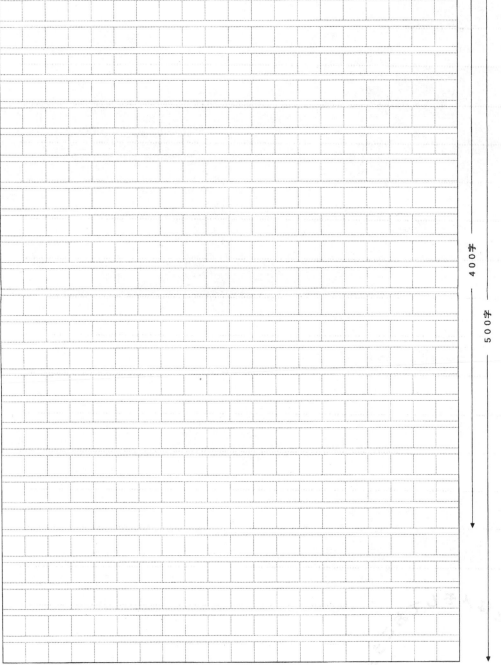

MEMO

大切なことはメモしておこうネ！

MEMO

大切なことはメモしておこうネ！

MEMO

大切なことはメモしておこうネ！

公立中高一貫校適性検査対策シリーズ

攻略！ 公立中高一貫校適性検査対策問題集

総合編 ※年度版商品

- 実際の出題から良問を精選
- 思考の道筋に重点をおいた詳しい解説（一部動画つき）
- 基礎を学ぶ６つのステップで作文を攻略
- 仕上げテストで実力を確認

※毎年春に最新年度版を発行

公立中高一貫校適性検査対策問題集

資料問題編

- 公立中高一貫校適性検査必須の出題形式「資料を使って解く問題」を完全攻略
- 実際の出題から良問を精選し、10 パターンに分類
- 例題で考え方・解法を身につけ、豊富な練習問題で実戦力を養う
- 複合問題にも対応できる力を養う

定価：1,320 円（本体 1,200 円 + 税 10%）／ ISBN：978-4-8080-8600-8 C6037

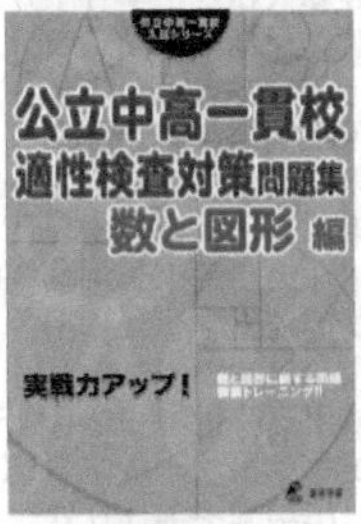

公立中高一貫校適性検査対策問題集

数と図形編

- 公立中高一貫校適性検査対策に欠かせない数や図形に関する問題を徹底練習
- 実際の出題から良問を精選、10 パターンに分類
- 例題で考え方・解法を身につけ、豊富な練習問題で実戦力を養う
- 他教科を含む複合問題にも対応できる力を養う

定価：1,320 円（本体 1,200 円 + 税 10%）／ ISBN：978-4-8080-4656-9 C6037

公立中高一貫校適性検査対策問題集

生活と科学編

- 理科分野に関する問題を徹底トレーニング！！
- 実際の問題から、多く出題される生活と科学に関する問題を選び、13 パターンに分類
- 例題で考え方・解法を身につけ、豊富な練習問題で実戦力を養う
- 理科の基礎知識を確認し、適性検査の問題形式に慣れることができる

定価：1,320 円（本体 1,200 円 + 税 10%）／ ISBN：978-4-8141-1249-4 C6037

公立中高一貫校適性検査対策問題集

作文問題（書きかた編）

- 出題者、作問者が求めている作文とは！？ 採点者目線での書きかたを指導
- 作文の書きかたをまず知り、文章を書くのに慣れるためのトレーニングをする
- 問題文の読み解きかたを身につけ、実際に書く際の手順をマスター
- 保護者の方向けに「サポートのポイント」つき

定価：1,320 円（本体 1,200 円 + 税 10%）／ ISBN：978-4-8141-2078-9 C6037

公立中高一貫校適性検査対策問題集

作文問題（トレーニング編）

- 公立中高一貫校適性検査に頻出の「文章を読んで書く作文」攻略に向けた問題集
- ６つのテーマ、56 の良問…バラエティー豊かな題材と手応えのある問題量で力をつける
- 大問１題あたり小問 3～4 問。チャレンジしやすい問題構成
- 解答欄、解答例ともに実戦的な仕様

定価：1,320 円（本体 1,200 円 + 税 10%）／ ISBN：978-4-8141-2079-6 C6037

〈ダウンロードコンテンツについて〉

本問題集のダウンロードコンテンツ、弊社ホームページで配信しております。現在ご利用いただけるのは「2025年度受験用」に対応したもので、**2025年3月末日**までダウンロード可能です。弊社ホームページにアクセスの上、ご利用ください。
※配信期間が終了いたしますと、ご利用いただけませんのでご了承ください。

中学別入試過去問題シリーズ

宮城県仙台二華・古川黎明中学校　2025年度

ISBN978-4-8141-3119-8

[発行所] 東京学参株式会社
〒153-0043　東京都目黒区東山2-6-4

書籍の内容についてのお問い合わせは右のQRコードから　⇒

※書籍の内容についてのお電話でのお問い合わせ、本書の内容を超えたご質問には対応できませんのでご了承ください。

2024年5月13日　初版